中國學術思想 研究輯刊

十四編

林慶彰 主編

第 28 冊

梁啟超道德主義思想研究

梁台根 著

花木蘭文化出版社

國家圖書館出版品預行編目資料

梁啓超道德主義思想研究／梁台根 著 — 初版 —— 新北市：花
木蘭文化出版社，2012〔民101〕

目 4+288 面；19×26 公分

（中國學術思想研究輯刊 十四編：第 28 冊）

ISBN：978-986-322-038-1（精裝）

1. 梁啓超　2. 學術思想　3. 道德

030.8　　　　　　　　　　　　　　　　　101015394

ISBN-978-986-322-038-1

9 789863 220381

中國學術思想研究輯刊

十四編　第二八冊　　　　　　ISBN：978-986-322-038-1

梁啓超道德主義思想研究

作　　者	梁台根
主　　編	林慶彰
總 編 輯	杜潔祥
出　　版	花木蘭文化出版社
發 行 所	花木蘭文化出版社
發 行 人	高小娟
聯絡地址	新北市永和區中正路五九五號七樓
	電話：02-2923-1455 ／傳眞：02-2923-1452
網　　址	http://www.huamulan.tw 信箱 sut81518@gmail.com
印　　刷	普羅文化出版廣告事業
封面設計	劉開工作室
初　　版	2012 年 9 月
定　　價	十四編 34 冊（精裝）新台幣 56,000 元

梁啓超道德主義思想研究

梁台根　著

作者簡介

梁台根

　　現任韓國翰林大學中國學科副教授，國立中山大學中文系博士。曾任中央研究院近代史研究所博士後研究員，韓國翰林大學 HK 研究員。研究領域為近現代中國政治思想與學術思想史，近現代東亞知識轉型與交流史，近現代台灣文化與文學。

　　著作：《中國近現代思想史上的道德主義與智識主義》，〈中國與西方之間——胡適自由主義中的傳統性與現代性〉，〈1980 年代中國文化熱再現——回顧 80 年代現象為線索〉（韓文），〈現代教育體制內「韓國之儒學」的研究與隱憂〉，〈近代西方知識在東亞的傳播及其共同文本之探索——以《佐治芻言》為例〉，〈多重殖民經驗與台灣民族主義〉（韓文），〈透過葉石濤重看「強迫的文明」殖民地台灣與「台灣文學」〉（韓文）等。

提　　要

　　在某種意義上言，本文是研究傳統中國思想史上，「道政合一」架構解體過程中，在清末民初思想界，尤其梁啟超重視道德的思想態度為對象。這或許也可稱為「重德思想」或「德性主義」，以傳統思想術語而言，即是「尊德性」脈絡，與中國思想史中「道問學」傳統之「重智思想」或「智性主義」相對。由於學術界已經廣泛使用「智識主義（intellectualism）」稱謂中國思想本身的「重智」脈絡，是故與智識主義相對，本文不妨試以「道德主義」稱謂梁啟超學術此種思想內核價值之特色。並且，為避免道德主義一詞可能與歐美思想傳統中 moralism 一詞，發生定義與概念混淆，特再加上「思想」兩字，表示兩者之間不同思想脈絡與指涉意涵。

　　廣義而言，「道德主義」／「智識主義」，當然可包括所謂強、弱、泛化的各自思想趨向，但狹義而言，也是在本文採用的概念範圍而言，它們與所謂強弱泛化的概念有明顯區隔，本文所討論的「道德主義」／「智識主義」，相較於泛化概念，是更為開放的溫和思想路線，即使堅持各自思想態度和趨向，仍能包容並重對方的思想態度。這一「道德主義」／「智識主義」構圖所指涉範圍，乃是一種相對地思想態度和趨向之不同而言，即使互為攻防，也只是說明本身不可偏廢的重要性，並不至於排斥對方，更不可能成為反智主義（anti-intellectualism）或反道德主義（anti-moralism）。

　　梁啟超對人類「善良意志」、「良知」以及「自由意志」，不但流露出相當濃厚的關切，並且充分節制其範圍。梁啟超對「善良意志」的肯定和對道德無限擴張的節制，自由意志與理性相輔，道德與科學互為相緣，以及國家民族羣己相諧等觀點，在某種意義上言，不但相當巧妙地迴避單方面過分重視個人或集體，可能引發的諸多危險，即羣己疏離（原子化），或羣己衝突（甚至羣體壓迫個己），而且能透過道德主義化解極端個人主義（individualism）和集體主義（collectivism）思想趨勢之危險。以上諸多觀點，都能證明，梁啟超道德主義思想之複雜面向和獨特性，當然，他與「道政合一」傳統的解體，或新儒家泛道德主義思想重構，有著相當顯著的差異。他的道德主義思想，在中國思想史脈絡而言，是一種突破，也是一種整合，不但充分表現現代學術民主素養，更為儒家道德主義思想，鋪陳出新境。

由此我們可整理出簡明的概念範圍，即是本文梁啟超道德主義思想，不但不是指傳統儒家思想之「道政合一」領導政治思想之道德絕對主義（moral absolutism），亦不是「意識形態」化的泛道德主義（pan-moralism）、更不是與唯科學主義（科學萬能主義；scientism）相對立。本文將更清楚指出梁啟超的「道德主義」非盧梭式反智主義（anti-intellectualism），而是道德與科學互為相輔相和相緣架構中強調道德的重要性，其修養亦非單靠靜心養氣而完成，必須經過思想和學術相和相緣架構中，循序漸進而完成。依據梁啟超不斷注意公德、私德、德育、道德力量、道德良心力量、道德意志等關注點，我們即可瞭解其道德主義思想的具體關注從未間歇，但它不是一種硬性的體系或理論結構，也不排擠知識或科學，更非盧梭式反智意識形態，而只是在智識和道德之間的本末次第上有長期和核心價值式的思考和思想態度。

梁啟超的道德主義，即使介在傳統「道政合一」解體和新儒家「泛道德主義」重構之間，有著線性關聯脈絡上不可缺少的重要意義，卻與他們兩者有著明顯的不同趨向，或許這是現代中國思想，從傳統注重「功夫」和「本體」的思想資產，轉化為現代道德主義或其他思想脈絡發展的思想史歷程。這不但是一種重構傳統思想的嘗試，也是供給我們現代學術研究可參考的思想整合和創新途徑。清末民初乃傳統政制和思想本身，經歷著重構進程，內外臺己衝突越演越烈，極度混亂的危機，挫折和希望中的掙扎，促使思想解放和建構的不斷努力。

或許人在解體和重構的過程之間，才能真正享受思想自由和活潑氛圍，發揮個人思想的無限潛能，因為一旦只要新的制度重整完成，正表示人們從傳統鐵籠中，走進另一思想體系和制度的鐵籠。正因如此，我們或認為梁啟超道德主義思想，即是傳統與現代的媒介，但是更正確的說法，應當是兼顧傳統和現代，更是為未來提供創新新局之有利基礎。

本文研究重點之梁啟超，由於在個人修養上深受中國「尊德性而道問學」、「內聖」傳統之涵育，強調個人道德人格修養的重要性，如此讓他得能在盛行於清朝的「道問學」風潮上，以儒家智識主義傳統為基礎，同時統合西方學術思想傳統，在這個進入科學時代的思想潮流中，為個人之道德人格修養與知識能力關係另闢出思想領域，謀求兩者之間的合理調和。因此，若在本論文的探討中，能夠銜接明清以來中國學術思想和中國啟蒙思想之關聯性或其影響深度，則在中國學術思想史上，一方面可彌補其傳統與現代之間的分界，另一方面藉由中國啟蒙思想家之東西方思想的整合，進而拓展現代學術思想發展的視野和方向。

在本文中想釐清的是中國啟蒙思想家之間的思考邏輯和爭論焦點，不是單方面地受到西方學術思想的影響，並同時在其思想深層確是保持著他們各自的思想傳承。這將是本文中會加以討論的主要問題之一。基本上，本文盡量採取梁啟超的文本內證，為主要研究材料，由此在梁啟超思想中理繹出一條解決梁啟超思想課題和問題的途徑。再以其思想內核「道德主義」為基準，與其思想史上對立面的「智識主義」之間爭論點的探析為輔佐方法，進一步顯示出梁啟超「道德主義」思想的核心意涵，如何從傳統「義禮」架構中拓展出自由權限和公理公法結構。

為方便對梁啟超一生思想轉變作細部觀察，本論文之討論是以時間順序安排，而其內涵大致圍繞三個部分。一是梁啟超《新民說》為主，梁啟超旅居日本期間，他的道德主義思想建構過程；二是從對立面即智識主義的角度，瞭解梁啟超道德主義的思想位置，在此比較過程中，本文借用福澤諭吉、嚴復和胡適等人為某種意義上的代表進行討論；最後，在以上的討論基礎上，透過梁啟超與歐美思想之間的比較討論，理繹出梁啟超道德主義思想之具體意涵及其在思想史上的意義。

梁啟超從傳統儒家學術思想中，以道德為其思想之基點出發，在國際民族帝國主義盛行之時，為傳統思想之道德價值尋繹一條出路。單方面強調智育和科學之潮流，漸次盛行之時，以德育之提倡彌補智育之缺口，導引人們尋回自我本性，使人反躬自身發顯道德良知，希望人們

發現人生最大價值和意義所在。如穆勒所擔憂的社會制衡之力量都無效時，我們人類能依靠的唯一對象，即是道德良心之力量。梁啟超不同於胡適，不相信科學能使人擁有完整的道德信念、道德良知，而道德必須經由德智相和相緣架構中，嚴格進行道德束身才能完成。這不但是梁啟超提供給我們的他的憂慮和解決方法，更是我們值得考慮之入學教育途徑之一。

最後，我們也透過盧梭、孟德斯鳩、康德、黑格爾等人的思想，尤其以 Conscience 與 Science 角度以及孟德斯鳩、托克維爾、黑格爾的中介社會功能為基礎的自由主義傳統，與梁啟超道德主義思想相比較，由此對照出梁啟超思想的理論架構及其位階。當梁啟超認為「人類所以貴於萬物者在有自由意志、又承認人類社會所以日進，全靠他們的自由意志。但自由意志之所以可貴，全在其能選擇於善不善之間，而自己作主以決從違。所以自由意志是要與理智相輔的。若像君勱全抹殺客觀以談自由意志，這種盲目的自由，恐怕沒有什麼價值了。」這不但充分表達出梁啟超道德主義思想德智相和相緣統合為一的思路，也在某種程度反映著洛克至康德、黑格爾以個人主義為基礎的自由主義理論與中介社會功能為基礎的自由主義傳統，在梁啟超思想中和諧統合相存之景象。我們也透過本文詳細分析過程，充分瞭解到梁啟超個人思想內核道德主義思想，在英歐自由主義思想統合於德智相和相緣架構脈絡時，所發揮的積極角色和意義。

正因梁啟超擁有此現代學術界該有的「民主態度」，不會被某一思想束縛，以開放的態度面對當前臺己共同面對的困難，在中國傳統思想脈絡中透過英歐自由傳統之輔助，終於開展出相當獨特的思想整合。當梁啟超說：「中國社會之組織，以家族為單位，不以個人為單位」，我們清楚瞭解他為何不全然接受英國式以個人主義為基礎的自由主義傳統，而走上整合中英歐各思想傳統之優點，開展出獨立人格之覺醒基礎上，臺己自由相諧並進的另一思路邁進。

緒　論

　　梁啓超（1873～1929）在其政治和學術生涯中，所觸及的種種問題和解決途徑，不但層面相當廣泛，且在與歷史環境緊密互動過程中，呈現出相當繁複的面貌。但是，如果我們對其所關注的問題反覆推敲，實能發現其中有持續不變的幾個關注點。

　　如林志鈞爲梁啓超編輯遺稿時指出，「知任公者，則知其爲學雖數變，而固有其堅密自守者在，即百變不離于史是已。」〔註1〕這雖常被研究者忽略，但確實是十分精湛且公允。

　　此外，蔡尚思教授描述清代著名學人時，與眾多學者不同，不以梁啓超多變爲其思想之特性，反認爲梁啓超「是在左右新舊兩派之間，並不因年齡與社會而轉變者……梁氏不論在少年，在老年，在清末，在民國，皆頗不失爲調和派，折衷派，灰色派。他的思想不左也不頂右，不新也不頂舊」。〔註2〕此一觀點或許與黃克武教授藉由墨子刻（Thomas A. Metzger，1933～）「轉化（transformative approach）」與「調適（accommodative approach）」分析架構，視梁啓超爲「調適」思想之代表，〔註3〕在某種意義上可視爲相類似的分析角度。由此可知，只要我們緊扣著梁啓超思想建構脈絡所呈現，是與當時思想

〔註1〕　梁啓超，《飲冰室合集・序》（北京：中華書局，1989年），頁3。本文所使用的梁啓超之文集和專集是合集版本中的文集和專集。故註解中的書名，直接使用文集和專集。

〔註2〕　蔡尚思，《蔡元培學術思想傳記：蔡元培與中國學術思想界》（上海市：棠棣，1950年）；本文引用同書重印版，《蔡元培學術思想傳記：蔡元培與中國學術思想界》（臺北縣板橋市：蒲公英（元山書局總經銷），1986年）第一章「先生在中國史上的地位與價值」，頁3。

〔註3〕　請參看黃克武，《一個被放棄的選擇：梁啓超調適思想之研究》（臺北：中央研究院近代史研究所，1994年）第一章「導論」，頁1～40。

界的頻繁互動，重新耙梳梁啓超思想的視角、關注點及其研究態度，其實會發現其個人思想體系仍具有相當一貫之思想脈絡。

這一思想互動脈絡中，第一個應當要注意的是他所受之康有為思想體系。汪榮祖教授分析康有為思想時，論說：「政治主張有一時的權宜性，而政治思想則有一貫的持續性」，這一論點顯然可適用於梁啓超政治主張和思想之間的關係。同時，他論及康有為時，認為「長素所最關切者，乃順應公理法則，進中國於長治久安。但他的救國良言並不與世界大同的理想相衝突，因兩者分屬不同的階段與層次。先師蕭公權在其長篇巨製中，歸納康之思想為求『中國富強』（a modern China）與『世界大同』（a new world）」。〔註4〕由此而言，梁啓超思想中國家論述和世界大同之理想，互相調和而不衝突，這或與康有為思想有密切相關聯。故梁啓超政治論說之多變是屬於因應時勢環境的調整，大概不能視為其思想之重點或特性。

筆者個人認為，在梁啓超學術生涯中「百變不離，緊密自守」者，當然不僅止於「史」〔註5〕一項，除了上述調和、折衷或調適等分析視角之外，若細看個人「私德」推展到「公德」為主軸，以建立現代國民國家，因推動國民道德建設而提倡「新民」，以此為梁氏的思想脈絡，即能發現梁啓超對道德問題的關懷，實處於整個思想架構中的核心位置。於此出發，重新考察梁啓

〔註4〕 請參看汪榮祖，〈康有為章炳麟合論〉，《中央研究院近代史研究所集刊》（第15期上冊，1986年6月），頁120～121。

〔註5〕 有關梁啓超的史學思想及其「新史學」相關的研究成果相當多。而其主要關注點，可化約為如何瞭解梁啓超在傳統史學基礎上建立現代史學。如汪榮祖教授評論說：「梁氏之新史學乃經世之史學也，自由之史學也，民族之史學也……。梁氏一舉而叱『正史』，攻『正統』，拒『書法』，實倡中國史學『現代化』之先聲。」（〈梁啓超新史學試論〉，頁229～230。），梁啓超史學思想的基本輪廓大致如此。對此議題更詳細的研究情況，請參看汪榮祖，〈梁啓超新史學試論〉，《中央研究院近代史研究所集刊》（第2期，1971年6月），頁227～236；杜維運，〈梁著「中國歷史研究法」探原〉，《中央研究院歷史語言研究所集刊》（第51本第2分，1980年），頁315～323；唐小兵 Xiaobing Tang, Global Space and the Nationalist Discourse of Modernity : the Historical Thinking of Liang Qichao（Stanford, Calif.: Stanford University Press, 1996年）；黃進興，〈中國近代史學的雙重危機：試論「新史學」誕生及其所面臨的困境〉，《中國文化研究所學報》（新6期：1997年），頁263～285；許松源，《梁啓超對歷史的理解及其思考方式》（國立清華大學：歷史學研究所碩士，1997年）；王汎森，〈晚清的政治概念與「新史學」〉，收入於《中國近代思想學術的系譜》（臺北：聯經出版事業公司，2003年），頁195～220；黃克武，〈梁啓超與中國現代史學之追尋〉，《中央研究院近代史研究所集刊》（第41期，2003年9月），頁181～213。

超思想建構過程之全貌，始能明白此「道德」問題，不但是《新民說》一系列文章中的主要關懷，更是梁啓超思想的內核（core）價值。

一、概念說明

如果我們肯定勞思光教授所說：「中國哲學的主流，原是道德哲學與政治哲學，而二者又合在一起，或許可稱作一種『politico-moral philosophy』。它的文化功能，就落在它對道德生活與政治生活的指引作用上。……中國傳統的政治哲學，原只作爲道德哲學的附屬品而存在。」，〔註 6〕則「道政合一」原是中國學術思想之傳統，透過梁啓超思想內核道德主義思想入手，探討其政治思想展演過程中的內在理路，可作爲本論文之基本研究途徑。又同時，梁啓超道德主義思想建構基礎處於傳統「道政合一」架構中，分殊爲一種獨立於傳統道政之架構，成爲傳統與現代之間道德主義思想的溝通基礎。這樣的切入點或能脫離傳統分析架構和視角，建立一種以道德主義和智識主義互動的角度，重新審視梁啓超思想架構的研究途徑。

在某種意義上言，本文是研究傳統中國思想史上，「道政合一」架構解體過程中，在清末民初思想界，尤其梁啓超重視道德的思想態度爲對象。這或許也可稱爲「重德思想」或「德性主義」，以傳統思想術語而言，即是「尊德性」脈絡，與中國思想史中「道問學」傳統之「重智思想」或「智性主義」相對。由於學術界已經廣泛使用「智識主義（intellectualism）」稱謂中國思想本身的「重智」脈絡，是故與智識主義相對，本文不妨試以「道德主義」稱謂梁啓超學術此種思想內核價值之特色。並且，爲避免道德主義一詞可能與歐美思想傳統中 moralism 一詞，發生定義與概念混淆，特再加上「思想」兩字，表示兩者之間不同思想脈絡與指涉意涵。

胡適（1891～1962）在總結「全盤西化」〔註7〕一詞引來的種種議論時，

〔註 6〕　勞思光，〈中國哲學研究之檢討及建議〉，《虛境與希望——論當代哲學與文化》（香港：香港中文大學出版社，2003 年），頁 21～23。

〔註 7〕　「全盤西化」成爲爭論點，起因於 1935 年 1 月 10 日，王新命等十位教授發表〈中國本位的文化建設宣言〉。嶺南大學教授陳序經於中山大學社會學系的演講稿，在〈中國文化的出路〉一文中，針鋒相對地批駁廣東當局與國立中山大學復古的主張。（請參看陳序經，〈中國文化的出路〉，《民國日報》副刊（1934年 1 月 15～16 日）。）胡適在 1929 年受英文刊物《中國基督教年鑑（Christian Year-book）》之請託，寫了一篇文章〈中國今日的文化衝突〉，曾使用過 Wholesale Westernization 和 Wholehearted Modernization 之概念。相關問題，請參看胡適，

引用美國《展望週報（*The Outlook*）》總編輯阿博特（Lyman Abbott，1835～1922）和他父親之間的談話，「『自古以來，凡哲學上和神學上的爭論，十分之九都只是名詞上的爭論。』阿博特在這句話的後面加上一句評論，他說：『我父親的話是不錯的。但我年紀越大，越感覺到他老人家的算術還有點小錯。其實剩下的十分之一，也還只是名詞上的爭論。』」，〔註8〕就如阿博特和胡適所點出的，本文的研究主題「梁啓超的道德主義思想」，想必相當多的問難，也會圍繞著此「道德主義」一詞。

　　值得注意的是，本文若使用「道德主義」一詞相對「智識主義」，即與傅偉勳教授批評新儒家時，所提出的「泛道德主義」，〔註9〕前後呈現相當有趣

〈充分世界化與全盤西化〉，天津《大公報》（1935 年 6 月 23 日），收入於《胡適文集 5・胡適文存四集》（北京：北京大學，1998 年 11 月），頁 453～456。更進一步的論戰相關討論，請參看胡適，〈編輯後記〉，《獨立評論》（第 142 號，1935 年 3 月 17 日），收入於《胡適文集 11・胡適時論集》，頁 670。〈試評所謂「中國本位的文化建設」〉，《胡適文集 5・胡適文存四集》，頁 448～452。陳序經，《從西化問題的討論裡求得一個共同信仰》，《獨立評論》（第 149 號，1935 年 5 月 5 日）。對此簡單整理和評析，請參看王中江，〈全盤西化與本位文化論戰〉，《二十一世紀》（第 8 期，1991 年 12 月），頁 40。陳瑞林，〈二十世紀中國美術的「西化」、「反西化」潮流與廣東畫壇新舊之爭〉，《二十一世紀》（網絡版 2004 年 3 月號總第 24 期）http://www.cuhk.edu.hk/ics/21c/supplem/essay/0311058.htm

〔註8〕　胡適，〈充分世界化與全盤西化〉，天津《大公報》（1935 年 6 月 23 日），收入於《胡適文集 5・胡適文存四集》，頁 453。

〔註9〕　請參看傅偉勳，〈儒家思想的時代課題及其解決線索〉，收入杜念中、楊君實編：《儒家倫理與經濟發展》（臺北：允晨文化公司，1987 年），頁 1～43；除此之外，亦可參看〈佛學、西學與當代新儒家——宏觀的哲學考察〉，收入於劉述先主編，《儒家思想與現代世界》（臺北：中央研究院中國文哲研究所籌備處，1997 年），頁 9～32。更有意義的是，傅偉勳教授批評新儒家的時候，詳細描寫的現代學術規範，他說：「君不見進化論於近年來史蒂芬・霍金（Stephen Hawking）等人所提出的科學宇宙觀（如『大爆破』理論）逼迫較有開放探索精神的神學家逐漸放棄上帝的宇宙創造爲超越性的『事實』，甚至願意接受多半的《聖經》故事爲一種宗教神話？……總之，我們在西方所看到的是，科學逐漸改變哲學與宗教探索宇宙奧秘、道德、人性、行爲模式等等的傳統辦法，而從科學探索的求眞精神與成果得到有助於開創哲學與宗教新理路的思維資糧。當然，哲學與宗教一方面接受科學的挑戰，另一方面也能夠提醒（而非反擊）科學家們，科學研究雖講求如實客觀，但科學眞理並非絕對眞理，即有本身的種種限制，偏激的科學化約論（scientific reductionism）或科學萬能主義（scientism）必須避免。」（請看傅偉勳，《儒家思想與現代世界》，頁 28～29）這都是與梁啓超道德主義思想，將道德和科學，置於互爲獨立而相輔相和之架構頗爲相近。

的現代中國思想史概念脈絡。當傅偉勳教授在〈儒家思想的時代課題及其解決線索〉一文中，評論新儒家「良知自我坎陷」等論點爲「泛道德主義」，對此新儒家則是以「強義的泛道德主義」與「弱義的泛道德主義」角度〔註 10〕正面回應。如果唯科學主義（scientism）是將科學方法和態度面對一切知識領域，而成爲一種排斥其他可能知識和價值領域的化約主義（reductionism），則一旦「泛道德主義」表現著以道德價值與意識籠罩其他所有領域的化約主意傾向，便可稱之爲「強義的泛道德主義」。相較下，「雖以道德價值爲一切文化活動之核心或基礎，但仍承認其他文化領域之獨立意義，這種觀點可稱爲『弱義的泛道德主義』」，〔註 11〕並且由此進一步指出牟宗三（1909～1995）以道統統攝或開出政統與學統之基本觀點，仍屬「弱義的泛道德主義」。換言之，「唯科學主義（scientism）」是與「強義的泛道德主義」相對，他們透過強義和弱義的區隔，爲自己的思想體系尋找出合理空間。

　　若我們接受此一分法，那麼梁啟超在某種程度上突破傳統「內聖外王」的思想格局，不包含其「內聖外王」思想格局延伸和道統論述，〔註 12〕並且，雖堅持道德價值的控制角色，但不以道德價值爲一切文化活動之核心或基礎，僅以德智相輔相和相緣結構中，相對堅持道德價值之重要性。並且晚年提出「非唯」，聲明對於「唯什麼」的唯心或唯物等思想或主義提出反對意見，甚至因而有人視他的思想爲「灰色」時，反認爲「灰色或者是好的，爲什麼好？好在他不『唯』」，〔註 13〕可見，梁啓超這一思想特性使他的道德主義思想不會流爲硬性的價值系統或理論體系，反而表現出更爲圓融的思想態度，那麼我們如何爲梁啓超道德思想尋找出適當的思想史上的位置？

　　梁啓超曾在「科玄論戰」中，以自由意志和客觀理智相輔爲論述重點，認

〔註 10〕可參看李明輝，《儒學與現代意識》（臺北：文津出版社，1991 年），頁 69～73；〈儒家思想中的內在性與超越性〉、〈當代新儒家的道統論〉，《當代儒學之自我轉化》（臺北：中研院文哲所，1994 年），頁 129～148、頁 149～173 尤其 169～173；〈儒家思想與科技問題——從韋伯觀點出發的省思〉，收入於《儒家思想與現代世界》，頁 57～82。

〔註 11〕李明輝，〈當代新儒家的道統論〉，《當代儒學之自我轉化》，頁 171。更進一步討論，請參看李明輝，《儒學與現代意識》頁 69～73。

〔註 12〕所謂「傳統『內聖外王』的思想格局之延伸和道統論述」，乃是新儒家「弱義的泛道德主義」特性之一。請參看李明輝，〈儒家思想與科技問題——從韋伯觀點出發的省思〉，收入於《儒家思想與現代世界》，頁 75。

〔註 13〕梁啓超，〈非唯〉，《文集之四十一》，頁 84。

爲「人類所以貴於萬物者在有自由意志、又承認人類社會所以日進，全靠他們的自由意志。但自由意志之所以可貴，全在其能選擇於善不善之間，而自己作主以決從違。所以自由意志是要與理智相輔的。若像君勱全抹殺客觀以談自由意志，這種盲目的自由，恐怕沒有什麼價值了。」〔註14〕這一觀點，使得他的思想比「弱義的泛道德主義」更爲圓融，而自處於智識主義和泛道德主義之間。若以上「道德主義思想」的說法能夠成立，或許由此鋪陳出現代中國道德主義和智識主義思想之間的基本譜系，即：「強義的泛道德主義」——「弱義的泛道德主義」——「道德主義」／「智識主義」——「弱義的泛智識主義」——「強義的泛智識主義」。就如新儒家所指出「泛道德主義」的相對角度而言，在中國現代思想史上，上述「弱義的泛智識主義」和「強義的泛智識主義」，我們或可視此爲唯科學主義（scientism）範圍，同理所謂「強義的泛道德主義」和「弱義的泛道德主義」可視爲「泛道德主義或唯道德主義（pan-moralism）」範圍，並由此整理出基本架構，「泛道德主義或唯道德主義（pan-moralism）」——「道德主義（moralism）」／「智識主義（intellectualism）」——「唯科學主義（scientism）」之架構。

廣義而言，「道德主義」／「智識主義」，當然可包括所謂強、弱、泛化的各自思想趨向，但狹義而言，也是在本文採用的概念範圍而言，它們與所謂強弱泛化的概念有明顯區隔，本文所討論的「道德主義」／「智識主義」，相較於泛化概念，是更爲開放的溫和思想路線，即使堅持各自思想態度和趨向，仍能包容並重對方的思想態度。這一「道德主義」／「智識主義」構圖所指涉範圍，乃是一種相對地思想態度和趨向之不同而言，即使互爲攻防，也只是說明本身不可偏廢的重要性，並不至於排斥對方，更不可能成爲反智主義（anti-intellectualism）或反道德主義（anti-moralism）。

如果，我們將研究視角和範圍，擴大到民初思想界整體歷史脈絡境遇，或能發現道德主義和智識主義之間，有著一種「鐘擺效應」。以「科玄論戰」爲分水嶺，梁啓超大力鼓吹人生哲學，〔註15〕使得現代智識主義思想代表胡適等人，不得不選擇辯護科學主義和唯科學主義的思想立場，再經過「科玄論戰」，這一唯科學主義之盛興，又將道德主義思路推到泛道德主義方向。就如胡適1935年3月《獨立評論》第142號編輯後記中，說：「現在的人說『折

〔註14〕梁啓超，〈人生觀與科學〉，《文集之四十》，頁25。
〔註15〕請參看梁啓超，〈治國學的兩條大路〉，《文集之三十九》，頁114。

衷』，說『中國本位』，都是空談。此時沒有別的路可以走，只有努力全盤接受這個新世紀的新文明。全盤接受了，舊文化的『惰性』自然會使他成為一個折衷調和的中國本位新文化。……古人說：『取法乎上，僅得其中；取法乎中，風斯下矣。』這是最可玩味的真理。我們不妨拼命走極端，文化的惰性自然會把我們拖向折衷調和上去的。」，〔註16〕這一「鐘擺效應」的描述，點出「科玄論戰」在現代中國學術史上的重大意義。在某種意義上言，「科玄論戰」是現代中國學術思想界對道德和科學的態度，互趨疏離，互為不同思路發展的起點，這一分殊和疏離如何合理調整，當然是當前思想界該重視的重大課題。由此而言，梁啓超緊緊扣住道德首要意義，並與智識科學並行不悖的道德主義思想，對我們頗有發人省思之處。

雖然，我們在此分別說明了本文的討論主題「道德主義（moralism）」與傳統「道政合一」和「泛道德主義或唯道德主義（pan-moralism）」之區別，但仍須要進一步瞭解，梁啓超道德主義思想與新儒家之間有否顯著的思想區隔。根據新儒家的論點，「弱義的泛道德主義」承繼傳統「內聖外王」的思想格局之延伸和道統論述，〔註17〕這相當程度表示梁啓超的道德主義思想，在此關鍵點上與它們出現不同面向，我們可視之為梁啓超道德主義思想的另一顯著的特性。但正因梁啓超也相當重視王守仁（陽明，1472～1529）的「良知」和「知行合一」論點，若我們經由這梁啓超的「良知」與傳統「道政合一」以及新儒家代表性論點「良知自我坎陷」，即是「良知」能否成為科學或民主思想的發顯基礎，可否引導出世俗政治的民主法律秩序等議題相比較，更能清楚地理解其兩者之間的差異。

若像陳來教授所指出，「『良知』具有比『本心』更接近意識活動的性格，更強調道德主體作為活動原則的一面。良知即體即用，既是本體，又是現成；既是未發，又是已發；既是立法原則，又是行動原則，尤其在工夫上使人易得入手處」。〔註18〕毫無疑問，此「良知」同時具有立法和行動原則，當然是

〔註16〕胡適，〈編輯後記〉，《獨立評論》（第 142 號，1935 年 3 月 17 日），收入於《胡適文集 11・胡適時論集》，頁 670。相同論點，亦見於胡適，〈試評所謂「中國本位的文化建設」〉，《胡適文集 5・胡適文存四集》，頁 451～452。

〔註17〕請參看李明輝，〈儒家思想與科技問題——從韋伯觀點出發的省思〉，收入於《儒家思想與現代世界》，頁 75。

〔註18〕陳來，《有無之境——王陽明哲學的精神》（北京：人民出版社，1995 第 2 刷），頁 188。

與新儒家的基本觀點相當吻合。與此相比,梁啓超道德主義思想所指涉的「良知」,相對而言,更清楚地劃出其侷限。即使梁啓超介紹〈法理學大家孟德斯鳩之學說〉〔註19〕時,對孟德斯鳩(Charles-Louis de Secondat, Baron de Montesquieu,1689~1755)「法之精神」(即法律成立之前,世間當自有義不義、正不正、不得不然之理),以「良知」來詮釋並介紹這一人類道德自然進程,但仍將「良知」與「科學」置於互為獨立而相輔相和相緣結構中,相當清楚的劃分其範圍,突顯出其某種侷限性。〔註20〕這一侷限的認知,顯現出梁啓超道德主義思想與「道政合一」或「泛道德主義」(即使與梁啓超道德主義思想較為相近的「弱義的泛道德主義」,仍堅持以道統統攝政統與學統),甚至與黑格爾倫理思想的擴張性,〔註21〕成為鮮明的對比。

梁啓超對人類「善良意志」、「良知」以及「自由意志」,不但流露出相當濃厚的關切,〔註22〕並且充分節制其範圍。梁啓超對「善良意志」的肯定和對道德無限擴張的節制,自由意志與理性相輔,道德與科學互為相緣,以及國家民族羣己相諧等觀點,在某種意義上言,不但相當巧妙地迴避單方面過分重視個人或集體,可能引發的諸多危險,即羣己疏離(原子化),或羣己衝突(甚至羣體壓迫個己),而且能透過道德主義化解極端個人主義(individualism)和集體主義(collectivism)思想趨勢之危險。〔註23〕

這種將道德和知識視為獨立範圍的理解態度,是清儒相當普遍的思考脈絡。〔註24〕在某種意義上言,梁啓超談「俗識」〔註25〕的時候,將「良知」

〔註19〕 梁啓超,〈法理學大家孟德斯鳩之學說〉,《文集之十三》,頁19。

〔註20〕 請參看梁啓超編,《節本明儒學案·例言》(新民社第一次印行本:香港中文大學藏本),頁1~5。

〔註21〕 請參看陳家琪,〈康德、黑格爾及其他——關於"新道德主義"的一封信〉,《世紀中國》。http://www.cc.org.cn/newcc/browwenzhang.php?articleid=1641

〔註22〕 本文對梁啓超「良知」、「善良意志」都有所討論,梁啓超對「自由意志」的關注比前兩個觀點稍晚,而仍不超出道德和科學為獨立而和諧相存之理論框架。請參看梁啓超,〈什麼是文化〉;〈為學與做人〉;〈治國學的兩條大路〉,《文集之三十九》,頁97~119;〈研究文化史的幾個重要問題〉,《文集之四十》,頁1~7。

〔註23〕 黃克武教授認為脫離個人主義者(individualist)或集體主義者(collectivist)視角,應當「是重視群己之間的互動與平衡。從此角度才能瞭解梁啓超思想的複雜性和巧妙性。」(黃克武,〈梁啓超的學術思想:以墨子學為中心分析〉,《中研院近史所集刊》(第26期,1996年12月),頁61。)

〔註24〕 請參看梁啓超,《中國近三百年學術史》,《專集之七十五》,頁56,57。以及余英時,《中國思想傳統的現代詮釋》,頁450。

推向智識化脈絡，但他仍然在「智識主義」和「泛道德主義」之間，保持適當的距離。

　　除此之外，我們值得注意的是，梁啓超道德主義思想，並不宜與智識主義思想脈絡成爲彼我消長之零和關係來瞭解。梁啓超與胡適爲首的中國現代道德主義和智識主義思想脈絡可謂對立，但是梁啓超道德主義思想，即使相對地強調道德價值和其首要意義，並不排斥智識主義。由此而言，梁啓超的道德主義思想與智識主義之間，是有一種微妙的緊張和互動。就某種意義上言，梁啓超和胡適等人在歷史舞台上相會時，都處於現代學術規範建立之際，都充分表現出現代學術民主素養。〔註26〕根據梁啓超《節本明儒學案》，梁啓超對傳統所謂理氣性命太極陰陽或相關佛教等論，實屬於「心」之科學，是可研究的對象，然與能導引實際行爲之「治心治身」有所區別。若我們依照他的分法，顯而易見，他脫離傳統天道天理等觀念之束縛，將道德的範圍侷限於發覺自我、是非判斷所能依準之良心基礎，付諸於實際行爲的人倫日常生活。並且，梁啓超將王學分爲兩派，趨重本體者（即注重良字）王畿（龍溪，1498～1583）王艮（心齋，1483～1540）一派，與趨重功夫者（即注重致字）聶豹（雙江，1487～1583）、羅洪先（念菴，1504～1565）一派，說：「若啓超則服膺雙江念菴派者，然不敢以強人，人各有機緣，或以龍谿心齋派而得度，亦一而已矣。」〔註27〕足見梁啓超自我聲明其思想路線所繼承者乃重「致」的功夫，但仍對另一注重本體的思想路線，無所褒貶詆毀，〔註28〕充分表現出現代學術思想人文素養。或許，這一選擇說明梁啓超道德主義思想另一顯著的特性。

　　以上諸多觀點，都能證明，梁啓超道德主義思想之複雜面向和獨特性，當然，他與「道政合一」傳統的解體，或新儒家泛道德主義思想重構，有著

〔註25〕梁啓超，〈良知（俗識）與學識之調和〉，《文集之三十二》，頁32。

〔註26〕蕭公權（1879～1981年）教授爲張朋園教授《梁啓超與清季革命》一書做的序文中，指出梁啓超思想的「民主態度」，說：「辨別是非，却不相信眞理絕對，因此他也不堅持個人一時一地的見解必然是正確而不可移易的。他毫不諱言『不惜以今日之我難昔日之我。』在清末民初時代的言論家當中他是最富有『民主態度』的一個人。」請參看蕭公權，〈蕭公權先生序〉，收入於張朋園，《梁啓超與清季革命》（臺北：中央研究院近代史研究所，1982年6月），頁2。

〔註27〕梁啓超，《德育鑒》，《專集之二十六》，頁30。

〔註28〕請參看梁啓超，《節本明儒學案‧例言》，頁2～3。

相當顯著的差異。他的道德主義思想,在中國思想史脈絡而言,是一種突破,也是一種整合,不但充分表現現代學術民主素養,更爲儒家道德主義思想,鋪陳出新境。

由此我們可整理出簡明的概念範圍,即是本文梁啓超道德主義思想,不但不是指傳統儒家思想之「道政合一」領導政治思想之道德絕對主義(moral absolutism),亦不是「意識形態」化的泛道德主義(pan-moralism)、更不是與唯科學主義(科學萬能主義;scientism)〔註29〕相對立。本文將更清楚指出梁啓超的「道德主義」非盧梭式反智主義(anti-intellectualism),〔註30〕而是道德與科學互爲相輔相和相緣架構中強調道德的重要性,〔註31〕其修養亦非單靠靜心養氣而完成,必須經過思想和學術相和相緣架構中,循序漸進而完成。依據梁啓超不斷注意公德、私德、德育、道德力量、道德良心力量、道德意志等關注點,我們即可瞭解其道德主義思想的具體關注從未間歇,但它不是一種硬性的體系或理論結構,也不排擠知識或科學,更非盧梭式反智意識形態,而只是在智識和道德之間的本末次第上有長期和核心價值式的思考和思想態度。

所謂「主義(-ism)」,在英文中的用法可細分爲約9種(但並不一定與「意識形態」相一致),大部分是與引起某個人的行爲模式相關。〔註32〕梁啓超在1920年《孔子》一書中,認爲儒家哲學以「修己安人」一語概括,〔註33〕並且「儒家精神重在力行,最忌諱說空話」,〔註34〕因此,儒家哲學是「一面講道,一面講術;一面教人應該做什麼事,一面教人如何做去」。〔註35〕可見梁啓超重提儒家哲學所重視的,顯然是行爲本身(即是能否引導出正確的行

〔註29〕 有關唯科學主義(scientism)相關討論,請參看郭穎頤,《中國現代思想中的唯科學主義(1900〜1950)》(南京:江蘇人民出版社,1995年8月)。

〔註30〕 意即一種與知識或科學對立的道德主義(即是一種 anti-intellectualism),在這一點上盧梭表現的似是一種意識形態化的道德主義,相對的,本文所指的梁啓超道德主義思想是在中國思想脈絡上的,是一種較爲強調道德意涵、道德行爲的態度和傾向。

〔註31〕 此處所言「道德與科學互爲相輔相和架構中強調道德重要性」,乃爲梁啓超道德主義思想的基本架構,在這一點上,我們即能清楚的分別梁啓超和盧梭知識或科學對立的道德主義(即是一種 anti-intellectualism)思想。

〔註32〕 請參看 Raymond Williams 原著、劉建基翻譯,《關鍵詞:文化與社會的詞彙》(臺北:巨流,2003年),頁200〜201。亦可參看 http://en.wikipedia.org/wiki/-ism

〔註33〕 請參看梁啓超,《儒家哲學》,《專集之一百零三》,頁2。

〔註34〕 梁啓超,《儒家哲學》,《專集之一百零三》,頁71。

〔註35〕 梁啓超,《儒家哲學》,《專集之一百零三》,頁5。

爲），因此在此意義上或可適用於「主義（-ism）」的用法。

　　此外，梁啓超在 1926 年 10 月 4 日寫給留學美國兒女們的一封信中，提及徐志摩（1896～1931）再婚，說：「我昨天做了一件極不願意做之事，去替徐志摩證婚。他的新婦是王受慶夫人，與志摩愛上，才和受慶離婚，實在是不道德之極。……品性上不曾經過嚴格的訓練，眞是可怕。」〔註36〕這種以道德作爲判斷基準，當然相當程度符合，「主義（-ism）」的用法。

　　梁啓超主張的道德不是泛泛之談，而是要經過嚴格訓練的，類似宋明理學式的身心修養與知識的調和。他在 1928 年 5 月 13 日寫給孩子們的一封信中說到：「你們來信又怕我常常有憂慮，以致損壞體子，那更是誤看了，你們在爸爸膝下幾十年，難道還不知道爸爸的脾氣嗎？你們幾時看見過爸爸有一天以上的發愁，或一天以上的生氣，我關於德性涵養的工夫，自中年來很經些鍛鍊，現在越發成功，近于純任自然了」，〔註37〕可見，梁啓超德性涵養工夫，終其一生始終不變。雖然，梁啓超遵循著各種傳統修養方法，但是若據此說梁啓超道德主義思想即是宋明理學或陽明學，亦不妥切。當他認爲「自由權又道德之本也。人若無此權，則善惡皆非己出，是人而非人也！」〔註38〕並且視此個人自由、思想自由、精神自由乃道德和善惡是非成立之先決條件來看，我們即能瞭解以陽明學或宋明理學，大概不能涵蓋出梁啓超思想的全貌。

　　梁啓超道德主義思想並非意在重構一個涵蓋宇宙論、人性論的新理論結構，在本文的分析中，將瞭解到梁啓超的道德主義思想與智識主義脈絡，並非劃然分明之概念，這是一種途徑和趨向之相對區分。嚴復（1854～1921）、梁啓超、胡適或依據個人學識高明沈潛之不同，在歷史境遇中表現著「道同而所入異，入異而道亦因之不同」。〔註39〕

　　因此梁啓超的道德主義，即使介在傳統「道政合一」解體和新儒家「泛道德主義」重構之間，有著線性關聯脈絡上不可缺少的重要意義，卻與他們

〔註36〕梁啓超著，張品興編，《梁啓超家書》（北京：中國文聯出版社，1999 年 12 月），頁 416～417。

〔註37〕丁文江撰，《梁任公先生年譜長編》（臺北：世界書局，1988 年 4 月第三版），頁 43。

〔註38〕梁啓超，〈盧梭學案〉，《文集之六》，頁 101。

〔註39〕費密，〈聖人取人定法論〉，《費氏遺書三種·弘道書》卷上（臺北：新文豐，1989 年），《叢書集成續編》第一五四冊，頁 173；即《弘道書》卷上，五十一。引文亦參考余英時，〈清代學術思想史重要觀念通釋〉，《中國思想傳統的現代詮釋》，頁 456。

兩者有著明顯的不同趨向，或許這是現代中國思想，從傳統注重「功夫」和「本體」的思想資產，轉化為現代道德主義或其他思想脈絡發展的思想史歷程。這不但是一種重構傳統思想的嘗試，也是供給我們現代學術研究可參考的思想整合和創新途徑。清末民初乃傳統政制和思想本身，經歷著重構進程，內外螽己衝突越演越烈，極度混亂的危機，挫折和希望中的掙扎，促使思想解放和建構的不斷努力。

或許人在解體和重構的過程之間，才能真正享受思想自由和活潑氛圍，發揮個人思想的無限潛能，因為一旦只要新的制度重整完成，〔註40〕正表示人們從傳統鐵籠中，走進另一思想體系和制度的鐵籠。正因如此，我們或認為梁啓超道德主義思想，即是傳統與現代的媒介，但是更正確的說法，應當是兼顧傳統和現代，更是為未來提供創新新局之有利基礎。

二、研究動機

清末知識分子，面臨來自歐美諸國的壓倒性軍事及文化衝擊，陷於前所未有的文化危機之中。他們處於傳統價值與啓蒙信念交替之際，曾提出過無數救國存種的議論和改革方針，如「中學為體，西學為用」〔註41〕、「以自由為體，以民主為用」〔註42〕、以至「全盤西化」、「充分世界化」等。縱觀中國現代化

〔註40〕近來，以學術制度層面切入研究，頗受學術界的關注。相關討論可參看劉龍心，《學術與制度：學科體制與現代中國史學的建立》（國立政治大學：歷史研究所博士，2000年），頁1～10。劉龍心教授坦言此一研究途徑，頗受華勒斯坦教授（Immanuel Wallerstein，1930～）之啓發。對此，請參看華勒斯坦等著，劉健芝等編譯，《學科‧知識‧權力》（北京：三聯書店，1999年3月）；Immanuel Wallerstein, Unthinking Social science:the Limits of Nineteenth-century Paradigms（Philadelphia: Temple University Press, 2001年）中文方面汪榮祖教授早已指出中國史學近代化，即是學院化、專業化、獨立化三個面向。請參看汪榮祖，〈五四與民國史學之發展〉，汪榮祖編，《五四研究論文集》（臺北：聯經出版事業公司，1979年），頁221～233。

〔註41〕「中學為體，西學為用」一詞之出現，並不甚明確，雖孫家鼐（1827～1909年）在〈議覆開辦京師大學堂摺〉中提出「中學為體，西學為用」一詞（毛佩之輯，《變法自強奏議》，1901年（光緒二十七，辛丑）上海書局刊本，卷四，頁一b。），但魏源（1794～1857年）、馮桂芬（1809～1874年）等人早已論及此意涵。而實際上成為清朝主導思想的推動，應與張之洞（南皮，1833～1909年）有相當大的關聯。請參看薛化元，《晚清「中體西用」思想論（1861～1900）：官定意識型態的西化理論》（臺北縣板橋市：稻鄉出版社，2001年），頁1～7。

〔註42〕嚴復，〈原強〉，《嚴復集1》（北京：中華書局，1986年），頁11。

的歷程，可發現各家所提出的救國措施，實是因應當時現實環境之急需，體現
出國家危在旦夕，知識分子面對如此迫切的危機，所提出的解決方法如何在現
實社會環境中發揮影響。這個互動過程，在某種程度上，反映出各種存於知識
和社會間的供需轉變，亦在思想史研究上能提供最好的討論空間。

　　經過將近一世紀艱辛的亞洲歷史文化變遷，與隨著亞洲各國國家經濟力量
步步高升，文化學術研究漸漸脫離歷史包袱和文化衝擊之影響，以較客觀的態
度研究歷史文化的傳承與發展等諸問題。因此，我們在學術界不難發現能持續
繼承已有的研究成果，且發展出以全新的詮釋方法和探討模式，充分地展現出
歷史、文化、思想各領域中錯綜複雜的問題。現在學術界不但能脫離政治或思
想上的限制，而且漸漸地突破西方之衝擊和被動反應之模式，〔註43〕並能在各
國本身之歷史和思想發展的軌道上，尋覓出傳統與現代之間豐富的互動和關
聯。換句話說，不但從外在的因素中尋出歷史變遷過程的正確涵義，並就中國
本身發展的模式中瞭解，爲何中西全面接觸之際，在思想、學術和文化上會引
發如此的轉變，以較客觀的、全面的整體研究，得到相當程度的客觀分析結果。

　　在中國啓蒙思想的主要潮流中，觀看自由主義思想之傳布與發展的中心
人物，如嚴復、梁啓超、胡適等人的自由主義思想層次，即可發現他們因個
人學術背景及成長環境之不同，而呈現出偏於道德主義和偏於智識主義的不
同譜系。本文研究重點之梁啓超，由於在個人修養上深受中國「尊德性而道
問學」、「內聖」傳統之涵育，強調個人道德人格修養的重要性，如此讓他得
能在盛行於清朝的「道問學」風潮上，以儒家智識主義傳統爲基礎，同時統
合西方學術思想傳統，在這個進入科學時代的思想潮流中，爲個人之道德人

〔註43〕請參看 Paul A. Cohen，林同奇譯，《在中國發現歷史：中國中心觀在美國的興
　　　起》（臺北縣板橋市：稻鄉出版社，1991 年）。Cohen 認爲歐美學界，多以「衝
　　　擊——反應」、「傳統——近代」和「帝國主義類型」角度研究中國歷史，充
　　　分顯示其「歐美中心」思考，而學界應重視「中國內部脈絡」、「中國爲中心
　　　的研究」態度。對此，Duara 教授認爲與其重建純粹「中國中心」的研究，不
　　　如研究者各自不同視角重視、重顯歷史，透過歷史實況的探析過程中，相關
　　　道德、政治立場之細微分析，或助於學術界更清楚瞭解眞實的歷史。（請看
　　　Prasenjit Duara, Restructing History from the Nation: Questioning Narratives of
　　　Modern China,（The University of Chicago Press, 1995），pp.26～27.）
　　　「中國爲中心」的研究態度，汪榮祖教授早已對此「中國中心」有所評論，
　　　認爲即使學術界應當注意中國歷史內在脈絡，但仍不能忽略清末民初歐美學
　　　術思想對中國的影響。請參看汪榮祖，〈康有爲章炳麟合論〉，《中央研究院近
　　　代史研究所集刊》（第 15 期上冊，1986 年 6 月），頁 142。

格修養與知識能力關係另闢出思想領域，謀求兩者之間的合理調和。

學術界以道德和知識為分析架構，或在智識主義理論基礎上剖析整個學術環境的探討方式，已得到可觀的研究成果。但是，其研究範圍基本上尚未到清末民初之思想界，雖然一部分的研究者已經開始注意清末民初之間，傳統與現代之間的傳承過程，而對傳統「尊德性」和「道問學」的分歧，究竟如何影響了現代中國思想史的演變，當時的知識分子對道德和知識問題上的分歧，又如何影響他們所提出的中西文化學術之整合？對這些問題，學術界基本上缺少全面性的討論和分析。

因此，若在本論文的探討中，能夠銜接明清以來中國學術思想和中國啓蒙思想之關聯性或其影響深度，則在中國學術思想史上，一方面可彌補其傳統與現代之間的分界，另一方面藉由中國啓蒙思想家之東西方思想的整合，進而拓展現代學術思想發展的視野和方向。

其實，如何處理圍繞道德和知識的種種問題，不但在中國思想史中扮演著十分重要的角色，在歐洲啓蒙運動以來歐美思想演變中亦曾佔據著關鍵性的地位。眾所周知，歐洲啓蒙思想之發動，基本上從脫離宗教權威開始，由此建立起以人類為中心的社會、文化、學術環境，意即宗教失去主導整個社會的中心地位和力量，科學興起，人文思想取代宗教所扮演的角色。從中我們可看出，歐美國家之科學發展帶動整個社會、學術、文化的巨變時，對道德淪喪的危機感隨之而生。

白璧德（Irving Babbitt，1865～1933）對此文藝復興時期，神學束縛中解放而崛起的個人主義傾向，描寫得相當傳神。他說：「總之，自然主義的、人道主義的、宗教的因素在波瀾壯闊而又複雜的所謂文藝復興運動中，以幾乎每一種可以想像出的比例混合在一起了。實際上，即使在同一個人身上，也混合著所有這些因素。」甚至，他引用伏爾泰（Voltaire：本名 François-Marie Arouet，1694～1778）「任何一個手裡拿著一部聖經的新教徒都是教皇」，描寫個人道德自主性解放所引起之時代風氣。但是，從中我們應當注意的是，這一巨變時期，圍繞著個人主義以及道德自主性，各傳統之間的互動及其思想交融，是極為複雜的歷史光譜，不能簡單以單一線性模式瞭解。〔註44〕所以，當時在中國的智識主義和科學主義之興盛，或對道德主義或對道德問題的關

〔註44〕請參看 Irving Babbitt 白璧德，孫宜學譯，《盧梭與浪漫主義》（石家莊：河北教育出版社，2003 年 8 月）第 4 章「浪漫主義的道德：理想」，頁 71～75。

懷，並不能單以傳統思想的承繼爲合理解釋，而應當承認當時整個世界，尤其是歐美國家的科學興盛帶給中國知識分子的影響。筆者所強調的只是過去較被忽略的傳統因素，值得重新加以探討，由此建立較全面而客觀的分析。

三、研究方法

其實，在研究個人思想時，常能看到內在思想隨著外在時空環境改變，起了某種變化甚或前後看似矛盾的論說。但是，如果我們能注意到在思想變化過程中各階段所內涵的內在關聯，再考量到作者寫作時之目的和環境等因素，以進行對其言論與整體思考脈絡的審視，便能明白到須在錯綜複雜的內部聯繫和外部環境的互動中，才能掌握其中的深層意涵。對此，柯靈烏（Robin George Collingwood，1889～1943）所提出的「問題與解答」之邏輯，「除非兩命題是同一問題的答案，否則它們不會彼此矛盾」，〔註45〕或許可供給我們有力的參考點。個人認爲此不但僅限於命題之相同與否，甚至關係到解答人所處之歷史時空環境，歷史研究所要瞭解的是歷史境遇和現象所蘊含、透露的訊息，並非追究其個人言論的前後不同而論其功過。

當發覺梁啓超思想之幾個關鍵課題時，個人的基本立場，是人的思想成形和開展，必定擁有個人特殊的境遇，並在歷史和生命的歷練中，個人自然會擁有相當獨特的特性。即使梁啓超屢次表明，個人思想多變，但個人認爲其中必有不變之內核價值。甚至閱讀相關梁啓超他的第一手文獻，仍認爲他的論點之轉變，必內涵某種思想涵義。個人以上之觀點，當然經由柯靈烏，或《正義論》的作者 John Rawls 的話來講，或許更爲貼切。羅爾斯（John Rawls，1921～2002）在借用柯靈烏的觀點，曾經懇切地講說：

> 我總是理所當然地認爲，我們正在研究的這些人物比我聰明得多。如果他們不比我聰明的話，我爲什麼要在他們身上浪費我的時間和同學們的時間呢？如果我在他們的論證中發現了一個錯誤，我便假定他們也發現了它，並且確信他們已經對它作了處理。那麼，他們在哪裡處理它們的呢？我考察他們的解決辦法，而不是我自己的解決辦法。有時，他們的解決辦法是有歷史限制的：在當時，問題還沒有必要提出，或者還不會被提出，所以無法被充分成熟地討論。

〔註45〕柯靈烏原著、陳明福翻譯，《柯靈烏自傳》（臺北市：故鄉，1985 年 3 月 15 日初版），頁 47。

> 我忽視了或者沒有讀過原著的某個部分。我從來不認為存在什麼顯
> 而易見的錯誤,至少不存在事關重大的錯誤

尤其談到康德的時候,他說:

> 我對康德幾乎沒有提出任何批評。我所做出的所有努力,在於千方
> 百計地理解他,……我一直無法充分地把握他的意志自由之理念和
> 合理宗教之理念,那些理念必定是他的思想的核心部分。對我們來
> 說,無論我們做出多大努力去把握他們的思想,所有這些偉大人
> 物……在某種程度上都是高不可攀的。〔註46〕

本文研究梁啓超的基本態度也是如此。本文的研究方法,多以梁啓超龐大著
作逐一分析為主,著重於瞭解。並且為了深入瞭解梁啓超道德主義思想,在
思想史上的位階,透過智識主義以及歐美道德哲學思想之間的比較探討,全
面掌握梁啓超道德主義思想的諸多面向。當然,本文道德主義問題的提出,
就如羅爾斯所言,「在當時,問題還沒有必要提出,或者還不會被提出,所以
無法被充分成熟地討論」,〔註47〕但透過本論文之討論,希望能供給學術界,
更深度的瞭解梁啓超思想的獨特位置。

或許,韋伯(Max Weber,1864～1920)所透露的「理性化(rationalization)」
〔註48〕之進程也發生在個人思想之展演過程中,一個人不斷地在他的一生中
提出新的問題和在答覆中追求合理,但值得注意的是,其過程中某種議題是
持續展演的,會不斷的出現歷史時空環境給予的相對訊息。在梁啓超學術思
想生涯中,何者為繼續展演?何者從歷史洪流中銷聲匿跡?有何歷史歷練出
現在梁啓超個人思想之「理性化」過程中,受到干擾、消化、突破?這也是
作者關心的主題之一,也是將在本文中加以瞭解的核心思考之一。

梁啓超在他的為數龐大著作中,不但保留了相當多的個人思想軌跡,同
時也透露他所面臨的時代環境所生發的種種問題。因此,本文將以此為認識
的基本主軸,嘗試從梁啓超著作中瞭解他和他的時代的問題,也就是當時時

〔註46〕 John Rawls,〈編者的話〉,《道德哲學史講演錄》(新店:左岸文化,2004 年),
頁 xvii, xviii。

〔註47〕 John Rawls,〈編者的話〉,《道德哲學史講演錄》,頁 xvii.

〔註48〕 Max Weber, translated by A. M. Henderson and Talcott Parsons; edited with an
introd. by Talcott Parsons, The Theory Of Social And Economic Organization
(New York: Free Press, 1964 年), p.117. 韋伯「理性化」概念之簡單介紹,
可參看 Michael H. Lessnoff, 楊慧玲譯,《當代政治哲學巨擘》(臺北:韋伯文
化,2001 年),頁 10～13。

代所交給梁啓超的問題與背景，對梁啓超有何影響？他又如何解答？這一環
節不但供給我們一個鮮明的對比，而且呈現出梁啓超終其一生所表達的關懷
以何種型態交織於歷史時空中。

　　研究梁啓超思想之成形和展演過程中，我們可能會目睹當時思想界頗爲
複雜且互爲影響的關係網絡。這都是值得去研究的，但是，本文的目的不在
展現當時思想界之完整關係網絡，而是著眼於梁啓超思想本身如何展演以及
如何建構其內部理論架構之探析，由此更深入瞭解梁啓超在歷史時空中提出
的問題和解決之道。有關道德主義思想之歷史光譜與中國思想傳統，在新的
歷史環境中的銜接脈絡和資源重構過程中，梁啓超思想體系建構過程扮演何
種角色？其內涵又如何？其積極意義何在？以此問題爲主線，盡量避免摻入
與主題不甚相關的問題。

　　在人文學術研究上，如何建立如同自然科學般獨立於主觀意識的客觀
性，乃是人文研究者所面對的最大挑戰之一。梁啓超曾在 1923 年 5 月 29 日
〈科學與人生觀〉中，說：「科學所推尋之公例乃是（一）在某種條件之下，
會發生某種現象。（二）欲變更某種現象，當用某種條件，籠統普遍的斷案，
無論其不能，即能，亦斷非科學之所許。」〔註49〕科學研究方法論是相當完
整的計量化且特定研究條件之下的方法論，應用於人文學術研究，會導致排
除人文主觀因素之不確定性。

　　對此，梁啓超也注意到自然科學方法論和人文學術研究方法論之間的分
殊，他將宇宙事物分爲自然（因果律領土）與文化（自由意志領土）兩系，
說：「兩系現象，各有所依，正如鱗潛魚藏，不能相易，亦不必相羨，歷史爲
文化現象複寫品，何必把自然科學所用的工具扯來裝自己的門面，非爲不必
亦且不可。因爲如此便是自亂法相，必至進退失據。」〔註50〕

　　重看現代物理學上的發現，如大家所熟習的相對論，測驗研究者之位置
或行進速度，直接影響於測驗結果；況且，以量子力學而論，因爲組成原子
的各個粒子實在太小，若研究者以電子儀器偵測其微粒子的結構，就直接影
響於粒子本身，所以，我們一次只能測出它的位置或動量，卻無法同時測出
其兩者；更爲有趣的是，光線之兼具粒子和線性結構特性，這種物理學上的
相對性或無法分隔出的兼具特性的發現，猶如生物進化論影響於世界近現代

〔註49〕梁啓超，〈科學與人生觀〉，《文集之四十》，頁 24。
〔註50〕梁啓超，〈研究文化史的幾個重要問題〉，《文集之四十》，頁 2〜3。

學術思想界，對現代甚至後現代人文學術研究也發揮一定的衝擊。〔註51〕

　　卡爾（Edward Hallett Carr，1892～1982）之 *What is History?* 一書，〔註52〕表達歷史與研究者之間的不斷的對話，或是加達默爾（Hans-Georg Gadamer，1900～2002）聲稱「我已經超出了科林伍德（R. G. Collingwood）所提出的問答邏輯，因爲我認爲世界的定向並非緊緊表現在從說話者之間發展出問題和回答，而且這種世界定向也是由所談的事情產生出來的。是事物『提出問題』」，〔註53〕他們都想建立適於人文學術研究的一種方法論，但仍無法完全超脫於自然科學方法論之某種影響。平心而論，人文社會研究者完全脫離主觀因素，盲從計量化的研究方法論，也未必能製造出更有深度的研究，〔註54〕同理，個人僅靠自我的體悟、詮釋，或受各種研究理論所束縛，也不能解決人文學術研究面對現代自然科學研究方法和成果所帶來的各種挑戰。或許，關鍵不是在方法本身，而是處理此一方法論之研究者與其對象，在研究過程中所產生的激盪過程。作者在此所論之方法或研究態度，與其說遵照某種方法論，不如說是先表明可注意的幾項態度和關注點。

　　對於方法論的關注，梁啓超曾言：「凡欲一種學術之發達，第一要件，在先有精良之研究法。」，雖然「清學的研究法，既近於『科學的』，則其趨嚮似宜向科學方面發展；今專用之於考古，除算學、天文外，一切自然科學皆不發達，何也？」　對此，他回答說：「我國數千年學術，皆集中社會方面，於自然界方面素不措意，此無庸爲諱也。」〔註55〕換言之，雖然傳統人文學術研究方法幾近歐美自然科學相當嚴密，而研究對象則僅限於人文社會方面，不但不能開顯出真正提升生活品質的科學運動，更不能帶動完善且健全的社會、政治、文化及其學術環境之建構。因此，脫離傳統學術研究緊緊扣

〔註51〕請參看 Alfred North Whitehead，傅佩榮譯，《科學與現代世界》（新店：立緒文化，2000 年）5「浪漫主義的逆潮」、7「相對論」、8「量子論」，頁 109～140，167～228。

〔註52〕Edward Hallett Carr，What is History?（New York：Vintage Books，1961 年）

〔註53〕漢斯──格奧爾格・加達默爾著；洪漢鼎、夏鎮平譯，《真理與方法：補充和索引》（臺北市：時報文化，1995 年），頁 7。引文中人名科林伍德（R. G. Collingwood），即是柯靈烏（Robin George Collingwood）。

〔註54〕我們可參考羅素（Bertrand Russel，1872～1970 年）對歷史的評論，羅素有言：「沒有偏見的人，是不可能寫出有趣的歷史。」請參看 Bertrand Russell, The Autobiography of Bertrand Russell：1914～1944（Boston; Toronto: Little Brown, 1968 年）, p.326.

〔註55〕梁啓超，《清代學術概論・九》，《專集之三十四》，頁 22。

住考據典章制度的思考脈絡，將其精良的方法積極運用於生活，開展出科學，以此實質提升自然科學和社會文化學術研究風氣，發揮積極的社會作用，成爲當時士人所關注的主要思想課題之一。〔註56〕

　　當我們觀察清末民初以中國傳統思想爲基礎，而同時吸收西方思想的眾多思想家時，頗值得考慮所謂「類推」之法。如章炳麟作〈訂孔〉中云：「心能推度曰：『恕』，周以察物曰：『忠』，〔註57〕人吸收新的思想，常以原有思想爲詮釋基礎，以此類推，在清末民初思想界引進新思想時，亦出現相當多的例子。梁啓超曾在〈近世第一大哲康德之學說〉案語中云：「朱子補格致傳謂即凡天下之物，莫不因其已知之理而益窮之，以求至乎其極。至於用力之久，而一旦豁然貫通焉，則眾物之表裏精粗無不到，而吾心之全體大用無不明。與康德此論頗相類。爲朱子教人窮理，而未示以窮理之界說，與窮理之法門，不如康氏之博深切明耳。」〔註58〕正說明當時學者多立於國學基礎上，以相類觀點之類推方式，吸收外國思想之學習趨向。

　　錢基博（1887～1957）曾在《經學通志》中說：「近儒侯官嚴復又陵序其所譯英儒赫胥黎《天演論》，則又據《易》理以闡歐學，……然嚴復尚非《易》家也，不過爲闡《易》道以歐學者之大輅椎輪而已！」〔註59〕由此可知，嚴復輸入西方學術思想於中國時，當時深於國學的學者尚從傳統角度來瞭解吸

〔註56〕胡適1926年11月19日在英國康橋大學以〈中國近一千年是停滯不進步碼？〉的演講稿中，曾經引用清代學術思想之發展爲證據，大力宣傳中國傳統學術思想中的進步意義及其科學精神和方法。但是，胡適在1928年9月所做的一篇〈治學的方法與材料〉中，竟然引用同樣的材料加以比較中國和西方學術發展的概況，而引導出相異的言論說：「我們的考證學的方法儘管精密，只因爲始終不接近實務的材料，……所以我們的三百年最高的成績不過幾部古書的整理，於人生何益處？於國家的治亂安危有何裨補？」（胡適，《胡適作品集11·治學的方法與材料》（臺北市：遠流出版社，1994年月1日初版第五刷），頁153。）此可以說是胡適言論中相當有趣的例子之一，此乃所謂「因地而宜」、「子爲父隱，父爲子隱」。由此可知，我們研究任何思想家之言論時，該注意此一言論的針對性，爲誰而發、有何目的等諸多因素，即使一生言論頗爲一貫的胡適，也在面對不同地點不同聽眾時，會出現互爲相異的論點。
〔註57〕章太炎，《檢論·訂孔》（下），《章太炎全集3》（上海：上海人民，1982年），頁426。胡適曾以此論「忠恕」爲孔子的思想方法論。（胡適，《胡適作品集31·中國古代哲學史》，頁96～97。）
〔註58〕梁啓超，〈近世第一大哲康德之學說〉，《文集之十三》，頁56。
〔註59〕錢基博，《經學通志》，收錄劉夢溪主編《中國現代學術經典·錢基博卷》（石家莊：河北教育出版社，1996年10月），頁700～701。

收，雖然嚴復本人相當清楚中西學術思想不能混為一談，但是他的學術思想之基礎，確實也是以傳統為基點的。〔註60〕

如梁啓超《論中國學術思想變遷之大勢》中，提到如何造新國民之論述時，所舉出的例子剛好也可以說明此激盪和接替過程中的複雜性，通常藉由相近的本國原有思想資源之輔助，才能順利發揮它的影響力，不同文化之間思想交融更是如此。梁啓超說：「凡欲造成一種新國民者，不可不將其國古來誤謬之理想，摧陷廓清，以變其腦質，而欲達此目的，恆須藉他社會之事物理論，輸入之而調和之。如南北極之寒流，而與赤道之熱流，相劑而成新海潮；如常雪界之冷氣，與地平之熱氣，相摩而成新空氣。故交換智識，實惟人生第一要件。今日萬芽其茁之世界，其各各新思想，骰列而不一家，則又當校本國之歷史，察國民之原質，審今後之時勢，而知以何種思想為最有利而無病，而後以全力鼓吹之，是之謂正。」〔註61〕由此可知，與世界各國交換智識，「輸入之而調和之」時，必慎審其本國歷史與思想資源的基礎及其時勢之所趨。這一過程使我們更清楚理解到梁啓超「服公理、達時勢」〔註62〕

〔註60〕這種現象王汎森教授以「語言與概念非但表達了社會的現實，它也『建構』了社會事實。在近代中國，文化菁英先是使用一群舊概念詮釋新東西，但慢慢第一批又一批新的概念湧入，並逐步建構了現實的發展」，指出此一現象。（請參看王汎森，《中國近代思想學術的系譜‧自序》，頁自序3。）這種清末民初思想史的脈絡，或許也可藉由勞思光教授的觀點，即是透過傳統思想概念之「失效」和替代過程亦能說明。（勞思光，〈中國哲學研究之檢討及建議〉，《虛境與希望——論當代哲學與文化》，頁8～10，21。）對此現象的實證性概念史研究，可參看金觀濤與劉青峰教授的一系列研究成果，他們透過統計清末民初思想刊物及其主要思想人物之言論，相當清晰整理出概念轉化替代過程。請參看金觀濤、劉青峰，〈天理、公理和真理——中國文化「合理性」論證以及「正當性」標準的思想史研究〉，《中國文化研究所學報》（新第10期總41期，2001年），頁423～462：〈近代中國「權利」觀念的意義演變——從晚清看到《新青年》〉，《中研院近史所集刊》（第32期，1999年12月），頁213～260：〈從「群」到「社會」、「社會主義」——中國近代公共領域變遷的思想史研究〉，《中研院近史所集刊》（第35期，2001年6月），頁5～66：〈從「經世」到「經濟」——社會組織原則變化的思想史研究〉，《臺大歷史學報》（第32期，2003年12月），頁139～189。

〔註61〕梁啓超，《《清議報》一百冊祝詞並論報館之責任及本館之經歷〉，《文集之六》，頁50～51。

〔註62〕梁啓超，《自由書‧豪傑之公腦》，《專集之二》，頁34。此「服公理」與「達時勢」，在梁啓超的詞彙意涵，已經脫離傳統「理」之抽象範圍，具有現實層面中的實質意義，當然不能以傳統思想觀念「理」或「勢」能範圍。劉紀曜教授以「理」和「勢」的角度，重構梁啓超思想模式，而認為「『理』具有抽象的

的論述架構和其思想傳承。新舊交替，是新理新勢之所趨，然其「輸入之而調和之」亦是不可避免之過程，這就相當程度凸顯梁啓超思想的一種特性，即他對於歷史現象的理解角度不是斷裂而是傳承。

　　猶如余英時在〈「五四」：一個未完成的文化運動〉中，認爲「不破不立」應當加上「不立不破」之觀點，他說：「只有在建立了新文化價值之後，不合時宜的舊文化價值才真正會讓位，傳統是無所不包的，其內容也是隨時在改變的。文化只能推陳出新，既不能無中生有，也無法完全從外面移植過來。」〔註63〕這正能說明梁啓超《清議報》時期的論述主軸，「破壞主義」、「輸入之而調和之」等觀點，就是同如余英時借用莊子的思路而提出的「不破不立」和「不立不破」之互爲相因關係，我們或能以「破」和「立」並進之途徑，〔註64〕瞭解當時梁

因果（逼近）『必然性』，「勢」則是具體而客觀的（逼近）必然的趨向，「理」與「勢」合一，則其力量是所向披靡不可抗拒的」（請參看劉紀曜，《梁啓超與儒家傳統》第五章、「『理』的認知與實踐：梁啓超的思想模式」（國立臺灣師範大學歷史研究所博士論文，1985 年 07 月），頁 307～309。）這一論點或能說明，傳統「理」與「勢」合一，及梁啓超的「服公理」與「達時勢」之間，存在著某種對應性，但是在概念結構和背景，都已經發生質變的情形下，我們不能抽離「服公理」所指向的自由民權之價值，而與傳統「理」相等號視之。除此之外，韓國學者이혜경在《天下觀念和近代化論：以梁啓超爲中心》（서울:문학과지성사），2002，頁 126～151。第 5 章「康有爲」中，以勢和公理之分歧和斷絕，討論康有爲《大同書》，雖然，梁啓超論述中的「公理」和「時勢」與康有爲論點不盡相同，但是我們從中或能瞭解梁啓超這一思索的起源。此「公理」之說，出自康有爲而頗盛行於世，章太炎曾在 1908 年 7 月 10 日《民報》22 號〈四惑論〉中，對此「公理」展開猛烈抨擊，他說：「言公理者，以社會抑制個人，則無所逃於宙合。然則以眾報寡，甚於以強凌弱，而公理之慘刻少恩，尤有過於天理。」、「其所謂公，非以眾所同認爲公，而以己之學說所趨爲公。然則天理之束縛人，甚於法律；而公理之束縛人，又幾甚於天理矣。」（《章太炎全集 4》，頁 449，444。）甚至在〈駁康有爲論革命書〉中，認爲「人心之衆智慧，自競爭而後發生，今日之民智，不必恃他事以開之，而但恃革命以開之……公理之未明，即已革命明之；舊俗之俱在，即已革命去之。」（《章太炎全集 4》，頁 180～181。）章太炎所言「公理」，是針對康有爲，尤對反革命立憲主張（請參看王汎森，《章太炎的思想：兼論其對儒學傳統的衝擊》（臺北：時報文化，1985 年），頁 131。），實質上，梁啓超言「公理」不是天理，亦不是虛理，如他所言「民權自由者，天下之公理」（《自由書‧地球第一守舊黨》，《專集之二》，頁 7。），其「公理」多以自由民主實理主之，是指人類現實生活中運行之自由民權等普世價值。

〔註63〕余英時，〈「五四」：一個未完成的文化運動〉，《文化評論與中國情懷》，（臺北：允晨文化公司，1988 年），頁 71。

〔註64〕有關「破立並進」之途徑，汪榮祖教授曾論及康有爲和章太炎思想時，認爲

啓超思想的論述重點。

這種看似矛盾實爲對待之論點（如梁啓超〈十種德性相反相成義〉一文），或互爲相因之關係網絡，在其思想論述架構上屢見不鮮，這是研究者應當注意的。梁啓超的眾多評論，多是針對時局之變化而發，如梁啓超引用朱子（朱熹，1130～1200）「教學者，如扶醉人，扶得東來西又倒」，〔註65〕他扶東並不表示不扶西，只是當下急需者乃扶東而已，根本目的在於使人站穩，扶東扶西乃當下爲此目的應變措施而已。故我們分析梁啓超文章時，須要特別注意瞭解到他立論目的，若僅看他的某一時期某一篇章的觀點，將無法完整掌握梁啓超思想的核心意涵。故本文以他的「理想和現實」〔註66〕之分界角度，考慮梁啓超文章所針對的對象以及其論述目標，理繹其思想論述的核心意涵。

筆者透過梁啓超文章的諸多論述和論點的分析整理工作，發現如果我們以時間和空間的構圖加以理解，或可發現相當有趣的分析架構。筆者稱之爲時間軸心和空間軸心構圖，梁啓超在時間軸心架構中一貫地維持以「理想與現實」來區分其目標間的緩急，隨著歷史進程面對當時現實環境之所需，提出適當的解決方法，當然隨著不同時局所面對的問題和解答會出現前後不相一致的論點和主張，但這猶如扶醉人、或如柯靈烏「問題與解答」之邏輯，其間不能以互爲矛盾或衝突的角度，簡單審視或評斷。而在空間軸心架構中，梁啓超針對不同閱讀臺而考慮其影響，提出他認爲適當的方式，表達他的整體思想之某一重點，往往省略須要相當精細的討論和分析，直以宣傳或煽動式進行傳達。這一過程中，我們不但能發現梁啓超和其他思想界的互動和影響，尤其是梁啓超思想及其言論和社會影響之間出現不同調的現象。

這種縱向和橫向之分析構圖，在思想史研究方法上並不陌生，如胡適所提出的實驗主義方法論，尤其「歷史的態度（祖孫之法）」（The genetic method）以及「歷史的互動關聯」（Genetic functional relation）都相當值得參考。換言之，胡適所倡導的方法論，在分析和瞭解梁啓超思想時，成爲相當有效的工具。

康、章他們以「大破」而「大立」爲其思想革新運動之基本步驟，但當他們要進行「大立」時，與時代產生不同步反而被視爲「保守」，由此說明清末民初思想界的一種面向。請參看汪榮祖，《中央研究院近代史研究所集刊》（第15期上冊，1986年6月），頁117。

〔註65〕梁啓超引用此一朱子之語，在他的文集和專集都出現相當頻繁，請參看〈十種德性相反相成義〉，《文集之五》，頁43。

〔註66〕請參看本文第二章「新知、權限，經世」第二節「理想與現實之分界：開啓自由民主法治之路程」中的討論。

　　在中國現代學術研究領域中，胡適是最早對西方方法論具備深度的研究
和引進的先驅之一。同時，胡適的方法論對中國學術思想演變過程中所產生
的影響和積極意義是值得肯定的。胡適的治學方法，基本上整合了傳統治學
方法和杜威（John Dewey，1859～1952）的實驗主義所重視的科學思維術（方
法），所發展出來的綜合性質的方法論。他的方法論所標榜的基本態度，我們
可舉「實驗室的態度」與「歷史的態度（The genetic method）」兩種方法。所
謂實驗室的態度，乃是指自然科學家在實驗室中研究問題，並解決問題的具
體方法，也就是胡適在赫胥黎（Thomas Henry Huxley，1825～1895）懷疑論
的基礎上所建立的，「大膽假設，小心求證」為代表的方法論。其次，所謂「歷
史的態度」，乃是指脫離黑格爾（Georg Wilhelm Friedrich Hegel，1770～1831）
的進化觀念，即將達爾文（Charles Robert Darwin，1809～1882）的進化觀念
應用於哲學問題所引發的態度，也就是一種以宏觀的歷史進化觀點討論問題
的態度。〔註 67〕胡適曾屢次強調「到了實驗主義一派的哲學家，方才把達爾
文一派的進化觀念拿到哲學上來應用；拿來批評哲學上的問題，拿來討論真
理，拿來討論道德。」，〔註 68〕這種「歷史的態度」的產生，是十九世紀時實
驗主義者受當時自然科學迅速發展的影響。

　　胡適一生專注於方法論的探討，並認為這與西方現代化過程有密切的關
聯。他認為西方的強盛來自於科學之發達。因此中國只要好好運用不被權威所
屈的科學方法，即可達成科學革命，如此，國家強盛之路指日可待了。對這樣
的論斷以現在的眼光來看確是不夠嚴密，並且，以自然科學之種種方法論直接
應用於人類社會、文化、歷史研究的途徑，更容易誤犯機械式思考方法的危險。
在自然科學領域中，我們比較容易掌握研究實驗過程之量化，並且研究過程的
重複或加以修正都是被接受與容許的，但是，在人文方面尤其歷史問題的研究，
我們不但不能控制其演變過程，更絕不可能重來或修正。所以，自然科學的方
法論要轉移到人文學術的方法論時，特別要注意其危險性。

　　但是，胡適的方法論所重視的「實驗室的態度」與「歷史的態度」，應用
處理歷史事件，是相當值得注意的方法論。其歷史的態度，基本上包含兩種
性質，一是胡適命名為「祖孫之法」的縱向的研究方法。胡適曾在《中國古
代哲學史》中，把哲學史的目的分為明變、求因、評判等三個步驟，並在解

〔註 67〕　參見胡適，〈實驗主義〉，《胡適作品集 4・問題與主義》，頁 61～67。
〔註 68〕　胡適，〈實驗主義〉，頁 66。

釋明變和求因時，簡明扼要地指出：「哲學史的目的，不但要指出哲學思想沿革變遷的線索，還須要尋出這些沿革變遷的原因」，我們即可明白其「祖孫之法」之著重點。其次，是 Genetic functional relation 或可譯爲「歷史的互動關聯」，乃是我們在其評判過程中可以看到的研究態度。他認爲處理哲學史中的明變和求因的過程後，再驅除研究者「主觀的」評判，而以「客觀的」態度評判，「把每一家學說所發生的效果表示出來。這些效果的價值，便是那種學說的價值。」〔註69〕胡適認爲這些效果可分爲三種，他說：

（甲）要看一家學說在同時的思想，和後來的思想上，發生何種影響。

（乙）要看一家學說在風俗政治上，發生何種影響。

（丙）要看一家學說的結果，可造出什麼樣的人格來。〔註70〕

換言之，歷史的態度著重於一個觀念或學說的淵源以及其形成，探究爲何如此的問題，而 Genetic functional relation「歷史的互動關聯」乃是指一個觀念或學說與現實環境之間的不斷的互動關係。由此可知，胡適的研究方法著重於知識和行爲之間的互動，並且十分重視其學術思想之演變過程。這種研究方法當然對今日我們研究思想史問題時，還是具有一定程度上的意義。但是，值得注意的是梁啓超晚年所提出的「歷史現象，最多只能說是『互緣』，不能說是因果」〔註71〕的觀點。據此，本研究雖採用胡適所強調的觀點來探討中國啓蒙思想中道德和知識相關問題，其互動以及演變過程，但是不將此互動視爲一種單線或單方面之線索，而是視爲諸多可能途徑之一。同時，盡可能涉獵其兩者之間的交涉如何互動？如何影響於當時政治、文化、學術思想？藉此我們即可發現本論文所提出的問題，在思想史上有何積極意義。

我們細看中國學術界處理傳統與現代之間的關係時，存有兩種不同的看法。過去一些激進的全盤西化論者〔註72〕或一些大陸學者所持的中國之現代化與傳統之間的斷絕，是比較傳統的看法。其實，民國初期學術界提出新文化運動與傳統之斷絕，一方面他們受當時歐美諸國學術界對文藝復興的基本看法，

〔註69〕胡適，《胡適作品集 31・中國古代哲學史》，頁 5。
〔註70〕胡適，《胡適作品集 31・中國古代哲學史》，頁 6。
〔註71〕梁啓超，〈研究文化史的幾個重要問題〉，《文集之四十》，頁 4。
〔註72〕當然我們印象中胡適乃首倡「全盤西化」、拋棄傳統的學者，而對此胡適曾辯護說他是要求充分的西化論，並不是主張完全拋棄一切傳統。請參看本文註解 7，頁 3。

乃是把文藝復興之前的中古時期與近代，看作決然不同、毫無交涉的獨立且互相對立的體制。另外，中國知識分子過分強調學術文化之領導地位，如同在明末清初，將明朝滅亡的責任完全歸咎於陽明學說之末流一般，〔註73〕在新文化運動時期的知識分子把中國國運之衰弱歸於傳統整體文化之劣根性。他們否定傳統道德和文化，卻無法及時建立適合於中國環境的新社會與文化規範，所以，當時學術界必須面對肯定傳統道德學術文化的一派，和丟棄傳統社會規範追求全新價值系統的一派，兩者之間的不斷衝突。若是一個社會或國家無法整合各個分子間的共相，同心處理外來之威脅，其結果是明若觀火的。這種傳統與啟

〔註73〕從對姚江學派陽明學之評價，更能導引出有趣的問題。梁啓超認為陽明末流「放縱得不成話，如何心隱（本名：梁汝元），李卓吾（贄）等輩，簡直變成一個『花和尚』。他們提倡的『酒色財氣不礙菩提路』，把個人道德社會道德一切藩籬都衝破了，如何能令敵派人心服？」（《中國近三百年學術史》，《專集之七十五》，頁4。）在此個人道德操守竟轉化為令敵人心服的有利條件，但個人道德操守之堅持與立德功業有否必然關係，是值得懷疑的。章太炎曾在1907年《民報》被禁後，對留學生講學時點出說：「比如日本人說陽明學派，是最高的學派，中國人聽了，也就去講陽明學，且不論陽明學是優是劣，但日本人於陽明學，並沒有什麼發明，不過偶然應用，應了幾分功業，就說陽明學好。原來用學說去功業，本來有應有不應，不是板定的。……明末東南的人，大半是講陽明學派，如果陽明學一定可以立德功業，明朝就應該不亡。……難道看了橫渠、晦庵和永嘉、金華學派的書，就可立德功業麼？原來運用之妙，存乎其人。……如果著實說去，學說是學說，功業是功業，不能為立了功業，就說這種學說好，也不能為不立功業，就說這種學說壞（學說和致用的方述不同，致用的方述，有效就是好，無效就是不好；學說就不然，理論和事實合才算好，理論和事實不合就不好，不必問他有用沒用）。」（章太炎，〈教育的根本要從自國自心發出來〉，《章太炎的白話文》（瀋陽：遼寧教育出版社，2003年3月），頁41。有關講學時間，請參看同書「本書說明」）但章太炎這種平實的學術論點，似有別於他在同年所著〈答鐵錚〉中，對「自尊無畏」精神的推崇。當時他相當激動地呼籲說：「顧以為光復諸華，彼我勢不相若，而優勝劣敗之見，既深中於人心，非不顧利害、蹈死如飴者，則必不能以奮起，就起亦不能持久。故治氣定心之術，當素養也。明之末世，與滿州相抗百折不回者，非耽悅禪觀之士，即姚江學派之徒。日本維新，亦由王學為其先導。王學豈有他長，亦曰：『自尊無畏』而已。」（章太炎，〈答鐵錚〉，《章太炎全集4》，頁369。）但若我們因此而簡單地認為前後互為矛盾，或是早年激進晚年保守等論點視之，則完全忽略在當時歷史情境中，章太炎或梁啓超所立論的目的和實質意義。面對這一問題時，我們要更進一步要瞭解的是，他為何如此立論？有何目的？論述對象和所預期的社會效果為何？等問題。當時，梁啓超或章太炎等人之文章，多少都有些針對性，若不瞭解此一相關關係，則難免陷於以偏蓋全之虞。因此，整體學術環境和互動脈絡的瞭解，使我們完整地掌握當時他們的言論為何而發，其用意何在，並能由此突破過去激進保守等視角，較為客觀瞭解啓蒙運動的歷史諸多複雜面向。

蒙所發生的衝突，不但在中國曾經發生過，在歐洲文藝復興期間也曾發生過，且在其衝突過程中，肯定傳統道德和宗教的看法，與追求以科學知識爲後盾的智識主義及理性主義間的交涉和對立，卻是帶來與中國啓蒙期相同的混亂。

　　歐洲文藝復興帶來的個人解放之力量，卻引發舊道德之淪喪和政治混亂，這與中國啓蒙期十分相近，由此可知，中國啓蒙期的各種混亂，以宏觀的全人類角度審視，其實是不足爲奇的。中國啓蒙運動以及新文化運動所擔負的角色，可以說是人類啓蒙運動中所展現出來的社會現象之另一種版本。爲了檢討未來人類社會形態變化趨向，須要回顧文藝復興以來現代社會發展的路程，同樣地，中國啓蒙思想的研究和解析工作，是爲了瞭解人類尤其中國文化之未來發展方向的不可缺少的步驟。尤其，在中國啓蒙運動中，知識分子如何對待道德與知識，其間看法之轉變或對立過程的分析，在中國啓蒙運動研究工作上，將更能突顯出西方思想之影響及其異同。只要我們把研究的角度稍微放大，將中國啓蒙運動作爲以宏觀的人類歷史演變中的具體發展方向來處理，便能解析出中國啓蒙運動之獨特性和積極意義。

四、研究旨趣

　　當我們探究清末民初的學術思想界時，常受困於激進與保守〔註 74〕、革命與改革等帶著濃厚價值判斷意味的觀念影響。若我們能擺脫激進與保守，革命與改革等之政治性分法，改以宏觀的救國思想而論，或較合乎實際的情況。因爲，當國家處於滅亡之危機，立憲、革命之主張實都爲極力謀求救國

〔註74〕 有關激進與保守相關討論，在《二十一世紀》期刊上，有一系列相關文章頗值得參看。林崗，〈激進主義在中國〉，《二十一世紀》（第三期，1991 年 2 月），頁 17～27；姜義華，〈激進與保守：與余英時先生商榷〉，《二十一世紀》（第 10 期，1992 年 4 月），頁 134～142；余英時，〈在論中國現代思想中的激進與保守——答姜義華先生〉，《二十一世紀》（第 10 期，1992 年 4 月）頁 143～149。汪榮祖，〈激進與保守贅言〉，《二十一世紀》（第 11 期，1992 年 6 月），頁 133～136。除此之外，汪榮祖教授在〈康有爲章炳麟合論〉一文中，對保守與激進有所申論頗值得參看，他說：「長素與太炎都是思想家，他們於「大破」之後，當然要「大立」。長素要逐步引導中國走向世界性的大同文明，而太炎則要建立一具有特色的現代中國文明。但「大破」之餘，他們所遭遇到的是新生代的「極端思潮」（radicalism），既不顧康氏「逐步」的原則，更蔑視章氏「中國特色」的立場，而要求徹底地破壞傳統，徹底地洋化。在康、章兩氏看來，未免魯莽滅裂，不得已而維護傳統。因而造成保守與頑固的形象。」（《中央研究院近代史研究所集刊》（第 15 期上冊，1986 年 6 月），頁 117。）

之方策而已。

　　是故對嚴復與梁啓超的思想，均抱有初時激進終而轉致保守之觀點，此論實有商榷之餘地。單以嚴、梁擁護「專制」之言論思想就將其視爲保守派的看法，亦恐不合乎當時國際與社會現況的實際情形。誠如我們所見，嚴復一生以漸進改革爲其思想之主軸，若以清末維新時期之守舊派立場觀之，則當時嚴復的變革思想是被視爲激進大膽的；但若以民國初期呼籲革命的人士而言，則嚴復所標榜的漸進式變革卻被歸爲保守了。如蕭公權（1897～1981）教授所論，「人類求存不可不適境自變，而一切改變又當循序漸進，不容躐等」〔註 75〕之理論架構來理解嚴復的思想路線，應能明白嚴復一生並沒有太大的轉變，而完全是因著環境應對略作調整。

　　另外，在處理西方思想之衝擊和中國知識分子應對之問題的思維模式，常易陷於過分重視外在因素的影響，卻忽略中國本身的內在思想脈絡，如此是無法做出允當的判斷。周圍的環境因素只不過是次要性的，絕不是決定性的因素。梁啓超 1902 年（光緒二十八，壬寅）〈論教育當定宗旨〉一文中，以意識與無意識以及「文明與野蠻」〔註 76〕等角度，指出當時教育之被動、無意識、借自外來刺激後之病徵，他說：「今之所謂教育者，全屬無意識之動，未嘗有自主之思想，自主之能力，定其所向之鵠，而求達之，與動物及下等野蠻之僅藉外界刺激之力，以食焉、息焉、游焉、爭焉者。」〔註 77〕當然，筆者在此強調的是一種程度輕重或其相應對待上的問題，而非只注重單方或單線絕對性思維模式。但無論如何，若從他的言論之反面追縱思考，或可發現所謂有意識的思想自主之動力，是以道德良知之自我覺醒之力量，「道德之念、自由之性」〔註 78〕在梁啓超的思想中如何顯現和開展，確實是一個值得

〔註 75〕蕭公權，《中國政治思想史》（臺北：聯經出版事業公司，1989 第 5 刷），頁 860。

〔註 76〕梁啓超「文明」與「野蠻」分界概念，經過當時思想界廣泛的學術境遇中，透過中西兩條思路之互相參酌，漸次展演出來的，從中我們不但可以看出「春秋夷狄」，甚至《佐治芻言》之英國文明史觀影響。對於此觀念之來源，請參看本文第二章第二節中的小節「自主之權與《佐治芻言》」，有關「文教」一詞的討論。

　　　　除此之外，東亞諸國啓蒙思想中，「文明」一詞的變遷相關問題，可參看임형택，「한국문화에 대한 역사인식」，『창작과비평』（가을호，1998 年）。鈴木修次，『文明のことば』（廣島：文化評論出版社，1981 年）。

〔註 77〕梁啓超，〈論教育當定宗旨〉，《文集之十》，頁 54。

〔註 78〕梁啓超，〈霍布士學案〉，《文集之六》，頁 92。

探討之研究主題。

　　因為以上的基本考量，筆者以道德和知識爲媒介，希望能脫離激進與保守或衝擊和反應等研究分析視野，同時考慮傳統和歐美學術思想的影響，探討中國啓蒙思想史的基本架構和其環節。如同章炳麟（太炎，1869～1936）所指出，學術思想之進展，是靠著互相爭辯所構成，他說：「自孫詒讓以後，經典大衰。像他這樣大有成就的古文學家，因爲沒有卓異的今文學家和他對抗，竟因此經典一落千丈，這是可歎的。我們更可知學術的進步，是靠著爭辯，雙方反對愈激烈，收效愈增大。我在日本主《民報》筆政，梁啓超主《新民叢報》筆政，雙方爲國體問題辯論得很激烈，很有聲色；後來《新民叢報》停版，我們也就擱筆，這是事同一例的。」〔註 79〕基於此，或許透過道德主義和智識主義的角度，以瞭解梁啓超思想，不但能提供學術界另一詮釋途徑，且可進一步澄清中國啓蒙思想與傳統儒家思想間的傳承關係。當然本文將要討論的道德主義和智識主義的觀念層次，與傳統圍繞著「尊德性」和「道問學」的爭論是有差別的。雖然，同樣受到儒家學術傳統的影響，不過我們若能注意明清儒家思想的發展和主要議論點，則可明白他們都有不同的關注和焦點。〔註 80〕

　　在本文中想釐清的是中國啓蒙思想家之間的思考邏輯和爭論焦點，不是單方面地受到西方學術思想的影響，並同時在其思想深層確是保持著他們各自的思想傳承。這將是本文中會加以討論的主要問題之一。基本上，本文盡量採取梁啓超的文本內證，爲主要研究材料，由此在梁啓超思想中理繹出一條解決梁啓超思想課題和問題的途徑。再以其思想內核「道德主義」爲基準，與其思想史上對立面的「智識主義」之間爭論點的探析爲輔佐方法，進一步顯示出梁啓超「道德主義」思想的核心意涵，如何從傳統「義禮」架構中拓展出自由權限和公理公法結構。

　　爲方便對梁啓超一生思想轉變作細部觀察，本論文之討論是以時間順序安排，而其內涵大致圍繞三個部分。一是梁啓超《新民說》爲主，梁啓超旅居日本期間，他的道德主義思想建構過程；二是從對立面即智識主義的角度，

〔註 79〕章太炎，《國學概論》（基隆：法嚴出版社，2000 年），頁 60。
〔註 80〕請參看余英時，〈清代學術思想史重要觀念通釋〉，《中國思想傳統的現代詮釋》（臺北：聯經出版事業公司，1987 年），頁 405～486；〈從宋明儒學的發展論清代思想史〉，《歷史與思想》（臺北：聯經出版事業公司，1976 年），頁 87～120。

瞭解梁啓超道德主義的思想位置，在此比較過程中，本文借用福澤諭吉（1835
～1901）、嚴復和胡適等人為某種意義上的代表進行討論；最後，在以上的討
論基礎上，透過梁啓超與歐美思想之間的比較討論，理繹出梁啓超道德主義
思想之具體意涵及其在思想史上的意義。

　　梁啓超戊戌變法運動失敗之後，1898 年（光緒二十四，戊戌）流亡至日
本，維新改革以及自立軍運動失敗，面對當時惡劣的政治環境，呼嘯救危亡
求進步之時，他唯一的武器乃是在日本發行的《清議報》，以及後繼的《新民
叢報》上的文章。尤其，在《新民叢報》上發表的《新民說》，更是在他的思
想歷程中最具代表性和影響力的重要著作之一，在這些文章中詳細論說其道
德和政治思想。因此，我們進一步探究梁啓超的道德思想架構時，注意《新
民說》的內容就成為十分必要的基本步驟。

　　《新民說》自 1902 年（光緒二十八，壬寅）於《新民叢報》之創刊號開始
刊載，同年發表計有〈敘論〉，〈論新民為近日中國第一急務〉，〈釋新民之義〉，
〈就優勝劣敗之理以證新民之結果而論及取法之所宜〉，〈論公德〉，〈論國家思
想〉，〈論進取冒險〉，〈論權利思想〉，〈論自由〉，〈論自治〉，〈論進步〉，〈論自
尊〉，〈論合羣〉，〈論生利分利〉等十四篇。1903 年（光緒二十九，癸卯）出版
的《新民叢報》上有〈論毅力〉，〈論義務思想〉，〈論尚武〉，〈論私德〉以上四
篇文章。其中〈論私德〉一篇是梁啓超訪問美國回來之後，所發表的文章。1904
年（光緒三十，甲辰）到 1906 年（光緒三十二，丙午）間又斷續發表了〈論政
治能力〉，〈論民氣〉兩篇，以上二十篇成為《新民說》中的二十節。

　　我們從梁啓超 1902 年（光緒二十八，壬寅）《新民叢報》第三號刊載的
〈論公德〉一文，即可看出其極力維護傳統價值觀的主張，並且擁護其中國
本身道德的深微之義。梁啓超的思維模式，在某種程度上，不但是符合由「道
問學」進而「尊德性」之清儒思想的一個主要潮流（以知識之推演達到道德
之進展的先後層次模式）；而且亦能接近於「先立其大」或「尊德性」，以控
制隨著「智識」成長而滋長的「奸智」（我們或可借用戴震（東原，1723～1777）
之用語，所謂知之失衡為「蔽」）等弊端。由此可知，關於梁啓超道德主義思
想，若未與當時思想界盛行的智識主義傳統中瞭解，實不易發現其思想之重
點所在，並且我們也應當瞭解，他所要保全者乃是經過舊新道德之綜合而發
明的新道德。

　　再者，我們由《新民說》的章節順序中，也可以看出梁啓超的思想邏輯

層次與步驟。他首先以天演之自然普遍規律證明，新民之需要乃中國第一急務，次論公德、國家思想之相關議題，顯然其順序意味著其邏輯層次上的重要地位。以此觀之，可說梁啓超深信不疑於道德與學術之領先地位，認為若無道德與學術之進展就根本談不上國家、國民力量之改善。所以，我們可歸結出梁啓超之救國思想應有三個階段，第一、乃以道德、學術思想之提高作為民族改造之基礎；第二、先建立適合於當時實際情況的政體，集中民族、國家之力量爭取獨立國家地位；第三、以此推動新的道德與學術思想改善整個國家與民眾，達到理想政治環境，非專制而開明的國家，合乎歐美自由民主標準國家。

若以梁啓超救國思想三個階段而言，《新民說》乃屬於道德與學術之革新，引導國民力量之提高的第一階段。因此，〈論公德〉一文中，梁啓超所強調的是，提出新的道德倫理作為改善中國社會、國家之基本綱領。簡言之，梁啓超雖強調公德之重要性，但卻也沒有忽略中國本身的道德體系。梁啓超把道德之本體，以其對待的對象不同而分為「公」與「私」，他認為世界處於國家競爭，圖謀生存，公德之澄清乃當今之急需。誠然，梁啓超提出把「私德」與「公德」緊密的結合，以其思想層次間的統合，確立由「私德」之進展而入於「公德」的思想體系。〔註81〕這樣私德之進展乃成為梁啓超整個救國思想的根據點，那私德的進展如何著手呢？梁啓超明說道德思想體系之重建，本以新道德之發明擔負其重任，而能力之有限、時間之緊迫，自無法達成滿足於當時的急需，因此，他主張活用對私德方面早已「發揮幾無餘蘊」的傳統道德「深微之義」。

若真如此，梁啓超是否就主張回歸傳統儒家的道德體系呢？雖然，梁啓超提出傳統道德之「深微之義」，而卻不是主張回歸於傳統儒家的道德體系，他只是主張強調活用其深義而已，我們當然不能誤解他的真義。他的終極目標確是發明新道德，是一種能夠整合傳統與歐美思想而發展出來的新道德體系，承續清儒如顧炎武（亭林，1613～1682）將道德和知識互為相輔架構中獨立對待。筆者所提出的在啓蒙思想中的道德主義，是指啓蒙人士已在某種

〔註81〕 請參看梁啓超，《新民說·論私德》，《專集之四》，頁96。「今之學者，日言公德，而公德之效弗覩者，亦曰國民之私德有大缺點云爾！是故欲鑄國民，必以培養箇人之私德為第一義。欲從事於鑄國民者，必以自培養其箇人之私德為第一義」

程度上接受歐美學術思想而綜合出來的主張，所以，它與傳統道德體系還是有分別的，我們當然不能混淆其差別。

最後，我們更要注意，梁啓超在《新民說》中所表露出來的對物質文明和知識（是指過分強調智育所引來的種種弊端，個人在文章中暫且稱爲「奸智」）的態度，這與智識主義思考正成對比，由此展現出兩種不同思想潮流的特色。筆者將在討論「科玄論戰」時，對此兩種立場加以詳細討論，從而窺探當時思想界的整體形勢和道德主義與智識主義之影響。

與此相較，堅持智識主義推到極致不遺餘力的胡適，是「不信靈魂不滅之說，也不信天堂地獄之說」的，他所信仰的是人生之尊嚴。當他說到「人生不是夢，也不是戲，是一件最嚴重的事實。」和「他吐一口痰在地上，也許可以毀滅一村一族。他起個念頭，也許可以引起幾十年的血戰。他也許『一言可以興邦，一言可以喪邦』」〔註82〕之言時，我們便可瞭解他所謂的人生即是成爲一種神聖的價值所在。

胡適把人類所建構的社會看成緊密相關的整合體，這種社會不朽論是經由儒家三不朽思想之影響下形成的。〔註83〕但胡適所呈現出來的不朽觀念，已超越人文學術觀念，而稱得上就儼如宗教信仰系統般具有神聖的意義。他在社會不朽論中，把個人在社會上的地位及人生意義提高到神聖價值的層次，如此，胡適便能強調個人和社會之間不可分的緊密統合關係和個人之微小能力的無限擴張性，更積極肯定個人在社會中的價值。這在理論上，就能擺脫歐美自由主義思想傳統中個人和社會間會產生的脫節現象。雖然，胡適強調個人在社會中能發揮無限的價值，並十分重視個人在社會中應具備的責任，希冀由此能避免健全的個人主義流於利己主義之弊病，但是，一些以社會爲優先考量的弊病仍無法剷除，這在他健全的個人主義思想，自然會發生矛盾和衝突的緊張關係。

筆者綜觀胡適思想邏輯後，在其思想架構中，發現他對這種個人和社會關係之衝突和緊張，是可由「忠恕」的態度化解，若能如此，胡適整個思考邏輯即可以「忠恕」之道一貫之，而達成完善的統合體系。由此可知，胡適

〔註82〕以上皆引胡適，〈介紹我自己的思想〉，《胡適文選》，頁8～9。

〔註83〕請參考胡頌平編著，《胡適先生年譜長編初稿》第五冊（臺北市：聯經出版事業公司，1984（1990第3次印行）），頁1882。胡頌平書中談及的楊君實先生的譯文，見於《中央研究院歷史語言研究所集刊》（第34，1963年），《胡故院長適之先生紀念論文集》下冊。

是在儒家傳統思想基礎上，整合歐美思想的。更細密的說，我們還應該注意到他是以儒家智識主義傳統為媒介，經此進而接受歐美學術思想的事實。胡適智識主義傾向可說是在朱熹以來注重「道問學」的環境中所醞釀而成，而後來在美國讀書期受歐美智識主義傳統，尤其是宗教色彩較少的杜威實驗主義的洗禮，才更進一步強化與鞏固其智識主義的理念。

嚴復和梁啓超也相當重視「忠恕」、「絜矩」基礎上，整合歐美自由主義思想的思路，嚴格說來，這一觀點應是從嚴復、梁啓超影響於胡適。但是為何唯獨梁啓超，就與嚴復和胡適不同，走上提倡「道德」的這一途徑？這一關鍵問題，就相當程度道出本論文的基本構思，梁啓超如何在清代學術思想的重智趨勢轉化為科學主義的大環境中，建立他的道德主義思想？

與梁啓超對立面的胡適，從小就接近屬於歸納精神的朱熹一派之治學方法，其後對宗教、鬼神的排斥態度，與其所一貫秉持的治學方法，都是助長他的智識主義傾向的重要因素。我們透過胡適所提出的宋、明、清儒間的辯證關係，或能瞭解傳統學術脈絡可開展為科學方法論的基本精神。胡適所謂的科學方法是歸納和演繹之互用，其分析角度是宏觀與微觀之互用，可化約為「大膽的假設，小心的求證」的方法論，胡適在陸、王學術中看出不被傳統權威所屈服，才能提出「大膽假設」的自由獨立精神，又在程、朱一派思想中發現「小心求證」的歸納精神。如此，既能掃除兩者之弊病又綜合其自由獨立精神和歸納精神之特點，這即是後來清儒所運用的具有科學精神之治學方法。胡適從整個儒學思想脈絡中，尋繹出科學精神的治學方法產生之所以然，經此我們才能領會到他以傳統與歐美智識主義傳統為媒介，整理出一套以智識為主的道德倫理觀。

那麼梁啓超從何種傳統學術脈絡中，整合歐美科學為首的文明論述？又如何回應胡適等人智識為主的道德倫理觀？他們雙方之間有何分歧？有何爭論？其中的癥結又是什麼？梁啓超和胡適的基本學術路線之不同，就如他們所代表的道德主義和智識主義，顯然是暨傳承儒家傳統並整合歐美學術思想而發展出來的綜合性質的思想體系。筆者希望在本研究過程中，以上述的研究角度探析出中國啓蒙思想發展的不同面貌，由此供給學術界一個新的分析視野。

本文之研究目的和討論過程，自然是不能解答梁啓超思想有否導致中國激進思想之推廣，有否直接影響於某種歷史事件等問題。本文的目的，僅止於有關梁啓超道德主義思想的幾個特性為基礎，梁啓超思想具體文獻所呈現

爲對象，逐一討論梁啓超思想中與道德主義相關內容。且以梁啓超個人思想中不同時期的論述，證明他個人思想之內涵有何展演過程，這是本文的基本研究態度，並以此爲基礎與智識主義傳統間的互相比較，勾勒出梁啓超道德主義思想之具體內涵爲基本研究目標。

　　因梁啓超思想的研究著作相當豐富，很多相關問題都有所討論，所以本文在整個論述過程中，盡量避免與前人研究重複的內容，對於論述進程上所不可避免者，則盡量以不同角度或不同文獻基礎作討論。個人學識淺薄不知可否進行順利，而如康德所言「拿出勇氣使用你自己的見解！」〔註 84〕希望透過道德主義思想這一角度，爲學術界提供一條可考慮之討論範圍。

〔註 84〕Immanuel Kant, edited with an introduction and notes by Hans Reiss; translated by H. B. Nisbet, Kant Political Writings （Cambridge:Cambridge University Press, 1991 年）, p.54。

第一章　梁啓超道德主義思想之開展

　　眾所周知，梁啓超學術思想成形之初，深受康有爲思想之影響，當梁啓超回憶 1890 年（光緒十六，庚寅）第一次與康有爲會晤時的衝擊，曾說：「先生乃以大海潮音，作師子吼，取其所挾持之數百年無用舊學，更端駁詰，悉舉而摧陷廓清之。自辰入見，及戌始退，冷水澆背，當頭一棒，一旦盡失其故壘，惘惘然不知所從事……竟夕不能寐。」〔註1〕次日梁啓超請教康有爲如何爲學，康則示以陸王心學、史學、西學爲其爲學大方針。〔註2〕雖然，梁啓超一生學術生涯或許就在此衝擊中開展，但以他的思想建構進程而言，基本上是清學考據傳統中成長，在某種程度上克服突破康有爲影響所帶來的侷限，著力建立個人思想體系，此應是較爲合乎事實的敘述。〔註3〕

〔註1〕　梁啓超，《三十自述》，《文集之十一》，頁 16。有關對此會晤，康有爲則只記述陳千秋首次受學情形，以「孔子改制之義、仁道合羣之原、破棄考據舊學之無用」講解當今學術之困境和破解之法，對梁啓超並無評論。這或許基於康梁師徒之間的衝突導致，但康有爲與梁啓超會面當天，所講述範圍大概與陳千秋會晤情形，並無太大的不同，此兩種自述合而觀之，則近於此會面之情景。請參看《康南海自編年譜》（《康南海先生遺著彙刊》第 22 冊（臺北：宏業書局，1976 年），頁 22。

〔註2〕　梁啓超，《三十自述》，《文集之十一》，頁 16。梁啓超在 1891 年萬木草堂中，康有爲指導下日以點讀《宋元學案》、《明儒學案》、《二十四史》、《資治通鑑》、《文獻通考》、《朱子語類》等書。並兼治先秦諸子、佛典、清儒經濟及譯本西籍，約一年後始聞「大同義」。請參看《清代學術概論・二五》。

〔註3〕　梁氏在《清代學術概論・二五》中，自述：「啓超治《僞經考》時復不慊於其師之武斷，後遂置不復道。其師好引緯書，以神秘性說孔子，啓超亦不謂然。」（《專集之三四》，頁 61。）雖然，《清代學術概論》中的敘述是後來梁啓超追述，或與當時所表現的有所差距，而我們還可以把它視爲梁氏在吸收康有爲

　　如果我們將此今文經學脈絡，推到十九世紀初葉，即能發現在今文經學師承中，如莊存與（1719～1788）、劉逢祿（1776～1829）、龔自珍（1792～1841）、魏源（1794～1857）等人，在其經濟政策上是相當一貫推崇個人財產的維護，反對國家政府過份干涉地方人民自主權，〔註4〕這在某種意義上或能顯示對抗中央集權的傳統思想脈絡中，今文經學學者所扮演的角色。雖然，我們不能以此斷言今文經學思想直接影響上述學者之經濟思想，使其趨於維護人民私產反對中央集權，而是應當更為深入瞭解其中的複雜關係，但透過此一今文經學和政治改革密切關聯的線索，確實相當程度強化了中國啓蒙思想或救國思想中的內在傳承脈絡。

　　另外，我們也透過艾爾曼（Benjamin A. Elman，1946～）的專著《經學、政治和宗族：中華帝國晚期常州今文學派研究》，瞭解到常州今文經學派莊存與、劉逢祿等人，因對當權派和珅等人的不滿，決定退隱而發憤著述的具體歷史境遇中，即能瞭解此思想運動之另一政治意涵，或許這一政治變革的需求和呼籲，更是開展出康、梁今文經學代表的改革思想之有力基礎。〔註5〕

　　這都顯示清末今文經學派的思想本身，蘊含著改革現實之強烈政治意涵，在中國思想內部，以寬闊的視野不斷拓展思想層境，積極尋覓解決當前困境的出路。這種開放自由、經世意願濃厚的思想氛圍，才能孕育出梁啓超思想的風采，一種不為世局所困，隨著環境之變遷，適時提出適於當下政治環境的救國方案。我們倘以島田虔次教授所提出的「左傳家──古文學派──民族主義──革命／公羊學──今文學派──立憲主義──改革」之論點，〔註6〕或是張朋園教授對梁啓超思想的評論「啓蒙──疏離──革命」以

思想時，並非單方面之全面接受的有力證據之一。汪榮祖教授在〈梁啓超新史學試論〉中，有言「梁氏雖受業於南海康有為，鼓吹變法；而學問性情皆與康異趣。」（《近代史研究所集刊》（第二期，1971年6月），頁227～228。）康梁師徒之間的思想分歧，請參看張朋園，《梁啓超與清季革命》，頁66～71；蕭公權，汪榮祖譯，《康有為思想研究》（臺北：聯經出版事業公司，1988年5月）第三章「儒學新詁」第三節「康氏對他前輩和同輩的態度」，頁54～90。

〔註4〕　請參看林滿紅，〈古文與經世：十九世紀初葉中國兩派經世思想的分殊基礎〉，《臺大歷史學報》（第15期，1990年12月），頁239～262。

〔註5〕　請參看艾爾曼，〈中國文化史的新方向：一些有待討論的意見──代中文版序〉，《經學、政治和宗族：中華帝國晚期常州今文學派研究》（南京：江蘇人民出版社，1998年），頁14～16。

〔註6〕　請參看島田虔次，〈章炳麟について──中國傳統學術革命（上、下）〉，《思想》第407、408號，1958年5、6月；島田虔次，〈章炳麟について〉（補注

及「激進──溫和──現代化」等構圖，[註7] 用以面對將今文經學、陽明學、民族主義、立憲主義、甚至革命論都包含於其思想論述中多所發揮的梁啓超，就會發現這些論點構圖，雖能相當程度凸顯出梁啓超政治思想之主題轉變，卻可能尚未完整地呈現出在梁啓超思想脈絡中的複雜意涵，亦不能完整地勾勒出中國啓蒙思想的複雜面貌。

　　或許，不執著於某種構圖，而採較爲寬鬆的學術思想環境和脈絡之瞭解，以個別學者之特殊境遇爲細緻與深入研究之主體，或更能體現一個時代巨變中思想家所提出的問題和解決途徑。

第一節　自成子學家之途

　　探討梁啓超學術思想之前，我們應當注意當時學術環境中，一種開放且自由的新氣象和風氣。從梁啓超在《清代學術概論》中所自述的萬木草堂點讀書目來看，除了陸王心學、史學、西學之外，尚包含有其他儒家典籍和經世致用之學等，可見其範圍頗爲廣泛。這種情形在某種程度上反映著當時學界一種新氣象。對此新氣象，在章炳麟 1922 年 6 月 17 日的講演筆錄〈國學之進步〉中，有一段對年輕學子期許，他說：「我們若不故步自封，欲自成一家言；非但守著古人所發明的於我未足，即依律引伸，也非我願，必須別創新律，高出古人，才滿足心願──這便是進步之機。」[註8] 從中不但可以看出當時章太炎等人年的自我期許，而且還能發現當時學術界正滋長著不侷限

一），《中國革命の先驅者たち》（東京：筑摩書房，1965 年）；關於島田虔次教授一生學術概略，請參看狹間直樹，〈「中國近世主觀唯心論」的思想史建構──島田虔次先生逝世三週年紀念〉，《漢學研究通訊》（22：1（總 85 期），2003 年 2 月），頁 18～25。

對今文和古文經學爲變法或革命思想之背景的學術觀點，汪榮祖教授有相當精闢的批評，他說：「嚴夷夏之防的春秋大義，恰恰是今文經學的發明。何以主今文經的康有爲不排滿革命呢？……所以，純從經學的師承來說明政治動向，是講不通的。長素倡導變法維新，非全賴今文經學；太炎宣講種族革命，更非寄託於古文經學。傳統的經今古門戶之爭原不能涵容康、章兩氏的政治思想。」（汪榮祖，〈康有爲章炳麟合論〉，《中央研究院近代史研究所集刊》（第 15 期上冊，1986 年 6 月），頁 123。請參看同文頁 122～126 的討論）

〔註7〕　張朋園，《知識分子與近代中國的現代化‧自序》（南昌：百花洲文藝，2002年），頁 3。

〔註8〕　章太炎，《國學概論》，頁 111。

任何一派學術型態的開放性學術環境，〔註9〕以及學術界追求「自成一家言」
〔註10〕的氣象。

　　除此之外，在梁啓超1892年（光緒十八，壬辰）所著的〈讀書分月課程〉
一文中，仍能所見傳統學術「經史子」的順序，到了1896年（光緒二二，丙
申）〈西學書目表後序〉〔註11〕和1898年（光緒二四，戊戌）〈湖南時務學堂
學約〉〔註12〕等文中，演變爲「經子史」，甚至梁啓超在1897年（光緒二十
三，丁酉）《變法通義‧學校餘論》中大膽提出「以六經諸子爲經」〔註13〕之
主張。在這種學術風潮的大環境下，梁啓超早年讀書情形之大概，可從他的
〈讀書分月課程〉中稍能瞭解。

　　他以今文經學基礎上統合傳統經史子之學，再以「理學」和「西學」爲
輔，主以「專精」和「涉獵」〔註14〕爲旨，求其通變之道理。其中，尤對「漢
學」以「古人通經，皆以致用」〔註15〕之語，批評其爲無用之學，並要求學
子入學必先讀「象山、上蔡學案以揚其志氣」。〔註16〕雖然，梁啓超以陽明學
爲其爲學之入門，但是其理學並不囿限於陽明一派。他不但積極吸收朱子「道

〔註9〕　對此新氣象，請參看周昌龍師，〈章太炎與近代儒學開放式自變〉，《漢學研
　　　　究》，2003年6月，頁1～4。此文中提及錢穆曾以「做一『子學家』，成一家
　　　　之言」指出當時學術界的風氣。
〔註10〕　錢穆，《經學大要》（臺北：素書樓文教基金會，2000年）「第三講」，頁58。
　　　　戴景賢師在他的專文〈論錢賓四先生「中國文化特質」說之形成與其內涵〉中，
　　　　對儒學之成爲「家言」，因宗孔子而有，所謂「尊孔」、「尊儒」之異同，必涉
　　　　及孔子和六經、經與經學之討論。故錢穆以「自成一家言」的氣象，描述章太
　　　　炎等人，可見當時學術思想界，自我期許爲何。戴師在文中提及錢穆「以民族
　　　　文化之精神特質爲決定文化發展走向之最要因素」，或許梁啓超最終回歸到《德
　　　　育鑒》、《節本明儒學案》之編撰，經此重塑民族性，其間頗有神似之感。請參
　　　　看戴景賢師，〈論錢賓四先生「中國文化特質」說之形成與其內涵〉，《台大歷
　　　　史學報》（第26期，2000年12月），頁44。錢穆對梁啓超思想的評論，請參
　　　　看余英時，《錢穆與中國文化》（上海：上海遠東出版社，1994年），頁230。
〔註11〕　梁啓超，〈西學書目表後序〉，《文集之一》，頁128。〈西學書目表後序〉一文，
　　　　原附在《西學書目表‧讀西學書法》一文之篇末，常被當時士人所詬病。《翼
　　　　教叢編》中逐條批駁康、梁時，則用〈讀西學書法〉之篇名，指〈西學書目
　　　　表後序〉內容，而本文爲方便起見直接使用收在《文集》中的篇名〈西學書
　　　　目表後序〉。
〔註12〕　梁啓超，〈湖南時務學堂學約〉，《文集之二》，頁26。
〔註13〕　梁啓超，《變法通義‧學校餘論》，《文集之一》，頁63。
〔註14〕　梁啓超，〈讀書分月課程〉，《專集之六九》，頁11。
〔註15〕　梁啓超，〈讀書分月課程〉，《專集之六九》，頁2。
〔註16〕　梁啓超，〈讀書分月課程〉，《專集之六九》，頁3。

問學」之傳統，且以朱子所謂「當如老吏斷獄，一字不放過」的態度，要求學子治經學和子學時，「必每句深求其故，以自出議論爲主，久之觸發自多，見地自進，始能貫串羣書，自成條理」。〔註17〕由此可看出，梁在康有爲處所勤心讀書的大概內容，雖其內涵以公羊今文經學爲基礎，但是，我們應當注意其由陽明之「直指本心」之修養功夫出發，與朱子「道問學」之功夫同時並進之情形。這也反映出梁啓超學術思想之構成，是基於相當複雜的傳統學術之統合和整合，而且與其所身處之學術歷史環境息息相關。

第二節　道德主義與智識主義

梁啓超道德主義思想乃他的思想整體架構中的內核，這與他的政治或學術思想之間構成一種內外建構脈絡，從中最可省視在其思想建構過程中所反映的時代環境及其與思想主體之間的互動關係。由此不但能夠瞭解他的道德主義思想之獨特位置，更能進一步掌握其整體思想之內部邏輯關係。

對梁啓超思想能否以內外核分開來觀察，或許尙有討論的須要，嚴格而言，梁啓超思想架構實以德智合一之道德實踐力量，經由「悲智雙修」、「知行合一」而內外貫通。雖然這可謂與胡適重智智識主義（Intellcetualism）解決道德問題角度對立，但是他並不像胡適道德和智識（或科學）貫徹爲單一架構，亦非自道德實踐思緒中尋找科學智識之可能，而是希望由兩個獨立場域或空間中，道德和智識（或科學）互爲相輔，真正獨立而自主。因此，如果我們以他的道德主義思想爲其整體學術政治思想之內核，透過歷史場域中，以他的各種政治主張及其學術性論述等爲藍本，再進一步探索梁啓超思想本身的內部建構脈動，或許更清楚地瞭解，本文之重心議題「道德主義」之實質意涵。

在本論文中討論梁啓超道德主義思想時，爲論述之方便，以及論文中心議題道德主義思想之全面掌握，將和福澤諭吉所使用的公德與私德觀念，以及對智慧（智識）和道德的基本看法，作詳細的比較討論。但是，福澤諭吉在《文明論概略》〔註18〕（出版於 1875 年）中，除了公德與私德〔註19〕以外，

〔註17〕 梁啓超，〈讀書分月課程〉，《專集之六九》，頁 4。
〔註18〕 福澤諭吉《文明論概略》主要參考 Henry Thomas Buckle, History of Civilization in England,（分 2 卷，第 1 卷出版於 1857 年，第 2 卷出版於 1861 年）和 François Guizot（1787～1874）Histoire de la Civilisation en Europe （1828） 英譯本爲

尚有所謂公智與私智的觀念值得討論。這一觀念之討論，對本文道德主義和智識主義之間的區隔，提供相當明確的界限，因此進行梁啓超道德主義思想之全面討論之前，先瞭解其中道德主義思想和智識主義思想脈絡之間的重大區別。依據福澤諭吉的論點，道德（Moral）和智慧（Intellectual）各有兩種區別，他說：

> 第一、凡屬於內心活動的，如篤實、純潔、謙遜、嚴肅等叫做私德。
> 第二、與外界接觸而表現出社交行為的，如廉恥、公平、正直、勇敢等叫做公德。第三、探索事物的道理，而能順應這個道理的才能，叫做私智。第四、分別事物的輕重緩急，輕緩的後辦，重急的先辦，觀察其時間性和空間性的才能，叫做公智。因此，私智也可以叫做機靈的小智，公智也可以叫做聰明的大智。這四者當中，最關重要的是第四種的大智。如果沒有睿智的才能，就不可能把私德私智發展為公德公智。〔註20〕

私智和私德能轉化為公智和公德，是「能權衡事情的輕重大小，從事重大而能裨益社會」〔註21〕的聰明睿智。福澤諭吉特別引用孟子兩段話，指出私德擴大為公德；私智擴大為公智，他說：

> 孟子說：「惻隱、羞惡、辭讓、是非為人心之四端。擴之則若火之始燃，泉之始達。苟能充之，足以保四海，苟不充之，不足以事父母。」
> 〔註22〕這就是要把私德闊大道公德的意思。又說：「雖有智慧，不如

General History of Civilization in Europe,（tr.by C. S. Henry, Third American dition, 1842 年）對福澤諭吉《文明論概略》成書及其日本啓蒙思想影響層面相關問題，更詳細的介紹和討論，請參看許介鱗，〈福澤諭吉的文明觀與脫亞論〉，《歷史月刊》（第 184 期，2003 年 5 月），頁 34～43。同文亦見於網站 http://www.japanresearch.org.tw/director-05.asp；鄭匡民，《梁啓超啓蒙思想的東學背景》（上海：上海書店出版社，2003 年 10 月），頁 55～56。

〔註19〕日本大約 1900～1901 年間，有關公德相關議論，成為社會道德討論中的熱門話題。但是，在日本最早提出此一公德問題，應是福澤諭吉。請參看陳弱水，〈日本近代文化與教育中的社會倫理問題〉《台灣教育史研究通訊》（第三期，1999 年 3 月），頁 13；家永三郎，《日本道德思想史》（東京：岩波書店，1954 年），頁 200；石山敬雄，〈明治初期の道德教育について〉，《倫理學年報》（第 7 期，1958 年 3 月），頁 136～7。

〔註20〕福澤諭吉，《文明論概略·智德的區別》（北京：商務印書館，1997 年 5 月 7 刷），頁 73。

〔註21〕福澤諭吉，《文明論概略·智德的區別》，頁 74。

〔註22〕《孟子·公孫丑上》：「凡有四端於我者，知皆擴而充之矣。或火之始燃，泉

乘勢；雖有鎡基，不如待時。」〔註23〕這就是要觀察時勢的緩急，
把私智擴大爲公智的意思。〔註24〕

由此可知，能不能成就公德和公智，關鍵在於人能否運用聰明睿智，判斷事
情之輕重緩急，對社會有否貢獻爲基準，「正如亞當・斯密論述經濟規律那樣
主動地引導社會上的人，進一步走向富裕的道路，這就是充分發揮了智慧的
最大作用」。〔註25〕

　　雖然，梁啓超的基本思考或其思想架構，與福澤諭吉可謂處於對立面，但
這種「公智」觀點並無二致。猶如梁啓超有云：「清學的研究法，既近於『科學
的』，則其趨嚮似宜向科學方面發展；今專用之於考古，除算學、天文外，一切
自然科學皆不發達，何也？……我國數千年學術，皆集中社會方面，於自然界
方面素不措意，此無庸爲諱也。」〔註26〕若以梁啓超當時的論點而言，能否成
爲公德，就在能否「利羣」，〔註27〕能否「適合於公理與其時勢」〔註28〕就決
定能否化爲公德，如此梁啓超的公德與福澤諭吉所言之公德公智邏輯，在內涵
上則爲相當一致。當然，筆者不是說梁啓超公德和私德概念，是直接得自福澤
諭吉，誠如梁啓超在《新民說・論公德》一文中，就曾明確指出以公法與私法
角度，界定私德之範圍，他說：

一私人之獨善其身固屬於私德之範圍，即一私人與他私人交涉之道
義，仍屬於私德之範圍也。此可以法律上公法私法之範圍證明之。

〔註29〕

也就是說，梁啓超當以私法與公法角度，指出私德之範圍，間接告訴我們，
如同曾在《讀西學書法》中介紹西國公法家言論時，提到〈法律〉類書有《萬
國公法》、《公法會通》、《公法總論》、《中國古世公法》等與「公法」相關之
讀書目錄，其後他在〈國家思想變遷異同論〉一文中，列舉歐洲新思想和中

之始達。苟能充之，足以保四海；苟不充之，不足以事父母。」
〔註23〕《孟子・公孫丑上》：「齊人有言曰：『雖有智慧，不如乘勢；雖有鎡基，不如
　　　　待時。』」
〔註24〕福澤諭吉，《文明論概略・智德的區別》，頁73。
〔註25〕福澤諭吉，《文明論概略・智德的區別》，頁74。亞當・斯密（Smith Adam，
　　　　1723～1790年）。
〔註26〕梁啓超，《清代學術概論・九》，《專集之三十四》，頁22。
〔註27〕梁啓超，《新民說・論公德》，《專集之四》，頁15。
〔註28〕梁啓超，《自由書・豪傑之公腦》，《專集之二》，頁34。
〔註29〕梁啓超，《新民說・論公德》，《專集之四》，頁12。

國舊思想相比較時，說明「公法私法，界限極明，國家對於人民，人民對於國家，人民對於人民，皆各有其相當之權利義務」，〔註30〕這都能說明梁啓超對公法和私法的觀點，應當影響於其公德和私德之論述和區分。

他並於1902年（光緒二十八，壬寅）9月《新民叢報》第15～16號連載的〈樂利主義泰斗邊沁之學說〉一文，表示「其樂利關於一羣之總員者，謂之公德，關於羣內各員之本身者，謂之私德」，〔註31〕雖然這一篇文章，比1902年（光緒二十八，壬寅）2月8日開始連載的《新民說》稍晚，且其中多引用加藤弘之（1836～1916）的觀點，而在某種程度上說明梁啓超有關公德和私德相關論述，不但是從早年追求國家政制改革時期開始醞釀，也是在旅居日本時，多方擇取日本學術界環境影響的結果。

筆者於文中特重福澤諭吉，是因爲他的智識主義論點，剛好能反照出梁啓超道德主義思想特點之故，我們在此更值得注意的是，福澤諭吉將「聰明睿智」歸到智慧上討論的事實，他說：

> 對於古今成大功立大業的風雲人物，則稱他爲英雄豪傑，而對於他的道德，則只稱讚其私德，對更可貴的公德，反倒不列入道德之內，好像把它忘掉了。……因此，我也根據社會一般人的看法來規定字義，把聰明睿智的作用，歸入智慧之內，對普通所謂的道德，就不能不縮小其字義的範圍，只限於被動的私德上了。……拿智慧和道德相比較，認爲智的作用是重而廣大的，德的作用是輕而狹的。這裡也可能有些偏見，但是學者如果能瞭解以上說的意思，也就不致發生疑惑了。〔註32〕

福澤諭吉將產生公智公德的「聰明睿智」歸於「智慧」，智慧的作用顯然變得相當重要。這就猶如戴震之思想，人生而有欲、情、知實是自然，且「欲」之失衡爲「私」；「情」之失衡爲「偏」；「知」之失衡乃爲「蔽」，故先求知入手，逐漸養成一個「博學，審問，愼思，明辨」之道理，導引出一種智慧來，分別輕重常變，則一切行爲自能不失於私和蔽。〔註33〕此可說是一種中國智識主義傳統的相當典型的論說，其中所謂「智」乃判別「欲」、「情」和「知」

〔註30〕梁啓超，〈國家思想變遷異同論〉，《文集之六》，頁17。
〔註31〕梁啓超，〈樂利主義泰斗邊沁之學說〉，《文集之十三》，頁31～32。
〔註32〕福澤諭吉，《文明論概略·智德的區別》，頁75～76。
〔註33〕請參看戴東原，《孟子字義疏證》卷下，才條（臺北：世界書局，1974 第3版）。

之失衡者，此與福澤諭吉所言能辨別輕重緩急之「聰明睿智」相當。甚至，福澤諭吉所言「智慧是學而後進步，不學就不能進步，已經學會，就不會退步」，便如同戴震所言「解蔽莫如學」〔註34〕、「日進於智」，〔註35〕二者頗有相似之處。筆者並不是想要指出此二者是同一觀念或有何相關性，在此想要表達的是此二者的重智傾向，關於這一共同趨向我們可視為是智識主義傳統之一種表現。〔註36〕

誠如丸山真男（1914～1996）所指出，福澤諭吉《文明論概略》，第六章「智德的區別」以及第七章「論智德的時間性和空間性」，是參考 Henry Thomas Buckle（1821～1862），*History Of Civilization In England* 一書的第四章 "Mental Laws Are Either Moral or Intellectual. Comparison of Moral and Intellectual Laws, and Inquiry into the Effect Produced by each on the Progress of Society" 兩者相當明確地表達出對智識主義的思路，甚至通往杜威和胡適思想的脈絡。〔註37〕丸山真男論說：

> 不以所謂具有先天妥當性的固定的價值為前提，而是把每個具體狀況（situation）看作特殊的，對其採取實用主義的態度，從而把過去被認為是道德領域的事項移到理性的領域，這種觀點也是杜威提倡過的。（參照 *Reconstruction in Philosophy*, 1920, p.163f）從福澤的根本思維方法產生出上述觀點，是有邏輯的必然性的，這一點我們不可忽視。〔註38〕

由此可知，福澤諭吉的論點指向智識主義傳統，類似杜威實驗主義思路。〔註39〕梁啓超與此不同，他是以先天固定價值為其思想前提（即是道德），如此走出與

〔註34〕戴東原，《原善》卷下（臺北：世界書局，1974 第 3 版）。

〔註35〕戴東原，《孟子字義疏證》卷中。

〔註36〕日本儒學史與清代學術思想之間的不謀而同之處，可從「日本古學和清代如學在歷史地位上具有共同性」來理解。（余英時，《論戴震與章學誠・外篇二、戴東原與伊藤仁齋》（臺北：東大圖書，1996 年），頁 236。）余英時教授在文中，戴震與伊藤仁齋之學術思想相比較，其間確有思想上的相似性，如重視「道問學」的傳統，且伊藤仁齋之「一元氣」說，從明代吳廷翰處得啟發。這種思想史的同步趨向，或許能說明福澤諭吉智識主義論點。

〔註37〕丸山真男，《日本近代思想家：福澤諭吉》（北京：世界知識出版社，1997 年），頁 76 註解 6。

〔註38〕丸山真男，《日本近代思想家：福澤諭吉》，頁 76 註解 5。

〔註39〕可參看胡適、唐擘黃所翻譯的版本《哲學的改造》（合肥市：安徽教育出版社，1999 年）

福澤諭吉或後來胡適等人不同的思路發展。他的觀點可稱爲「道德主義」，由此與「智識主義」相區隔。如丸山真男所分析，福澤諭吉和杜威思想的共同趨向，在此先比較胡適和福澤諭吉智識主義的論點，福澤諭吉曾說：

> 孟子所謂「浩然之氣」，宋儒所謂「一旦豁然貫通」，禪家所謂「悟道」，這些都是在無形的內心中無形的功夫，無從見其具體形跡。但在智慧的領域裡，絕不會因一旦豁然開悟，就能像浩然之氣那樣發揮其巨大功用。瓦特發明蒸氣機，亞當‧斯密首倡經濟學說，並不是獨居默坐，一旦豁然而開悟的，而是積年累月研究了有形事物的道理，由一點一滴逐漸形成起來的。〔註40〕

胡適也有一段與福澤諭吉相當類似的論說，胡適說：

> 他們所希望的是那「一旦豁然貫通」的絕對的智慧。這是科學的反面。科學所求的知識正是這物那物的道理，並不妄想那最後的無上智慧。丟了具體的物理，去求那「一旦豁然貫通」的大澈大悟，絕沒有科學。〔註41〕

福澤諭吉與胡適在歷史舞台上並無直接交會的兩人，對傳統「一旦豁然貫通」與現代智慧或科學的論點如此相似，若不以智識主義脈絡解釋之，很難說明其中的共同點。

　　根據梁啓超《節本明儒學案》，對傳統所謂理氣性命太極陰陽或相關佛教等論，實屬於「心」之科學，是可研究的對象，然與能導引實際行爲之「治心治身」有所區別。若我們依照他的分法，顯而易見，他脫離傳統天道天理等觀念之束縛，將道德的範圍侷限於發覺自我是非判斷所能依準之良心基礎，付諸於實際行爲的人倫日常生活。並且，梁啓超將王學分爲兩派，趨重本體者與趨重功夫者，對此曾表示說：「若啓超則服膺雙江念菴派者，然不敢以強人，人各有機緣，或以龍谿心齋派而得度，亦一而已矣。」〔註42〕除此之外，梁啓超在1914年〈良知（俗識）與學識之調和〉一文中，明確指出文中所謂良知並非宋明儒者之良知。梁啓超將其良知從傳統天道觀念中解放，從樸實的直覺和經驗來描寫，在相當程度上推進「良知」的智識化脈絡。並且，他在1926年12月的演講稿〈王陽明知行合一之教〉中，更清楚地點出

〔註40〕福澤諭吉，《文明論概略‧論我國之獨立》，頁87～88。
〔註41〕胡適，〈清代學者的治學方法〉，《問題與主義》，頁158～159。
〔註42〕梁啓超，《德育鑒》，《專集之二十六》，頁30。

對「一旦豁然貫通」看法，他說：

> 朱子所謂「窮理」並非如近代科學家所謂客觀的物理，乃是抽象的，
> 徜况無朕的一種東西。所以他說有「一旦豁然貫通則表裏精粗無不
> 到」那樣的神秘境界，其實那種境界純是可望不可即的——或者還
> 是自己騙自己。〔註43〕

可見，梁啟超所繼承者乃重「致」的功夫，這與追求「一旦豁然貫通」的傳
統有所區隔，〔註44〕顯然也不與知識或科學抵觸。但梁啟超在 1924 年 1 月 19
日完成的〈戴東原哲學〉一文中，則說：

> 他所謂解蔽莫如學的大旨，大略如是。這些話驟看過去像是專從智
> 識方面講，無與於德性，其實不然，東原意思以為天下罪惡起於蔽
> 者什而八九，不蔽則幾於至善了。_{原善末段下大意}從這一點說，也可以說東
> 原哲學是「新知行合一主義」

在鮮明的重智哲學中，仍能尋繹出「新知行合一主義」，我們不得不說其思想
架構的確與戴震、福澤諭吉、嚴復、胡適等人的重智智識主義脈絡，仍有鮮
明的不同趨向。

　　猶如梁啟超想以民權自由替代義禮傳統，〔註45〕以新民新道德替代舊倫
理舊道德，我們不能單以傳統陽明學或養心等觀點瞭解他的思想基礎，雖然，

〔註43〕梁啟超，〈王陽明知行合一之教〉，《文集之四十二》，頁 26。
〔註44〕梁啟超曾在〈近世第一大哲康德之學說〉案語中云：「朱子補格致傳謂即凡天
　　　下之物，莫不因其已知之理而益窮之，以求至乎其極。至於用力之久，而一旦
　　　豁然貫通焉，則眾物之表裏精粗無不到，而吾心之全體大用無不明。與康德此
　　　論頗相類。為朱子教人窮理，而未示以窮理之界說，與窮理之法門，不如康氏
　　　之博深切明耳。」（〈近世第一大哲康德之學說〉，《文集之十三》，頁 56。）據
　　　此黃克武教授在〈梁啟超與康德〉一文中，藉以墨子刻教授「悲觀主義的認識
　　　論」和「樂觀主義的認識論」角度，分別康德、休謨與佛學、朱子理學、梁啟
　　　超之認識論，將梁啟超等同於追求「一旦豁然貫通」理想的朱子。（《中央研究
　　　院近代史研究所集刊》（第 30 期，1998 年 12 月），頁 134～135。）但是，梁
　　　啟超所言，僅指出朱子窮理之法「因其已知之理而益窮之」與康德「推理力」
　　　相類，其中並無將兩者視為相同，何況梁啟超明言說明，朱熹「他說有『一旦
　　　豁然貫通則表裏精粗無不到』那樣的神秘境界，其實那種境界純是可望不可即
　　　的——或者還是自己騙自己。」（〈王陽明知行合一之教〉，《文集之四十二》，
　　　頁 26。）換言之，即使梁啟超當時對康德思想的認識並不深刻，但梁啟超的認
　　　識論或認識基礎，也不能僅由樂觀或悲觀之二分法即能完整說明。
〔註45〕請參看本文第二章第二節「二、『公』與『私』——個人自主之權與君權之分
　　　界」中的討論。

其學術思想或以此為基礎開展，但誠如他自己所說的，那是透過「交換智識」〔註 46〕、「輸入而調和」，〔註 47〕又經過「淬厲其固有」而「博考各國」、「擇其長者」〔註 48〕之階段，因此我們當不能簡單認為這只是陽明學。

亦如福澤諭吉和胡適共同認知的，他們是將所謂「一旦豁然貫通」的絕對智慧的追求，當作傳統儒家道德學術思想的特徵，若如是看待則顯然不能以此涵蓋梁啓超思想的全部面向。故此處所指稱之「道德主義」的意涵，不僅承認人之道德本體，更強調道德之修養與追求。在道德和智識互為相輔之關係中，不但積極追求智識，並由此道德本體之顯現，以個人之道德力量控制所謂「奸智」（我們或可借用戴震之語，可稱之為「蔽」）滋生等弊端。而智識主義傳統，如戴震所指「欲」之失衡為「私」，「情」之失衡為「偏」，「知」之失衡乃為「蔽」，故以重智重學除去「私」、「偏」、「蔽」，而最終能判別失衡與否之重任則在於「智」。由此可知所謂「道德主義」和「智識主義」之間的差別所在。換言之，在日本尤其是福澤諭吉所極力推動之重視智慧的智識主義思路，和梁啓超《新民說》、〈東籍月旦〉之論說所極力提倡的，以「新道德」補救單單推舉智識之潮流相抗的見識，或許從兩者之相較中便能看出後來「科玄論戰」之端倪。

總言之，在道德主義和智識主義之間，主要的爭論點，應是第一、道德本體之承認與否？第二、由誰擔負判別或控制除「私」去「蔽」之重任，是道德還是智慧（或科學）？這兩項關鍵課題，我們將在本論文中，透過梁啓超一生中的主要政治、學術、思想著作中，將會深入探討梁啓超道德主義思想之思想建構和其展演脈絡。尤其旅居日本的這一時期，梁啓超不但對當時迫切的國際間「民族帝國主義」〔註 49〕盛行，及其國內國家民族建設課題等相關議題，提出相當清楚的解決方案，我們將以道德主義角度，更翔實而清楚地掌握他所提出的完整解決方案。

當梁啓超開始連載《新民說》、《論中國學術思想變遷之大勢》等文時，我們即能瞭解這已經相當程度反映出他所致力的幾個重要方向和目標，即一

〔註 46〕梁啓超，〈《清議報》一百冊祝詞並論報館之責任及本館之經歷〉，《文集之六》，頁 50。

〔註 47〕梁啓超，〈《清議報》一百冊祝詞並論報館之責任及本館之經歷〉，《文集之六》，頁 50～51。

〔註 48〕梁啓超，《新民說·釋新民之義》，《專集之四》，頁 5，6，6。

〔註 49〕梁啓超，〈國家思想變遷異同論〉，《文集之六》，頁 22。

方面對民眾積極宣傳新道德和新理想，另一方面對傳統學術思想提出新的看法和觀點，欲以新道德和新理想促使國家學術思想之革新，將能帶動新塑民族「新民」之遠大目標。這兩大目標，若以福澤諭吉公德私德與公智私智的架構看，梁啓超的目的或許更為清楚，換言之，《新民說》所代表的是公德與私德問題；《論中國學術思想變遷之大勢》則是公智和私智問題，一是道德體系之重整，另一則是傳統學術思想之重整，這兩者都是提倡為公眾公益發揮最大影響力的公德公智之宣傳與推動。

　　雖然，梁啓超在《新民說》中所使用的公德和私德關鍵詞義，與福澤諭吉之用意不盡一致，但是，公德和公智乃福澤諭吉所追求者，且轉化為此公德與公智的關鍵在於能否引導公眾之福利，此與梁啓超「利羣」之脈絡相較，仍能發現其中的某種關聯性。這一關聯不但供給我們以公智的角度，討論梁啓超學術性著作的另一研究途徑，且從中使我們瞭解到福澤諭吉之《文明論概略》是以智識主義思路通往杜威和胡適重智主義，梁啓超雖受其某種影響，但是仍開展出自我「道德主義」思路。因此，透過以上之比較，我們更清楚地掌握梁啓超道德主義思想之基本概況。

第二章 知識、權界，經世

　　大致上，梁啓超在 1890 年（光緒十六，庚寅）至 1896 年（光緒二十二，丙申）間，也就是《時務報》連載《變法通義》之前，他在康有爲思想的衝擊和影響中，試圖尋索其個人思想之出路。而當時學術界真正認識梁啓超，則是從他的主要著作正式發表後，亦即自《變法通義》在《時務報》連載之後，他的學術思想開始影響於全國，當時學術界也開始重視其言論。因此，我們不妨從他的《變法通義》著手探析其思想之早期呈現，再輔以其他著作說明他的思想成形之詳細情景。本文欲透過此一系列政治改革論說的剖析，初步呈現其所關注的問題核心，由此漸次呈顯本文討論範圍之具體內涵，即是他的道德主義思想具體發揮在現實環境或其政治主張中的積極意義和角色。

第一節　求知與經世：尊德性、道問學、行經世的途徑

　　梁啓超在《時務報》時期所持的政治改革之基本主張，乃是以學校教育之改造而確立自變之基礎，同時他在〈萬木草堂小學學記〉、〈湖南時務學堂學約〉等文章中，亦繼康有爲《長興學記》教學之旨，續論其立學之大意。故我們可以從這些相關的具體主張中，透過其立學基礎之探討，不但會發現梁啓超政制改革主張的思想基礎，並且更清楚地瞭解其中的德智架構及其相關論述之雛形。

　　若深入瞭解梁啓超《時務報》時期的教育觀，即能發現其中鮮明的一條經世途徑，是從立志、養心出發，以德智相和相緣架構上循序漸進，完成行經世

之目的。有趣的是，這一經世需求，亦是清代經學考證興起的原因之一，清儒痛心王學末流之弊端，務求實學，從儒家思想根源經學中，求尋經世之有效方策。〔註1〕因之，梁啓超受康有為影響，認為經學不但不能停留在宋學「束身」之階段，並且以為劉歆古文經學不但是助長「訓詁名物」之興起，更是導致清儒「考據詞章、破碎相尚」，〔註2〕致失去中國傳統學術思想之積極「經世」意義。若仔細斟酌這一清初和清末思想界，發掘新知求經世之源的途徑，不難發現清儒從經學考證，求義理之實，求經世之大源，與梁啓超為求經世之大道而從傳統經子史，甚至視「西人公理公法之書以為之經」〔註3〕態度，實為同出一轍。這一智識擴達不但是梁啓超早期經世思想之主要入境，更是他的道德主義思想不可缺少之構成條件。

一、增長識見、立志養心

　　梁啓超〈萬木草堂小學學記〉一文，在 1897 年（光緒二十三，丁酉）10月 26 日發表於《知新報》第 35 冊，此文可說是同年冬天在長沙教學時所撰之〈湖南時務學堂學約〉的雛形。此兩文皆先言「立志」而後「養心」，而「立志」之法在〈湖南時務學堂學約〉一文中有曰：

> 立志之功課有數端，必須廣其識見，所見日大，則所志亦日大。陸子所謂「今人如何便解有志，須先有智識始得」此一端也。志既立，必養之，使勿少衰。如吳王之復讎，使人日聒其側，曰而忘越人之殺而父乎！學者立志當如此！其下手處，在時時提醒念茲在茲，此又一端也。志既定之後，必求學問以敷之，否則皆成虛語，久之亦必墮落也，此又一端也。〔註4〕

立志首重先立其大，應先瞭解何為大何為小，志以天下為己任為大，求科第求榮為私為小，當不能以小奪大。〔註5〕如同〈論中國宜講求法律之學〉所表達，所謂大者乃是公是文明，小者就是私是野蠻，故先立其大者，在梁啓超

〔註1〕　請參看陸寶千，〈論清代經學〉，《清代思想史》（臺北：廣文書局，1978 年），
　　　　頁 163～196；張壽安，《以禮代理──凌廷堪與清中葉儒學思想之轉變》「緒
　　　　論」（臺北：中央研究院近代史研究所，1994 年 5 月），頁 1～8。
〔註2〕　梁啓超，《變法通議・論不變之害》，《文集之一》，頁 3。
〔註3〕　梁啓超，〈湖南時務學堂學約〉，《文集之二》，頁 28。
〔註4〕　梁啓超，〈湖南時務學堂學約〉，《文集之二》，頁 24。
〔註5〕　請參看梁啓超，〈湖南時務學堂學約〉，《文集之二》，頁 23～24。

的思考中即化爲廣其識見以明世界政經局勢，並確立「自變」而救國之大方向。因此可以瞭解到梁啓超要求學子立志，亦即是通往其改革變法主張的大方向。

　　然其獨特之處乃在「立志」從增長個人識見始，又以求學問以輔之，故他的「立志」不離識時務與求學問兩種途徑，此與其變法改革主張相互結合而成爲梁啓超教育觀之基礎。〔註6〕這種「廣其識見」的主張便與《佐治芻言》一書所強調「增長識見，分別是非」〔註7〕有著相當顯著的關聯，尤其在第十三章〈論教民〉中，更可以發現到梁啓超不以瑣碎漢學考據詞章之學，而是重以「養心」、「識見」爲基礎，分別是非善惡的教育觀，他說：

> 每見世之爲父母者，第之教子弟以文學，而於明理修身之本，置之不問。故子弟常有學問可觀，而心術仍不可問者，豈文學之誤人哉？亦教者之未得其道耳。蓋教也者，非欲其搜羅經籍，開拓心胸已也，必借前人得失事，爲之啓發，以引其向善之機，遏其爲惡之念，久之，其人自有一好善惡惡之心具於方寸，不至人入於歧途矣。〔註8〕

其實，《佐治芻言》所表述的理想政治模式，不但相當程度結合英歐諸國之民主政治實例和中國政治思想，以提出合乎民情和事理之漸進式改革方案，並充分反映出當時改革士人之基本思想基礎。故梁啓超的言論可說廣羅當時改革議論而加以發揮，並在此過程中漸次深入發掘其政治改革思想之內核價值，從而涵蓄出較爲深刻的體悟與討論。因此，「立志」若不能堅持則前功盡棄，故教學不能以「搜羅經籍，開拓心胸」自足，更是以「養心」之功夫堅守「向善之機，遏其爲惡之念」。〔註9〕這不只是梁啓超個人的獨特主張，而是當時士人所共同擁有的時代課題。〔註10〕對此，綜觀當時思想界議論重點

〔註6〕　梁啓超教育方針合「尊德性」、「道問學」二途於一身，我們在他的不同文章中個別看出此兩種思路。他在〈三先生傳〉說：「陸子曰：『我雖不識一字，亦須還我堂堂地做個人。』，啓超始學於南海，即受此議。」（《文集之一》，頁115。）又在〈沈氏音書·序〉中說：「國惡乎強！民智斯國強矣。民惡乎智！盡天下人而讀書而識字斯民智矣。」（《文集之二》，頁1。）不識字也堂堂做一人的人生態度與從識字始而求知識的兩種途徑，都在他的論述中充分表達出「尊德性」、「道問學」二途於一身而並無衝突，且是以統合的基礎上追求合理的梁啓超思想特徵。

〔註7〕　傅蘭雅，《佐治芻言》，頁34。

〔註8〕　傅蘭雅，《佐治芻言》，頁52。

〔註9〕　傅蘭雅，《佐治芻言》，頁52。

〔註10〕　雖然，改革派人士對修養養心之需求頗普遍，而他們的入境不盡一致，梁啓

之浮動過程中，大致可發現幾個重要的核心支流，〔註11〕其中梁啓超所代表的這一脈絡之掌握，是為本文重點所在。

梁啓超教學首重「立志」、「養心」二條，在「湖南時務學堂」教學時期所使用的〈讀孟子界說〉中，亦可以看出其以陸王修養論為基本重點。〔註12〕他認為孟子內學宗旨為「不動心」，其功夫則是「先立乎其大」、「養氣」、「求放心」，此三大功夫進轉為「立志」、「養心」二條。

其中何謂「養心」？這一問題梁啓超在〈萬木草堂小學學記〉中，早以孔孟「從心所欲」、「不動心」二者直指其內涵，也同時在天下學問「成己成物」〔註13〕二端主張必「養心」存之，闡釋「養心」為「學中第一義」。他並於〈湖南時務學堂學約〉中對為何「養心」之主要理由，有更為詳細的論說：

> 故養心者治事之大原也。自破碎之學盛行，鄙夷心宗謂為逃禪，因佛之言心從而避之，乃並我之心，亦不敢自有，何其傎也。率吾不忍人之心，以憂天下救眾生，悍然獨往，浩然獨來，先破苦樂，次破生死，次破毀譽。〔註14〕

國家面對存亡危機之際，進行萬難之改革，若無「養心」之功夫堅守其大志，恐難完成其救國使命。雖然，明末以來學者對「心學」頗有微詞，此「養心」乃指孔孟所傳而非禪宗之心法，故由此存其大志究是「成己成物」之良策。其次，對如何「養心」之方法，梁啓超也提出兩條門徑，他說：

> 養心之功課有二：一靜坐之養心，二閱歷之養心。學者在學堂中，無所謂閱歷，當先行靜坐之養心。〔註15〕

雖「養心」有二種途徑，但倘初學者尚無種種閱歷之練達，則只能以靜坐之功

超則多以陸王心學為歸宿。這一時期有關梁啓超教學以陸王心學為主的論述，請參看《讀書分月課程》，《專集之六九》；〈湖南時務學堂學約〉，《文集之二》；又在丁文江撰，《梁任公先生年譜長編》，頁43。

〔註11〕有關此核心支流及其養心之法的概括，請參看王汎森，〈中國近代思想中的傳統因素——兼論思想的本之與思想的功能〉，《中國近代思想學術的系譜》，頁133～159。此文以理學和心學的角度輪廓出中國近現代思想史中主要人物與傳統之間的關係。

〔註12〕可參看丁文江撰，《梁任公先生年譜長編》，頁43。

〔註13〕「成己成物」乃是「內聖外王」之意，他在〈湖南時務學堂學約〉中言：「養心者，治事之大原也。」（《文集之二》，頁24。），故我們將「成己成物」中的「物」，大致可理解為「事」、「事功」。

〔註14〕梁啓超，〈湖南時務學堂學約〉，《文集之二》，頁24。

〔註15〕梁啓超，〈湖南時務學堂學約〉，《文集之二》，頁24。

先代行。他認爲程子半日靜坐半日讀書之功夫，在當今功課繁複的環境中已不甚時宜，故只能採用一天一小時或兩三刻之功夫靜坐「養心」代替。除靜坐外也須「治身」之功，所取則以曾子一日三省之法，檢視自己一日言論行事，凡此三則均屬於「尊德性」之功夫。接著「讀書」、「窮理」、「學文」之條目便屬「道問學」之功夫了。其中，應當留意的是讀書閱歷不但能廣其識見且爲「立志」之重要功夫，而「養心」的階段也如同「曾文正在戎馬之間，讀書談學如平時」〔註16〕一般，不單汲取歷練並同能維持「不動心」之境。

二、學術轉型、求經世之源

至於「讀書」一目，梁啓超主張先從中國經史大義爲基礎，進而廣泛涉獵西學，才能符合當今的需求。故讀書當以傳統經、子、史與新輸入的西學爲主，而中國學術雖「正經正史，當王之制，承學之士，所宜人人共讀者」，〔註17〕但是由於其範圍過於繁博難讀，又不切實際者頗多，因此他提出折衷之方：

> 將取中國應讀之書，第其誦課之先後，或讀全書，或書擇其篇焉，或讀全篇，或篇擇其句焉，專求其有關於聖教，有切於時局者，而雜引外事，旁搜新意以發明之。……每日一課，經學、子學、史學，與譯出西書，四者間日爲課焉。度數年之力，中國要籍一切大義，皆可了答，而旁證遠引於西方諸學，亦可以知崖略矣。〔註18〕

其中，值得注意的是，所謂「經史子集」之順序在梁啓超的文章中，都調整爲「經子史」之排列，可見其中「子」的地位與過去認知明顯不同。那麼，梁啓超所指「經子史」的內涵又是如何呢？他認爲經學所指多是以孔教爲主，認爲「六經皆孔子所作」，並且「秦漢以後，皆行荀卿之學，爲孔教之蘖派」。雖「漢儒治經，皆以經世」，然因劉歆（公元前50（？）～20）僞造古文經之故，經學之大害「訓詁名物」亦起於此。況「宋學末流，束身自好，有乖孔子兼善天下之義」，〔註19〕故所謂「經學」若只停留在宋學「束身」之階段，而不顧「經世」，則不但失去自孔子以來中國傳統學術思想之積極意義，且與

〔註16〕梁啓超，〈湖南時務學堂學約〉，《文集之二》，頁24。
〔註17〕梁啓超，〈湖南時務學堂學約〉，《文集之二》，頁25。
〔註18〕梁啓超，〈湖南時務學堂學約〉，《文集之二》，頁26。
〔註19〕以上皆引自梁啓超，〈西學書目表後序〉，《文集之一》，頁128。

生活緊密連結互動之學術生命活力亦從此式微。因此，對梁啓超而言，「經學」乃通往「經世」之學，實行孔子「兼善天下之義」，換言之，「尊德性」固然重要，但若無法開展「經世」之大義，則已失去孔子學說之真義。其次，論及「子學」，梁啓超則以爲：

> 一當知周秦諸子有二派，曰：孔教，曰：非孔教。二當知非孔教之諸子，皆欲改制創教。三當知非孔教之諸子，其學派實皆本於六經。四當知老子墨子爲兩大宗。五當知今之西學，周秦諸子多能道之。六當知諸子弟子，各傳其教，與孔教同。七當知孔教之獨行，由於漢武之表彰六藝，罷黜百家。八當知漢以後，無子書。九當知漢後百家雖黜，而老楊之學，深入人心，二千年實陰受其毒。十當知墨子之學當復興。〔註20〕

我們透過梁啓超對「經」和「子」的論述中可以發現幾個重點，第一、周秦諸子亦本於六經，則周秦諸子二派之一的孔教〔註21〕之地位，是與周秦諸子相同。因此，本於六經欲改制創教之「子學」地位明顯上升。〔註22〕第二、「子學」中的老楊之學與「經學」中的荀卿之學乃中國學術思想之大害，〔註23〕

〔註20〕 梁啓超，〈西學書目表後序〉，《文集之一》，頁128。

〔註21〕 孔教是周秦諸子二派之一，則可知其教之意義與宗教不完全相同，反而近似學術派別。可參考梁啓超在《清代學術概論‧二三》之末，評《孔子改制考》之影響，他說：「語孔子之所以爲大，在於建設新學派（創教），鼓舞人創作精神。」在此梁啓超釋創教爲新學派。

〔註22〕 我們也可以參考梁啓超在《清代學術概論‧二三》中，談及康有爲《孔子改制考》一書影響時的評論，他說：「雖極力推挹孔子，然既謂孔子之創學派與諸子之創學派，同一動機，同一目的，同一手段，則已夷孔子於諸子之列。所謂『別黑白定一尊』之觀念，全然解放，導人以比較的研究。」

〔註23〕 梁啓超攻擊老子之學說，在他的《論中國學術思想變遷之大勢》中，有較爲詳細的論述。他在《論中國學術思想變遷之大勢》中，將老子學說分爲哲理、厭世、權謀、縱樂、神秘五派，其中評論權謀一派說：「老學最毒天下者，權謀之言也。將以愚民非以明民，將欲取之必先與之。」（《文集之七》，頁20。）我們也可參看〈論湖南應辦之事〉一文，梁啓超認爲「昔之欲抑民權，必以塞民智爲第一義；今日欲伸民權，必以廣民智爲第一義」（《文集之三》，頁41。）由此可知，梁啓超則針對此老子愚民政策提出強力反對意見，很可能是當時「增長識見，分別是非」，以及提倡民智、民權主張有所抵觸之故。至於荀子學說相關問題，則可參考〈論支那宗教改革〉一文，其中明確指出荀子學說之四大端，一、尊君權，二、排除異說（非十二子篇，包含孟子），三、謹禮儀，四、重考據，以上四端都可解釋他攻擊荀子的幾個原因。（《文集之三》，頁57。）有關梁啓超爲何對荀子學說提出批評，張灝教授認爲荀子學說維護

而墨子學說當將復興。第三、西學則周秦諸子多能道之（此乃後來梁與嚴復爭論的論點之一〔註24〕）。最後，參考他對「史學」之觀點，就可以發現其論述的重點所在，他說：

> 一當知太史公爲孔教嫡派。二當知二千年政治沿革，何者爲行孔子之制，何者爲非孔子之制。三當知歷代制度皆爲保王者一家而設，非爲保天下而設，與孔子之義大悖。四當知三代以後，君權日益尊，民權日益衰，爲中國致弱之根原。〔註25〕

可見孔子之義乃爲保天下，能使民權日益臻至完美之政制。故在梁啓超大談「公者何？民主而已，私者何？君主而已矣」〔註26〕之時，即可瞭解到孔子之改制是如何被安置於「公羊三世說」的架構中，進而通往歐美「自由民主」之主張。且當梁啓超說：「今之西學，周秦諸子多能道之」時，亦能明白到何以當時梁啓超遲遲不能放棄此一學說，須與嚴復爭論的主要原因了。因爲，一旦梁啓超放棄此一關聯，即孔子之制「爲保天下」而可通往民權的主張，便意味他放棄康有爲之孔教主張，與師說決裂。在當時的時空環境下，若我們指責梁啓超不意與師說決裂，是過於苛刻的要求。

綜觀梁啓超「經子史」之內涵，即可發現「經世」乃其論述重點，故能否「經世」，在此實用功能性的原則下，即能判別傳統學術之高低。這不但是裁斷「經史子集」之順序和內涵之正當與否，而且在康有爲「公羊三世說」影響下，國家政體能否進至自由民主政制之強而有力的立論基礎。因此，在傳統尊德性和道問學範疇中的「養心」和「讀書」各個細目，均當可視爲是「經世」的準備過程，甚至傳統「經史子集」都能演變成以「經世」爲主的新範疇中之新的規範。這種持「經世」爲基準用以判別傳統「經史子集」的態度，梁啓超在1897（光緒二十三，丁酉）年《時務報》第36冊發表的《變法通義・學校餘論》中，曾明確表達爲自強而經世，則「以六經諸子爲經」的議論，這不但突顯出「子學」在爲自強而經世的目的，而且突破過去認知的侷限而提升其在傳統思想資源中的地位。他說：

> 變法則獨先學校，學校則首重政治，采歐洲之法，而行之以日本之道

君權有關。請參看（張灝，《梁啓超與中國思想的過渡（1890～1907）》，頁72。）

〔註24〕 請參看梁啓超，〈與嚴幼陵先生書〉，《文集之一》，頁108～109。

〔註25〕 梁啓超，〈西學書目表後序〉，《文集之一》，頁128。

〔註26〕 梁啓超，〈與嚴幼陵先生書〉，《文集之一》，頁109。

是以不三十年而崛起於東瀛也。今中國而不思自強則已。苟猶思之，其必自興政學始，宜以六經諸子爲經，^{經學必以子學相輔，然後知經學之}而_{用。諸子亦皆欲以所學易天下者也。}以西人公理公法之書輔之，以求治天下之道。〔註27〕

梁啓超認爲必須廣泛涉獵中西歷來政術後，才能求其中可行於今日中國改革自強之策，取能「易天下」之法，故對他而言，傳統「經學」和「子學」甚至「西學」都是提供「經世」的動力來源，彼此間並無排斥之虞。因此，他更不囿於傳統學術分類，積極追求擴達知識廣其識見。故梁啓超在〈湖南時務學堂學約〉中，「讀書」一目就指出爲「經世」而自我調整傳統學術範疇，並廣納西學；「窮理」一目亦談及容納歐美格致學的「窮理」之法（猶如自然科學的方法論）。雖「宋儒之所謂理者去實用尚隔一層」，〔註28〕而梁啓超還是相當肯定朱子大學之教，即是「必使學者，即凡天下之物，莫不因其已知之理，而益窮之，以求至乎其極」〔註29〕的功夫。可見傳統「道問學」之主要內容，雖在梁啓超等人的教育理念中發生變化，但此傳統之問學功夫仍爲梁啓超所取，調整統合於他的教學綱目中另所發揮。而這也是梁啓超等人思想態度的主要特點之一，換言之，他們都是以自我調整著手，在「自變」的基礎上引進外來思想，容融轉演創發新的思想爲己任。故在「經世」一條中詳細說明今日之「經世」與唐宋以來之「經世」如何不同，且對今日學者應當如何「經世」這一重大議題上提出他的看法：

必深通六經製作之精義，證以周秦諸子及西人公理公法之書，以爲之經，以求治天下之理；必博觀歷朝掌故沿革得失，證以泰西希臘羅馬諸古史以爲之緯，以求古人治天下之法；必細查今日天下郡國利病，知其積弱之由，及其可以圖強之道，證以西國進使憲法章程之書，及各國報章以爲之用，以求治今日之天下所當有事。夫然後可以言經世！〔註30〕

歷往「經世」之準繩不復適用，必與西學互相參酌，才能開創適用於當今之世的準則。雖然梁啓超多次惋惜「誦經讀書之人，殆將絕」，〔註31〕但其教學之宗

〔註27〕梁啓超，《變法通義・學校餘論》，《文集之一》，頁63。
〔註28〕梁啓超，〈湖南時務學堂學約〉，《文集之二》，頁27。
〔註29〕梁啓超，〈湖南時務學堂學約〉，《文集之二》，頁26～27。
〔註30〕梁啓超，〈湖南時務學堂學約〉，《文集之二》，頁28。
〔註31〕梁啓超，〈湖南時務學堂學約〉，《文集之二》，頁26。我們也可以參看他在〈西學書目表後序〉之語：「今日非西學不興之爲患，而中學將亡之爲患。」（《文

旨卻也明確表示「中學以經義掌故為主，西學以憲法官制為歸；遠法安定經義治事之規，近採西人政治學院之意」，〔註32〕這種合中西而創新局之鴻圖，在梁啓超〈萬木草堂小學學記〉、〈湖南時務學堂學約〉等文中，從他對「尊德性」以中學為主、「道問學」之細目則引西學的態度，即能見之；而其中我們尤應重視的是在「道問學」的種種細目中，他強調為「經世」而「讀書」、「窮理」的觀點，此論述可謂對傳統學術思想體系是作了相當程度的調整。

　　若致此，我們或可認為，梁啓超在變法運動之中，所扮演的積極角色，多著重於知識擴充而經世，似乎看不到他在《新民說》中，提倡的新道德〔註33〕相關論點。但是如果我們肯定白璧德，對攻擊科學不遺餘力的盧梭（Jean Jacques Rousseau，1712～1778）的評論，「如果人們沒有因科學進步而如此振作的話，那麼，我們可以肯定，當盧梭宣布他們本性善時，他們就不會準備聽了。」〔註34〕或能理解梁啓超此一時期，提倡增長識見、知識擴充，積極吸收新知，以求經世之原因。嚴格說來，梁啓超此一時期，仍然遵循著「尊德性、道問學、行經世」之思緒，立志而養心，當屬「尊德性」；增長識見，汲取新知，當屬「道問學」。此一「尊德性道問學」，循序漸進，互為相因，成為經世救國之現實目標的監督明燈。值得注意的是，梁啓超尊德性、道問學、行經世之思路，隨著個人學識精進，漸次各自獨立，並在環環相扣之善循結構中，成為各自獨立的價值和目的，完成德智相輔相和架構中，互為獨立而互緣之道德主義思想之根基。

第二節　理想與現實之分界：開啓自由民主法治之路程

　　探究理想與現實之分界，此在梁啓超的文章中屢見不鮮，這種架構之出現，很可能與「公羊三世說」之「升平」、「太平」等論述有關聯。1901 年（光緒二十七，辛丑）12 月 21 日，當梁啓超在《清議報》第 100 冊發表的〈南海康先生傳〉第七章第四節「理想與現實之調合及其進步之次第」中，闡述「理

　　　　集之一》，頁 126。）
〔註32〕梁啓超，〈湖南時務學堂學約〉，《文集之二》，頁 28。
〔註33〕新道德一詞，請看梁啓超，〈東籍月旦〉，《文集之四》，頁 86；梁啓超，《新民說・論公德》，《專集之四》，頁 15。
〔註34〕Irving Babbitt 白璧德，孫宜學譯，《盧梭與浪漫主義》，頁 75。

想與現實」可並行而不相悖之道理時，便能瞭解期間的相關性。〔註35〕這些認知不但供給了梁啓超以階段性任務的方式辯護康有為孔教〔註36〕主張，並且以君主立憲作為解決當前政治困境的政治主張增添一種合理性。是故梁啓超能將民主政治之理想置於終極目標中追求，而當前則是以君主立憲開啓民智、民權等種種政治主張，這在當時政治環境中不失為一種合理的折衷方法。對此，在本節中將詳細地追述此概念之展演過程，從中理解梁啓超的政治主張如何構成，且其主要內容如何逐漸成形等問題。

一、理想與現實——以君主立憲開啓民主

「公羊三世」之理論，不但對梁啓超思想有著重大影響，且其後在梁啓超接受嚴復天演思想時也發生了一定作用。正因為如此，梁啓超與嚴復之間的互動存有一種隔閡，〔註37〕梁啓超約在 1897 年（光緒二十三，丁酉）春寫的〈與嚴幼陵先生書〉〔註38〕中便充分顯示其中的矛盾。他們之間的爭論點，表面上圍繞著梁啓超〈古議院考〉一文，而實質的癥結在「公羊三世說」和「孔教」主張。若我們深入瞭解其中的爭論點即可發現，他們之間的衝突在某種程度上原應屬於康有為與嚴復間之衝突，亦是「公羊三世說」為基礎的「孔教」主張與「天演論」世界觀的衝突。

故我們從〈與嚴幼陵先生書〉中，即能發現梁處於康有為和嚴復影響之間的苦衷。當嚴復曰：「教不可保，而亦不必保。」、「保教而進，則又非所保之本教矣。」對此，梁啓超回應說：

讀至此則，據案狂叫，語人曰：「不意數千年悶葫蘆，被此老一言揭

〔註35〕 請參看〈南海康先生傳〉，《文集之六》，頁 84。

〔註36〕 梁啓超對孔教的態度，已有專文可參看。巴斯蒂（法國），〈梁啓超與宗教問題〉，狹間直樹編，《梁啓超‧明治日本‧西方——日本京都大學人文科學研究所共同研究報告》（北京：社會科學文獻，2001 年 3 月第一版），頁 400～457。

〔註37〕 有關嚴復與梁啓超之間的互動和其中的衝突和矛盾，近來頗有研究，可參看蔣廣學，《梁啓超和中國古代學術的終結》（南京：江蘇教育出版社，1998 年），頁 1～9。村尾進，〈萬木森森——《時務報》時期的梁啓超及其周圍的情況〉，《梁啓超‧明治日本‧西方——日本京都大學人文科學研究所共同研究報告》，頁 38～58。黃克武，〈嚴復與梁啓超〉，《台大文史哲學報》（第 56 期，2002 年 5 月），頁 29～68。

〔註38〕 〈與嚴幼陵先生書〉一文寫作年，請參看李國俊編，《梁啓超著述繫年》（上海：復旦大學出版社，1986 年 1 月），頁 37。

破。」不服先生之能言之，而服先生之敢言之也。國之一統未定，
羣疑並起，天下多才士，既以定鼎，則黔首戢戢受治，蕭然無人才
矣。教之一尊未定，百家並作，天下多學術。既已立教，則士人之
心思才力，皆爲教旨所束縛，不敢作他想，窒閉無心學矣。故莊子
束教之言，天下之公言也。〔註39〕

此「既已立教，則士人之心思才力，皆爲教旨所束縛，不敢作他想，窒閉無
心學」之見解，似與康有爲孔教主張相左，而遲至1902年（光緒二十八，壬
寅）2月22日《新民叢報》第2號〈保教非所以尊孔論〉〔註40〕中，梁啓超
首度正式提出在這方面的相關論述，肯定了嚴復在1897年（光緒二十三，丁
酉）與他通信時的基本主張。但是，在1897年（光緒二十三，丁酉）寫給嚴
復的信中，梁終究以「譬猶民主，固救時之善圖也，然今日民義未講，則無
甯先藉君權以轉移之。彼言教者，其意亦若是而已」〔註41〕之語，欲圖調解
康有爲孔教主張和嚴復的衝突。

此一調解，恰正反映出梁認爲孔教也是一種開啓民智或救國之手段，因
而孔教主張質變爲通往終極目標之階段性任務。故梁啓超在〈保教非所以尊
孔論〉解題告白中表示「此篇與著者數年前之論相反對，所謂我操我矛，以
伐我者也」，〔註42〕是以就其所出版的言論，或爲他人所認知的角度。這並不
是他個人思想的突變，乃爲一種持續性展演過程所帶來的結果。〔註43〕對此，

〔註39〕梁啓超，〈與嚴幼陵先生書〉，《文集之一》，頁109。
〔註40〕同文收於《文集之四》，頁50～59。
〔註41〕梁啓超，〈與嚴幼陵先生書〉，《文集之一》，頁110。
〔註42〕梁啓超，〈保教非所以尊孔論〉，《文集之四》，頁50。
〔註43〕我們應當以梁啓超自我思想展演之角度瞭解此問題，這是從1897至1902年
　　　　（光緒二十八，壬寅）間長期醞釀的議題。雖然他前後發表的言論中會出現
　　　　看似矛盾的主張，讀者會感到梁啓超主張之前後不一，而他早在1897年（光
　　　　緒二十三，丁酉）年已相當注意並且部分認同嚴復的觀點，故在這孔教議題，
　　　　尤其梁啓超思想內部進程而言，其思想前後矛盾之問題是持續展演的進程。
　　　　我們應當區分個人思想內部進展趨向和他所塑造的或被塑造的表象。文章是
　　　　任由世人所共讀，常有隱諱不能明言之處，或爲了宣傳某種主張特以誇大其
　　　　詞之處，若我們不以細心搜查其人前後不同時期之文章和言論，與所處外在
　　　　環境交流情勢的考量，尤其是針對屬於個人性質的書信和日記等文獻，則無
　　　　法剖析出其個人思想之內部展演進程。筆者在此強調的是孔教在梁啓超思想
　　　　展演過程中，是一種工具性、階段性任務，不斷進行著「問題與解答」之邏
　　　　輯思辯過程，因此在梁啓超思想進程而言，其中並沒有突變，只是現實政治
　　　　時空環境變化中，適度調整其手段和工具性任務而已。

《清代學術概論・二五》中，可以看到梁啓超所自述的，「啓超治《僞經考》時復不慊於其師之武斷，後遂置不復道。其師好引緯書，以神秘性說孔子，啓超亦不謂然」，〔註44〕可見，梁啓超對康有爲的思想，維持著一種微妙的緊張關係，並且，這種疑問與求解，持續在他的各個思想領域和展演過程中發揮一定的作用。因此，更可以確認此時期的梁啓超，並不是單方面被某一種思想左右，而是在各方思想激盪中，積極尋找個人的思想出路。爲了瞭解梁啓超的思想展演過程，我們可從 1897 年（光緒二十三，丁酉）梁啓超面對嚴復的責難時，他以何種理論基礎解決此問題的途徑著手，藉此認清當時梁啓超面在對內在思想與外在政治激盪環境下，如何定位其個人的思想基礎？又如何解決當前的政治問題？

爲此，我們首先從康有爲「公羊三世說」之基礎審視梁啓超之立論，由此瞭解梁啓超與嚴復所以發生分歧之原因。梁啓超對「公羊三世說」曾做出如下的解釋，他說：

> 春秋之言治也有三世，曰據亂、曰升平、曰太平。啓超常謂據亂之
> 世則多君爲政；升平之世則一君爲政；太平之世民爲政。凡世界
> 必由據亂而升平而太平。故其政也，必先多君而一君而無君。〔註45〕

梁啓超在文中認爲三世說陳述的政體轉變過程，乃爲人類文明必經之公理，而且當前世界各國尚未進至「太平」之世，是故梁啓超所描述的太平之世實充滿著理想色彩。此「太平世」之美景，梁啓超在《變法通義・論女學》中有所申說：

> 天下遠近大小若一，無國界、無種界，故無兵事。無兵器、無兵制，
> 國中所宜講者，惟農商醫律格致製造等事。國人無男無女，皆可各
> 執一業以自養，而無或能或不能之別，故女學與男學必相合。今之
> 美國，殆將近之矣。〔註46〕

可見，梁啓超認爲「太平」之世，是一種接近烏託邦式的政治理想，且以當時印象中的美國爲「殆將近之」的實例。梁啓超認爲其三世說，乃人類文明必經之公理，各種政體皆不能逾越，〔註47〕故他與嚴復討論當今歐美民主制

〔註44〕梁啓超，《清代學術概論》，《專集之三四》，頁 61。
〔註45〕梁啓超，〈與嚴幼陵先生書〉，《文集之一》，頁 108。
〔註46〕梁啓超，《變法通義・論女學》，《文集之一》，頁 43。
〔註47〕請參看梁啓超在 1897 年（光緒二十三，丁酉）10 月 6 日《時務報》第 41 期發表的〈論君政民政相嬗之理〉一文，有云：「與地球始有人類以來之年限，有相

度與古希臘、羅馬之制度不同時，乃力陳古希臘、羅馬之政制非民主，而是多君制的一種而已。〔註 48〕他說：

> 多君復有二種，一曰封建，二曰世卿。故其政無論自天子出，自諸侯出，自大夫出，陪臣執國命，而皆可謂之多君之世。古人自士以上皆稱君〔註 49〕

他且以康有爲之語，論斷當今世界之大局說：

> 地球文明之運，今始萌芽耳。譬之有文明百分，今則中國僅有一二分，而西人已有八九分，故常覺其相去甚遠，其實西人之治，亦猶未也。〔註 50〕

梁啓超不但以「公羊三世說」爲天下之公理，而且經此認識世界變遷之大勢中，中國的現況和未來的位置和角色。他指陳現代西歐出現的民主制度與古希臘羅馬民主制間的不同，正意味著他立於公羊三世說的歷史觀，平等地對待西歐和中國的政治，並以此檢視將來可能會出現更爲理想之政體。此理想政體乃人類共求之目標，且是尚未實現的目標。如此可見梁啓超先是分辨何爲適於當今之世的政治，何爲將來追求之終極目標後，再進一步確認如何積極追求當今目標的完成。他的「公羊三世」歷史觀是不容逾越之可能，故對他而言，激進革命之法或激進的要求新時代的民主政體，不但不適用於當時情勢，且更是不宜冒進之危險行爲。〔註 51〕這樣的主張在他回復嚴復的書信中也詳細說明其中的緣由：

〔註 48〕　關之理，未及其世，不能躐之，既及其世，不能關之。」（《文集之二》，頁 7。）〈與嚴幼陵先生書〉一文概作於 1897 年（光緒二十三，丁酉）年春，梁啓超在同年 10 月〈論君政民政相嬗之理〉一文中，仍堅持著與嚴復不同的看法。（請參看《文集之二》，頁 10。）

〔註 49〕　梁啓超，〈與嚴幼陵先生書〉，《文集之一》，頁 108。

〔註 50〕　梁啓超，〈與嚴幼陵先生書〉，《文集之一》，頁 109。

〔註 51〕　對此，梁啓超當時是與嚴復持相同的看法。梁氏在〈古議院考〉文末說：「今日欲強中國，宜莫亟於復議院。曰：未也，凡國必風氣已開，文學已勝，民智已成，乃可設議院。今日而開議院，取亂之道也。故強國以議院爲本，議院以學校爲本。」（《文集之一》，頁 96。）嚴復在 1895 年 3 月 13～14 日天津《直報》上發表的〈闢韓〉中曰：「及今而棄吾君臣，可乎？曰：是大不可。何則？其時未至，其俗未成，其民不足以自治也。」（《嚴復集 1》，頁 34。）而到了 1898 年，梁啓超在〈論湖南應辦之事〉主張以鄉紳之力量轉化爲擔負議會之角色，已經與嚴復出現不同的論説，轉趨較爲激進的態度。嚴復在 1898 年 1 月 15～17 連載於《國聞報》的〈中俄交誼論〉中，還是認爲「動言中國宜減君權、興議院，嗟乎！以今日民智未開之中國，而欲效泰西君民並主之美治，是大亂之道也。」（《嚴復集 2》，頁 475。）

國之強弱悉推原於民主，民主斯固然矣。君主者何，私而已矣。民主者何，公而已矣。然公固爲人治之極，則私亦爲人類所由存。……天演論云：「克己太深，而自營盡泯者，其羣亦未嘗不敗。」然則公私之不可偏用，亦物理之無如何者矣。……譬猶民主，固救時之善圖也，然今日民義未講，則無甯先藉君權以轉移之。彼言教者，其意亦若是而已。〔註52〕

可以見出，梁啓超基本上認同民主乃國家富強之本原，容許自營乃自由民主之先決條件，如《天演論》所云：「人始以自營能獨身於庶物，而自營獨用，則其羣以漓。由合羣而有治化，治化進而自營減，克己廉讓之風興。然自其羣又不能與外物無競，故克己太深，自營盡泯者，其羣又未嘗不敗也。」，〔註53〕可見「克己太深，自營盡泯」與過份「容許自營」一樣，都將妨礙合羣之合理生存。故在民智閉塞之中國，不能單求自由民主之理想，若真要推行自由民主，不妨先以君權之力開啓民智，〔註54〕疏導自營過甚等弊端。正因爲如此，他對孔教問題也採取同樣的態度，換言之，梁啓超明知君主專制和孔教並非終極之目標，但是，他認爲在當時中國處於迫切的危機環境中，這或許是較爲適切可行的折衷方法。如此孔教就變成功能性階段中的一環，用以教導廣大愚昧民眾之教化工具。〔註55〕就此而言，儒學價值傳統不但在根本上受到嚴重打擊，而且其傳統學術思想所代表的精神意義也轉化爲工具功能。

二、「公」與「私」──個人自主權與君權之分界

梁啓超在《時務報》時代，嘗以何爲善何爲不善的架構進行其變法思想

〔註52〕 梁啓超，〈與嚴幼陵先生書〉，《文集之一》，頁 109～110。

〔註53〕 嚴復，《天演論》導言十四恕敗，《嚴復集5》，頁 1348。梁啓超所引用的嚴復《天演論》之語，見於導言 14〈恕敗〉，梁啓超所討論的內容，多見於導言 13〈制私〉及導言 14〈恕敗〉。請參看嚴復，《嚴復集5》，頁 1346～1349，1429～1432。

〔註54〕 梁啓超對「民智」有其獨特的見解，認爲它不但是知識的增進，更是透過知識的成長而增長的一種道德力量。因此，在他的理論體系中，民智之開導能增長道德修養，並能補救營私過甚等弊端。請參看梁啓超，《讀書分月課程》，《專集之六九》，頁 3；《變法通義》，《文集之一》，頁 14～31；張灝，《梁啓超與中國思想的過渡（1890～1907）》，頁 65。

〔註55〕 請參看梁啓超，〈致吳星使書論美國華工六事〉，《知新報》第 14，15 冊，又載於〈致伍秩庸星使書〉，《文集之三》，頁 4～9。梁啓超爲了華工的教化目的，孔廟之功能上加進宗教性質，因此，其重點在華人社會道德，薰陶自易、民日遷善之目的，孔教爲此目的變質爲一種工具手段。

之論述。這種論述方式在宣導功效上，是相當有效且十分明確的作法。正如同理想和現實之分界，「公」與「私」也可以在這種架構中理解其預設條件，亦即在此「公」是理想，「私」是現實；「公」是當時所追求的自由民主政治環境，「私」是他們所面對的現實條件君主專制之弊病。梁啓超在1896年（光緒二十二，丙申）10月27日《時務報》第9冊〈論中國積弱由於防弊〉中，以「公」和「私」來論「權」，這也是我們應當極為注意的主要概念。他在篇首中，便正面提出「先王之爲天下也公，故務治事，後世之爲天下也私，故務防弊」，明確表達「公」爲善，「私」爲不善之前提，再次申論君權中的「公」與「私」，他說：

> 請言公私之義，西方之言曰：「人人有自主之權。」何謂自主之權？各盡其所當爲之事，各得其所應有之利。公莫大焉！如此則天下平矣。防弊者欲使治人者有權，而受治者無權，收人人自主之權，而歸諸一人，故曰私。雖然，權也者，兼事與利言之也。使以一人能任天下人所當爲之事，則即以一人得想天下人所當得之利。君子不以爲泰也。先王知其不能也。故曰：「不患寡而患不均」又曰：「君子有絜矩之道」，言公之爲美也。〔註56〕

他所指的「公」是統治者歸還國人「自主之權」，〔註57〕國人「盡其所當爲之事，各得其所應有之利」的狀態。因爲，國家之「權」來自於集國人之權（國人擁有權之程度而可分爲全權、缺權及無權之狀態），故每個人之自主之權越強，則國家之權也越強。這就說明政治爲何應當追求「公」之狀態，因爲「國人各行其固有之權」，且能得應有之「利」，使得國家在應有之「權」和「利」的基礎上，整合全國之力量。但倘若統治者將其國家之「權」和「利」集於

〔註56〕　梁啓超，〈論中國積弱由於防弊〉，《文集之一》，頁99。

〔註57〕　本章節中將深論此「自主之權」，其「自主」大約是指個人自由和其權利基礎，梁啓超東渡日本之前仍使用《佐治芻言》中的譯名「自主」，筆者在1899年（光緒二十五，己亥）6月28日載於《清議報》第19冊〈論中國人種之將來〉一文中，首見梁啓超使用「自由」。梁啓超當時東渡日本之前，並不直接使用日本譯名，可見對西學的認知和用語，多受當時中國介紹西學書籍的影響。當然，梁啓超旅居日本期間，隨著對自由主義思想深入瞭解，運用自由概念時，出現相當清楚的分殊和區隔。除此之外，更進一步瞭解梁啓超自由觀念相關討論，尤其自治相關問題的討論，可參看劉紀曜，〈梁啓超的自由理念〉，《國立臺灣師範大學歷史學報》（第23期，1995年6月），頁263～287；楊貞德，〈自由與自治——梁啓超政治思想中的「個人」〉，《二十一世紀》（第84期，2004年8月），頁26～39。

一身，又防止國人分享應有之「權」和「利」，則必使統治者和國人互相爭其
「權」和「利」，致引起國家整體力量之耗損。

（一）自主之權與《佐治芻言》

當然，文中所表達的基本概念以及整體議論之思緒，並非梁之創發。〔註58〕
早在梁啓超 1896 年（光緒二十二，丙申）出版的《讀西學書法》中，曾評為「論
政治最通之書」的傅蘭雅（John Fryer，1839～1928）口譯《佐治芻言》第二章
「論人生職分中應得應為之事」與第五章「論國人作事宜有爭先之意」，即能看
出梁啓超論說之基本觀點。

《佐治芻言》在 1885 年（光緒十一，乙酉）江南製造局翻譯館首次出版。
有趣的是，這《佐治芻言》翻譯本的原著 *Chambers＇s Educational Course:
Political Economy for Use in Schools, and for Private Instruction*（簡稱 *Political
Economy*），在 1868 年曾透過福澤諭吉之翻譯，以《西洋事情外編》之書名介
紹到日本，當時在日本盛極一時，頗廣為流傳。〔註59〕

福澤諭吉在 1868 年此 *Chambers＇s Educational Course: Political Economy
for Use in Schools, and for Private Instruction* （1852 出版，這也是《佐治芻言》
的原著，但原書英文著作中並無作者資料），翻譯為《西洋事情外編》。Hiroshi
Mizuta 認為此一原著的作家，很可能是 John Hill Burton （1809～1881），Hiroshi
Mizuta 從 Burton 的另一著作也是福澤諭吉論及的 *Political and Social Economy:
Its Practical Applications* （1849 出版）與 *Political Economy for Use in Schools,*

〔註58〕 當然，此「權」和「利」在國家統治者與被統治者間的和諧，存有相當微妙
的關係，梁啓超竭盡所能，將其彼我消長之關係，化為相輔相成之善循環互
動，這相當符合當時改革思潮的基本脈絡。個人認為《佐治芻言》整本書相
當一貫地支持和平漸進之改革變法思想，且相當完整地介紹英歐政治思想也
充分反映出當時的改革論述概括。雖然，這並不是梁啓超改革主張之唯一思
想來源（梁啓超當時所宣傳的《明夷待訪錄》中的〈原君〉一文，或最後《天
演論》思想，多少亦與此論述頗相關聯），而我們在《佐治芻言》一書中，可
發現與梁啓超的主張相當密切的關聯性。請參看傅蘭雅，《佐治芻言》（上海：
上海書店出版社，2002 年 1 月），頁 5～7，13～15。（但我們也不能忽略梁啓
超的政制改革主張，漸趨於激進時，已相對遠離《佐治芻言》的基本主張。
這也間接地顯示出梁啓超和當時思想界論述主題之轉變過程，頗值得注意。）
〔註59〕 請參看福澤諭吉，〈題言〉，《西洋事情》（東京都：慶應義塾大學出版會，2002
年），頁 80～82。除此之外，有關福澤諭吉思想內涵，可參考中文翻譯本丸山
眞男，《日本近代思想家：福澤諭吉》以及專著林正珍，《近代日本的國族敘
事：福澤諭吉的文明論》（新店：桂冠圖書公司，2002 年）等書。

and for Private Instruction 之間的相關性作出以上的推論。〔註60〕

　　透過《佐治芻言》與《西洋事情外編》進行參閱比較，發現在使用詞彙和完整性上《佐治芻言》別於《西洋事情外編》，且《佐治芻言》並無直接借用《西洋事情外編》的翻譯詞彙來看（雖然我們尚不能完全斷定當初選此書而翻譯的動機，是否與《西洋事情外編》有所關聯），似是《佐治芻言》並無明顯受到福澤諭吉《西洋事情外編》翻譯影響。除此之外，這兩翻譯之間有否關聯，或許可參考此 *Political Economy* 一書對韓國文明「開化」思想的影響（這一「開化」詞彙來看，當時韓國已經開始受日本啟蒙思想詞彙的影響）。韓國的유길준（俞吉濬，1856～1914）在 1881 年以日本考察團「紳士遊覽團」之隨行人員身份至

日本，後來私塾於福澤諭吉開辦的「慶應義塾」。在1883年渡美遊學，1885年歸國後，開始參照《西洋事情》、《文明論概略》及美國政情與引介日本進化論思想，且當時已回到美國的生物學家 Morse, Edward Sylvester（1838～1925）思想為藍本，推廣文明「開化」思想。〔註61〕並且俞吉濬在編撰《西遊見聞》時（在 1895 年訪日出版，帶回國增送給政府人員）仍大量採用日式譯名如通義（Right）、自由（Liberty）、文明（Civilization）等詞彙，與此相較《佐治芻言》使用權利、自主、文教等譯名，顯然《佐治芻言》與《西洋事情外編》之間並無直接關聯。

　　這都能說明《西洋事情外編》、《佐治芻言》、《西遊見聞》，雖然都是根據同一本書 *Political Economy* 思想影響下，但是根據各國的實情，翻譯或編撰過程中，發揮相當大的詮釋調整和思想拓展。由此我們或能瞭解梁啟超東渡日本之後，對福澤諭吉學說產生濃厚興趣的主要原因之一。因此，有關石川禎浩〈梁啟超與文明的視點〉〔註62〕一文中，認為梁啟超東渡日本之前，

〔註60〕　相關研究請參看 edited and introduced by Hiroshi Mizuta，Western economics in Japan : the early years （Bristol：Thoemmes；Tokyo：Kyokuto Shoten,1999）. 除此之外，網址 http://www.ganesha-publishing.com/eco_japan_intro.htm 中，即可看到 Hiroshi Mizuta 的 Introduction。

〔註61〕　以上俞吉濬相關論述
　　　　　請參看정용화，《문명의정치사상:유길준과근대한국》（文明政治思想：俞吉濬和近代韓國）（서울:문학과지성사，2004 年）；유길준（俞吉濬），《西遊見聞》（서울:명문당，2002 年）。

〔註62〕　有關石川禎浩的福澤諭吉《文明論概略》與梁啟超的相關問題，可參看石川禎浩，〈梁啟超與文明的視點〉，收入《梁啟超・明治日本・西方──日本京

早已受到福澤諭吉《文明論概略》某種影響的論點，且「文明」史觀，經由日本而傳入中國思想界的觀點，有所修正之必要。個人認爲石川禎浩並未看出《佐治芻言》和福澤諭吉《西洋事情外編》，同是 *Political Economy* 之翻譯，且無法掌握到 *Political Economy* 一書，透過《佐治芻言》之翻譯，對中國思想界和梁啓超等人發生直接影響。何況《佐治芻言》所選用的翻譯詞彙，已充分反映出當時中國思想界對歐美思想的認識，相當透徹，這一基礎使得梁啓超東渡日本之後，更積極吸收和詮釋在日本學術界盛行之歐美學術思想。

　　細看梁啓超對「自主之權」和「當爲當得」之相關論述，即可瞭解這與《佐治芻言》的論說有密切的相關性。首先有關「自主之權」，《佐治芻言》就點出「故無論何國、何類、何色之人，各有身體，必各能自主，而不能稍讓於人。苟其無作奸犯科之事，則雖朝廷官長，亦不能奪其自主之本分」〔註63〕的基本權利。並且人們爲此自主之目的而追求私利時，應當瞭解「既有分所應得之端，即有分所當爲之事」，〔註64〕若只關心當得之利，卻對當爲之事無所是聞，則是拋棄自我該有的權益基礎。故百姓在出於公心追求當得之利和當爲之事，才能助國家趨於至公無私之政治環境。〔註65〕但是，「按百姓分所當得、分所當爲之事，若俱歸國家管理，不特國家有所不逮，且必有害於眾人」，〔註66〕因此，國家人民不但在「國內所有法律章程皆當恪恭謹守，無負國家培植之意」，而其「法律者，百姓之身家性命所賴以維持保護者也，若不恪恭遵守，而必與在上爲難，則國政既亂，人民均受其害矣。故國中有不便之法，公議院即當查勘法中利弊，如果有弊無利，即宜思所更改，或竟廢去，使歸平允，以洽羣情」。〔註67〕

　　由此可知，《佐治芻言》相當完整的表述英國式自由主義傳統，即是個人自由之不可侵犯原則，在遵守法治合理基礎上，如何發揮法律由公議院訂定等程序和保護人民之功用，有相當周全的論述。並且，在「文教」〔註68〕和

都大學人文科學研究所共同研究報告》，頁95～119。並可參考鍾叔河，〈黃遵憲及其日本研究〉，《走向世界：近代中國知識份子考察西方的歷史》（北京：中華書局，1993年），頁389～407。

〔註63〕傅蘭雅，《佐治芻言》，頁5。

〔註64〕傅蘭雅，《佐治芻言》，頁6。

〔註65〕請參看傅蘭雅，《佐治芻言》，頁34。

〔註66〕傅蘭雅，《佐治芻言》，頁5，42。

〔註67〕傅蘭雅，《佐治芻言》，頁7。

〔註68〕文教的譯名是指文明（Civilization），從中即能發現《佐治芻言》的獨特觀

「野人」之比喻中，也可以看出梁啓超「公」和「私」、國人和統治者，甚至「文明」與「野蠻」等相關論說的端倪，傅蘭雅說：

> 故文教之國，士農工商各居其業，必不肯損人益己，如野人行爲，一人得利，遂令眾人受害，甚至相率爲盜，劫掠人財，致良民不能安處。

> 且文教既興，一人力作而獲利，則人人可受其福。蓋其人所取之財，既非奪他人之利以爲利，況興起工藝，他人亦能相助工作，同獲利益乎！〔註69〕

傅氏之作中並未有梁啓超關於「防弊者」〔註70〕之觀點，但在《佐治芻言・論文教》章節中，則出現有關「文教」和「野人」之相關論述，此頗與梁啓超對「文明」與「野蠻」之分界相關。

梁啓超在《讀西學書法》中，談及西國公法家言論時，出現「文明之國」和「野蠻之國」，因此〈論中國宜講求法律之學〉〔註71〕中所出現「其法律愈繁備而愈公者，則愈文明；愈簡陋而愈私者，則愈野番而已。」〔註72〕等觀

點。《佐治芻言》出版於1885年，而我們在1878年《郭嵩燾日記》中亦可發現對此Civilization的解說。他以「西洋言政教修明之國曰：『色維來意斯得（Civilized）』」，並以半教化（half-civilized）、無教化（barbarian）等術語比較中國夷狄觀點，實與梁啓超論述相當類似。（郭嵩燾，《郭嵩燾日記3》，（長沙：湖南人民，1982年），頁439）Civilization的原意，實是指公民化的社會，即均知「義務」和「權利」，且能獨立行使公民權乃是其意涵的核心。以這種獨立人格成員之集合而成的社會或文化，即是公民化的文教之國（文明，Civilization）。故此「文教」較重視其對成員之道德知識教化等特性，由此可知，《佐治芻言》引介西方政治思想時，著眼於如何整合西方和中國傳統思想各自的基礎脈絡，更重視個人道德修爲和教化功用的傳統思想特色。個體在此並不是與社會隔絕的，而是與社會和道德網絡中獨立思想、行動的個體。

〔註69〕傅蘭雅，《佐治芻言》，頁13，14。

〔註70〕梁啓超以防弊者影射君主或當權者，如此則與黃宗羲〈原君〉一文，論旨相當接近。由此我們也相當程度可以證實，梁啓超在《清代學術概論・六》中，自述深受《明夷待訪錄》影響的具體證據。

〔註71〕此文寫作於1896年（光緒二十二，丙申），發表於1898年（光緒二十四，戊戌）3月11日《湘報》第5號。又見《文集之一》93～94。其中文明與野番之論述，似與福澤諭吉《文明論概略》中的論述也頗相近，可見當時梁啓超政制改革論述，相當廣泛包含當時學術思想界的討論和種種影響。

〔註72〕梁啓超，《文集之一》，頁94。此語意頗與福澤諭吉《文明論概略・論智德的時間性和空間性》有相關。福澤諭吉說：「隨著民智逐漸發達，世事也逐漸繁多，事物複雜，法制也必隨著增多，並且隨著民智的進步，破壞法制的方法，自然也日趨奸巧，因而，防範的方法也不得不愈加嚴密。舉例來說，在從前，

點，實肇因於當時梁啓超認爲法律是約束君權絕對權力的有效形式化條件，就如同他所說：「公者何？民主而已，私者何？君主而已矣。」〔註73〕法律不但是防止君權之私，亦能保護民主政治走上正軌的有效力量。這樣的觀點或許與《佐治芻言》和《西學書目表》中〈法律〉類書，如《萬國公法》、《公法會通》、《公法總論》、《中國古世公法》等書亦有關聯。同時，我們也可參考 1897 年（光緒二十三，丁酉）8 月 18 日《時務報》第 36 冊所發表的〈春秋中國夷狄辨序〉一文，梁啓超論說中國與夷狄之分界不宜以地區與種族，而是以政俗與行事論其界，他說：「春秋之號彝狄也，與後世特異。後世之號彝狄，謂其地與其種族。春秋之號彝狄，謂其政俗與其行事。……春秋之中國、彝狄，本無定名。其有彝狄之行者，雖中國也，覷然而彝狄矣。其無彝狄之行者，雖彝狄也，彬然而君子矣。」〔註74〕

　　梁啓超或以春秋夷狄觀點，是欲達到一方面減輕中國已落後於歐美等國的論述對國人的思想衝擊，另一方面引介歐美思想於中國，能具有一種合法地位。他的這種意圖我們也從《郭嵩燾日記》對 Civilized-Half civilized-Barbarian〔註75〕的解說中，看出爲何郭嵩燾（1818～1891）以政教修明之國和春秋夷狄等觀點瞭解英國文明論，這都間接透露當時士人對此概念的第一反應。

　　但本文所更爲重視的是，當時，包括梁啓超等改革派人士，如何從傳統中尋繹出一條與歐美政治主張結合的脈絡，並且，梁啓超的道德主義思想在此等相關關聯和種種政治主張中扮演何種角色。因此，對我們而言，梁啓超爲何較能夠接受包含《佐治芻言》式的歐美政治論述？才是值得注意的關注點。對此，在梁啓超所論述的「權」、「利」以及「絜矩」等傳統思想的論點，或可供我們作進一步的探析。

（二）權生於智

　　關於「權」之意涵，梁啓超 1898 年（光緒二十四，戊戌）4 月，發表於《湘報》的〈論湖南應辦之事〉中，就清楚地指出：

　　　　由政府制定法律以保護人民；而在今天，則世人民制定法律防止政府的專制，以保護自己。」（頁 118。）
〔註73〕梁啓超，〈與嚴幼陵先生書〉，《文集之一》，頁 109。
〔註74〕梁啓超，《文集之二》，頁 48～49。
〔註75〕郭嵩燾，《郭嵩燾日記3》，頁 439。

權者生於智者也！有一分之智，即有一分之權，有六七分之智即有

六七分之權，有十分之智，即有十分之權。〔註76〕

「權者何？權者，反於經然後有善者也。」〔註77〕權者反於常，知變知衡量者
也，〔註79〕而「權者生於智者」、「有一分之智，即有一分之權」，換言之，若無
「智」則無權，以「權，所以別輕重」，〔註79〕即是權者所以能判別孰重孰輕，
所以能辨別當爲當得而不逾其界的核心價值，若不知此則將落於國人無權、國
家無權之境地。故他大聲疾呼「昔之欲抑民權，必以塞民智爲第一義；今日欲
伸民權，必以廣民智爲第一義」，〔註80〕則充分表達出現階段國家該做的不是防
民權而是興民智，使得國人正確掌握其「權」之深意。但是，「智」不能僅限於
「束身自好」〔註81〕的階段，「權也者，兼事與利言之也」，〔註82〕故「權」之
義必能付諸於行動，又「因人之情而利導之」，〔註83〕才能發揮最大的效果。

（三）義即權限

當梁啓超在〈論中國宜講求法律之學〉一文中引韓孔菴之意，釋「義」爲
權限，〔註84〕就已充分道出其中儒家傳統觀念之轉換後的深層涵義。所謂「『利
者，義之和』者，言天能利益庶物，使物各得其宜而和同」，〔註85〕此「義」即
是「宜」，是應當如何則是如何之謂，故「利」在「物」之應當、應爲、應得之
基礎上，彼此達成「和」之境（「和」即是「情之發而皆中節」之境〔註86〕），
故每「物」之情、人之情，發而皆合乎該有的分際乃是「利」之所在。如果這
與梁啓超之「各盡其所當爲之事，各得其所應有之利」對比起來，即可發現其
中有著相當密切的意義重疊。如此，「義之和」可轉化爲權限之和諧，也就是知

〔註76〕 梁啓超，〈論湖南應辦之事〉，《文集之三》，頁41。

〔註77〕 《春秋公羊傳注疏》，《十三經注》（一八一五年阮元刻本）卷五，桓公十一年。

〔註79〕 春秋公羊學說中，尤其董仲舒的「經與權」、「常與變」相關討論，請參看姜
廣輝主編，《中國經學思想史》第二卷（北京：中國社會科學出版社，2003
年9月），頁86～95。

〔註79〕 戴東原，《孟子字義疏證》卷下，權條。

〔註80〕 梁啓超，〈論湖南應辦之事〉，《文集之三》，頁41。

〔註81〕 梁啓超，〈西學書目表後序〉，《文集之一》，頁128。

〔註82〕 梁啓超，〈論中國積弱由於防弊〉，《文集之一》，頁99。

〔註83〕 梁啓超，〈譯印政制小說序〉，《文集之三》，頁34。雖然，此篇在《清議報》
第一冊出版，但此句充分反映出當時梁啓超之一貫的思想脈絡，故特引此句。

〔註84〕 梁啓超，〈論中國宜講求法律之學〉，《文集之一》，頁93。

〔註85〕 《周易·乾》，卷一，《十三經注疏》一八一五年阮元刻本。

〔註86〕 《中庸》首章云：「喜怒哀樂之未發，謂之中。發而皆中節，謂之和。」

其權限之和諧乃是興「民智」、「民權」之不二法門，也是「利」之所在。梁啓超指出「權也者，兼事與利言之也」，〔註87〕換言之，權者即是在事務上達成義之和，即是指眾人都能完成各自權限之和諧之謂。故能事當為之事，得應有之利，乃成為不同權限求和諧之法門，也是權限分界之主要根據。而此也是《佐治芻言》、韓孔菴以及梁啓超等人，在當時中國學術傳統接觸歐美政治學術時，所摸索出來的一條相當創意的整合路徑之基礎。〔註88〕並且，這一途徑正顯示，在中國經濟社會環境巨變，傳統思想概念部分「失效」〔註89〕而無法實踐時，為這一思想概念注入新的意涵和生命的具體事證。

然而其中追求此應有之「利」的先決條件，是如何分辨何為當為之事？是如何分辨個體和臺體之間的當為？均就歸於此一「權」的定位問題。而且，此「權」和道德又有何關係，亦是本文所討論的主要議題。若所謂「權，所以別輕重」，〔註90〕且當梁啓超指出「權者生於智」，〔註91〕「權也者，兼事與利言之」，〔註92〕我們即能瞭解「權」即是判定何為當為或何為不當為之基準，更是透過智識基礎一分一分累積的力量，並且在實際事務層面上追求權限之和諧基礎，謀求互為得利共榮相存之判準。因此，梁啓超思想中，「廣其識見」〔註93〕不但是「立志」而後「養心」之重要功夫，更是建立起「權」之首要條件。道德意識之建立和堅持，必須通過廣博的閱歷和見識基礎才能鞏固。其具體行為基礎是由發顯「仁」即「忠恕」為出發點，所謂「己所不欲，勿施於人」，不僅是劃分「權限」之合理基礎，更是落實於「事」和「利」層面上，引進個人獨立自主的歐美自由主義思想的有利條件。

（四）私中求公

雖然，在〈論中國積弱由於防弊〉這篇短論中未能看到對所有待解決問題有完整之解答，但是，我們從梁啓超在如何解決「防弊者」弊端的途徑中，還

〔註87〕梁啓超，〈論中國積弱由於防弊〉，《文集之一》，頁99。

〔註88〕筆者在此並非指出他們都經由以上的整合路徑，而是透過以上的論述，試以提出他們的思想論述中不須道出的某種預設之研究途徑。

〔註89〕請參看勞思光，〈中國哲學研究之檢討及建議〉，《虛境與希望——論當代哲學與文化》，頁8～10，21。

〔註90〕戴東原，《孟子字義疏證》卷下，權條。

〔註91〕梁啓超，〈論湖南應辦之事〉，《文集之三》，頁41。

〔註92〕梁啓超，〈論中國積弱由於防弊〉，《文集之一》，頁99。

〔註93〕梁啓超，〈湖南時務學堂學約〉，《文集之二》，頁24。

是可以找到他對此問題的基本態度。並且在〈論中國宜講求法律之學〉一文中，也能尋繹出他對整個課題的初步解決之道。如果將此〈論中國積弱由於防弊〉和〈論中國宜講求法律之學〉兩篇文章，互相比較其所表達的基本構思，即能瞭解梁啓超對此問題的解決方案。因爲在〈論中國積弱由於防弊〉的整篇論述中，相當程度影射專制政治之弊端爲「私」，另以「絜矩之道」表達君主求「公」之美，故可以推測當時他的思考集中在用儒學德性之學的傳統來詮釋當政者求「公」之正當性，藉此期許君主及其專制制度的自變，並未進至對此理想之理論形式化建制化的要求。因此如何行使個人之自主之權才合宜，又如何保障其行使自主之權才能維持社會國家之穩定等具體問題，則必須等到〈論中國宜講求法律之學〉中，才能看見梁啓超進一步的形式建制化的要求。

　　首先在〈論中國積弱由於防弊〉一文中，我們透過梁啓超對防弊者（統治者）的批評，便能瞭解到在要求這種形式化建制化之前，應先注意如何避免「權」界的衝突，他說：

> 故防弊者，始於爭權，終於讓權。……爭固不可也，讓亦不可也。
> 爭者損人之權，讓者損己之權。爭者半而讓者半，是謂缺權。舉國
> 皆讓是無權，夫自私之極，乃至無權。〔註94〕

在這段簡略的結論中，梁啓超說不能損人損己，也不能爭亦不能讓，此者相當程度地維持著「絜矩之道」的思想理路，更以進求理想性濃厚的「公」。與其讓當權者爲了防弊，反致全國落入無權之境地，不如勇於改進，突破現況，乃唯一解救當前之困局。此改革方案，在梁啓超的當時相關論述中，已頗爲明顯。故當梁啓超扼要地提出「公者何？民主而已，私者何？君主而已矣」的論點時，便緊接著「公固然人治之極，則私亦爲人類所由存」〔註95〕之語，明確指出「私」中亦能求「公」之可行性，亦能在專制中求民主的政治主張增添某種合理性。可見，當時梁啓超改革方案之重點，還是在此一路線上。

　　這種「爭固不可，讓亦不可」之論述，很可能與嚴復《天演論》的討論有相當密切的關聯。因爲嚴復在《天演論》導言十四〈恕敗〉復案中，引用亞丹斯密之計學（經濟學）最大公例「大利所存，必其兩益。損人利己非也，損己利人亦非；損下益上非也，損上益下亦非」。〔註96〕這不但是在當時廣爲

〔註94〕梁啓超，〈論中國積弱由於防弊〉，《文集之一》，頁100。
〔註95〕梁啓超，〈與嚴幼陵先生書〉，《文集之一》，頁109。
〔註96〕嚴復，《天演論》導言十四〈恕敗〉復案，《嚴復集5》，頁1349。對此更詳細

流傳於改革派人士中的議題，〔註97〕更是傳統儒家思想和英國自由主義傳統間最好的溝通基礎。

但是，立於「絜矩」之道爲基礎的思路上引進英國自由主義傳統，卻是帶來相當大的理論困境。換言之，「爭固不可，讓亦不可」所隱含的「絜矩」之道基礎上，如何區劃出其中的客觀界限？又如何在現實環境中完成其理想？這也是本文所欲探究的主要核心問題之一。對此，梁啓超於維新運動失敗到日本後的不久，他在1899年（光緒二十五，己亥）7月28日《清議報》第22冊〈愛國論三──論民權〉一文中，正面回答說：

> 國者何？積民而成也。國政者何？民自治其事也。愛國者何？民自愛其身也。故民權興則國權立，民權滅則國權亡。爲君相者而務壓民之權，是之謂自棄國。爲民者而不務各伸其權，是之謂自棄其身。故言愛國必自興民權始。

> 政府壓制民權，政府之罪也。民不求自伸其權，亦民之罪也。西儒之言曰：「侵犯人自由權利者，爲萬惡之最，而自棄其自由權利者，惡亦如之。」……西儒之言曰：「文明者購之以血者也」又曰：「國政者，國民之智識力量的回光也」，故未有民不求自伸其權，而能成就民權之政者。〔註98〕

在此梁啓超從「爭固不可，讓亦不可」的論述跳出，更進一步提出政府不宜壓制民權，國人也自伸其民權之積極要求。他認爲民權和民主有所不同，「興民權，立憲君主」的政治主張才能符合當前的局勢，故他在文章中舉出「西國之暴君，忌民之自有其權而務壓之，我國之聖主憂民之不自有其權而務導之，有君如此，其國之休歟？其民之福歟？」〔註99〕由此觀之，梁氏之政治主張仍在如何整合國家整體力量之階段，故當時他的論點集中於君民之間「權」的和諧，並認爲這才是迫切解決之問題。雖然，此時梁啓超所表示的

的討論，請參看張豈之、陳國慶，《近代倫理思想的變遷》（北京：中華書局，2000年）第7章「“開明自營”與進化理論」，尤其頁234～237。

〔註97〕我們從《佐治芻言》至梁啓超、嚴復的論述中，大致能瞭解當時改革派人士所受到的西方政治學的某種影響，如何展演的一種範例。透過嚴復的翻譯，此論說更深入影響改革派人士。我們也在1899年（光緒二十五，己亥）蔡元培的手稿〈嚴復譯赫胥黎《天演論》讀後〉中，可以看到蔡元培特引用此句。蔡元培，《蔡元培全集1》（杭州：浙江教育出版社，1997年），頁238～239。

〔註98〕收入於〈愛國論〉，《文集之三》，頁73，75～76。

〔註99〕梁啓超，〈愛國論〉，《文集之三》，頁77。

要求人民積極伸張自我的權利與政府也不可壓制其民權的要求，已經跨越「爭固不可，讓亦不可」的論述範圍，而他在東渡日本之前，囿限於現實環境之束縛，在法律基礎如何順利建構，立法權之健全與否等更爲實質問題上，尚不能提出明確的主張。但是，從制度內改革即是對當權階層自變的期望，轉爲不惜流血自伸民權之主張中，即能瞭解梁啓超改革主張對象的轉變。他的改革言論所假設的聽眾對象，不但從掌權士大夫中轉變爲新興的愛國知識分子，其論點亦從「自變」轉爲「自新」與開創新局面之啓蒙運動，這或許是梁啓超政治改革論說，將出現不同層面的幾個主因之一。

我們透過「理想」與「現實」之分界構圖，可以瞭解「私中求公」〔註100〕可能是君主專制現實環境中，通往理想政治的有效方案之一。身處於君主專制政體，也就是「私」的統治環境中，追求民主和「公」的政治，必須考量現實政治環境之種種條件，梁啓超不能急於進行去「君主」去「私」之過激手段，亦不能要求立即實現「民主」和「公」之理想政體，故他選擇點醒統治者自變而促進國人自治之途徑。因此，我們在他反對爭權亦反對讓權之論述中，應能深刻體會梁啓超爲了避免不必要衝突所精心設計的苦心。

換言之，梁啓超改革主張是先從中國傳統政制指導原理入手，以內聖外王之君王之道說服當朝權力核心之自我調整，又在絜矩之道的基礎上合理追求「權利」之分界，若此內部改革路線無法進奏效，才進入下一階段以形式化的制度設計，保障其分界之具體主張。關於尚未完成的理論上的完整性，即透過法律所建立之形式制度化的要求，這在梁啓超〈論中國宜講求法律之學〉中，初步完成其整體架構。而其中所謂「公」與「私」概念之構圖，將繼續演展至《新民說》等論說，此等演展脈絡的釐析更值得留意。

〔註100〕此「公」和「私」雖與《禮記・禮運》中「天下爲公」以及黃宗羲（1610～1695 年）《明夷待訪錄・原君》中的公私之論述頗相近，而梁啓超在討論「公」和「私」，實爲傳統儒家思想和西方民主民權思想激盪中所展開的概念，與傳統的概念不盡相同。梁啓超在〈與嚴幼陵先生書〉中明確指出「君主者何，私而已矣。民主者何，公而已矣。然公固爲人治之極，則私亦爲人類所由存。」（《文集之一》，頁 109。）可見，公和私在梁啓超的詮釋中與西方民主概念整合，猶如敘述一種自然有機環境中相依存緒的狀態，由此可知在政治環境中的公和私，並非零和（Zero-Sum）關係中彼我消長之狀態。私固然有弊，而可滋長求公的環境，求公亦不須要減私，這是君民和諧中求國家自強之一種改革方案，亦是梁啓超當時政治主張的基本構思。

三、「文明」與「野蠻」——以立法保障個人自主權

〈論中國宜講求法律之學〉〔註 101〕一文成於 1896 年（光緒二十二，丙申），發表於 1898（光緒二十四，戊戌）年 3 月 11 日《湘報》第 5 號，在此文中可以看出梁啓超對如何保障個人權利，又如何行使權利才合宜等問題的基本構思。梁啓超先指出「法」乃治羣之大道，隨者羣體之智和力越盛，則條約羣體之法律要求也越多，其內涵也越完備，是故察看一國法律之完備程度，即可知其文明之程度。因此，我們可以一國法律之學完不完備而論其文明與野蠻，他說：

> 文明野番之界雖無定，其所以為文明之根原則有定。有定者何？其法律愈繁備而愈公者，則愈文明；愈簡陋而愈私者，則愈野番而已。〔註 102〕

我們也討論過〈論中國積弱由於防弊〉一文中指出，「公」乃是還國人自主之權而人人「各盡其所當為之事，各得其所應有之利」〔註 103〕的狀態，「私」則是指統治者奪被統治者之權而集權於一身，而國人不能「各盡其所當為之事，各得其所應有之利」的狀態。因此，如果我們以此對應於法律完備且公則文明，法律私則野蠻的邏輯中，就可以知道法律完備且能保障人人「各盡其所當為之事，各得其所應有之利」就是文明，而法律若不能保障人人「各盡其所當為之事，各得其所應有之利」則是野蠻。換言之，在梁啓超對「公」和「私」的討論中，所影射的「公」是個人受到法律之保護的狀態，「私」乃是指專制統治之種種弊端。可見，當時他預設的主要衝突之可能性來自於統治者和被統治者間，並非個人或羣體之間。因此，他對「法」的態度十分明確，一是保障人民之自主之權，二是約束君權之「私」。如此，從他的一系列言論中，即能尋繹出一條適合於當時政治環境改革方案的線索。換言之，他透過君主之自變而施行國家政治之「公」，以法律之形式保障國人自主之權，防止君權偏「私」之弊端。由此解決君主專制政體，順利走向立憲君主制，並以此化解國中可能潛藏著的內部矛盾，又以增進國人自主之權達成國家自主權的擴充，進而至於富強。

〔註 101〕此篇作於 1896 年，很可能與《變法通義》中的思路有著相當密切的關聯，可見梁啓超以法律保障國人自主之權與規範君權頗有縝密的思考。
〔註 102〕梁啓超，〈論中國宜講求法律之學〉，《文集之一》，頁 94。
〔註 103〕梁啓超，〈論中國積弱由於防弊〉，《文集之一》，頁 99。

　　另外，梁啓超認爲西歐諸國在內政雖致力施行「公」，但國際間尚未達到「公」之境地，故文中指出大同之治能救其弊端，他說：

> 今泰西諸國非不知公之爲美也。其仁人君子，非不竭盡心力以求大功也。而於國與國、家與家、人與人，各私其私之根原，不知所以去之，是以揆諸吾聖人大同之世，所謂至繁至公之法律，終莫得而幾也。故吾願發明西人法律之學，以文明我中國，又願發明吾聖人法律之學，以文明我地球。〔註104〕

這如同梁啓超所說「有禮義者謂之中國，無禮義者謂之夷狄」，〔註105〕文明與野蠻之分界也不是以種族或地區言，而是以其羣體之文化、政俗及法律，論定一國之是否夷狄是否文明，因此，世界諸國雖努力追求國內政治之「公」，但是如果無法完成國際間政治之「公」，則不能完全去除「私」之根原，表示世界諸國尚未眞正達成文明。他以「公羊三世說」爲基礎，籲世界諸國應爲實現世界大同太平之世的遠大目標繼續努力，才能完成世界之「公」、世界之文明。〔註106〕那麼，如何去除「私」之根原，又如何完成太平之世的艱困遠景呢？首先，他認爲中國早已完備世界大同之義，而缺乏保護世界大同之義的形式化條件乃爲法律之學，故須藉歐美法律之學，保障國人自主之權，且約束君主專制偏「私」之危險爲第一步。其次，在中國政治之完備基礎上，將孔子大同之義推行於世界諸國，完成相善文明之國際政治環境。至於如何解決國與國或羣己關係中去「私」之根原問題，這一主要關懷包含個人、社會、國家間之羣己關聯，是故如何完成大同之世乃是梁啓超往後要面對的主要課題。對此嚴復在《天演論》導言14〈恕敗〉和福澤諭吉在《文明論概略》第十章「論我國之獨立」等文中所指出，此一個人、社會、國家的羣己關聯，無法以單一思想論述而能同時兼顧的實情。嚴復說：

> 今天下之言道德者，皆曰：「終身可行莫如恕，平天下莫如絜矩矣。泰東者曰：「己所不欲，勿施於人。」所求於朋友，先施之。泰西者曰：「施人如己所欲受。」又曰：「設身處地，待人如己之其人。」

〔註104〕梁啓超，〈論中國宜講求法律之學〉，《文集之一》，頁94。
〔註105〕梁啓超，〈論中國宜講求法律之學〉，《文集之一》，頁93。
〔註106〕梁啓超嘗以合中西學術之最，創新新世界之傳統爲己任。我們在〈西學書目表後序〉中可看到同樣的論述，他說：「舍西學而言中學者，其中學必爲無用；舍中學而言西學者，其西學必爲無本。無用無本，皆不足以治天下。」（《文集之一》，頁129。）

> 凡斯之言，皆所謂金科玉條，貫徹上下者矣。自常人行之，有必不
> 能悉如其量者。雖然，學問知識，貴審其真，而無容心於其言之美
> 惡。苟審其實，則恕道之與自存，固尚有其不盡比附也者。蓋天下
> 之為惡者，莫不務逃其誅。今有盜吾財者，使吾處盜之地，則莫若
> 勿捕與勿罰。今有批吾頰者，使吾設批者之身，則左受批而右不在
> 焉，已後幸矣。持是道可用之民與民，而不可用之國與國。何則？
> 民尚有國法焉，為支持其平而與之直也。至於國，則持其平而與之
> 直者誰乎？〔註107〕

嚴復認為或許一國之內尚可透過法律之約束，國人即能明瞭其衝突界限和解
決途徑，然國與國之間的交流在無健全的約束條件下，此「己所不欲，勿施
於人」的道德力量，根本無法付諸於現實環境中運作。是以他在文章案語中
所說的「人得自由，而以他人之自由為界」，所舉亞丹斯密之語，「大利所存，
必其兩益。損人利己非也，損己利人亦非；損下益上非也，損上益下亦非」，
〔註108〕並提出現世所能持之公例，都仍無法完全解決此一困境。而此見同於
福澤諭吉透過日本當初廢藩之前，各藩為自我羣體之利益在國中互相爭奪的
經驗，他認為：

> 對外藩而言固然是私，但對藩內來說就不能不叫作公，這就是各藩
> 的私情。這種私情，不是高唱大公無私所能消除的，只要有藩存在，
> 就永遠會有這種私情。……大公無私當然是值得推崇的，如果西洋
> 各國根據大公無私的精神對待我們，我們當然歡迎，絕不拒絕。不
> 過，要想做到這一步，首先必須像我國廢藩那樣廢除全世界的政府，
> 學者是否認為有此可能？如果沒有這種可能，只要世界上有國家有
> 政府存在，就無法消除各個國民的私情，既無消除私情的辦法，彼
> 此便不得不以私情相待，這就是為什麼偏私和愛國精神名異而實同
> 的原故。〔註109〕

正如嚴復和福澤諭吉所指出，個人或許以自我道德修養之努力，可達成「己
所不欲，勿施於人」之境界，但是若以此推到羣體或國與國之間，秉持此一
信念者，恐難自存於激烈的競爭環境中。連一國之內的種種羣體間，尚且為

〔註107〕嚴復，《天演論》導言14〈恕敗〉，《嚴復集5》，頁1348。
〔註108〕嚴復，《天演論》導言14〈恕敗・復案〉，《嚴復集5》，頁1348～1349。
〔註109〕福澤諭吉，《文明論概略・論我國之獨立》，頁187。

其各自成員的利益互相爭奪，甚至「無國界、無種界」〔註110〕的情況，概不能杜絕此「私情」，更況是國際間缺乏強制規範的大公無私之法律，又如何能達成此一國與國或羣己關係中，除去「私」之根原的長遠目標？故當前不能亟欲躍進，目前該追求的現實目標應設定爲保障國人自主之權，且約束君主政治偏「私」之危險，由此完成獨立自存於國際間的基本目標。

我們透過梁啓超的改革論述，初步瞭解到所謂「私中求公」在現實政治環境中的可行之徑，再經嚴復和福澤諭吉所點出的理論困境，就能明白到或許當時所謂「私中求公」乃爲可行性較高的方案。如嚴復所提醒，國內法律乃是個人或羣體衝突最後可依據的社會基礎，但此一基礎若缺少合理制訂機構和民意機構的輔佐，恐難維持其公正性和正當性。因此，如何將中國政治趨於完備，而成爲文明之國的關鍵，就在於其法律制訂程序和機構能否具有公正性和正當性，又如何維持其法律的合法性，這就成爲當前亟欲解決之關鍵課題。對此，梁啓超在 1898 年（光緒二十四，戊戌）〈論湖南應辦之事〉中，提出「欲伸民權，必以廣民智爲第一義」，與「欲興民權，宜先興紳權，欲興紳權，宜以學會爲之起點」之主張。他之所以提出以上的主張，是基於當時各種環境之因素，在無法直接順利推行保護個人「自主之權」和能約束君權之「私」的法律制訂機構之考量下，採取折衷間接藉以鄉紳之力量彌補立法權之不足，由此行政與立法漸行分權之途，以達成君主立憲之自由民主政治的基礎。對此具體施行方法，梁啓超提出：

> 今欲更新百度，必自通上下之情始，欲通上下之情，則必當復古意，采西法，重鄉權矣。然亦有二慮焉，一曰：慮其不能任事，二曰：慮其藉此舞文也。欲救前弊，則宜開紳智，欲救後弊，則宜定權限。定權限者何？西人議事與行事分而爲二。議事之人，有定章之權，而無辦理之權；行事之人，有辦理之權，而無定章之權。將辦一事，則議員集而議其可否，既可，乃議其章程，章程草定，付有司行之，有司不能擅易也。〔註111〕

當前立法權之獨立基礎尚未健全，故以既有的智識分子鄉紳階層轉化爲獨立立法權之中堅分子，或許是較爲可行的方法。而鄉紳本身也應當自覺地透過「學會」等組織，「日日讀書，日日治事」，由此一方面學習議事，並開始處

〔註110〕梁啓超，《變法通義‧論女學》，《文集之一》，頁 43。
〔註111〕梁啓超，〈論湖南應辦之事〉，《文集之三》，頁 42～43。

理新政之執行與否等自治事項，透過不斷的學習精進和實際的操持業務中增進其自治能力，才能符合當前改革之需要。而「紳權固當務之急矣。然他日辦一切事，舍官莫屬也。及今日欲開民智開紳智，而假手於官力者，上不知凡幾也。故開官智，又爲萬事之起點」，〔註112〕故如何同時並進開民智、紳智、官智，將成爲此運動中最先解決的主要任務。因此，三個不同力量之整合和協力，亦成爲其中最爲核心的關鍵之一，此即是「定權限」一事，民、紳、官應當充分瞭解他們自己的權限，謹守本分，互相協助才能順利完成此政制改革。

梁啓超以「權限」釋「義」，又以「公理」釋「禮」，〔註113〕由此不但能導引出不明「權限」和「公理」則是夷狄是野蠻之國的結論，且能將維繫中國社會的「義」和「禮」化爲現代政治的術語，甚而擴大到世界所致力追求的公理公法環節中。這種以權限之劃清而保護人民自主之權，以公理約束君權或解決國際政治間偏「私」之野蠻行爲，都在儒家思想傳統的「義禮」結構中進行統合，這將成爲提供改革自變運動之主要動力。

雖然這是在「一思變甲，即需變乙，至欲變乙，又須變丙」、「迭相循環，百舉畢興，而後一業可就」〔註114〕的環境中，一次解決所有問題的一種變通方法，但是卻與過去梁啓超在〈古議院考〉中所提的「凡國必風氣已開，文學已勝，民智已成，乃可設議院。今日而開議院，取亂之道也。故強國以議院爲本，議院以學校爲本」〔註115〕之主張，已有相當明顯的距離。〔註116〕

總言之，在梁啓超的一系列文章中，即可發現其「理想」與「現實」之分界，不僅在各項政治主張中充分發揮，且適度調整其步驟以因應當前政治環境之變化。雖然，他的種種變法主張在理論的完整性方面，尚有未盡理想之處，然而在不同領域和不同術語中，卻能看出其概念展演之過程和影響。在相當程度上，「公」和「文明」是指當前該追求的目標，也是西歐諸國已比中國更早一步達成的政治環境，「私」和「野蠻」則是指中國現實政治環境專制之種種弊端。雖然，中國當前的政經局勢不盡理想，但梁啓超堅持的太平

〔註112〕梁啓超，〈論湖南應辦之事〉，《文集之三》，頁45。
〔註113〕梁啓超，〈論中國宜講求法律之學〉，《文集之一》，頁93。
〔註114〕梁啓超，〈與嚴幼陵先生書〉，《文集之一》，頁107。
〔註115〕梁啓超，〈古議院考〉，《文集之一》，頁96。
〔註116〕有關這一時期梁啓超思想轉爲激進冒進之原因和其思想影響之探討，請參考本文第二章第二節「一、理想與現實——以君主立憲開啓民主」。

之世不是一人或一國之理想，而當是全人類共求之長遠方向和目標，故他可以大膽地要求爲生存而自變，並在自變之基礎上再向更遠大的目標邁進。

在此討論中所發現的梁啓超對理想與現實之分界，不但在《時務報》時期，而且在《新民說》、《開明專制論》中都可以看到同樣的思路理徑。因此，對這種糅合「公羊三世說」與「天演論」等進化思想於一身而成形的思路理徑應當加以注意，並且在《新民說》、《開明專制論》等文的分析和討論中，尚須繼續留意此預設立場在不同時空環境中是以何種型態出現。

第三節　政制改革：自變乎？他變乎？

所謂「自變」，當非梁啓超獨有的想法，在他們師徒所同重的董仲舒早已提出過「更始」、「更化」之說，並且與他們同時期的改革言論中，都可以看到相類似的論說。如嚴復在〈中俄交誼論〉云：「人不自立者無朋，國不自強者無與，此古今天下之公理也。」〔註117〕其實，我們從洋務運動以來，當時主要改革口號「自強」概念的脈絡中，瞭解梁啓超「自變」概念或許較爲適當。〔註118〕

一、《變法通議》——自變而自強之心聲

《時務報》爲黃遵憲（公度，1848～1905）、汪康年（1860～1911）、梁啓超等人在上海創辦，創刊於1896年（光緒二十二，丙申）8月9日，十日一刊，每月三冊，至1898年（光緒二十四，戊戌）6月奉改官報之命，止於1898年（光緒二十四，戊戌）8月8日共出69冊。《時務報》不但是當時維新主張的主要宣傳重鎮，更是能反映出維新派和洋務派之間合作衝突的過程。而其中梁啓超所扮演的角色，不但是此兩種改革力量之折衷與衝突點，且就他個人思想歷程而言，更是在其與嚴復等人之交流過程中漸次建立起個人思想基礎的重要時期。

1896年（光緒二十二，丙申）8月9日《時務報》創刊號上，梁啓超在《變法通義・自序》〔註119〕中，從天地自然至人倫歷史開始，申論「變法」

〔註117〕嚴復，《嚴復集2》，頁477。
〔註118〕有關「自強」一詞的討論，請參看丁偉志、陳崧，《中西體用之間》（北京：中國社會科學出版社，1995年5月）第2章和頁51之註解1。
〔註119〕本章節所討論的《變法通義》一書，僅限於《時務報》時期所發表的篇章。

之大勢，乃古今之公理。所謂自然之變，乃天道之運行，善惡不能由人，而人道則不然，只要「委心任運，聽其流變，則日趨於敝，振刷整頓，斟酌通變，則日趨於善。」但是，若因循不察而不可自變，代興者則立新朝而更易。故能以「自審其敝而自變」〔註120〕是歷來朝代中興之大道。可見，梁啓超論說的基本關注點是在能否「自變」這一點上，他認為國家能否自變？才是國家興盛與否之關鍵。此論點在《變法通義·論不變之害》中，更明確地闡釋「自變」與「他變」之優劣：

> 變亦變，不變亦變！變而變者，變之權操諸己，可以保國，可以保種，可以保教；不變而變者，變之權讓諸人，束縛之，馳驟之。嗚呼！則非吾之所敢言矣。〔註121〕

又在《變法通義·學校總論》中，曰：

> 變亦變，不變亦變！與其待他人之變，而一切漸滅以致於盡；則何如吾自變之，而尚可以存其一二也。〔註122〕

國家能自審其弊，而試以自變時，若不先瞭解其弊端，就無從著手。就此言之，當時中國的最大弊病為何？梁啓超說：「今之言變法者，其犖犖大端，必曰：『練兵也！開礦也！通商也！』斯固然矣。然將帥不由學校，能知兵乎！」〔註123〕梁啓超認為若無專門人才，則無法根治中國的問題。練兵、開礦、通商自然重要，但是，如果沒有堅強的後援系統和專業訓練人才之培養則不能建立「自變」之基礎。

梁啓超在 1897 年（光緒二十三，丁酉）《時務報》第 39 冊上續寫〈論不知本原之害〉一文時，舉德相俾士麥（Otto Bismarck，1815～1896）之評語，

如在《清議報》上所發表的〈論變法必自滿漢之界始〉、〈論變法後安置守舊大臣之法〉等文則不列討論之範圍。
〔註120〕梁啓超，《變法通義·自序》，《文集之一》，頁 1。
〔註121〕梁啓超，《變法通義·論不變之害》，《文集之一》，頁 8。
〔註122〕梁啓超，《變法通義·學校總論》，《文集之一》，頁 18。此乃梁啓超獨特的敘述方式，所謂「變亦變，不變亦變」後來演變為「破壞亦破壞，不破壞亦破壞」之「破壞主義」主張。但是，梁啓超持此論述方式，是對當時中國學術傳統與文化傳統傳承之危機意識而起，所以，每次都連帶著如此則可存續更多傳統學術文化精髓之論。他在〈西學書目表後序〉便說：「今日非西學不興之為患，而中學將亡之為患。」（《文集之一》，頁 126。）從中我們即能瞭解他的心目中中國學術傳統之地位及其擔憂。因此，我們應當注意梁啓超談「變」和「破壞」是為了存續，不是為了「變」而變，也不是為了「破壞」而破壞。
〔註123〕梁啓超，《變法通義·論變法不知本原之害》，《文集之一》，頁 9。

針對練兵一事提出新的看法。俾士麥曰：「我德所以強，練兵而已，今中國之大患，在兵少而不練，船械窳而乏也。」〔註124〕但是，梁啓超並不完全同意俾士麥之見解。〔註125〕他認爲美國兵力不過兩萬，而其內政完備、工商業盛行、民智大開，亦稱爲強國。故練兵、買船隻固然重要，而更爲核心的事情若未解決，則不能突破當前的困境。然而對此根本解決之道，西人卻是絕口不提，爲什麼呢？梁啓超以爲：

> 練兵而無將帥之才，必取於彼焉。置械而船艦槍礮之值，必歸於彼焉。通輪船鐵路，而內地之商務，彼得流通焉。開礦而地中之蓄藏，彼得染指焉。且有一興作，而一切匠作，無不仰給之於彼，彼之市民，得以養焉。〔註126〕

因此，當時中國最大弊病在單純的養兵，而不知國家致強之本原，則在於人才之培養。槍砲、船艦、開礦、修鐵路及興商務等種種事業，若缺乏指導統籌事業之本國專業人才，則國家失去能夠獨立設計運籌的能力，其事業全被外人所控制，也就是無法「自變」任由「他變」而已。梁啓超更以俾士麥所舉之例對照說明日本與中國之差別，也是在能否學會「自變」之所以然：

> 日人之遊歐洲者討論學業，講求官制，歸而行之；中人之遊歐洲者，詢某廠船艦槍礮之利，某廠價值之廉，購而用之，強弱之原，其在此乎！〔註127〕

〔註124〕梁啓超，《變法通義‧論變法不知本原之害》，《文集之一》，頁11。
〔註125〕對此，我們須要稍微深入探析梁啓超對俾士麥之見解。俾士麥所強調的所謂「練兵」當然包含整個軍備之完善和士兵與軍官素質的提升，故此不但與整個社會結構之改變以及教育品質之變化有著連帶關係，而且與梁啓超之《變法通義》中的見解更是互爲表裡、相輔相成。那麼，梁啓超爲什麼不從他自己與俾士麥之間的相同之處著眼，反而在某種程度上鄙棄俾士麥之主張呢？或許，他爲了凸顯變法運動及其興學校廢科舉主張之正當性，將甲午戰敗之責任究於守舊派和洋務派身上，才會出現以上的論述方式。我們也在梁啓超批評俾士麥的言論中，隱約發現當時維新派與洋務派之間的某種衝突點。梁啓超《變法通義‧論變法不知本原之害》一文分成兩個部分，分別發表在《時務報》第3冊和第39冊，俾士麥這一段則是發表在1897年（光緒二十三，丁酉）9月17日第39冊。因爲在1897年（光緒二十三，丁酉）3月章太炎與康派孔教主張不合憤然離開《時務報》，並且梁啓超與汪康年等人對《時務報》性質早已發生衝突，故當時梁啓超提出鄙棄俾士麥主張可能與汪康年等人衝突有關。
〔註126〕梁啓超，《變法通義‧論變法不知本原之害》，《文集之一》，頁12。
〔註127〕梁啓超，《變法通義‧論變法不知本原之害》，《文集之一》，頁9。

因此若要徹底改革，「必興學校」。〔註128〕但是「科舉不改，聰明之士，皆務習帖括，以取富貴。……官制不改，學成而無所用，投閒置散」，〔註129〕所以必須瞭解「人才之本，在育人才；人才之興，在開學校；學校之立，在變科舉；而一切要其大成，在變官制」〔註130〕之理。基於此，梁啓超提出「變科舉，立學校」，培養人才之上、中、下三種可行之具體方案，希望由此建立起「自變」之基礎。他認為最好的改革方案是「合科舉於學校」，開小學和大學於州縣，廣納人才，入大學則同於舉人，大學畢業則等如進士，則晉用於各部門，其中優異人才送至國外進修，學成歸國則任用之。其次，如果科舉與學校不能合而為一，則多設諸科與帖括並行，其中包含醫學、師範、兵法、翻譯等，廣納諸專業人才於政府，並透過科舉帶動實學之風氣。最後，若上述兩種方法均不得而行時，則僅在科舉科目中增設各種實學如天算地理農工商兵等科，且於殿試時專問時務，勵其實學之風尚。梁啓超對此則自評為「由上策者強，由中策者安，由下策者存」〔註131〕由此在《變法通義》一系列論說中，不但倡明「變科舉，立學校」而舉起「自變」之大義，更就學會、師範、女學等細目專題申論，提出各項革新之具體主張。

我們從梁啓超《變法通義》中的種種具體改革方案之立論基礎中，不但可以發現所謂「自變」而「自強」〔註132〕之變法主張，而且還可以看出其中所隱含著一種基本預設立場。本文已從康有為公羊三世說在梁的文章著手，以深入探究梁啓超與康有為、嚴復等人間的互動過程，梁啓超的這種預設立場在某種意義上，是公羊三世說之延伸，如其對理想與現實〔註133〕之分界的看法，與其個人相當獨特的「私中求公」的政治主張，指涉著梁啓超的具體政治論述預設立場背後所含之內核意涵。

〔註128〕此學校是指專門培養技術人員之專業學校及師範學校等。梁啓超，《變法通義‧論變法不知本原之害》，《文集之一》，頁9。
〔註129〕梁啓超，《變法通義‧論變法不知本原之害》，《文集之一》，頁8～9。
〔註130〕梁啓超，《變法通義‧論變法不知本原之害》，《文集之一》，頁10。
〔註131〕梁啓超，《變法通義‧論科舉》，《文集之一》，頁29。
〔註132〕有關「自強」一詞的討論，請參看丁偉志、陳崧，《中西體用之間》第2章和頁51之註解1。
〔註133〕筆者所提出的「理想與現實」概念，來自梁啓超文章中的論述，尤其〈康南海先生傳〉直接使用此一詞彙。黃克武教授曾以目標與「現實世界」角度探究《新民說》，雖與筆者「理想與現實」並無直接關聯，而確有參考價值。《一個被放棄的選擇：梁啓超調適思想之研究》第三章「目標：自我羣體的關係」，頁61。

二、〈經世文新編序〉──《新民說》之來源

　　《變法通議》之重點爲其不可不「變」之古今公理之倡明，而其倡導的「窮則變，變則通，通則久」之自然進程，無可避免的產生出「新」、「舊」之衝突和矛盾。梁啓超以經世爲其教育大方針，在尊德性、道問學之傳統教育方法上，以「今文經學」修正中國學術傳統，且引入歐美學術、政術爲其教育輔佐之工具，自然對傳統的教育、學術、政制等「舊」體制上帶來某種程度上的衝擊。

　　關於「經世」思想，起初主要集中於如何推動「變法」，如何自變而自強的問題上，透過官僚體制甚至國家政體之改造，進以帶動整體之國家革新。但在整個變法維新的運動過程中，當由「變不變」轉化爲「新不新」的議題時，即能看出其中的議題深化進程。首先，當洋務運動之主要標題「自強」，不再是言論中的主導性議題，轉由「變不變」或「新不新」的議題所取代，所謂「變」和「新」就成爲主導議題的關鍵詞彙，使得爲求「自強」應否接受「西學」等原來議題漸漸失去動力，反而由該不該變？也就是「變不變」所引導，政體是否改革？是不是要推動民主？等議題，變成是當時改革人士積極面對且欲解決的主題。再言，當這些議論又被「新不新」的問題所取代時，便可以看出從歐美武器之接受爲主的洋務運動，經過極力推動大幅度接納歐美民主政體之維新變法運動後，已深化爲積極接受歐美學術文化而思想革新之另一局面。

　　這種轉變在梁啓超身上也十分清晰可見，其改革路線開始受到當權派守舊思想的阻撓，在體制內革新之方針漸漸失去其積極功能，由上而下的改革無法順利推動時，他轉而注意啓蒙民眾的「新民」之法──由下而上的另一改革途徑。

　　如果細看〈經世文新編序〉〔註134〕一文，將發現其論述模式同於《變法通義》，先從古今歷史通例中，尋繹出其論述重點「新」之不可不然，但較其革新之範圍則比《變法通義》更爲廣泛，且更深入擴展到文化思想等各層面。梁啓超在文章中不但提出孔子作《春秋》也是立新王之道，那些改正朔易服色等作爲，也是基於「不如是不足以新民之耳目」〔註135〕之故。甚至，他將

〔註134〕此文概成於 1897 年（光緒二十三，丁酉），出版在 1898 年（光緒二十四，戊戌）3 月 22 日《時務報》第 55 冊。

〔註135〕梁啓超，〈經世文新編序〉，《文集之二》，頁 46。

泰西諸國之富強歸功於培根〔註136〕（Francis Bacon，1561～1626），相當肯定
其思想革新在政俗改革運動中的先導作用，故梁啓超認為：

> 泰西富強，甲於五洲，豈天之獨眷顧一方民哉！昔嘗考之，實自英
> 人培根始也。培根創設獎賞開新之制，於是新法新理，新器新製，
> 新學新政，日出月盛，流沫於各邦，芬芳於大地，諸國效之，舍舊
> 圖新，朝更一製，不昕夕而全國之舊法盡變矣。不旬日而全球之舊
> 法盡變矣。無器不變，亦無智不新，至今遂成一新世界焉。〔註137〕

在歐美諸國之新法新理、新器新製、新學新政都由於培根之思想革新，故此
開創新制新民之法之原的思想革新，實是創制當時歐美諸國之革新局面之最
主要動力。而中國雖大誦大學之道，卻「新民」之義，無能昌明，故梁啓超
原「欲集天下通人宏著，有當於新民之義者為一編，以冀吾天子大吏有所擇
焉。卒卒未暇，未之作」〔註138〕的心願，正藉《經世文新編》之問世，期許
孔子「新民」之義，重新引導國之革新。在梁啓超此一期許中，不但能瞭解
其《新民說》之主要寫作動機之一，並且對於尋索梁啓超早期思想所經歷之
歷練與思考，是如何從政制改革轉為思想改革之路，具有相當的啟發作用。
這或許是個人自發性的突破，也有可能是與歷史環境互相激發的結果，從「自
變而自強」之變法主張，以及從政體之革新至新民之種種構思，都在他的文
章中一一呈現，將其隱而不顯的整體架構漸漸趨於充實且完整之階段。

這種思想革新從而救國的論述，從梁啓超對培根非僅於推崇，更將其理
念引入中國思想界之舉，正顯示出一種新的變化，也就是說在梁啓超思想中
的變法及經世思想，更為大膽地接受歐美學術思想，而激發出包括道德文化
改革之新階段。

〔註136〕培根、斯賓塞等人的思想，早已流傳於中國，甚至在《格致書院課藝》學生
　　　　對李鴻章答卷中，還可以看出學生對培根等人的思想有初步的瞭解。而他們
　　　　與梁啓超之間有著顯著的差別，就在梁啓超強調培根的思想革新對歐美富強
　　　　之先導作用，對此《格致書院課藝》中並沒有深入討論。有關《格致書院課
　　　　藝》中的討論，請參看熊月之，《西學東漸與晚清社會》（上海：上海人民出
　　　　版社，1995年4月二刷），頁363～372，396。
〔註137〕梁啓超，〈經世文新編序〉，《文集之二》，頁47。
〔註138〕梁啓超，〈經世文新編序〉，《文集之二》，頁47。

第三章　思想革新：思想自由道德覺醒途徑

　　梁啓超在戊戌維新之前的政制教育改革論述中，透過「理想」與「現實」、「公」與「私」、「文明」與「野蠻」等分立概念，以道德人格修養爲改革思想之核心內涵。在論述架構中，孔教作爲救國理想實現之媒介，君民權限之劃清，則可整合人民、鄉紳、官吏和君主之間的力量，求致通往自由民主政治，而此都是必須以個人養心之道德力量才能達成。但此道德力量不是單靠「靜坐」功夫，而須立於積極擴充自我見識之基礎上。這些基礎架構的建立，不是讀書窮理等傳統學問功夫的簡單擴充即能達成，而是透過從個人生活所習慣所信仰處入手，改變他們的思想根基、增進識力才能順利完成。由此可知，梁啓超所指的知識基礎，是貼近人倫日用生活環境中的習慣和信仰，更是涵蓋自我覺醒、識時務、分辨大是大非，且能「服公理、達時勢」〔註1〕之道德認知與思想力量。梁啓超的救國思想，從政制改革始，經思想改造，進至更爲深入探尋根本解決之道，即風俗、信仰、道德革新之途。這三個步驟在梁啓超思想論述建構過程中，是一種層層追究根本問題之結果。當梁啓超認爲「昔之欲抑民權，必以塞民智爲第一義；今日欲伸民權，必以廣民智爲第一義」，〔註2〕「老學最毒天下者，權謀之言也。將以愚民非以明民，將欲取之必先與之」，〔註3〕故救國最佳途徑，是由國人自治能力的提升以促進國家之自治獨立，而其最大阻礙即

〔註1〕 梁啓超，《自由書・豪傑之公腦》，《專集之二》，頁34。相關討論，請參看本章「以『服公理達時勢』控制『除舊布新』之破立途徑」節中的討論。

〔註2〕 梁啓超，〈論湖南應辦之事〉，《文集之三》，頁41。

〔註3〕 梁啓超，《論中國學術思想變遷之大勢》，《文集之七》，頁20。

是不但不願分享權力，更是堵塞民智、剝奪國人自我獨立自治之能力的君主專制之私。這種結構性的障礙，梁啓超處在「一思變甲，即需變乙，至欲變乙，又須變丙」、「迭相循環，百舉畢興，而後一業可就」〔註4〕之時代環境中，透過他的新聞言論活動，積極推動政制、思想以及風俗習慣道德信仰等革新並進之救國方策，希望同時解決所有的問題。

這一急迫性，不但使得梁啓超的言論趨於煽動激進，且因為梁啓超在有限的報章篇幅與時間壓力限制下，不能以翔實的說明和論證說服讀者，乃改以訴諸情感的筆鋒，大力宣揚對理想人格和道德力量。這或許能說明，我們在梁漱溟（1893～1988）的自述中，看到當時梁漱溟大量閱讀梁啓超《新民叢報》、《德育鑑》等文章時，（從梁漱溟個人喜好出發），特別看重道德人格修養問題的原因。梁漱溟在1907～1909年間自修閱讀《新民叢報》、《德育鑑》等書籍時，曾說：「對於人格修養的學問，感受《德育鑑》之啓發，固然留意；但意念中卻認為『要作大事必須有人格修養才行』，竟以人格修養作方法手段看了。似此偏激無當淺薄無根底思想，早應當被推翻。無如一般人多半連這點無當淺薄無根底思想都沒有。」〔註5〕這告訴我們人格修養和事功建立間的關係，如內聖外王此一線索（先不管梁啓超有否此一主張），在當時年輕學子心目中，確實發揮過某種程度的影響。這不但能提供我們對於內聖能否保證必能外王？並且造福人類的外王事功，是否必自內聖基礎等問題的切入點，並且使我們注意梁啓超道德主義思想是否就意味著，將人格修養當作是完成救國目的的方法或手段？〔註6〕對此，我們必須經由梁啓超道德主義思想的實質內涵，視其在現實環境中導引何種政治主張，而現實環境又如何影響道德本體的建構，才是最佳切入點。故本章透過梁啓超的論述，尋找出其關懷點與理論基礎，並由此釐析其道德主義思想的基本建構。

梁啓超在《清議報》和《新民叢報》期間，是他在最有影響力之時，此時，他與康有為孔教學說已漸行漸遠，因為在梁啓超論述中的孔教學說有相當程度上是為達成理想政治環境之門徑或媒介，故當現實歷史時空轉進為另一階段時，孔教學說自然失去了實質意義。而梁啓超旅居日本時期之主要關

〔註4〕　梁啓超，〈與嚴幼陵先生書〉，《文集之一》，頁107。
〔註5〕　梁漱溟，《我的自學小史》，《梁漱溟全集2》，頁683。
〔註6〕　對此問題的相關解答，請參看本文第四章第三節「一、內聖與外王──各為目的、各司其職」，頁162～164。

懷，相當集中於新國家建設和新道德思想之提倡。此一新道德和新國家建設之目標，似是遵循著「尊德性道問學行經世」這一救國步驟所展開，表面上猶如傳統內聖外王的另一種詮釋說法，但實質內涵已相當程度脫離傳統之束縛，開展爲一種獨特的思想架構。

梁啓超在《清議報》時期，文章探討的主要議題爲政制、思想以及風俗習慣道德信仰等救國方策，進而化爲國家建設政制改造問題和以個人思想道德革新爲基礎而建立「新民」之兩項主題。從〈愛國論〉、〈論支那宗教改革〉、《自由書》、《新民說》等文，相當一貫地關注健全的道德人格之培養，此人格於極端民族主義，即帝國主義環境中，不但對伸張自我權利不遺餘力，且爲國家全體人民之福祉，能合理讓權的理想「新民」；另外在《國家論》、〈國家思想變遷異同論〉、《開明專制論》等文中則是極力鼓吹新的國家建設之迫切性與施行方案。這兩種關懷在梁啓超的論說中，是同時並進且互爲影響的，此個人道德力量之提升和國家整體力量相輔之思想，是梁啓超身處在日本的學術、政治氣氛中漸趨成熟的表現，形成其思想理路的獨特性。

第一節　思想革新：思想自由與公理時勢以求道德覺醒

梁啓超在〈論支那宗教改革〉一文中，對於國家之興盛與否，歸因於能否增進國民的智識能力和轉變國人的思想通達，爲此，宗教革命和古學復興便都成爲除舊布新之因果關係網絡中的一分子，他說：

> 凡一國之強弱興廢，全係乎國民之智識與能力，而智識能力之進退增減，全係乎國民之思想。思想之高下通塞，全係乎國民之所習慣與所信仰。然則欲國家之獨立，不可不謀增進國民之識力，不可不謀轉變國民之思想，而欲轉變國民之思想，不可不於其所習慣所信仰者，爲之除其舊而布其新。此天下之公言也。泰西所以有今日之文明者，由於宗教革命而古學復興也。〔註7〕

雖然他主張「蓋思想之自由，文明發達之根原」，〔註8〕但當時梁啓超仍無法擺脫康有爲之孔教主張，因而其「思想自由」和孔教主張，在此期尙無衝突。他

〔註7〕　梁啓超，〈論支那宗教改革〉，《文集之三》，頁55。
〔註8〕　梁啓超，〈論支那宗教改革〉，《文集之三》，頁60。

認為「諸子之學即孔子之學」，尤其「孔子之旨，惟明代陽明一派，稍復本真」，實與「自漢以後，定於一尊，黜棄諸子，名為尊孔，而實則背孔子」不同，「道並行而不相悖」〔註9〕之傳統才是國人「思想自由」、智識發達的有力基礎。其中值得注意的是，他的論述重點已不在政制和教育等制度改革，而是認為中國強弱之根本問題是在思想之革新，能否「除舊布新」已成為梁啓超論述中的新課題。〔註10〕雖然他的論點尚未成熟完整，然此議題之新穎意義就如同他在〈國民十大元氣論〉中所云：「人有三等，一曰：『困縛於舊風氣中者』，二曰：『跳出於舊風氣之外者』，三曰：『跳出舊風氣而後能造新風氣者』，夫世界之所以長不滅而日進化者，賴有造新風氣之人而已。」，〔註11〕乃梁啓超能成為「造新風氣之人」的關鍵。但此「造新風氣之人」除舊布新之舉能否成功，這在當時梁啓超心目中仍是一個難題。故在「每有所觸，應時援筆，無體例、無次序，或發論、或講學、或記事……惟意所之」〔註12〕的自由書寫時，對此「造新風氣」、「造時勢」、「為天下先」的英雄，只能以「英雄與時勢，二者如形影之相隨，未嘗少離，既有英雄，必有時勢，既有時勢，必有英雄」〔註13〕之語，一方面自我勉勵，一方面更是希望國人「惟當察阻力之來而排之，不可畏阻力之來而

〔註9〕 梁啓超，〈論支那宗教改革〉，《文集之三》，頁 61～60。
〔註10〕 梁啓超論述重點，漸次從制度改革轉趨於「除舊布新」之思想革新，這或許與百日維新失敗有關，而比較有趣的是，福澤諭吉在《文明論概略・以西洋文明為目標》，強調文明基礎一定要「順應人民的天性，消除弊害，排除障礙，使全體人民的智德自然發展，使其見解自然達到高尚的地步」，因為「人心有了改變，政令法律也有了改革，文明的基礎才能建立起來……按照這個順序做，雖然有困難，但是沒有真正的障礙，可以順利到達目的。倘若次序顛倒，看來似乎容易，實際上此路不通，恰如立於牆壁之前寸步難移，不是躊躇不前，就是想前進一寸，反而後退一尺」（頁 14。）雖然，我們不能確定梁啓超有沒有受此論點影響，而可以肯定的是梁啓超旅居日本早期已經閱讀《文明論概略》，對經歷百日維新運動政制改革失敗的梁啓超而言，福澤諭吉的人心之改變後，才能政制改革，且此順序絕不可顛倒的論點，或許是頗值得深思的議題。這不僅是福澤諭吉獨特論點，當時在日本廣為流傳的中村正直（1832～1892 年）翻譯自蘇格蘭作家（1812～1904 年）Self-Help 的《西國立志編》（1870 年初版）中，一再強調個人獨立及民族精神及社會風氣之振興。請參看陳弱水，〈日本近代文化與教育中的社會倫理問題〉，《台灣教育史研究通訊》（第三期，1999 年 3 月），頁 12～15。鄭匡民，《梁啓超啓蒙思想的東學背景》，頁 151～152。
〔註11〕 梁啓超，〈國民十大元氣論・獨立論〉，《文集之三》，頁 63。
〔註12〕 梁啓超，《自由書・敘言》，《專集之二》，頁 1。
〔註13〕 梁啓超，《自由書・英雄與時勢》，《專集之二》，頁 10。

避之」，〔註14〕能同力參與此一救國運動。

一、《自由書》——民權自由與公理時勢

我們在《自由書》中瞭解，梁啓超東渡日本之後，所提倡的除舊布新之基本內涵，與他在戊戌維新時期並無重大轉變。梁啓超對「老子曰：『不爲天下先』，蓋爲天下先者，未有不敗者也」的態度，譏評其爲「毒天下」。〔註15〕並且掌權者對「民權自由者，天下之公理也，世界自然之進步，積其資格以及於今日」的「精神上之學問」，以「愚民武斷模稜兩可之術」，〔註16〕實施「造假憲法，名爲許民權，實則壓抑民權」〔註17〕的作法，提出相當嚴厲的批評。由此可見其思想脈絡相當一貫地延續著當初梁啓超「公者何？民主而已，私者何？君主而已矣」〔註18〕的基本論述，即是在「公」和「私」架構上展開民主民權之伸張和約束君權之構思。

《自由書》雖是本鬆散札記式的著作，但文中相當篇幅著重於介紹日本思想界的種種新趨勢與政治社會改革之相關論述。〔註19〕觀其題材的選擇和論述的範圍，均能看出其緊密圍繞著是否符合除舊布新的論點。梁啓超爲創造新局以救國，不但引介能提振國人自由民權自覺意識的論說，且積極傳播開啓新風氣的大膽作爲和英雄式愛國情操。因此，「榮譽」、「勇氣」、「英雄」、「豪傑」、「志士」等情操志節，在梁啓超的文章中，都將化爲鼓舞人民「雖有千百難事，橫於前途，以遮斷其進路，而鼓舞勇氣，終必能排除之」〔註20〕的思想利器。

（一）求個人民權自由的利器——優勝劣敗與破壞主義

這種鼓吹國人參與爭民權之運動，就如同梁啓超在 1899 年（光緒二十五，己亥）《清議報》第 22 冊〈愛國論三——論民權〉一文中所表述「爲君相者而務壓民之權，是之謂自棄國。爲民者而不務各伸其權，是之謂自棄其身。

〔註14〕梁啓超，《自由書·養心語錄》，《專集之二》，頁 15。
〔註15〕梁啓超，《自由書·成敗》，《專集之二》，頁 3。
〔註16〕以上引自梁啓超，《自由書·地球第一守舊黨》，《專集之二》，頁 7。
〔註17〕梁啓超，《自由書·地球第一守舊黨》，《專集之二》，頁 6。
〔註18〕梁啓超，〈與嚴幼陵先生書〉，《文集之一》，頁 109。
〔註19〕請參看石川禎浩，〈梁啓超與文明的視點〉，《梁啓超·明治日本·西方——日本京都大學人文科學研究所共同研究報告》，頁 102，106 之註解 1。
〔註20〕梁啓超，《自由書·偉人訥耳遜軼事》，《專集之二》，頁 22。

故言愛國必自興民權始。」〔註21〕這在《自由書》一系列文章中也是相當重要的宣傳重點。爲此梁啓超在《自由書‧放棄自由之罪》一文中，不但強調「苟天下無放棄自由之人，則必無侵人自由之人」，要求個人發憤追求個人自由，並且執意使用「物競天擇，優勝劣敗」之語，更突顯出放棄個人民權自由者爲劣敗；爭取民權、捍衛自由者乃優勝之觀點。雖然，梁啓超說明「此二語臺學之通語嚴侯官譯爲『物競天擇，適者生存』，日本譯爲『生存競爭，優勝劣敗』，今合兩者並用之，即欲定以爲名詞焉」，〔註22〕但他在 1901 年（光緒二十七，辛丑）《清議報》第 85、86、87 號連載的〈滅國新法論〉中，說：「滅國者，天演之公例也。凡人之在世間，必爭自存，爭自存則有優劣，有優劣則有勝敗。劣而敗者，其權力必爲優而勝者所吞併，是即滅國之理也。」〔註23〕由此可見，梁啓超使用「優勝劣敗」，確有特定意涵，或許他欲藉此更生動地敘述在國際間激烈的競爭環境中，將以天演說強調國民國族，必以爭取個人民權爲基礎，才能建立堅強之國民，並能救國之論述架構。與此相比，他在 1903 年（光緒二十九，癸卯）《新民叢報》第 43 號〈記斯賓塞論日本憲法語〉中，評論曰：「斯氏則好用『適者生存』一語，誠以天下事無所爲優，無所爲劣，其不適於我也，雖優亦劣，其適於我也，雖劣亦優。」〔註24〕在 1903 年（光緒二十九，癸卯）梁啓超美國之行後，重新使用「適者生存」一語，可見其中梁啓超放棄「破壞主義」有著密切相關性。

當梁啓超捨棄嚴譯「適者生存」之語，而選擇「優勝劣敗」之詞，即反映出梁啓超的論述，著眼於爲完成其救國之目的，欲引導讀者走上破棄過去傳統思想束縛的救國途徑。他或許認爲在國際間激烈的競爭環境中，能否「除舊布新」當是國民國族能否優勝勝出之關鍵，爲此須要能大破大立且能駕馭「破壞主義」，並能除去其危險性的英雄豪傑之士。因「思想之高下通塞，全係乎國民之所習慣與所信仰」，〔註25〕故若不破棄國民之惡習，若不能使人民瞭解「苟天下無放棄自由之人，則必無侵人自由之人」，〔註26〕就無法完成人民自由民權之興盛而求自存自強之目的。他不但認爲「民之無權，國之無權，

〔註21〕 梁啓超，〈愛國論〉，《文集之三》，頁 73。
〔註22〕 以上引自梁啓超，《自由書‧放棄自由之罪》，《專集之二》，頁 23。
〔註23〕 梁啓超，〈滅國新法論〉，《文集之六》，頁 32。
〔註24〕 梁啓超，《自由書‧記斯賓塞論日本憲法語》，《專集之二》，頁 101。
〔註25〕 梁啓超，〈論支那宗教改革〉，《文集之三》，頁 55。
〔註26〕 梁啓超，《自由書‧放棄自由之罪》，《專集之二》，頁 23。

其罪皆在國民之放棄耳」，〔註27〕更是提倡「破壞主義」破棄其戀舊之性質而大膽進取，破壞其戀舊君權專制而建立爭取自由民權之國民性質。雖然「破壞主義」發動後，或許會出現難以駕馭之危險，但不破則劣而敗，不建則不能優勝，故當前不得不走上這一解決途徑，他說：

> 破壞主義何以可貴？曰：「凡人之情，莫不戀舊，而此戀舊之性質，實阻關進步之一大根原也。」當進步之動力既發動之時，則此性質不能過之，雖稍參用，足以調和而不致暴亂。蓋亦未嘗無小補焉。
> 〔註28〕

足見「破壞主義」並不是梁啓超的終極目的，而是視其為救國、為獲得獨立自由可利用之工具，且能引起國人之呼應，使國人成為有「勇氣」、「榮譽」的「英雄」，為愛國犧牲的「志士」。「破壞主義」可斷戀舊之慣性，只要能善加控制運用，即成開啓新局面的有利工具。

（二）求個人自由必先自強──欲自強必先破思想束縛

對如何善加控制此「破壞主義」，梁啓超意有所指，點出當由「不惜改絃以應之，其方法雖變，然其所以愛國者未嘗變」之豪傑。此豪傑能「服公理」、「達時勢」，〔註29〕正因「民權自由者，天下之公理」，〔註30〕故豪傑即是一方面服從民權自由、推動民權自由，一方面「其方法隨時與境而變，又隨吾腦識之發達而變，百變不離其宗，但有所宗，斯變而非變矣。此乃所以磊磊落落也」的態度，「行吾心之所志，必求至而後已」〔註31〕之人。此觀點正好說明梁啓超一生所致力的自我期許和目標，及其政治和學術生涯所努力的宗旨所在。對他而言，或許追求一生「吾心所志」的歷程，雖然隨著其見識知識增長與時空環境之演變，有不同的變化，但其始終不離之宗旨，則從個人之道德良知養心基礎上為追求國家獨立、人民之自由民權，由此進至世界大同之大理想。但在當前世界各國外競激烈的情境中，人民必先自覺追求自我權力之伸張，即自強，這不但對個人積極爭取自由有利，甚至也是國家爭取自立自由於國際間的必要條件，為此，梁啓超提出欲自由先自強之論點，他說：

〔註27〕梁啓超，《自由書·國權與民權》，《專集之二》，頁24。
〔註28〕梁啓超，《自由書·破壞主義》，《專集之二》，頁25。
〔註29〕梁啓超，《自由書·豪傑之公腦》，《專集之二》，頁34。
〔註30〕梁啓超，《自由書·地球第一守舊黨》，《專集之二》，頁7。
〔註31〕梁啓超，《自由書·善變之豪傑》，《專集之二》，頁28。

> 欲得自由權者，無他道焉！惟當先自求爲強者而已。欲自由其一身，
>
> 不可不先強其身；欲自由其一國，不可不先強其國。〔註32〕

爲個人自由，必先自強，爲國家自由，必先自強其國。換言之，中國是因國人不能自強、不能自伸其自由權，故不能成爲強國，而對於國人何以不能自伸自強？梁啓超認爲當權者起於私心所施之愚民政策，乃其中重大原因之一。梁啓超早期救國論述脈絡，相當一致延續著，中國不強之原因及其君民之間的衝突，來自於統治者以「鎮壓」與「愚民」，控制人民的思想之故。〔註33〕這正如他所引用的孟德斯鳩和福澤諭吉之語：

> 法國大儒孟德斯鳩曰：「半開專制君主之國，其教育之目的，惟在使
>
> 人服從而已。」日本大儒福澤諭吉曰：「支那舊教，莫重於禮樂，禮
>
> 者所以使人柔順屈從也。樂者所以調和民間勃鬱不平之氣，使之恭
>
> 順於民賊之下也。」〔註34〕

國家政府不但以愚民政策使人民屈從，更甚者，是以兵權牽制人民，「奪民之性命財產，私爲己有。懼民之知之而復之也，於是乎有兵，故政府之視民也如盜賊，民之視政府亦如盜賊。兵之待民也如草芥，民之待兵也亦如草芥」。〔註35〕當政府處處防其民，且國與民互視爲草芥盜賊，致使國家在「物競天擇，優勝劣敗」的危機環境中，不能合羣而走上滅亡之路時，有識之士或英雄豪傑到底能以何種理念，使人民自強，使人民斷其過去愚民教育之弊端？又如何才能鼓舞人民走上人人自強、自由？進而國家獨立自由之境？由此看來，個人要自強，不得不重整過去使人民「柔順屈從」、「使人服從」〔註36〕之「國民之所習慣與所信仰」。〔註37〕對於使國人思想窒礙不前的愚民教育和思想環境，若無大刀闊斧式地斷然裁決那過去長期維持中國社會之基本倫綱，若不以「破壞主義」徹底破棄傳統之種種束縛，則不能使人民從束縛中

〔註32〕梁啓超，《自由書・論強權》，《專集之二》，頁31。

〔註33〕請參看張朋園，《梁啓超與清季革命》，頁54～59。

〔註34〕梁啓超，《自由書・精神教育者自由教育也》，《專集之二》，頁36。此引文之重點，仍沿用在1901年（光緒二十七，辛丑）4月29日至7月6日陸續刊載於《清議報》的〈中國積弱溯源論〉一文之旨。（此文又見於《文集之五》，頁12～42。）可見當時梁啓超對時局革新之基本構思，頗與福澤諭吉有關。與此引文相關者，請參看《中國積弱溯源論・文集之五》頁29。

〔註35〕梁啓超，《自由書・中國魂安在乎》，《專集之二》，頁38。

〔註36〕梁啓超，《自由書・精神教育者自由教育也》，《專集之二》，頁36。

〔註37〕梁啓超，〈論支那宗教改革〉，《文集之三》，頁55。

衝破出來，形成獨立思考且能爭取民權自由之健全人格。若要衝破愚民教育及其習俗之害，必須積極汲取見識和知識，促成個人思想解放，思想獨立，並且必須個人自覺尋求其權力合理基礎，才能完成個人自強之目的。因此，個人自強之問題，不但轉化爲如何破棄歷來束縛國人之「愚民政策」，及使人屈從的「國民之所習慣與所信仰」爲其關鍵，而且如何避免「破壞主義」之危險，並順利進行破壞和重建工作，成爲「自強」問題的最主要課題之一。

（三）以「服公理達時勢」控制「除舊布新」破立途徑

雖然，當前提倡「破壞主義」乃建立爭取個人民權自由之健全人格必要條件，亦是個人自強而國家自強之必經途徑，但是對「破壞主義」之提倡所隱含的危險性，梁啓超也充分注意到，所以他說：

> 豪傑者服公理者也，達時勢者也。苟不服公理，不達時勢，則必不能廁身於此數十人數百人之列。有之不足多，無之不爲少也。既服公理矣！達時勢矣！則公理與時勢即爲聯合諸羣之媒。雖有萬馬背馳之力，可以鐵鑢鏈之，使結不解也。是故善謀國者，必求得一目的，適合於公理與其時勢。〔註38〕

若是如此，能維繫豪傑之間和而大同，並爲他們所共守的公理者何？在《自由書‧地球第一守舊黨》中明確指出「民權自由者，天下之公理也，世界自然之進步，積其資格以及於今日」的「精神上之學問」。〔註39〕換言之，「民權自由」乃是當今豪傑該遵守之「公理」，得能個人自由權利之堅守且不逾越其界限，此乃服眾人與和羣協力關鍵所在。值得注意的是，這一「服公理、達時勢」不但與梁啓超「理想與現實」的分界架構密切相關，並且其指涉範圍基本上維持有「天演」、「自由民權」等不可否定之事理。這與梁啓超引介歐美哲學或政治思想時，所認爲「取前哲學說之密切於真理而適應於時勢者，一一介紹之，亦安得已。」，〔註40〕是有所不同的。梁啓超言公理和真理在其概念上，有明確的界限，其使用時間上亦有所區隔，真理是包含一種可變動之可能性，公理比真理具有更廣的意涵涵蓋範圍和恆常性。〔註41〕但是，隨

〔註38〕梁啓超，《自由書‧豪傑之公腦》，《專集之二》，頁34。
〔註39〕梁啓超，《自由書‧地球第一守舊黨》，《專集之二》，頁7。
〔註40〕梁啓超，〈政治學大家伯倫知理之學說〉，《文集之十三》，頁67。
〔註41〕有關清末民初中國思想界使用「公理」概念相關問題，可參看張懷承，〈近代公理對傳統哲學理範疇的繼承、改造與發展〉，《中國文化月刊》（第177號，1994年7月），頁46～74；王中江，〈合法性的知識和價值尺度——中國近代

著梁啓超對歐美思想的認識漸深入，乃多直接使用自由民權等明確概念較為普遍而少以公理泛稱。

雖然，梁啓超曾在 1896 年（光緒二十二，丙申）所做的〈論中國宜講求法律之學〉一文中，引用焦循（里堂，1763～1820）、凌廷堪（次仲，1755～1809）之詮釋，取其「以理釋禮」〔註 42〕之傳統思想論述，又引韓孔菴之語，以「公理」釋「禮」，如此便開啓出傳統之「理」——「禮」通往「公理」的理路。這一傳統思想轉變思路，亦猶如「人而不仁，如禮何？」（八佾）之慨嘆，若透過禮原以仁為本（斯仁又以忠恕為體）、以和為貴〔註 43〕（「和」又是情之發而皆中節之謂），由此追尋傳統儒家思想最為核心的觀念，即可發現以忠恕為體，透過每個人之情，以情絜情，或能確立人之情發而皆中節之合理權限基礎。如此以來，我們不能不說傳統忠恕與禮，將與歐美自由和法律等觀念互相參酌其契合精微之處，或可啓發較適切於中國者。但是如福澤諭吉所指出「禮者所以使人柔順屈從」，〔註 44〕傳統「禮」之教化，並不適合當前世界鼓勵每個人發揮最大潛能，爭民權取自由之大環境。梁啓超或許以當前如何「除舊布新」為前提，除中國「禮」學之束縛，布民權自由的理想為目標，積極宣傳鼓舞人民之覺醒為重，故對此問題，即是他所提出的「理」——「禮」通往「公理」——「民權自由」之觀念上的契合處〔註 45〕不再著墨，反而更為強調如何破棄傳統之種種弊端。由此看來，似是梁啓超旅居日本時期，為凸顯他所強調的「除舊布新」之主張，自是跳過傳統與歐美政治思想之間的契合之處。但是若我們以梁啓超理想與現實之分界構圖中，瞭解此一時期的論述重點，換言之，若我們只要多注意一個問題，當時何為急需者？即能瞭解梁啓超的用意所在。

的「公理」訴求及其泛化效應〉，《中國研究月刊》（第 3 卷第 5 期：總 29 期，1997 年 8 月），頁 2～10；金觀濤、劉青峰，〈天理、公理和真理——中國文化「合理性」論證以及「正當性」標準的思想史研究〉，《中國文化研究所學報》（新第 10 期總 41 期，2001 年），頁 423～462。

〔註 42〕請參看〈序〉，《禮記·引言》，《十三經注疏》（一八一五年阮元刻本）。有關清儒「以禮代理」思想趨向，請參看張壽安，《以禮代理——凌廷堪與清中葉儒學思想之轉變》尤其第二章第一節「辨禮、理之異」和第三章中的討論。

〔註 43〕《論語·學而》有云：「禮之用，和為貴；先王之道，斯為美，小大由之。有所不行，知和而和，不以禮節之，亦不可行也。」

〔註 44〕梁啓超，《自由書·精神教育者自由教育也》，《專集之二》，頁 36。

〔註 45〕請參看本文，第二章第二節中的小節「義即權限」，頁 69～70。

所謂自由以他人之自由爲其界，意即不侵他人之自由，亦不受他人之侵犯，故豪傑應當以不損害他人之民權自由爲界，約束其爭取民權自由之行使原則。由此可知，豪傑該服從者乃「民權自由」，此不但是人民爭取之目標，亦是人民遵守之共同約束。

所謂「達時勢」者，即是指識時勢，英雄豪傑順世界大勢之所趨，故能集結眾意成就大業。時勢與英雄之間的關係，梁啓超認爲：「雖然，時勢固造英雄，英雄亦造時勢，助將帥之成功者兵卒也。而訓練此兵卒使能爲我助者，又在將帥也。」〔註46〕在 1914 年梁啓超與黃濬亦有相關言談，當時梁啓超正辭去袁世凱（1859～1916）政府職務，對時局頗失望，慨嘆曰：「求去亦何所謂？世事興衰，大勢略定，何人爲之，皆不甚相遠。」，而黃濬引用雍正即位之事，認爲若不是喇嘛支持的雍正即位，而是能親信歐洲人的允禩、允禵輩得位，大概不會走上固步自封之路。梁啓超亦以爲「古之所謂政與人存，一言喪邦，皆鑿然不爽，安得何人爲之皆不甚相遠乎？任公亦極以爲是。」〔註47〕可見他對此時勢與英雄互爲起因之觀點，大致維持不變。所謂「公理」實是人人都能秉持之公眾公共之「理」，即自覺的人民爭取民權自由之時，所能共舉共守之大義。達時勢者亦然，君主專制轉爲民主乃勢之所趨，人不能不察其追求民權自由之不可抗拒之勢，豪傑必識時勢，順其道而行。〔註48〕故服公理、達時勢是互爲表裡，爲追求伸張民權、爭取自由之基本目標，帶進能自我約束的合法基礎。顯而易見，梁啓超除舊布新的意圖，以全新的自由民權之合法基礎代替固有「義禮」傳統。他認爲當前須要的不是孟子所謂保民或牧民之思想，亦不是屬於理想的世界主義。他說：「世界主義，屬於理想，

〔註46〕梁啓超，《自由書‧無名之英雄》，《專集之二》，頁 50。

〔註47〕黃濬，《花隨人聖盦摭憶‧憶與梁任公兩次晤談》（太原：山西古籍；山西教育，1999 年 9 月），頁 331～332。

〔註48〕有關「達時勢」，我們可以參考梁啓超致孫文（孫中山，1866～1925 年）的一封書信。當梁啓超在 1900 年寫給孫中山的書信中，談起合作相關事宜時，也是以公義（即公理）和時勢角度論及，他說：「夫倒滿州以興民政，公義也，而藉勤王以興民政，則今日之時勢最相宜者」（〈至孫中山書〉，光緒二十六年 3 月 29 日）換言之，振興民權乃理想，也是人人遵守的「公理」，而對時勢之認識和判斷，並由此衍生出來的救國方策來看（當時梁啓超極力促成革命派與勤王之目的合而爲一，進行「自立軍」武裝運動），「達時勢」是可以調整的，不是一成不變的教條式理念。有關「自立會」和「自立軍」運動中，梁啓超在革命和勤王派之間的折衷和調適，請參看湯志鈞，《章太炎傳》（臺北：臺灣商務印書館，1996 年），第三章「割辮與絕」，頁 87～110。

國家主義，屬於事實；世界主義，屬於將來，國家主義，屬於現在。今中國
岌岌不可終日，非我輩談將來道理想之時矣。」〔註49〕並且如「以保牧民者，
比之於暴民者，其手段與用心雖不同，然其為侵民自由權則一也。民也者，
貴獨立者也！重權利者也！非可以干預者也」，〔註50〕所須要的是以「破壞主
義」脫離過去君臣、禮樂所代表的形式和思想關係網絡，及其愚民教育和種
種禮俗的束縛，完成人民之獨立自由、伸張民權的基本目標，並在人民獨立
自由的基礎上，以「國家主義」實現在激烈的世界競爭中，捍衛國家獨立的
目標。

（四）以人類善根與精神上之欲控制惡根與物質上之欲

整理梁啓超以上的的論述，如果我們以時間和空間的構圖加以理解，或
可發現相當有趣的分析構圖。梁啓超在時間軸心架構中一貫地維持以「理想
與現實」來區分其目標間的緩急，並在空間軸心架構中以「自由民權」主張
喚醒國內人民自覺，又以天演架構中「國家主義」的角度論述其「國家競爭」
中的危機狀態，要求人民同心協力合臺合力，不致國內自亂而走上滅亡之途。
這不但在當時空間軸心平面圖上，對內外提出各有不同訴求，且在不同時域
和空間境遇中，以理想與現實的角度妥善處理其論述完整性。但這僅涉及人
所面對的外部環境，無法探視人心內部問題。雖透過時空構圖或可瞭解到其
改革運動的緩急和內外之間的區別，而對如何培育出堅持現實改革方案的豪
傑與其道德勇氣，並不能譜析出其概況。

梁啓超《自由書》是一系列刊登在《清議報》的文字，形式自由內容涵
蓋著梁啓超所接觸的豐富議題，故並不易理繹出他對此議題的整體考量，但
我們從他同時期的文章中，或可瞭解其中的基本構思。梁啓超在 1902 年（光
緒二十八，壬寅）在《新民叢報》第 9～10 號刊載的〈東籍月旦〉中，對「道
德之學雖高矣！美矣！而不切於急用」，提出反駁說：

> 不知學問所以能救世者，以其有精神也。苟無精神，則愈博學而心
> 術愈以腐敗，志氣愈以衰頹，品行愈以詖邪，將安取之？今者中國
> 舊有之道德，既不足以範圍天下之人心，將有決而去之之勢，苟無
> 新道德以輔佐之，則將並就此之善美者亦不能自存，而橫流之禍，
> 不忍言矣。故今日有志救世者，正不可不研究此學，斟酌中外，發

〔註49〕梁啓超，《自由書・答客難》，《專集之二》，頁 39。
〔註50〕梁啓超，《自由書・保全支那》，《專集之二》，頁 41。

明出一完全之倫理學以爲國民倡也。〔註51〕

在這篇介紹當時日本通行的倫理學和史學相關書籍的文章中，梁啓超不但糾正急切智識而忽略道德的觀點，且指出範圍甚狹隘的中國舊時倫理，不能不擴充的必要性。道德與智識本相輔相成，互爲其用，不能單求其一，道德可從知識增進中自我拓展，同理，智識亦能在道德之監督中發揮其最大功效。梁啓超在此強調的「不知學問所以能救世者，以其有精神也。苟無精神，則愈博學而心術愈以腐敗，志氣愈以衰頹，品行愈以詖邪」，亦如同「每見世之爲父母者，第之教子弟以文學，而於明理修身之本，置之不問。故子弟常有學問可觀，而心術仍不可問者，豈文學之誤人哉？」，〔註52〕相當程度反映出梁啓超思想的一貫脈絡，即道德在德智架構中的重視程度，不僅是他個人的觀點，也是當時改革論述脈絡中相當普遍的觀點之一。他在文中所強調的「精神」者，便猶如「精神上之欲」，〔註53〕是能引導個人德性修養之關懷和發展。

梁啓超認爲，凡世間種種苦惱、樂憂、驚喜等情感之起伏，皆繫從人心，所謂「天下本無事，庸人自擾之」，「知有物而不知有我，謂之我爲物役，亦名曰：『心中之奴隸』」，故要突破此界，能有大風大浪中亦能維持不動心之境，必明瞭一切物境皆虛幻，且能「除心中之奴隸」〔註54〕者，皆可爲豪傑。但這「不爲物役」且能「除心中之奴隸」者或可成爲豪傑之某種構成條件，並非充分或必要條件。若我們僅靠「唯心」、「除心中之奴隸」的修養基礎，不受客觀現實環境中的「公理」，即民權自由之約束，則很難維持彼我之間的客觀規範。梁啓超所說：「學莫要於善觀，善觀者觀滴水而知大海，觀一指而知全身，不以其所已知蔽其所未知，而當以其所已知推其所未知，是之謂慧觀。」，〔註55〕不但自我內心修養方面「不爲物役」，對知更是「不以其所已知弊其所未知」。梁啓超認爲以上修養基礎上，堅持「過則勿憚改」的態度，乃「立身進德不二法門」。〔註56〕對此進德問題梁啓超有更進一步的說明，而我們由此也大約可掌握梁啓超前往《新民說》的思路進展，他說：

　　雖有善根，而常爲惡根所勝，不克伸長，不克成熟。於是乎！欲進

〔註51〕梁啓超，〈東籍月旦〉，《文集之四》，頁86。
〔註52〕傅蘭雅，《佐治芻言》，頁52。
〔註53〕梁啓超，《自由書・無欲與多欲》，《專集之二》，頁74。
〔註54〕梁啓超，《自由書・惟心》，《專集之二》，頁46。
〔註55〕梁啓超，《自由書・慧觀》，《專集之二》，頁47～48。
〔註56〕梁啓超，《自由書・說悔》，《專集之二》，頁75。

> 德者不可不以戰勝舊習爲第一段功夫。大學曰:「作新民」,能去其
> 舊染之污者謂之自新,能去社會舊染之污者謂之新民。若是者非悔
> 末由,悔也者,進步之原動力也。〔註57〕

在此梁啓超引佛教之說,認爲善惡存於無名之種子中,故人爲行惡起因於其
種子之惡根受社會惡習所影響。人之行善必先阻斷其惡習之影響爲第一段功
夫,欲使社會或國家從善,亦是阻斷其社會國家惡習爲第一任務。當時社會
國家在世界競爭中求存,爲外競激烈的環境中,國內合羣之最大阻礙,來自
於維繫專制社會且霸勒人民思想的種種惡習,此專權透過愚民政治控制人民
的思想、教育及生活。故除舊布新之大義,解放人民主動追求民權自由之權
利,脫離專權之種種束縛獲得其正當性。由此可知,伸張民權自由而確立「公
理」之基礎,由此建立使豪傑和人民共同追求且遵守之公約,即是梁啓超《自
由書》一系列文章主要關注點之一。雖然,先除舊而後布新,成爲梁啓超當
時追求的基本目標,但此除舊並不是盲目的丟棄,而是選擇性破壞,是爲了
自新作新民之基礎。

　　但梁啓超在此只注意如何斷絕惡之根原,並沒有討論如何增進人之善根
且如何發揮其應有價值,對此我們可參考當時梁啓超閱讀德富蘇峰〔註58〕
(1863~1957)在《國民新聞》1901年(光緒二十七,辛丑)12月1日發表
的〈無欲と多欲〉後的論述,他說:

> 飲冰子曰:「孟子曰:『養心莫善於寡欲』,荀子曰:『凡人所欲多,
> 其可用必多』,斯二者各明一義,有並行而不相悖者焉。」物質上之
> 欲,惟患其多,精神上之欲,惟患其少,而欲求減物質上之欲,則
> 非增精神上之欲,不能爲功,其消息之間,殆有一定之比例。〔註59〕

梁啓超以精神與物質分「欲」之兩種性質,此兩者並非同一層次彼消我長之
零和關係,但過分追求自我利益和對物質欲望亦不是合羣治化之常軌,〔註60〕
因此,如何適當地疏導此物質欲變成相當重要的課題,故他論及精神上之欲
對物質上之欲有所影響之可能性,精神上之欲若能引導個人德性修養,合理

〔註57〕梁啓超,《自由書・說悔》,《專集之二》,頁75。
〔註58〕梁啓超與德富蘇峰之間的關係,請參看周佳榮,〈梁啓超與日本明治思潮〉,《新
　　　民與復興:近代中國思想論》(香港:香港教育,1999年),頁68~73。
〔註59〕梁啓超,《自由書・無欲與多欲》,《專集之二》,頁74。
〔註60〕請參看本文,第二章第二節「一、理想與現實——以君主立憲開啓民主」中
　　　的討論,尤其頁77~78。

節制個人物質欲，可至以情絜情、以欲絜欲，使得人皆不願侵犯他人之欲，亦不願受他人之欲的侵犯。這或許對我們探討梁啓超道德主義思想之主要內涵，提供相當有意義的討論空間。

二、獨立而就羣——從自治之德進至合羣之德

生命求存故自我利己，利己之心亦是人之常情，本無涉是非。但人類生命之存續有賴羣體社會之保護，且社會之存續如同人之器官，若互不協調致內競過盛則不能求存，社會國家亦同然，故人類社會存續之關鍵在於如何協調內競抗衡其外競。故梁啓超認爲「天下道德法律未有不自利己而立者也」，〔註61〕若誠如此，如何「大發明欲利己不可不先利他之義」，〔註62〕又如何導引出「善能利己者，必先利其羣，而後己之利亦從而進」〔註63〕之理，便成爲存續社會之重大課題。梁啓超透過英德諸國哲學之輔助，終能理解「墨翟之學足以救中國，即發明楊朱之學亦足以救中國」。〔註64〕若對自我的民權自

〔註61〕梁啓超，〈十種德性相反相成義・利己與愛他〉，《文集之五》，頁48。
〔註62〕梁啓超，《自由書・加藤博士天則百話》，《專集之二》，頁98。
〔註63〕梁啓超，〈十種德性相反相成義・利己與愛他〉，《文集之五》，頁49。
〔註64〕梁啓超，〈十種德性相反相成義・利己與愛他〉，《文集之五》，頁49。
　　　對於墨翟之學如何救中國之題，我們可參考他在〈霍布士學案〉文末，將墨子之學說與霍布士之「民約論」相比的論點。另外，他也說到，「然則墨子之意，固知君主之不可以無限制，而特未得其所以限制之之良法，故託天以治之，雖其術涉於空漠，若至君權有限之公理，則既得之矣。」《文集之六》，頁94。）可見梁啓超在此推崇墨子學說，是與限制君權推廣民約論有關。
　　　梁啓超對老子、楊朱學說的態度，在不同的文章中出現相當有趣的對比。他在1902年（光緒二十八，壬寅）陸續連載於《新民叢報》的《論中國學術思想變遷之大勢》，將老子學說分爲哲理、厭世、權謀、縱樂、神秘五派，而其中對權謀一派的評論是，「老學最毒天下者，權謀之言也。將以愚民非以明民，將欲取之必先與之。」（《文集之七》，頁20。）在1900年（光緒二十六，庚子）2月20日在《清議報》刊載的〈呵旁觀者文〉中，梁啓超批駁只觀望、批評而不參與任何實際行動，甚至阻撓改革的旁觀者，將其分爲六派，其中「爲我派」維護自我權利明知改革之不可免，而爲其子孫之安榮不肯改革，他說：「此派者，以老聃爲先聖，以楊朱爲先師，一國中無論爲官爲紳爲士爲商，其據要津握重權者，皆此輩也。」（〈呵旁觀者文〉，《文集之五》，頁71。）可見梁啓超對老子、楊朱的批評，針對只爲我而不願天下的行爲。與此對比本文討論的1901年（光緒二十七，辛丑）〈十種德性相反相成義〉中的論述，即可發現他對老子楊朱學說的觀點，尤其「爲我」觀點發生擴充和進一步闡述。如他所說：「以陽明學知行合一之說論之，彼知而不行者，終是未知而已。」（〈呵旁觀者文〉，《文集之五》，頁74。），當知識無法付諸於行動則與無知毫

由權利之事，寸步不讓，反使得國家內部之民權自由基礎，得達成合羣之共同約束和權限劃分，這就是楊朱所論之「人人不拔一毫，人人不利天下，天下治」。〔註65〕人若要捍衛「不拔一毫」之獨立精神，則不依賴古人、外國、官吏和君主及其權威，古今中外治身治國之道，亦不可盲目依賴，獨立判斷自行負責，此乃是獨立人格。故梁啓超說：「吾以爲不患中國不爲獨立之國，特患中國今無獨立之民，故今日欲言獨立，當先言個人之獨立，乃能言全體之獨立，先言道德上之獨立，乃能言形勢上之獨立。」，〔註66〕正說明以「不拔一毫」的精神，捍衛自我權利基礎的個人，才能立足於競爭激烈變化莫測的各種境遇中悍然獨立。此種獨立精神使個人爲自我而自強，成爲健全之獨立人格，不但可以捍衛個人的權益基礎，更使社會國家自強不息。但梁啓超緊接著論及「合羣之德者，以一身對於一羣，常肯拙身而就羣，以小羣對於大羣，常肯拙小羣而就大羣，夫然後能合內部固有之羣，以敵外部來侵之羣」，〔註67〕由此可知，捍衛個人獨立基礎，仍存有某種界限。猶如嚴復所說：「民尚有國法焉，爲支持其平而與之直也。至於國，則持其平而與之直者誰乎？」，〔註68〕國內或能於民權基礎上建立法律秩序，使全國人民知其界限亦受其限制，而國與國間尚無此種秩序，故一國之內人民若享受獨立之生活，必先認清此國際間的競爭環境中求存，不得不合羣協力共抵外侮。因此，如何以「不拔一毫」的精神，使捍衛自我權利基礎的個人，爲羣體爭取國際間的獨立地位，成爲梁啓超所要解決的主要課題。梁啓超提出的觀點，顯然是在個人道德、形勢（即是形質，現實生活物質環境中）的獨立基礎上，發揮高尚的「合

無差別，因此，知識先於行動，甚至對道德認知猶如「增長識見，分別是非」（傅蘭雅，《佐治芻言》，頁34），隨著「廣其識見」（梁啓超，〈湖南時務學堂學約〉，《文集之二》，頁24。）其道德或價值判斷都會有不斷的改變。梁啓超在此透過英德哲學之補助，老子、楊朱學說帶進新詮釋，又輔以儒家忠恕、絜矩之道，給「爲我者」新的道德意義。但是，他在1902年（光緒二十八，壬寅）《論中國學術思想變遷之大勢》中仍對老子「愚民」政策，堅持其反對意見，可見他始終堅持對知識、識見的增長和推廣，由此導引人民的行動，人民的自我覺醒，而其整個改革脈絡，必以道德修養爲後盾，才能順利進行。知識的增進不但能帶動整個社會改革運動，更是在個人道德修養上不可缺的首要條件。

〔註65〕梁啓超，〈十種德性相反相成義‧利己與愛他〉，《文集之五》，頁49。
〔註66〕梁啓超，〈十種德性相反相成義‧獨立與合羣〉，《文集之五》，頁44。
〔註67〕梁啓超，〈十種德性相反相成義‧獨立與合羣〉，《文集之五》，頁44。
〔註68〕嚴復，《天演論》導言14〈恕敗〉，《嚴復集5》，頁1348。

羣之德」，但先決條件在於個人獨立基礎的健全，若個人不知捍衛自我權利，根本談不上「拙身而就羣」。因此，個人之獨立與合羣之德，雖互爲相輔，但必先由個人之獨立始，以進合羣之德，此順序乃自然趨勢，不可顛倒。梁啓超不是要求個人無條件的「拙身而就羣」，而是認爲若個人道德和形勢上能獨立，則其道德精神之力量，自然引導出其愛己而愛他、獨立而合羣之德性。他認爲：

> 凡百之道德，皆有一種妙相，即自形質上觀之，劃然立於反對之兩
> 端，自精神上觀之，純然出於同體之一貫者。〔註69〕

梁啓超在〈十種德性相反相成義〉一文中，屢次表達似是相反，實是對待之道德關係。他在結論中談到：

> 知有合羣之獨立，則獨立而不軋轢；知有制裁之自由，則自由而不
> 亂暴；知有虛心之自信，則自信而不驕盈；知有愛他之利己，則利
> 己而不偏私；知有成立之破壞，則破壞而不危險。〔註70〕

如此簡要的結語，充分顯示梁啓超整體論述內涵中理想人格所具備之基本特質。當個人面對自我的深刻體悟和認知，及羣體之間的種種關係網絡後，因爲他能廣其識見且虛心接受，不但洞悉到傳統經典所隱而不顯的道理，而且能從中明白到人必須瞭解利己而成羣，卻不偏私；破壞而成立，卻不陷險之道理，並能順利完成獨立、健全的人格。正如梁啓超所指出，「豪傑之士，其取於人者，常以三人行必有我師爲心」，〔註71〕虛心接受當時適合國情之種種學說，不頑固謹守「中國一二經典古義」，〔註72〕才能衝破傳統思想之束縛，並且，須立於自由獨立的民權基礎上，接受人民所自願形成的共約法律之制裁，他說：

> 苟欲享有完全之自由權，不可不先組織鞏固之自治制，而文明程度
> 愈高者，其法律常愈繁密，而其服從法律之義務亦常愈嚴整。幾於
> 見有制裁，不見有自由，而不知其一羣之中，無一能侵他人之自由
> 之人，即無一被人侵我自由之人，是乃所謂眞自由也。〔註73〕

同時，他也再次強調說：

> 自治之德不備，而徒漫言自由，是將欲急之，反以緩之，將欲利之，

〔註69〕梁啓超，〈十種德性相反相成義〉，《文集之五》，頁43。
〔註70〕梁啓超，〈十種德性相反相成義・結論〉，《文集之五》，頁51。
〔註71〕梁啓超，〈十種德性相反相成義・自信與虛心〉，《文集之五》，頁48。
〔註72〕梁啓超，〈十種德性相反相成義・自信與虛心〉，《文集之五》，頁47。
〔註73〕梁啓超，〈十種德性相反相成義・自由與制裁〉，《文集之五》，頁46。

反以害之也。〔註74〕

此「自治之德」與「合羣之德」，是指以「不拔一毫」的精神，捍衛自我權利基礎的個人，知在國際激烈競爭中，身爲一國人民如何區分其民權自由界限，願「拙身而就羣」，由此獲得理想中獨立自由生活的個人所備具之德性。梁啓超多次強調這種理想人格，或稱爲英雄、豪傑，因爲強力捍衛個人權利基礎的獨立人格，才能自願追求高尚的道德價值，合理追求自我權益，亦能接受合法性法律制裁。以民權（是指權限之確立〔註75〕）自由替代「義禮」傳統作思想文化政制全面改革時，能約束破壞主義等激進思潮，不會使國家走上亡國之途。由此可知，當時梁啓超所傳播的訊息並不是要限制個人追求民權，也不是要人民盲目地服從，他所關注的主題是如何影響國人在全新的國際環境中自醒，誠實面對全新的理想人格，往此一方向邁進。換言之，他所期盼的是自發性的人格創造，這一理想人格是健全的獨立人格，不但在思想上獨立，而且能爲自我權益大膽發聲，更是在高尚的道德基礎上協和羣體合理讓步的人，這一具備「自治之德」與「合羣之德」的個人，會充分發揮民權自由，自治而合羣，合理捍衛自我權益，更合理自我約束其權利。

這樣一身兼具自由、權利和道德意涵的理想人格，是梁啓超所追求的理想人格，即「百變不離其宗」、「行吾心之所志，必求至而後已」〔註76〕的人。梁啓超以上的種種理念是漸次成熟完善的，並在其旅居日本的思想激發期間完成，在最著名且影響深遠的《新民說》中，表現得淋漓盡致。在脫離傳統走上創發新傳統的時代，成爲名副其實能「跳出舊風氣而後能造新風氣者」，〔註77〕梁啓超爲此自勵「誓起民權移舊俗，更挐哲理牖新知」，〔註78〕爲國家提出新的理想人格和社會秩序。

三、世競中求存──道德獨立人格與合羣理想

經由以上討論，我們可進一步瞭解梁啓超思想時空軸心架構。我們在此

〔註74〕梁啓超，〈十種德性相反相成義・自信與虛心〉，《文集之五》，頁46～47。
〔註75〕請參看本文第二章第二節「義即權限」一小節中的討論，頁91～93。
〔註76〕梁啓超，《自由書・善變之豪傑》，《專集之二》，頁28。
〔註77〕梁啓超，〈國民十大元氣論・獨立論〉，《文集之三》，頁63。
〔註78〕梁啓超，〈自勵二首〉，《文集之四五》下，頁16。此首詩出版於1901年（光緒二十七，辛丑）6月16日《清議報》第82冊，與〈十種德性相反相成義〉則出版於第82，84兩冊，由此可看出當時梁啓超所期許的自我歷史角色。

進一步擴大討論的範圍，深入瞭解梁啓超道德意涵深厚的理想人格及其所面
對的世界現實環境，在他的理論層面有何位置。

　　梁啓超透過「理想與現實」時間軸心來區分其目標間的緩急，並在空間
軸心架構中以「自由民權」喚醒國內人民自覺，以天演架構中「國家主義」
的角度論述其「國家競爭」中的危機狀態，並要求人民合羣合力，不致國內
自亂而走上滅亡之途。他的論述重點，是在個人獨立人格價值的基礎上，期
許個人有道德修養和時勢認識的自約，達成整體民權力量的發揮。這一自然
的開展過程，其整個動力，首先來自個人的覺醒，故其思路一貫地堅持個人
自由的首要地位。因此，梁啓超在 1901 年（光緒二十七，辛丑）10 月《清議
報》第 94、95 冊中發表的〈國家思想變遷異同論〉中，討論「新帝國主義」
即「民族帝國主義」時，承認這是西歐民族國家政制自然演化之極致形態，
並且人權民約之說漸式微，他說：

> 新帝國主義既行，不惟對外之方略一變而已，即對內之思想，亦隨
> 之而大變。蓋民族主義者，謂國家恃人民而存立者也。故甯犧牲凡
> 百之利益以爲人民。帝國主義者，言人民恃國家而存立者也。故甯
> 犧牲凡百之利益以爲國家，強幹而弱枝，重團體而輕個人。於是前
> 者以政府爲調人爲贅疣者，一反響間，而政府萬能之語，遂徧於大
> 地。甚至如俄羅斯之專制政體，反得以機敏活潑，爲萬國之所歆羨，
> 而人權民約之舊論，幾於蕭條門巷無人問矣。〔註79〕

但是，對此新局勢，梁啓超堅持若「以政府萬能之說，移植於中國，則吾國
將永無成國之日」。〔註80〕中國當前的政治環境尚未進至民治，不能隨意錯置
其政制，而反害其正常發展。個人自由權之確立，仍相當艱困之時，根本無
法亦不可推行「政府萬能」之集權政制，當今中國最適合且積極引進的政制
形態，應是「民族主義」，他說：

> 民族主義者，世界最光明正大公平主義也！不使他族侵我之自由，
> 我亦無侵他族之自由。其在於本國也，人之獨立；其在於世界也，
> 國之獨立。始能率由此主義，各名其界限以及於未來永劫，豈非天
> 地間一大快事。雖然，正理與時勢，亦常有不並容者，自有天演以
> 來，即有競爭，有競爭則有優劣則有勝敗，於是強權之義，雖非公

〔註79〕梁啓超，〈國家思想變遷異同論〉，《文集之六》，頁 21。
〔註80〕梁啓超，〈國家思想變遷異同論〉，《文集之六》，頁 22。

理而不得不成爲公理。民族主義發達之既極，其所以求增進本族之
幸福者，無有厭足，內力既充，而不得不思伸之於外。故曰：「兩平
等者相遇，無所謂權力，道理及權力也！兩不平等者相遇，無所謂
道理，權力即道理也！」〔註81〕

猶如福澤諭吉所指出日本當初廢藩之前，各藩爲自我羣體之利益，在國中互
相爭奪的經驗，連國內羣體之間，都爲其內部利益而衝突，何況國與國之間
爲其本國之利益？〔註82〕世界各國競爭之時，早已超出該有的分際，根本談
不上「公理」或「公平」。且西歐諸國早已走上民族主義國家之極致，「新帝
國主義」，但是他認爲「知他人以帝國主義來侵之可畏，而速養成我所固有之
民族主義以抵制之，斯今日我國民所當汲汲者也」〔註83〕梁啓超認爲世界天
演有一定之軌跡可循，故不能顛倒其步驟，況且在中國人民的民權自由仍無
法實現，如何談起「新帝國主義」？倒是應該盡最大力量推動民族主義，以
求生存。梁啓超以民族主義力抵「新帝國主義」，企求國家之獨立，正與福澤
諭吉主張以「新帝國主義」形態，奪取琉球、臺灣、朝鮮，以力求自國獨立
之目的犧牲他國，〔註84〕成爲鮮明的對比。

　　由此我們大致瞭解當時梁啓超的國際政治觀，面對國際間種種侵略的危
機，梁啓超亟欲爭取解決之兩大課題爲：第一，人民在民權自由基礎上，完
成道德獨立人格；第二、合羣之力達成民族主義，共抵外國之侵略。看似矛
盾的兩個目標能否順利完成，視乎「英雄豪傑」能否以道德精神力量，同時
兼顧兩者，在個人民權自由基礎上完成國家主義、民族主義建設。此國家決
不是「政府萬能」〔註85〕之集權而反害個人民權，雖政權統一，而中央與地
方羣體自治各有權限不相侵越，〔註86〕國人至君主皆受於公正的法治管治。
梁啓超在〈國家思想變遷異同論〉中，對此歐洲新思想之推崇，充分反映出
梁啓超所堅持的，並不是抑制個人自由而成就團體自由的集權思想，而是透
過劃清其中的權限，同時追求解決民族危機、確立個人自由的思想途徑。

〔註81〕梁啓超，〈國家思想變遷異同論〉，《文集之六》，頁20。
〔註82〕福澤諭吉，《文明論概略・論我國之獨立》，頁187。
〔註83〕梁啓超，〈國家思想變遷異同論〉，《文集之六》，頁22。
〔註84〕請參看吳密察，〈福澤諭吉的臺灣論〉，《臺灣近代史研究》（臺北縣板橋市：
　　　　稻鄉出版社，1991年），頁69～107。
〔註85〕梁啓超，〈國家思想變遷異同論〉，《文集之六》，頁21。
〔註86〕梁啓超，〈國家思想變遷異同論〉，《文集之六》，頁17～18。

如此看來，推動整個運動的英雄豪傑所共構的道德力量，是完成理想中國家形態的必備條件之一。梁啟超在 1901 年（光緒二十七，辛丑）12 月 21 日《清議報》第 100 冊〈南海康先生傳〉中，認爲戊戌維新之可貴在精神，其實質形式雖不甚理想，而「精神既立，則形式隨之而進」。〔註87〕如同梁啟超詮釋康有爲時，談到康有爲首次到香港和上海「見西人殖民政治之完整，屬地如此，本國之更進可知，因思其所以致此者，必有道德學問以爲之本原」，〔註88〕他們將一國文明的進步與否推本於其國之道德和學問，道德學問不僅是文明之精神，更是能帶動國家文明進步之原動力。由此可知，梁啟超所重視的個人道德力量之建構，實伴隨個人「廣其識見」〔註89〕及學問之深入而更新。因此，他推動新道德人格，不能不經由世界各國「達時勢」〔註90〕學問之瞭解和研究。梁啟超所引介的主要思想家的論述，可供我們更清楚掌握當時梁啟超所追求的主要關注點，及構成其道德理想人格的基本內涵。

四、精神力量革新——思想自由與道德覺醒

梁啟超在 1901 年（光緒二十七，辛丑）6、7 月《清議報》第 82、84 冊發表〈十種德性相反相成義〉、同年 10 月《清議報》第 94、95 冊又發表〈國家思想變遷異同論〉之後，緊接著在《清議報》第 96、97 冊介紹霍布士（霍布斯；Thomas Hobbes，1588～1679），第 98 冊斯片挪莎（斯賓諾莎；Baruch Spinoza（即 Benedictus De Spinoza），1632～1677），第 99～100 冊盧梭三位思想家。〔註91〕

〔註87〕　梁啟超，〈南海康先生傳〉，《文集之六》，頁 64。
〔註88〕　梁啟超，〈南海康先生傳〉，《文集之六》，頁 61。
〔註89〕　梁啟超，〈湖南時務學堂學約〉，《文集之二》，頁 24。
〔註90〕　梁啟超，《自由書·豪傑之公腦》，《專集之二》，頁 34。
〔註91〕　梁啟超這些學案以及介紹西學學理之文章，多半中江兆民（1847～1901 年）的《理學沿革史》爲藍本，相關討論請參看鄭匡民，《梁啟超啟蒙思想的東學背景》，頁 151～152。《理學沿革史》譯自 Alfred Fouille（1838～1912 年）的 Histoire de la philosophie，中江兆民將此 Philosopie 之翻譯譯名，不以當時已經通行的哲學，而特選理學之名，可見其思想淵源。縱看他對陽明學之深愛，及其對朱子學甚至禪學亦有相當用心涉獵，不受任一學派約束而自由發揮，且自認是「寒儒」的角度來看，他的漢學背景及其思想成長過程，頗與梁啟超有所相似之處。相關中江兆民思想的研究亦可參看劉岳兵，《日本近代儒學研究》（北京：商務印書館，2003 年）第一章，「中江兆民論：日本近代自由主義與儒學之間」，頁 11～93；黃克武教授在〈梁啟超與康德〉一文中，將《理

（一）霍布士學案

在這三篇以「學案」爲名，互有相當密切關聯的文章中，梁啓超相當清楚地表達他的思路，首先對霍布士的學說，在篇首簡單介紹其梗概時提到：

> 霍氏因論人生之職分，以爲當因勢利導，各求其利益之最大者，以就樂而避苦。此天理自然之法律，亦道德之極致也。霍氏本此旨以論政術，爲人類所以設國家立法律者，皆由契約而起，而所謂契約，一以利益爲主，而所以保護此契約，使無敢或背者，則在以強大之威權監行之，此其大概也。〔註92〕

梁啓超認爲霍布士因先認定「各人皆求充己之願欲」，故不得不互相爭奪，但人「日日相鬭，其事有足令人寒心」，原本互相爭其自身之利益，卻反害其益，所以自生互爲輯睦不爭之意，故「人人求利己，固屬天性，人人求輯睦不爭，亦天理之自然也！」。〔註93〕若是如此，個人從相爭至輯睦都是自然演化之過程，但此天演過程「非謂道德之所必當然，不過爲求利益之一方便法門而已矣」，〔註94〕故梁啓超再次強調說：「正不正、義不義者，在霍布士之意，不過利不利而已，不過自爲謀之臧否而已，而非有所謂道德者存。」〔註95〕梁啓超認爲霍布士有此見解，是「蓋彼（霍布士）本以人類爲一種無生氣之偶像，常爲情欲所驅，而不能自制，世之所謂道德者，皆空幻而非實相」之故。對此，梁啓超則發揮己見，批評霍布士學說之盲點，他說：

> 霍氏所謂人各相競，專謀利己，而不顧他人之害，此即後來達爾文所謂生存競爭優勝劣敗，是動物之公共性，而人類亦所不免也。苟使人類而僅有此性，而決無所謂道德之念、自由之性，則霍氏之政論，誠可謂完美無憾。惜夫霍氏知其一，不知其二也。然其敍人類中所有實體之理，其功固自不淺。〔註96〕

梁啓超認爲人類因存有「道德之念、自由之性」，故霍布士之見解在實體上而論，可謂極卓，但並不能掌握人性之善根與其本原。梁啓超進一步舉例說明

學沿革史》與梁啓超相關康德論述，詳細比較討論。請參看〈梁啓超與康德〉，《中央研究院近代史研究所集刊》（第30期，1998年12月），頁116～131。
〔註92〕梁啓超，〈霍布士學案〉，《文集之六》，頁89～90。
〔註93〕梁啓超，〈霍布士學案〉，《文集之六》，頁90。
〔註94〕梁啓超，〈霍布士學案〉，《文集之六》，頁90～91。
〔註95〕梁啓超，〈霍布士學案〉，《文集之六》，頁91。
〔註96〕梁啓超，〈霍布士學案〉，《文集之六》，頁92。

曰：「其識想愈高尚，其理論愈精密，以謂人人各以自主之權而行其自由德義，實爲立國之本」，而且「人人各知自謀其利益，因已知謀全體之利益，則必以自由制度爲長」，故能取霍布士「民約之義功利之說，而屛棄其專制政體之論」〔註97〕。最後，梁啓超將霍布士與荀子學說相比較時，認爲：

> 霍布士之學，頗與荀子相類，其所言哲學，即荀子性惡之旨也。其
> 所言政術，即荀子尊君之義也。荀子〈禮論〉篇曰：「人生而有欲，
> 欲而不得，則不能無求，求而無度量分界，則不能不爭。爭則亂，
> 亂則窮，先王惡其亂也，故制禮義以分之，以養人之欲，給人之求。」
> 此其論由爭鬭之人羣，進爲和平之邦國，其形態級序，與霍氏之說，
> 如出一轍。惟霍氏之意，謂所以成國者，由人民之相約，而荀子謂
> 所以成國者，由君主之竭力，此其相異之點也。……

換言之，霍氏之政治學說雖基於民意，卻主張君權專制，就理論的完備性而言，實不如荀子學說之完整一貫，但是，猶如梁啓超對荀子「尊君」學說的一貫保留態度，我們在文章中不難發現他所支持的觀點，他說：

> 霍布士之言政術，與墨子尤爲相類……其言民相約而立君也同，其
> 言立君之後，民各去其各人之意欲，以從一人之意欲也同。……然
> 則墨子之意，固知君主之不可以無限制，而特未得其所以限制之之
> 良法，故託天以治之，雖其術涉於空漠，若至君權有限之公理，則
> 既得之矣。而霍氏乃主張民賊之僻論，謂君主盡吸收各人之權利，
> 而無所制裁，是恐虎之不噬人而傳之翼也，惜哉！〔註98〕

由此可知，梁啓超認爲霍布士和荀子學說之盲點在於「尊君」，而另一方面他也透過對墨子學說的部分肯定，如藉言託天限制君權，梁啓超認爲此一觀點以得到「君權有限」之公理，從而我們可瞭解到梁氏意旨所在。

梁啓超所認同的是「由爭鬭之人羣，進爲和平之邦國」〔註99〕的自然演化過程，在此過程中的「民約論」，〔註100〕是以民約限制君權，是天演之理。

〔註97〕 梁啓超，〈霍布士學案〉，《文集之六》，頁 92，93，93。
〔註98〕 梁啓超，〈霍布士學案〉，《文集之六》，頁 94～95。
〔註99〕 梁啓超，〈霍布士學案〉，《文集之六》，頁 94。
〔註100〕 在中國思想界「民約論」思想的推動，大約在 1898 年上海同文藝書局將中江兆民《民約論》第一卷翻印爲《民約通義》開始，而此一過程中梁啓超對「民約」思想的推廣，的確發揮相當顯著的影響。請參看熊月之，《中國近代民主思想史》（上海：上海人民，1986 年），頁 307～318。沈松橋，〈國權與民權：晚清的「國民」論述，1895～1911〉，《中研院史語所集刊》（第 73 本第 4 分，

但這仍屬於實體面，並不能涉及精神或本體層次，故能否承認人的「道德之念、自由之性」，就梁啓超思想架構而言，便成為一個格外重要的關鍵因素。梁啓超雖承認在現實環境中人人追求自我權益之本性，但他認為道德不但能引導出，人為我而為他的天演過程，而且人因存其「道德之念、自由之性」，故能提供追求人性之高尚道德精神、善根或其本原的動機，這也就構成梁啓超思想的基本核心。

（二）斯片挪莎學案

梁啓超於〈霍布士學案〉中闡述其論點之後，緊接於〈斯片挪莎學案〉中，再取斯片挪莎學說修正霍布士學說的盲點。他認為斯氏學說的宗旨為「凡事物皆有不得不然之理，而天地萬物皆循此定軌而行，一毫不能自變。故其解自由二字，亦謂為不可避之理而已，而非有所謂人人之自由意欲者存」，〔註101〕詳細列出其與霍布士之不同觀點。梁啓超認為斯片挪莎也基本上同意，人之相競之初，只知力不知義，「但人也者有良智者也！浸假而知人人孤立謀生，不如和協立國，其勢力更大，利益更廣，是即民約所由起也」，〔註102〕此乃為斯片挪莎所認知的自然之理。對於霍布士和斯片挪莎兩者間之不同，梁啓超提出：

> 霍布士以為約成之後，眾各棄其權以奉諸君。斯片挪莎則不然，以為凡契約云者，非有所利於己，則無自成，若利益既去，契約之力斯失，人人得而破之，若欲以有害無益之契約，束縛人而久持之，是終不可得之數也。〔註103〕

換言之，斯片挪莎認為若人類相契約而成立國家之形態，人民亦能擁有自我行使破棄此契約之權，這一點即凸顯兩者最大的不同。其次，無論國家政府之權有多強，霍布士也承認「凡百行為，可受束縛，可受壓抑，為此思欲自由之權，則無可束縛壓抑之」，〔註104〕故通往自由民權之大道的思想自由和思想解放，成為梁啓超論述另一重點。思想自由的人民、愛護自我權益基礎的人民，若看到政府無法保護人民之自由權，反而侵犯此基本權，人民當然有權推翻而另立新政府。這一觀點當然與霍布士相左，因此，梁啓超認為：

2002 年 12 月），頁 709。

〔註101〕梁啓超，〈斯片挪莎學案〉，《文集之六》，頁95。

〔註102〕梁啓超，〈斯片挪莎學案〉，《文集之六》，頁96。

〔註103〕梁啓超，〈斯片挪莎學案〉，《文集之六》，頁96。

〔註104〕梁啓超，〈斯片挪莎學案〉，《文集之六》，頁96。

霍布士以爲政治之最可貴者，在能輯和眾民而使不爭也！斯片挪莎
則曰：「保平和之外，更有護自由之一事。同爲政治之大目的，若束
縛眾民，鞭撻黎庶以保平和則平和爲天下最可厭惡之物矣。」以余
觀之，所謂眞平和者，非徒無爭鬪之謂，乃眾心相和協而無冤抑之
謂也。〔註105〕

亦如梁啓超所引用的荀子之語，「人生而有欲，欲而不得，則不能無求，求而
無度量分界，則不能不爭，爭則亂，亂則窮，先王惡其亂也！故制禮義以分
之，以養人之欲，給人之求」〔註106〕又如福澤諭吉所言「支那舊教，莫重於
禮樂，禮者所以使人柔順屈從也。樂者所以調和民間勃鬱不平之氣，使之恭
順於民賊之下也」〔註107〕所謂「使不爭」不但是霍布士之觀點，亦是能維繫
中國傳統社會的重要理論基礎。梁啓超透過斯片挪莎之語，道出過去傳統之
盲點，且藉由斯片挪莎之語，闡明「邦國所恃以強立者，由眾民皆有自由權，
故政府必以保護此權爲本旨」，又以「若一國之權，專屬於一人之所欲，則其
政府必不能鞏立，然則政體之最良者，惟有民主政治而已」〔註108〕之論點，
進一步指出專制政治之危險。

（三）盧梭學案

梁啓超在〈盧梭學案〉中，對自由權和道德作出更翔實的闡述，他說：「自
由權又道德之本也。人若無此權，則善惡皆非己出，是人而非人也！如霍氏
等之說，殆反於道德之原矣。」，〔註109〕人之向善及其道德行爲，因個人之自
由權而得其正當性，民約之所以成立且能維持基本動力之原因亦在此。梁啓
超不但爲盧梭之學說極力辯護，說：「夫盧梭之倡民約也，其初以人人意識之
自由爲主，及其論民約之條項，反注重邦國而不復顧各人，殆非盧氏之眞
義。」，〔註110〕且認爲盧梭之義，是損棄個人一部分之權利，由此得到更大的
利益爲主要訴求。因爲，人往往爲自我眼前小利，罔顧其長遠的正義和公益，
且多數人之所欲，並不一定符合全體人民之安全和長遠的利益。梁啓超這一

〔註105〕梁啓超，〈斯片挪莎學案〉，《文集之六》，頁96。
〔註106〕梁啓超，〈霍布士學案〉，《文集之六》，頁94。
〔註107〕梁啓超，《自由書·精神教育者自由教育也》，《專集之二》，頁36。此文又見
　　　　於《文集之五》，頁12～42。與此引文相關者可參看頁29。
〔註108〕梁啓超，〈斯片挪莎學案〉，《文集之六》，頁96～97。
〔註109〕梁啓超，〈盧梭學案〉，《文集之六》，頁101。
〔註110〕梁啓超，〈盧梭學案〉，《文集之六》，頁103。

辯解，正反映出他的臺己自由觀之基本輪廓，即是他以個人意識之自由為前提，即使是極力推動國家主義的論說，似是不顧個人自由權，全力擁護臺體自由國家主義（顯然這一看法非梁啓超之真義），但梁啓超仍以個人自由為其理論架構之核心，希望道德覺醒的個人，不但能自我追尋個人應有的權利合法基礎，且能進至為臺而為己之理想境界。

在〈盧梭學案〉中，值得注意的另一觀念，即是「公意」，梁啓超介紹此「公意」時提到：

> 盧梭以為凡邦國皆藉眾人之自由權而建設者也。故其權惟當屬之眾人，而不能屬之一人若數人。質而言之，則主權者，邦國之所有，邦國者，眾人之所有。主權之形所發於外者，則眾人共同制定之法律是也。

> 盧梭又以為所謂公意者，非徒指多數人之所欲而已，必全國人之所欲而後可。〔註111〕

因此，「公意」和多數人之所欲有所區隔，如盧梭指出：「眾之所欲，與公意自有別，公意者，必常以公益為目的。若夫眾之所欲，則以各人一時之私意聚合而成，往往以私利為目的者有之矣。」〔註112〕公意不等於多數人之欲，而是公益之謂，能「易事勢之不平等，而為道德之平等者」，能扶社會之弱勢者，正其天生之不平等，「由法律條款所生之義理」，〔註113〕伸張道德和公眾之利益。由此可知，從人類相競之初，激烈求存的天演過程，到後來因人為道德意志之增長，轉化為另一適度受到人類道德控制之進程。

以「非以剝削各人之自由權為目的，實以增長堅立各人之自由權為目的」為主幹，以公意為體、法律為用的「為公眾謀最大利益」，即為人民自由與平等〔註114〕盡最大敬意和努力，此為梁啓超所描繪的盧梭思想之真諦。在上述三篇文章中，梁啓超不斷重複捍衛個人自由權之首要意涵，且以道德力量引導人民為公眾的最大利益，為謀取更大的利益和理想，損棄一部分的權利，以達至國家「相和協而無冤抑」〔註115〕之境。為此理想，道德力量成為以人為人治修正

〔註111〕梁啓超，〈盧梭學案〉，《文集之六》，頁104。
〔註112〕梁啓超，〈盧梭學案〉，《文集之六》，頁105。
〔註113〕梁啓超，〈盧梭學案〉，《文集之六》，頁104。
〔註114〕平等一詞，實指匡正人之不平等，即是公平。請參看〈盧梭學案〉，《文集之六》，頁104～107。
〔註115〕梁啓超，〈斯片挪莎學案〉，《文集之六》，頁96。

天演過程之核心位置。人不自由其善惡皆非己出，可知道德亦來自人之自由，且其形體自由或可受外力所束縛，但思想自由不可能被剝奪，故思想革新和解放，成爲獲得自由的最優先價値。人的思想可自由活動，必能導致自我突破過去的種種束縛，追求自我合理利益和自由權。爲求其最大利益，與其相競求存，不如和協立羣，以求高尚之德，更願意相讓部分自由權，謀求個人之生存而就羣，立國而捍衛個人自由和其最大利益。換言之，個人損棄一部分的權利是基於個人道德覺醒之後，自發性自然演化過程，其中並無強迫放棄自由之觀點，這一自發自然過程乃梁啓超道德主義思想主要特性之一。

　　由此可知，梁啓超引進這三位歐洲思想家論述之目的，爲藉此希望國人能破棄傳統思想之束縛大膽前進，爭取新學理以廣其識見，追求新道德以分別是非，進而建立能獨立自由於世界列強中的新理想國度。

　　梁啓超在政治制度學理中，捍衛個人自由權的論點，在《清議報》最後一冊，即是第 100 冊，到〈盧梭學案〉告一段落。緊接著在他的《新民叢報》中，以思想自由爲基礎開始投入《新民說》和學術思想研究之途徑。在 1902 年（光緒二十八，壬寅）2 月 8 日《新民叢報》第一號，如〈近世文明初祖二大家之學說〉、〈論學術之勢力左右世紀〉的文章中，梁啓超的注意力，已轉到學術思想之推廣，他在《論中國學術思想變遷之大勢・總論》開宗明義說：「學術思想之在一國，猶人之有精神也，而政事、法律、風俗及歷史上種種之現象，則其形質也。故欲覘其國文野強弱之程度如何，必於學術思想焉求之。」〔註 116〕對於過去中國傳統學術思想鼎盛於戰國，其後每下愈況，梁啓超在〈近世文明初祖二大家之學說〉文末慨痛地指陳：「中國學風之壞，不徒在其形式，而在其精神……所謂精神者何也？即常有一種自由獨立不傍門戶不拾唾餘之氣概而已。」，強調人要獨立，「勿爲中國舊學之奴隸」、「勿爲西人新學之奴隸」，自我覺醒、自我突破，此乃思想自由之眞諦所在。換言之，戰國時期正因其思想自由活潑，學術思想能百花齊放，然「至漢武罷黜百家，思想自由之大義，漸以窒蔽」，〔註 117〕其關鍵在於學術思想能否自由，能否帶領人民的自由。因此，面臨激烈的世界競爭之時，國家須要的不只是形質上

〔註 116〕梁啓超，《論中國學術思想變遷之大勢・總論》，《文集之七》，頁 1。
〔註 117〕梁啓超，〈近世文明初祖二大家之學說〉，《文集之十三》，頁 12。梁啓超論述至此，即能看出他何以緊接著在《新民叢報》第二號中，發表〈保教非所以尊孔論〉與康有爲學說劃清界限之原因。

的變革，而是精神力量之革新，思想革新即是思想自由和思想獨立。

第二節　革新途徑：德育乎？智育乎？

　　若思想革新及個人思想自由是根本解決國家危機之最有效途徑，那應當以何種方式推行此一思想革新，使人獨立自主？並如何讓人民捍衛個人自由，突破眼前利益和傳統束縛，追求長遠建設目標？對此梁啓超在《清議報》、《新民叢報》撰寫一系列文章，鼓舞國人興民權，要求人民自我覺醒，並以教育啓蒙民眾爲主要手段，多方推廣他的思想革新爲基礎的救國思想。其中，我們在胡適與梁漱溟等人身上，發現梁啓超救國啓蒙思想中，德育和智育雙重架構的實質影響的具體寫照。

　　1904 年（光緒三十，甲辰）胡適初到上海就學，這約十四歲的中學生，得其二哥之幫忙初次涉獵壬寅《新民叢報彙編》等書。胡適憶及他受梁啓超的影響時，就特別指明兩本書，他說：「我個人受了梁先生無窮的恩惠。現在追想起來，有兩點最分明。第一是他的《新民說》，第二是他的《中國學術思想變遷之大勢》。」〔註118〕比他稍晚的梁漱溟，在 1906 年（光緒三十二，丙申）十四歲考試成爲北京「順天中學堂」的中學生，從 1907 年（光緒三十三，丁未）自學讀起《新民叢報》壬寅、癸卯、甲辰（1902～1904）三整年六巨冊，其中特舉《新民說》和《德育鑑》二書對他的影響。〔註119〕由此可知，梁啓超當時言論，對年輕學子影響甚巨，〔註120〕不但感染力強，且宣傳功效亦甚廣。雖分別就學於上海和北京二地，但胡適與梁漱溟二人同受《新民說》之影響，若視其後二人學術思路之發展，亦形成相當有趣之觀察點。因爲這正好說明梁啓超當時主要訴求對象和方向，如何實際發揮影響力，年輕學子各有所取、各趨所好，如胡適則好其學術史，梁漱溟則嚮往德性之學。梁啓超自勵「誓起民權移舊俗，更摹哲理牖新知」〔註121〕的意願，我們在胡適和

〔註118〕胡適，《胡適作品集 1．四十自述》，頁 55。
〔註119〕梁漱溟，《我的自學小史》，《梁漱溟全集 2》，頁 676～680。
〔註120〕吳宓（1894～1978 年）曾在《吳宓自編年譜》中述及，他於 1908 年 15 歲時，對當時頗爲人所稱道的《國粹學報》，自評「既不能瞭解，亦無興趣。未有若壬寅、癸卯年之《新民叢報》、《新小說月報》者矣」。得見當時閱讀梁啓超論述者，大約是同屬此年齡層之學生。吳宓，《吳宓自編年譜》（北京：三聯書店，1998 二刷），頁 79。
〔註121〕梁啓超，〈自勵二首〉，《文集之四五》下，頁 16。

梁漱溟身上，即可看出如何牖出新知的具體事證。並且，此兩種途徑，學術思想研究和德性之學的提倡，不但是當時梁啓超的言論重點，更是梁啓超往後一生所致力的論述重點。

梁啓超在《新民叢報》第一號，〈本報告白〉中明確聲明：「本報取大學新民之意，以爲欲維新吾國，當先維新吾民。」，《新民說》名稱意涵及其基本目標，雖是取自大學明德新民之意，但同文又主張「以國民公利公益爲目的」中可看出，其思想層次與傳統《大學》的觀念已有所區隔。梁啓超在〈盧梭學案〉中，引用盧梭之言，明白指出「眾之所欲，與公意自有別，公意者，必常以公益爲目的。若夫眾之所欲，則以各人一時之私意聚合而成，往往以私利爲目的者有之矣。」〔註122〕可見他的觀念是立於現代國家和公利公益結構中展開，並且隱約透露出《新民說》所標榜的新民，即是追求現代國民國家公意之公民。新民不但能辨別不以私利爲目的，而追求公益就是能達成最大合理私益的最有效方法，而且在以公利公益爲目的的道德基礎上，追求國羣之內的和協，由此捍衛國家之獨立，才能實質維護個人的自由權。

梁啓超《新民說》、《論中國學術思想變遷之大勢》等文，相當程度上反映出他所致力的幾個重要方向和目標所在，一方面對民眾積極宣傳新道德和新理想，另一方面對傳統學術思想提出新的看法和觀點，促使國家學術思想之革新。他相信此一革新，能使中國文明走上個人之獨立自主，捍衛自由權，且能引導眾人走上「眾心相和協而無冤抑」〔註123〕之大道。因此，透過他的宣傳利器，對廣大的民眾和知識階層發出心聲，民眾要自新，知識分子要發憤努力脫離傳統，共同努力開啓新的時局。

《新民說》在梁啓超整體學說中所擔負的角色，他在〈敍論〉已講得相當清楚，「未有其民愚陋怯弱渙散混濁，而國猶能立者，……欲其國之安富尊榮，則新民之道不可不講。」〔註124〕他在此所面對的不是英雄豪傑，猶如他在《自由書・無名之英雄》所引述的德富蘇峰之論點，「英雄之秀出世界，賴無數絕不知名之英雄而秀」，〔註125〕是默默無聞、扛負英雄的無名英雄。梁啓超爲救國之目的，面對「愚陋怯弱、渙散混濁」〔註126〕之民眾，輸入新學理、

〔註122〕梁啓超，《文集之六》，頁105。
〔註123〕梁啓超，〈斯片挪莎學案〉，《文集之六》，頁96。
〔註124〕梁啓超，《新民說・敍論》，《專集之四》，頁1。
〔註125〕梁啓超，《自由書・無名之英雄》，《專集之二》，頁48。
〔註126〕梁啓超，《新民說・敍論》，《專集之四》，頁1。

新道德，使他們自新而成爲新民即無名之英雄。我們由此大致瞭解梁啓超的論述對象，但更爲重要的是爲此目的之完成，他所採取的論述視角和途徑。這一論述途徑呈現出梁啓超思想之獨特性，我們在此透過福澤諭吉、盧梭和嚴復等人，作爲與梁啓超相比較的對象，由此更精準地掌握梁啓超道德主義思想之實質關懷及其在思想史上的位置。

一、梁啓超與福澤諭吉——德與智的分合

梁啓超 1902 年（光緒二十八，壬寅）在《新民叢報》第 9～10 號刊載的〈東籍月旦〉中，對「道德之學雖高矣！美矣！而不切於急用」提出反駁：「不知學問所以能救世者，以其有精神也。苟無精神，則愈博學而心術愈以腐敗，志氣愈以衰頹，品行愈以詖邪，將安取之？……故今日有志救世者，正不可不研究此學，斟酌中外，發明出一完全之倫理學以爲國民倡也。」〔註127〕梁啓超糾正急切智識而忽略道德的觀點，這與福澤諭吉《文明論概略》第六章「智德的區別」，〔註128〕所使用「公德」和「私德」的用語時，其重點不在道德（Moral），而是在於智慧（Intellect）相比較，即可發現兩者的關注點有著相當大的區別。我們不妨先瞭解福澤諭吉的觀點，他說：

> 在我國，道德縱然不足，但顯然不是燃眉之急。然而智慧方面則完全不同，以日本人的智慧與西洋人比較，從文學、技術、商業、工業等最大的事物到最小的事物，從一數到百或數到千，沒有一樣能高於西洋，沒有一樣能和西洋相比擬的，並且也沒有人敢和西洋較量一番的。〔註129〕

福澤諭吉認爲在日本，道德問題並不是急需解決的當前課題，而且「私德不是可以依靠他人的力量輕易養成的。即使可能養成，如果不依靠智慧也是徒然的。德和智，兩者是相輔而成的，無智的道德等於無德」，〔註130〕故現今所

〔註127〕梁啓超，〈東籍月旦〉，《文集之四》，頁 86。

〔註128〕福澤諭吉《文明論概略》，第六章「智德的區別」以及第七章「論智德的時間性和空間性」，是參考 Buckle Henry Thomas（1821～1862 年），History of Civilization in England（Toronto：Rose-Belford，1878）.一書的第四章 'Mental Laws are either Moral or Intellectual. Comparison of Moral and Intellectual Laws, and Inquiry into the Effect Produced by Each on the Progress of Society' 此一關聯請參看丸山眞男，《日本近代思想家福澤諭吉》，頁 76。

〔註129〕福澤諭吉，《文明論概略·智德的區別》，頁 96。

〔註130〕福澤諭吉，《文明論概略·智德的區別》，頁 92。

要致力的是追求智慧即智識。他進一步闡述智與德的區別：

> 智慧是學而後進步，不學就不能進步，已經學會，就不會退步；而
> 道德就不同了，它既難教又難學，並且是由於內心的努力與否而有
> 所進退的。〔註131〕

但他並也不否定人類原本就擁有善根或普實的善性，他說：

> 在教化尚未普及的上古時代有善人，智力尚未發達的兒童，多半是
> 誠實的，因此，不能不認為人的本性是善的。德教的最大目的，只
> 在於不妨礙這個善的發展而已。〔註132〕

總言之，福澤諭吉對智與德有頗明確的認知，且相對地認為，「道德規範一開始，就已經固定下來，不能再有進步，但智慧的作用，卻是日益進步永無止境的。道德，不能用有形的方法教誨人，能否有德，在於個人的努力。」〔註133〕德育是靠自我努力追求的，並非他人所能輕易傳授的。福澤諭吉以西洋基督教之宗教為例，解釋智慧隨著文明之進展，使得宗教控制思想的力量漸次減低，他相當肯定「智慧不僅能增加道德的光輝，而且還能保護道德，消滅罪惡」〔註134〕的正面力量。與此相比，梁啟超在〈東籍月旦〉或《新民說》中，對德與智有相當不同的觀點，這正說明梁啟超《新民說》論述重點為何，且更能突顯出他的思想關注點。梁啟超雖然使用「公德」和「私德」二個關鍵詞語，與福澤諭吉相同，但其內容和重點卻有著鮮明的對比，他在《新民說・論公德》中，說：

> 前哲不生於今日，安能制定悉合今日之道德？孔孟復起其不能不有
> 所損益也，亦明矣。今日正當過渡時代，青黃不接，前哲深微之義，
> 或湮沒而未彰，而流俗相傳簡單之道德，勢不足以範圍今後之人心，
> 且將有厭其陳腐，而一切吐棄之者，吐棄陳腐猶可言也。若並道德
> 而吐棄則橫流之禍，曷其有極？今此禍以見端矣。老師宿儒或憂之
> 劬劬焉！欲持宋元之餘論以過其流，豈知優勝劣敗，固無可逃，捧
> 坏土，以塞孟津，沃杯水，以救薪火。雖竭吾才，豈有當焉，苟不
> 及今急急斟酌，古今中外發明一種新道德者而提倡之。吾恐今後智
> 育愈勝則德育欲衰，泰西物質文明盡輸入中國，而四萬萬人且相率

〔註131〕福澤諭吉，《文明論概略・智德的區別》，頁88。
〔註132〕福澤諭吉，《文明論概略・智德的區別》，頁90～91。
〔註133〕福澤諭吉，《文明論概略・智德的區別》，頁101。
〔註134〕福澤諭吉，《文明論概略・智德的區別》，頁100。

而爲禽獸也。〔註 135〕

梁啓超在此將德和智對立，認爲智育越盛德育越衰之看法，我們不能不注意其鮮明的道德主義立場，但我們也應當留意此處「智」的涵義。爲此，透過梁啓超發表於 1901 年（光緒二十七，辛丑）12 月 21 日〈《清議報》一百冊祝詞並論報館之責任及本館之經歷〉一文，可進一步瞭解他對智識的基本看法。當時梁啓超論及辦報之良否，提出四大要件：宗旨定而高、思想新而正、材料富而豐、報事確而速，前三項論旨頗與《新民說》相關。梁啓超認爲如同政治學者之言，「政治者，以國民最多數之公益爲目的」，辦報當能「以國民最多數之公益爲目的」；其次，他說：

> 凡欲造成一種新國民者，不可不將其國古來誤謬之理想，摧陷廓清，以變其腦質，而欲達此目的，恆須藉他社會之事物理論，輸入之而調和之。如南北極之寒流，而與赤道之熱流，相劑而成新海潮；如常雪界之冷氣，與地平之熱氣，相摩而成新空氣。故交換智識，實惟人生第一要件。

> 今日萬芽其茁之世界，其各各新思想，殽列而不一家，則又當校本國之歷史，察國民之原質，審今後之時勢，而知以何種思想爲最有利而無病，而後以權利鼓吹之，是之謂正。〔註 136〕

梁啓超認爲「眞善良之報，而全世界之智識，無一不具備焉」，〔註 137〕須根據本國的國情，謹愼選言，廣納世界各國思想之最適應時勢者，輸入而調和，〔註 138〕作爲創造新文明之基礎。那麼，對積極輸入調和全世界之新智識而創發新文明的觀點，與《新民說‧論公德》一文「吾恐今後智育愈勝則德育欲衰，泰西物質文明盡輸入中國，而四萬萬人且相率而爲禽獸」〔註 139〕的論點之間的種種問

〔註 135〕梁啓超，《新民說‧論公德》，《專集之四》，頁 15。

〔註 136〕梁啓超，〈《清議報》一百冊祝詞並論報館之責任及本館之經歷〉，《文集之六》，頁 50～51。

〔註 137〕梁啓超，〈《清議報》一百冊祝詞並論報館之責任及本館之經歷〉，《文集之六》，頁 51。

〔註 138〕此一「輸入和調和」的說明，我們或許將它視爲一種粗略的方法論，梁啓超常以此激發人之創新力量。請參看《自由書‧煙士披里純（Inspiration）》，《專集之二》，頁 70～73。〈亡友夏穗卿先生〉，《文集之四十四（上）》，頁 19～24。村尾進，〈萬木森森──《時務報》時期的梁啓超及其周圍的情況〉，《梁啓超‧明治日本‧西方──日本京都大學人文科學研究所共同研究報告》，頁 34。

〔註 139〕梁啓超，《新民說‧論公德》，《專集之四》，頁 15。

題，我們又應如何瞭解較爲適當？

梁啓超曾指出「法」乃治羣之大道，隨羣體之智和力越盛，則條約羣體之法律要求也越多，其內涵也越完備，是故察看一國法律之完備程度，即可知其文明之程度。〔註140〕這一說法，在福澤諭吉《文明論概略》第七章「論智德的時間性和空間性」中，可發現更爲詳細的補充說明。梁啓超言「智育」，並非擔憂「智育」本身，而是擔憂如福澤諭吉所言「隨着民智逐漸發達，世事也逐漸繁多，事物複雜，法制也必隨着增多，並且隨着民智的進步，破壞法制的方法，自然也日趨奸巧，因而，防範的方法也不得不愈加嚴密」，〔註141〕即是日趨奸巧的破壞法治的方法之「智」，我們先暫且稱爲「奸智」。這種破壞社會合羣之「奸智」，是伴隨著人類智育成長而成長。梁啓超相當清楚將來的世界，是如福澤諭吉在《文明論概略》第六、七章中所指出的，更重視「智育」之成長，若是如此，自然相對地會忽略道德之關懷和「德育」。何況中國傳統之道德，已無法適應外競激烈環境，故梁啓超不得不大聲疾呼「新道德」，欲以此補救「智育」的不足。

其次，有關「泰西物質文明」之討論，我們也可參看梁啓超《自由書‧無欲與多欲》一文，他說：「物質上之欲，惟患其多，精神上之欲，惟患其少，而欲求減物質上之欲，則非增精神上之欲，不能爲功。」〔註142〕由此可知，梁啓超認爲精神上之欲，是控制物質欲的不二選擇，個人之物質欲越強，其爭奪之心越盛，自然導致互爲相競而內耗，在世競激烈環境中，內耗不和協之羣，根本不可能生存，所以他要求人民應當致力於合羣，合羣則靠合羣之道德。他曾在批評霍布士時說：「霍氏所謂人各相競，專謀利己，而不顧他人之害，此即後來達爾文所謂生存競爭優勝劣敗，是『動物之公共性』，而人類亦所不免也。苟使人類而僅有此性，而決無所謂道德之念、自由之性，則霍氏之政論，誠可謂完美無憾。惜夫霍氏知其一，不知其二也。」〔註143〕由《自由書‧無欲與多欲》和〈霍布士學案〉的論述基礎，可瞭解梁啓超《新民說‧論公德》中的觀點，顯而易見，梁啓超所指泰西物質文明，即是助長生存競爭優勝劣敗的動物公共性之謂，亦是人各相競專謀利己而不顧他人，無道德

〔註140〕請參看梁啓超，〈論中國宜講求法律之學〉，《文集之一》，頁93。
〔註141〕福澤諭吉，《文明論概略‧論智德的時間性和空間性》，頁118。
〔註142〕梁啓超，《自由書‧無欲與多欲》，《專集之二》，頁74。
〔註143〕梁啓超，〈霍布士學案〉，《文集之六》，頁92。

之念、自由之性之謂，使國人增加物質上之欲而引發爭奪和相競，反害合羣協力、個人自由之主要原因。故大力引導欲恢復人類道德之念、自由之性之法，《新民說》論述的重點之一，即宣導國人「德育」之重要，以「新道德」為主幹的，以「公德」為核心的愛國之士的培養。

國際政治環境和其政制已進至「民族帝國主義」〔註144〕時代，若遭「兩不平等者相遇，無所謂道理，權力即道理」〔註145〕之時，生存競爭優勝劣敗之動物公共性，橫行無阻於國際競爭環境中，若不提早防備泰西民族帝國主義之侵略，若國人唯利是圖而不顧他人之害，不講人民合羣協力之道德，在自由權之基礎上追求更高尚之合羣道德，則無疑國家必定走上滅亡一途，故梁啓超不得不提出新道德，合羣協力共同捍衛國家獨立，激發人民接受為羣即真為己之意。除此之外，梁啓超也認為「老師宿儒劬劬焉，欲持宋元之餘論以遏其流」〔註146〕已無濟於事，故不得不走上亟欲發明新道德之途徑。

他早已在1900年（光緒二十六，庚子）《清議報》，〈呵旁觀者文〉中，批駁只觀望、批評而不參與任何實際行動甚至阻撓改革的旁觀者，將其分為六派，其中「為我派」為維護自我權利明知改革之不可免，卻為其子孫之安榮而不肯改革。梁啓超說：「此派者，以老聃為先聖，以楊朱為先師，一國中無論為官為紳為士為商，其據要津握重權者，皆此輩也。」〔註147〕只顧個人利益，不知合羣協力乃真為己；只知泰西種種物質上的享受，不知營私之過甚會妨礙合羣之事實，這種只求私利之行為，直接導致國家之危機。梁啓超「生平最敬慕」〔註148〕的顧炎武有名言曰：「有亡國有亡天下。亡國與亡天下奚辨？曰：易姓改號，謂之亡國。仁義充塞，而至於率獸食人，人將相食，謂之亡天下。」是以一國或其朝代可亡，而人心道德不可亡。梁啓超為防止人民「相率而為禽獸」，先從道德革新著手，這或許如顧炎武所言「知保天下然後知保其國。保國者其君其臣，肉食者謀之。保天下者，匹夫之賤與有責焉耳矣」〔註149〕之觀點頗為相似。因為，梁啓超所盼望的是國人能以「匹夫之賤與有責焉」之態度，人人挺身而

〔註144〕梁啓超，〈國家思想變遷異同論〉，《文集之六》，頁22。
〔註145〕梁啓超，〈國家思想變遷異同論〉，《文集之六》，頁20。
〔註146〕梁啓超，《新民說・論公德》，《專集之四》，頁15。
〔註147〕梁啓超，〈呵旁觀者文〉，《文集之五》，頁71。
〔註148〕梁啓超，《中國近三百年學術史》，《專集之七十五》，頁55。
〔註149〕以上引自顧炎武，《原抄本日知錄・正始》（臺北：明倫出版社，1979年），卷17，頁379。

出捍衛自身自由和道德理想及其國家之獨立自由，並非獨善己身只求私利。這一思路我們不能不承認其中的某種相關性。

但人人自利亦是人類天性，故如何化解個人自利卻不會導致害人或破壞合羣之目的，就變成相當重要的課題。如《天演論》所云：「人始以自營能獨身於庶物，而自營獨用，則其羣以漓。由合羣而有治化，治化進而自營減，克己廉讓之風興。然自其羣又不能與外物無競，故克己太深，自營盡泯者，其羣又未嘗不敗也。」〔註150〕適當地疏導其中的矛盾，說服人民爲羣即爲己之事實，「大發明欲利己不可不先利他之義」，〔註151〕又導引出「善能利己者，必先利其羣，而後己之利亦從而進」〔註152〕之理，即是梁啓超優先考慮的敘述重點。如前文中詳細討論，梁啓超在個人之自我覺醒，追求道德之源頭自由權基礎上，大談「新民」的必要。故在《新民說》中，他並無重述以上的種種理論基礎，而直接面對他的讀者，猶如道德命令一般，告訴人民如何成爲「新民」。正因「新民」之法是以「德育」爲基礎，「德育」成爲不但能控制「奸智」，且能培養人民合理謙讓進而合羣協力之道德基礎。由此可知，嚴格說來在梁啓超思想架構上，德育和智育，並不是互爲對立、彼我消長，而是一種互爲相因、相輔相成之關係，真正對立於德育的是僅重智育而引來的「奸智」。梁啓超所強調的是猶如朱子的「教學者，如扶醉人，扶得東來西又倒」，〔註153〕他扶東並不表示不扶西，只是當下急需者乃扶東而已。換言之，他強調德育並不表示必須減少智育，而是在智育越勝的不可避免之趨勢和環境中，更要強調德育，以此補救智育的某種缺憾而已。

二、梁啓超與盧梭

我們在解答《新民說・論公德》一文「吾恐今後智育愈勝則德育欲衰，泰西物質文明盡輸入中國，而四萬萬人且相率而爲禽獸」〔註154〕論點引起的幾個問題時，除了從梁啓超論述內部追尋解答之外，或能考慮梁啓超與盧梭之間，思想上的相同趨向和某種關聯性。

〔註150〕嚴復，《天演論》導言十四恕敗，《嚴復集5》，頁1348。
〔註151〕梁啓超，《自由書・加藤博士天則百話》，《專集之二》，頁98。
〔註152〕梁啓超，〈十種德性相反相成義・利己與愛他〉，《文集之五》，頁49。
〔註153〕梁啓超引用此一朱子之語，在他的文集和專集都出現相當頻繁，請參看〈十種德性相反相成義〉，《文集之五》，頁43。
〔註154〕梁啓超，《新民說・論公德》，《專集之四》，頁15。

　　盧梭在 1750 年應徵第戎研究院（The Academy of Dijon）之課題,「科學與藝術的復興是否有助於敦風化俗？（Has the revival of the Sciences and Arts contributed to improving morality?）」,〔註155〕以 Conscience 和 Science 之間的關係角度,論及這兩者如何影響「道德（Morality）」。在盧梭這一篇文章中,我們就能發現相當類似於梁啓超當初所考慮的德智相關課題,以及過份享受物質而個人私欲猖獗等問題的論述。雖然梁啓超和盧梭之間的思想關聯,歷來眾多學者論及,而其論述層面多侷限於相關革命或積極自由和消極自由等議題,〔註156〕較爲忽略在德智衝突或私欲猖獗等問題中,梁啓超和盧梭思想之間的關聯。這或許瞭解梁啓超思想革新途徑中,德育和智育在其思想論述中的積極意義和地位,有著相當重要的參考價值。

（一）Conscience, Science, Synderesis

　　盧梭和梁啓超思想之間的相關討論之前,我們理應稍先瞭解盧梭所使用

〔註155〕此篇的中文翻譯參考李瑜青主編,〈科學與藝術的復興是否有助於敦風化俗？〉,《盧梭哲理美文集》（臺北：臺灣先智,2002 年）,頁 207～244。英文翻譯參考 The Social Contract and The First and Second Discourses （Edited and with an Introduction by Susan Dunn, New Haven and London: Yale University, 2002 年）, pp.45～68.

〔註156〕梁啓超與盧梭思想中的關聯,尤其與日本思想界的相關關聯,可參看鄭匡民,《梁啓超啓蒙思想的東學背景》（上海：上海書店出版社,2003 年 10 月）,第四章「日本民權思想與梁啓超」,頁 122～169。書中作者認爲梁啓超接觸盧梭思想,大概藉由日本中江兆民的翻譯。但是,其中鄭氏主要關注點,仍限於積極自由和消極自由層次,並無論及本文之重點德智相關課題。有關積極自由和消極自由相關議題,亦可參看梁台根,〈中國與西方之間——胡適自由主義中的傳統性和現代性〉收入於劉青峰、岑國良編《自由主義與中國近代傳統——「中國近現代思想的演變」研討會論文集》〔上〕（香港：香港中文大學出版社,2002 年）,頁 435～436 尤其註解 1～3,頁 442。對消極自由和積極自由更進一步的瞭解,或許可參看李明輝教授在〈由「內聖」向「外王」的轉折——現代新儒家的政治哲學〉文中,爲辯駁劉曉批評現代新儒家政治思想以「積極自由」爲主,不但詳細整理出相關消極自由和積極自由的爭論,並以泰勒的社群主義角度爲「積極自由」辯護。從中不難發現簡單從消極自由和積極自由角度,探視中國思想界追求自由理想的複雜歷史境遇,並不甚妥切。請參看劉曉,《現代新儒家政治哲學》（北京：線裝書局,2001 年）；李明輝,〈由「內聖」向「外王」的轉折——現代新儒家的政治哲學〉,《中國文折研究集刊》（第 23 期,2003 年 9 月）,頁 337～350,尤其頁 340 和註解 4,5。其中泰勒相關論點,請參看 Charles Taylor, "What's Wrong With Negative Liberty", Philosophical Papers: Volume 2, Philosophy and the Human Sciences,（Cambridge: Cambridge University Press, 1985）, pp.211～229.

的 Conscience 和 Science 的語意淵源，〔註157〕以便考察盧梭思想的預設內涵及其思想脈絡。由此我們更清楚瞭解，盧梭與梁啓超思想之間的關聯，並不是簡單相受影響即能說明，應當是人類社會各自長遠思想傳統發展脈絡中的一種契合，也是一種共鳴。

　　英文 Science 一詞最接近的字源是法文 Science，在德文中是 Gewissen，源自拉丁文 Scientia，意指知道、知識（Knowledge）。在英文和法文世界中，這 Science 常與 Conscience（源自拉丁文 Conscientia，目前翻譯為良心）相比較討論。Conscience 與 Science 之間的相關課題，若從拉丁文的原意著手，即能發現 Conscience 的拉丁文 Conscientia 是指「共知」、「共識」或「共同知識」，由此意義上言，Conscientia 是 Scientia 知識的統合和共識基礎上建構的人類內在的判斷基準。但我們不能由此簡單認定其「共知」，與心理學中的潛意識或集體潛意識劃上等號。〔註158〕在其字面意義上言，Conscientia 似是指透過每個人認識「心之所同然」的基礎假設上，不言而喻眾所皆知的「共識」或「共知」，以此作為認識是非判斷之基準。換言之，此 Conscientia「共知」，是指一種人類社會共識的內在化，乃判斷是非之最根本基礎，即是「良心」。〔註159〕人的認識共象之可能，是由「共知」的可能性開始，經人類共同倫理規範的內在基礎之確認，推及至人倫關係和社會制度層面。若是如此，我們即能發現這一論述基礎與孟子的「良知」，即是「所不慮而知者」相當類似。雖然我

〔註157〕 Conscience 與 Science 之間的相關詞問題，請參看 Raymond Williams 原著、劉建基翻譯，《關鍵詞：文化與社會的詞彙》，頁 346。
　　　　除此之外有關「Science」可參看
　　　　http://encyclopedia.thefreedictionary.com/science；
　　　　http://plato.stanford.edu/entries/whewell/；
　　　　http://plato.stanford.edu/entries/thomas-kuhn/。
　　　　有關「Conscience」可參看
　　　　http://encyclopedia.thefreedictionary.com/conscience；
　　　　http://www.newadvent.org/cathen/04268a.htm；
　　　　http://plato.stanford.edu/entries/conscience-medieval/；
　　　　http://plato.stanford.edu/entries/mill/。
〔註158〕 在基督教神學中的道德良心相關論述，認為潛意識是強加於人的一種束縛，而良心 Conscience 則是一種自發性的，也是實踐理性之基準。
　　　　請參看 http://www.cateforum.com/rg-moral/rg-0025.html
〔註159〕 有關良心論的討論，請參看何懷宏，《良心論：傳統良知的社會轉化》（上海：三聯書店，1994 年）「緒論」中的討論。作者登載他的專著於北京大學他的個人網站上，請參看 http://www.phil.pku.edu.cn/personal/hehh/xszz/llx/01.htm

們對此 Conscientia（或對良知）是現成還是後天完成？是知識的累積或道德意識的總歸？等問題，可進行相當複雜而精微的倫理道德哲學上的種種討論，但若撤開此，先從其「心之所同然」的可能性和視角而言，這中間的確有著人類思考邏輯或其認識基礎上的某種共象之處。

　　除此之外，我們透過歐洲中世紀神學相關 Conscience 與古希臘文 Synderesis（Synteresis，目前翻譯為良知良能）之間的關係討論，不但掌握這兩個相關概念之分殊，且更清楚瞭解盧梭所使用的 Conscience 一詞的實際意涵。歐洲中世神學傳統中，Peter Lombard（1095～1160）重新提出 St. Jerome（340／2～420）對 Synderesis 的解釋，「spark of conscience」之重要性，[註160] 並認為 Synderesis 是神賦予人類的一種神聖的先天價值判斷基準，甚至在不可寬恕的罪人身上，也亦然存續，故 Peter Lombard 主張，只要人類克服了誤導他們的一時快感或各種誘惑，即能重新尋回此一良心之光芒（spark of conscience）。此一光芒不但是神聖的道德內涵，更是直通神理的門境，內涵在人心中等待著人類發顯，它不但是神的恩惠，也是人類應當追求的神聖義務。由此我們或能瞭解神學中的重要概念「救贖」是如何可能，所謂「救贖」不是等待，而是積極排除蒙蔽、誘惑、快感，並透過追求發顯良心之光芒，直通神理，是一種尋回光芒的不斷的進程。

　　在此我們值得注意的是，王守仁所提出的「心之良知是謂聖」，他在〈書魏師孟卷〉中說：

> 心之良知是謂聖。聖人之學，惟是致此良知而已。自然而致之者，聖人也；勉然而致之者，賢人也；自蔽自昧而不肯致之者，愚不消者也。愚不消者，雖其蔽昧之極，良知又未嘗不存也。苟能致之，即與聖人無異矣。[註161]

[註160] "which the Greeks call synteresis: that spark of conscience which was not even extinguished in the breast of Cain after he was turned out of paradise, and by which we discern that we sin, when we are overcome by pleasures or frenzy and meanwhile are misled by an imitation of reason" 請參看 http://plato.stanford.edu/entries/conscience-medieval/ 以及 http://www.utm.edu/research/iep/s/synderes.htm

[註161] 王守仁，《王陽明全集》（上海：上海古籍出版社初版社，1997 年 8 月第 3 刷）卷八文錄五，頁 280。這一段話，陳來教授指出應從《孔叢子》而來。（陳來，《有無之境——王陽明哲學的精神》，頁 173。）《孔叢子》原文如下「子思問於夫子曰：『物有形類，事有真偽，必審之，奚由？』子曰：『由乎心，心之精神是謂聖，推數究理不以疑，周其所察，聖人難諸。』」（《孔叢子》卷上

由此看來，「心」與 Conscience，「心之良知」與 Synderesis（spark of conscience），「致良知」之功夫與求「救贖」之路徑之間，即使在不同思想傳承中，仍會出現如此神似的論述架構，頗值得我們注意。這種中世紀神學相關學者，特別重視古希臘文 Synderesis 的道德意涵相比，拉丁文 Conscientia 本身的語意和用法是有一段距離的。如「錯誤的良心（conscientia mala）」、「懷疑的良心（conscientia dubia）」、「粗糙的良心（conscientia laxa）」、「偏狹的良心（conscientia angusta）」以及「疑懼的良心（conscientia scrupulosa）」〔註162〕等用法來看，Conscientia 是一種人類和社會的歷史中，不斷累積的知識和規範的內在化，雖它是一種理性實踐的主宰者，但時而懷疑、疑懼，時而粗糙、偏狹甚至犯錯誤的，實際上是不健全的、是後天完成的、等待充實的一種世俗共識的內在化。相較而言，Synderesis 是先天的（神賦予人類的），是不可磨滅的永恆實存，是照實著我們行為的明燈。雖然，這一良心的光芒（spark of conscience）也會被人世中的種種誘惑而蒙蔽，但它並不是消逝不見，只要克服此一困境，即可重新找回。

這一觀念的討論過程中，Bonaventure（1221～1274）對此 Synderesis 和 Conscience 之間的關聯，不但透過不可分隔、互為相導的內在脈絡，整理出兩者之間的關係，更是以道德淵源定位 Synderesis 及其完美（unerring），又以人類追求向善的慾望（human being's desire for good）指涉其意涵。這一 Synderesis 完美道德淵源，實際運用的實踐者就是 Conscience，雖兩者都屬於一種開放且吸收經驗而成長的互為相導結構中，但人類過錯或行惡之可能，不因 Synderesis，而是 Conscience 受誤導無法正確開展出道德決策之故。與此相較，Thomas Aquinas（1224／25～1274）對 Synderesis 和 Conscience 持相當不同的角度切入，他不但以智識主義角度明確指出 Conscience 就是引導行為的知識應用，〔註163〕並且 Synderesis 是一種不須再進一步追究或探索的最根本的人類行事準則。換言之，他認為 Synderesis 是最為根本的人類道德原則，而 Conscience 則是援用此一原則於實際生活的一種知識擴充。如此一來，Synderesis 的神聖意涵逐漸融入於 Conscience 整體智識化概念脈絡中統合，到

「記問第五」）

〔註162〕請參看何懷宏，《良心論：傳統良知的社會轉化》「緒論」。
　　　　http://www.phil.pku.edu.cn/personal/hehh/xszz/llx/01.htm
〔註163〕"application of knowledge to activity"（Summa Theologiae, I-II, I）
　　　　請參看 http://plato.stanford.edu/entries/conscience-medieval/

了 Ockham （1287～1347）的論述中，這 Conscience 意涵甚至被認為是一種知識技能（faculty）。

但與此重智脈絡趨向中，顯然盧梭在文中使用此 Conscience 的詞彙時，此意涵可謂與當時學術思想界濃厚的重智智識主義環境不甚相同，相對地，較相近於 Bonaventure 的 Synderesis，我們或由此可看出其思考重點，即是一種道德主義脈絡，而且這與梁啓超道德主義思想所重視的價值意涵相距不遠。但是，我們值得注意的是梁啓超與盧梭，尤是其道德主義思想有著鮮明的對比，絕不能等同視之，若藉由梁啓超一篇短文之論點，相較於歐洲中世紀神學，Synderesis 和 Conscience 之間的相關討論，即能瞭解兩人之道德主義思想的不同位置。

（二）梁啟超良知智識化脈絡與盧梭道德主義思想異同

梁啓超在 1914 年〈良知（俗識）與學識之調和〉一文中，明確指出文中他所謂良知並非宋明儒者之良知，而是直取孟子之意，他說：

> 本文所謂良知，與宋明儒者所標舉論爭之良知有異。孟子曰：「人之所不學而知者，其良知也」吾蓋直取斯義以定今名。蓋學識必待學而後知，此則不學而盡人能知者也。譯以今語，亦可稱為俗識以字義論，本可稱為常識，但英文之 Common Sense 既已譯為常識，不容相混。吾意則俗識與學識之調和，即常識也。試言俗識（良知）與學識之異，例如以小石投水則沈，投以木葉則浮，此盡人所能知也，所謂良知也。學識也，而此兩種反對之現象，實有一原理以貫之，一者何？重力是已。明乎比重之作用，則之小石比水重故沈，木葉比水輕故浮，此即所謂學識也。……〔註 164〕

又說：

> 俗識者，恃直覺與經驗之兩種作用而得之者也，學識者，恃概括分析與推定之三種作用而得之者也。……學問之天職，在分析事物，而知其組織之成分，然後求得各種事物共通之點，概括綜合之以尋出其原則，復將此原則推之凡百事物，所謂格物致知，所謂一以貫之者，於是乎在矣。〔註 165〕

在同文中，當他舉出欲求紹興酒之良者，在紹興求之則謂之俗識，而其中透過

〔註 164〕梁啓超，〈良知（俗識）與學識之調和〉，《文集之三十二》，頁 32。
〔註 165〕梁啓超，〈良知（俗識）與學識之調和〉，《文集之三十二》，頁 33。

生計學（即經濟學）瞭解「凡物集於所需之地」，故在北京、上海才能求得紹興之良者，這已經清楚地告訴我們，他如何界定「良知」了。這猶如 Thomas Aquinas 對 Synderesis 和 Conscience 所持的角度，Synderesis 是一種不須再進一步追究或探索的最根本的人類行事準則，人類道德原則之內在化，而 Conscience 則是援用此一原則於實際生活的一種知識擴充。梁啓超將其良知從傳統天理觀念中解放，從樸實的直覺和經驗來描寫，在相當程度上推進「良知」的智識化脈絡，即便這是爲講解常識而直取孟子原意，但如此一來，我們即能瞭解梁啓超爲何對龍谿心齋一派有所顧忌，在他將王學分爲兩派，趨重本體者（即注重良字）之王龍溪王心齋一派，與趨重功夫者（即注重致字）之聶雙江羅念菴一派時，爲何會清楚表示「若啓超則服膺雙江念菴派者」。〔註166〕雖然，梁啓超並不放棄道德內在化及道德之本原「良知」，但是當他以俗識概念講起「良知」時，我們清楚瞭解梁啓超道德主義思想，仍在智識主義傳統，即是在清儒「道問學」傳統中的事實。〔註167〕

當盧梭描述當時流行的風尚時，就認爲說：「每個人的精神（mind）彷彿都在同一個模子理鑄出來得，禮節（ritual）不斷地在強迫著我們，風氣又不斷地在命令著我們；我們不斷地遵循著這些習俗，而永遠不能遵循自己的天性（intuition）。」〔註168〕盧梭在文中不斷進行嚴厲的批評人們被世俗甚至科學或精微的學問所束縛，不能尋回自我天性之現實環境。這似是相當於梁啓超強力批判瑣碎考據學以及傳統義禮之束縛，認爲若不徹底破棄其傳統之種種束縛，則不能使人民從傳統束縛中衝破出來，成爲一個獨立思考且能爭取民權自由之健全人格之論述，但是其中最大的關鍵差異就在於，梁啓超充分肯定知識和科學，對此健全人格之培養發揮正面影響，而盧梭則認爲這知識和科學都是一種妨礙人民發顯自我道德本性之障礙。雖然，梁啓超一貫主張，立志必先存乎先立其大，而鄙棄僅推崇考據詞章之漢學主張，但是梁啓超不忘陸九淵之語，「今人如何便解有志，須先有智識始得」，故他認爲「志既定

〔註166〕梁啓超，《德育鑒》，《專集之二十六》，頁30。

〔註167〕余英時教授在〈清代學術思想史重要觀念通釋〉中指出：「下逮乾嘉之世，儒學進入『道問學』的時代，『德性之知』必須建築在『聞見之知』的廣大基礎之上，既已成爲學者間一種共同接受的假定，這一分別便不復是思想界爭論的中心了。」（《中國思想傳統的現代詮釋》，頁441。）

〔註168〕盧梭：李瑜青主編，〈科學與藝術的復興是否有助於敦風化俗？〉，《盧梭哲理美文集》，頁211；The Social Contract and The First and Second Discourses, p.50.

之後，必求學問以敷之，否則皆成虛語」。〔註169〕與此相比，盧梭顯然對科學的態度，比梁啟超更為徹底地堅持否定的態度，他說：

> 在科學研究工作中，有多少危險、多少歧途啊！要達到真理，又必須經歷多少錯誤啊！這些錯誤的危險要比真理的用處大上千百倍。這種不利的局面是很顯然的。因為錯誤可能有無窮的結合方式；而真理卻只能有一種存在的方式。……而且更困難的是，假如我們居然有幸終於發現了真理，我們之中又有誰能好好地應用它呢？〔註170〕

的確，到底誰能有資格正確運用科學知識或真理，是相當嚴峻的問題，歸根結蒂，如何建立健全人格，如何培植控制者角色，也是智育和德育之教育途徑，該面對而且必須解決的問題。對此嚴峻的問題意識出發，盧梭詳細的論說科學與藝術之發達，何以伴隨著奢侈之風氣，又如何自然導致風尚（morality）的解體（即是道德淪喪），〔註171〕並且學院只對聰明才智犒賞，對於德行毫無尊嚴可言，〔註172〕結果人們「不會辨別謬誤和真理，卻有本領用似是而非的詭辯使得別人無從識別，可是他們並不知道高尚、正直、節制、人道、勇敢這些名詞究竟是什麼」。〔註173〕因此，他在文末沈痛地呼籲說：

> 德行啊！你就是純樸的靈魂的崇高科學（sublime science），難道非要花那麼多的苦心與功夫才能認識你嗎？你的原則不就銘刻在每個人的心裡嗎？要認識你的法則，不是只消返求諸己，並在感情寧靜的時候，諦聽自己良知（conscience）的聲音就夠了嗎？〔註174〕

在這種認知基礎上，盧梭對教育的態度相當明確。他說：「我堅持品質比學問重要，一個賢明的人比一個博學的人重要。我經常不厭其煩地重複，好的教育應該是純粹否定性的，教育不是做，而是防止，真正的老師是本性，其他的老師只是排除妨礙成長的障礙，甚至錯誤也只隨著邪惡而來，而好的判斷則來自善良的心。」〔註175〕由此我們清楚瞭解，盧梭所追求的是，發顯

〔註169〕梁啟超，〈湖南時務學堂學約〉，《文集之二》，頁24。
〔註170〕盧梭，〈科學與藝術的復興是否有助於敦風化俗？〉，《盧梭哲理美文集》，頁221～222。
〔註171〕盧梭，〈科學與藝術的復興是否有助於敦風化俗？〉，頁224～225。
〔註172〕盧梭，〈科學與藝術的復興是否有助於敦風化俗？〉，頁229。
〔註173〕盧梭，〈科學與藝術的復興是否有助於敦風化俗？〉，頁228～229。
〔註174〕盧梭，〈科學與藝術的復興是否有助於敦風化俗？〉，頁 235：The Social Contract and The First and Second Discourses, p.67.
〔註175〕盧梭，〈論教育〉，《盧梭哲理美文集》，頁298。

conscience 而傾聽內心深處道德良知的呼籲，盡量排除奢侈、虛榮、富貴，甚至科學和藝術所帶來的危險和誘惑，使人保持赤子之心。

以上盧梭文章中的 Conscience 與 Science，如果對照於張載（橫渠，1020～1077）「誠明所知，乃天德良知，非聞見小知而已」，〔註176〕或將與陽明「良知只是箇是非之心」〔註177〕相比較，就能瞭解將其 Conscience 理解爲「良知」或許更爲貼切。

（三）梁啓超道德主義思想與 Conscience 和 Synderesis

當梁啓超自我期許「行吾心之所志，必求至而後已」〔註178〕之人，且其心之所指，乃雖隨著其見識知識增長與時空環境之演變，應變得宜而達時勢，但其始終不離之宗旨，即是服公理，仍然存續於人心中，則從個人之道德良知養心基礎上爲追求國家獨立、人民之自由民權，由此進至世界大同之大理想。這服公理、達時勢就如 Synderesis 和 Conscience 之關係，對他而言，或許追求一生「吾心所志」的歷程，是實現自我期許和目標，亦是其政治和學術生涯所努力的宗旨所在。

誠如梁啓超所說，「民權自由者，天下之公理」，〔註179〕那麼「行吾心之所志，必求至而後已」〔註180〕之梁啓超，對此天下公理之實現之時，如何服公理、達時勢？一方面避免「今後智育愈勝則德育欲衰，泰西物質文明盡輸入中國，而四萬萬人且相率而爲禽獸」〔註181〕之危險，又如何衝破愚民教育及其習俗之害，積極汲取見識和知識，促成個人思想解放，思想獨立？

對梁啓超而言，個人自由不但是重顯道德力量，更是延生出個人發憤圖強而自強國家之首要核心問題。此問題之解決方法，梁啓超顯然不是採取純然養心養性之傳統功夫，亦不像盧梭嚴厲指責科學、專業學問和藝術之惡習，而是積極破棄歷來束縛國人之「愚民政策」，及使人屈從的「國民之所習慣與所信仰」之改造爲其關鍵課題。質言之，破除「愚民」使個人自主、獨立、自由，並不只止是道德之提倡，它同時必須積極吸收新知，並以西學所根據之自由民權思想及各種科學學術思想爲基礎。

〔註176〕張載，〈誠明〉第六，《正蒙》（北京：中華書局，1985 第 2 刷）。
〔註177〕王守仁，《傳習錄》上，《王陽明全集》。
〔註178〕梁啓超，《自由書・善變之豪傑》，《專集之二》，頁 28。
〔註179〕梁啓超，《自由書・地球第一守舊黨》，《專集之二》，頁 7。
〔註180〕梁啓超，《自由書・善變之豪傑》，《專集之二》，頁 28。
〔註181〕梁啓超，《新民說・論公德》，《專集之四》，頁 15。

在盧梭而言，科學和藝術之發達，導致奢侈之風氣興盛，敗壞道德風俗之美，這一論點，梁啓超指出「泰西物質文明盡輸入中國，而四萬萬人且相率而為禽獸」〔註182〕時，已經相當清楚地表達出其中的某種思想關聯。雖然，兩者之間，有否直接關聯尚待嚴密考證，但至少我們已經看出其兩者所蘊含的各自思想傳統中（歐洲和中國），有著相當類似的思想發展脈絡。

是故我們可以說者兩者均屬於道德主義基本思考脈絡，而值得我們注意的是盧梭和梁啓超對此問題的解決途徑並不一致，梁啓超不完全否定知識和科學本身的價值，他相當清楚地認為增長個人見識，是可引導國人道德認知之提高，所謂精神力量之提升，仍以知識和見識相輔佐。這一論點更凸顯梁啓超道德主義思想，在學術思想史脈絡中的獨特位置。

三、梁啓超與嚴復——德智相和與重智

梁啓超推動思想革新，在德育與智育的關係中，與嚴復的情況又有相當有趣的對比，比較這兩者相關智育以及科學等議題，可以尋繹出梁啓超道德主義思想更深刻的思考脈絡。嚴復1895年3月4日至9日（光緒二十一，乙未年二月初八日至十三日）發表於天津《直報》上的〈原強〉一文，從中我們不難發現，其基本論旨與梁啓超救國論述相距甚小。嚴復說：

> 是故富強者，不外利民之政也，而必自民之能自利始；能自利自能
> 自由始；能自由自能自治始，能自治者，必其能恕、能用絜矩之道
> 者也。〔註183〕

可見，即是個人能恕能絜矩，才能為羣為國家而合理轉讓自我權利，〔註184〕但人民若不自由不具自治能力，則不知為自利而爭取自我權益，不知此者，民不能獨立自強國家亦不能獨立富強。雖然當時他們二人的基本救國論述，可謂相當一致，但也出現相當有趣的對比，頗值得我們省思。梁啓超在1902年（光緒二十八，壬寅）2月8號《新民叢報》第1號《新民說·釋新民之義》中，有言：

〔註182〕梁啓超，《新民說·論公德》，《專集之四》，頁15。
〔註183〕嚴復，〈原強〉，《嚴復集1》，頁14。
〔註184〕嚴復當然並不要求單方的謙讓，如他所說：「大利所存，必其兩益。損人利己非也，損己利人亦非；損下益上非也，損上益下亦非。」（《天演論》導言十四〈恕敗〉復案，《嚴復集5》，頁1349。），他所要求的是衝突雙方得其兩益而存大利。

欲強吾國，則不可不博考各國民族所以自立之道，彙擇其長者而取
之，以補我之所未及。今論者於政治學術技藝，皆莫不知取人長以
補我短矣。而不知民德民智民力，實爲政治學術技藝之大原，不取
於此取於彼，棄其本而鶩其末。〔註185〕

嚴復在〈原強〉一文中，已經說明「格致之學不先，禂僻之情未去，束教拘
虛，生心害政，固無往而不誤人家國者也。是故欲治羣學，且必先有事於諸
學焉」，〔註186〕這一論點到1902年（光緒二十八，壬寅），嚴復在〈與《外交
報》主人書〉中，重複科學乃西藝，亦爲西政之本，他說：

中國之政，所以日形其絀，不足爭存者，亦坐不本科學，而與通理
公例違行故耳。是故以科學爲藝，則西藝實西政之本。〔註187〕

民德、民智、民力，〔註188〕是由嚴復所首倡之救國方策，但嚴復也明確指出，
歐美科學公例之累積的通理，甚至其國家之政治亦以科學之準確性爲本。這
與梁啓超以「民德民智民力，實爲政治學術技藝之大原」之論，確有所不同。
嚴復說：

然則今之教育，將盡去吾國之舊，以謀西人知新歟？曰：「是又不然。」
英人摩利之言曰：「變法之難，在去其舊染矣。而能擇其所善者而存
之。」方其洶洶，往往俱去。不知是乃經百世聖哲所創垂，壘朝變
動所淘汰，設其去之，則其民之特性亡，而所謂新者從以不固，獨
別擇之功，非暖姝囿習者之所能任耳。必將閎視遠想，統新故而視
其通，苞中外而計其全，而後得之，其爲事之難如此。〔註189〕

此與梁啓超所言新民「非欲吾民盡棄其舊以從人」之論相當，梁啓超所說：「凡
一國之能立於世界，必有其國民獨具之特質，上自道德法律，下至風俗習慣
文學美術，皆有一種獨立之精神。祖父傳之，子孫繼之，然後羣乃結，國乃

〔註185〕梁啓超，《新民說・釋新民之義》，《專集之四》，頁6。
〔註186〕嚴復，〈原強〉，《嚴復集1》，頁6。
〔註187〕嚴復，〈與《外交報》主人書〉，《嚴復集3》，頁559。
〔註188〕現今研究者，嘗引用〈原強修訂稿〉中，「一曰：『鼓民力』、二曰：『開民智』、
三曰：『新民德』」（《嚴復集1》，頁27。），但此文與原文增刪頗多，且比原
文晚1年，收在1901年（光緒二十七，辛丑）熊元鍔編《侯官嚴氏叢刊》。（請
參看，徐立亭，《嚴復》（哈爾濱：哈爾濱出版社，1996年），頁152。）故本
文直引刊載《直報》上的〈原強〉一文，此文亦收在《嚴復集1》，請參看同
書頁14。
〔註189〕嚴復，〈與《外交報》主人書〉，《嚴復集3》，頁559。

成，斯實民族主義之根柢源泉也。我同胞能數千年立國於亞洲大陸，必其所具特質，有宏大高尚完美，鼇然異於羣族者，吾人所當保存之而勿失墜也。」，所謂「淬厲其固有而已」〔註190〕等觀點，亦與嚴復並無二致。

在固有的傳統基礎上，以審慎之態度選擇性吸收，進而創新祖國之文明或精神，此一論點嚴復與梁啟超都同意，但是實質作法上，兩者之間卻出現不同的途徑。嚴復更清楚地指出，所謂「中學為體，西學為用；西政為本，而西藝為末」〔註191〕的大多數中國新學堂之教育方針，應是「中學有中學之體用，西學有西學之體用，分之則並立，合之者兩亡」，〔註192〕且再次強調不可中西混為一談，並對「政本而藝末」之說，強力批評「顛倒錯亂」。他對「藝」之說明為：

> 且其所謂藝者，非指科學乎？名、數、質、力，四者皆科學也。其通理公例，經緯萬端，而西政之善者，即本斯而立。故赫胥黎氏有言：「西國之政，尚未能悉准科學而出之也。使其能之，其致治且不止此。」〔註193〕

嚴復認為科學乃本，政者為末。且當今最為可患者，愚、貧和弱三者，「尤以癒愚為最急」，〔註194〕如此我們可以推測科學乃治癒愚昧最有效方策，此亦是政治走上正軌之最佳解決途徑。因此，他說：

> 今世學者，為西人之政論易，為西人之科學難。政論有驕囂之風，如自由、平等、民權、壓力、革命皆是。科學多樸茂之意，且其人既不通科學，則其政論必多不根，而於天演消息之微，不能喻也。此未必不為吾國前途之害。〔註195〕

〔註190〕梁啟超，《新民說‧釋新民之義》，《專集之四》，頁5～6。

〔註191〕嚴復，〈與《外交報》主人書〉，《嚴復集3》，頁558。

〔註192〕嚴復，〈與《外交報》主人書〉，《嚴復集3》，頁559。嚴復這一觀點，實與梁啟超或康有為甚至張之洞以來清朝政府推動的「中體西用」教育政策，有著相當明顯的差異。嚴復曾寄給汪康年（穰卿，1860～1911年）的書信中，亦有論及梁啟超。（《嚴復集3》，頁508。）有關詳細教育政策，請參看劉龍心，〈學科體制與近代中國史學的建立〉，收入於《20世紀的中國：學術與社會》史學卷（下）（濟南：山東人民出版社，2001年），頁449～479。

〔註193〕嚴復，〈與《外交報》主人書〉，《嚴復集3》，頁560。

〔註194〕嚴復，〈與《外交報》主人書〉，《嚴復集3》，頁560。

〔註195〕嚴復，〈與《外交報》主人書〉，《嚴復集3》，頁564～565。關於嚴復所談及當時學子喜談政論之類，而不務科學等學理，梁啟超曾在《變法通議‧學校餘論》中云：「今中國而不思自強則已。苟猶思之，其必自興政學始，宜以六經諸子

嚴復之忠告，我們尚不知是否針對梁啓超而發，但有趣的是，梁啓超早已對
「新民」有如下解釋，他說：

> 新民者，必非如心醉西風者流，蔑棄吾數千年之道德學術風俗，以
> 求伍於他人，亦非如墨守故紙者流，謂僅抱此數千年之道德學術風
> 俗，遂足於立於大地也。〔註196〕

梁啓超在此左右批倒西化派和保守派，他認爲「世界上萬勢之現象，不外兩
大主義，一曰：『保守』，二曰：『進取』，人之運用此兩主義者，或偏取甲，
或偏取乙，或兩者並起而相衝突，或兩者並存而相調和。偏取其一，未有能
立者也。有衝突則必有調和，衝突者，調和之先驅也，善調和者，斯爲偉大
國民。」力持「輸入而調和」〔註197〕之立場和「淬厲其固有」而「博考各國」、
「擇其長者」〔註198〕之觀點。

　　值得注意的是，從嚴復和梁啓超的救國途徑，可看出嚴復以科學而梁啓
超以新道德，各爲其論說之重點。但是，在此筆者並非認爲梁啓超與嚴復，
各執偏於一方，反是著眼於他們二人而至福澤諭吉，都不否定德智並行而互
爲相輔之道理。如梁啓超對破壞社會合羣之奸巧的「智」的批評，是擔憂「奸
智」伴隨著人類智育成長而擴大其範圍，且梁啓超相當清楚將來的世界更重
視「智育」之成長，若是如此，自然相對地會忽略道德之關懷和「德育」。故
爲求存而力圖合羣協力的人民，梁啓超特重「新道德」，其中並無否定「智育」
的問題。嚴復也在〈原強〉一文中，強調「能自治者，必其能恕、能用絜矩

爲經，（經學必以子學相輔，然後知經學之用。諸子亦皆欲以所學易天下者也。）
而以西人公理公法之書輔之，以求治天下之道。」（《文集之一》，頁63。）我
們在《吳宓自編年譜》中，亦能瞭解大致情形。1908年吳宓15歲時，雖然對
梁啓超《新民叢報》等政論性雜誌頗有興趣，但他說：「梁任公之《國風報》
雜誌，特注重財政之研究，宓亦不喜。」（《吳宓自編年譜》，頁79。）除此之
外，胡適留美時期真正感興趣的是，如嚴復和梁啓超以學術言論之振興而重造
新文明的啓蒙人士。在他留學美國時期的言論中，也可以發現胡適對言論家與
造新文明的抱負。這些例子都間接地指出，嚴復所指出的現象是相當普遍的現
象之一。請參看1915年1月20日胡適，〈一一‧再遊波士頓記〉，《胡適留學
日記（二）》，頁253～254。1915年5月23日胡適，〈六四‧讀梁任公「政治
之基礎與言論家之指針」〉，《胡適留學日記（三）》，頁76～77。

〔註196〕梁啓超，《新民說‧釋新民之義》，《專集之四》，頁7。
〔註197〕梁啓超，〈《清議報》一百冊祝詞並論報館之責任及本館之經歷〉，《文集之六》，
　　　　頁50～51。
〔註198〕梁啓超，《新民說‧釋新民之義》，《專集之四》，頁5～6。

之道者」，〔註199〕並不否定道德價值在富強救國之方策中的重要意義。

　　福澤諭吉更是強調「道德不僅是人類的天職，而且具有促進文明的巨大功能，所以世上的傳教士勸善講道，的確是件好事。」他所擔憂的是「在德教之中別立門戶，企圖排斥異己獨霸世界教權，並且還侵犯智慧的領域」。〔註 200〕換言之，他們所擔憂的是德智失衡偏重某方所引發之弊端，其中並沒有對立或衝突，只有不同途徑之強調和注意，因此筆者所重視的就是梁啓超在眾多論述主題選擇中，擇取道德主題而發揮，且其方向，與福澤諭吉或嚴復為不同路線，突顯出梁啓超個人思想建構重點。

〔註199〕嚴復，〈原強〉，《嚴復集1》，頁 14。
〔註200〕福澤諭吉，《文明論概略‧智德的區別》，頁 102。

第四章 「新民」建構：德智相和羣己相諧

梁啓超的救國論說引起廣大迴響，與其說是因爲他的論旨新穎，不如說是正確的反映出當時知識分子所期望的社會需求，且社會環境正允許此一論說之盛行。〔註1〕《新民說》就是符合以上的條件而發揮它的影響力，如同「考據家讀之，所觸者無一非考據之材料，詞章家讀之，所觸者無一非詞章之材料」，〔註2〕讀《新民說》的讀者受何影響，當是讀者各趨所好，擇其心之所往，胡適或梁漱溟等人的例子就能證明這一點。

在某種意義上言，梁啓超是此一啓蒙傳播媒介之重要思想典範和思想領導，但是在某種意義上，仍受限於此一整個運動之蓬勃擴展影響，及其環境中成長的新一代知識分子的思想趨向。這種受限於自我開啓的規範，本文在討論「服公理、達時勢」時〔註3〕亦有充分說明。這或許可借用梁啓超晚年所

〔註1〕 清末民初年間思想傳播管道，尤其新式學堂、白話報刊、小說、戲曲等，各種啓蒙媒介之影響與活動，近來頗有所研究。請參看李孝悌，〈胡適與白話文運動的再評估——從清末的白話文談起〉，收入於周策縱等編著，《胡適與近代中國》（臺北：時報文化，1991年）；李孝悌，《清末的下層社會啓蒙運動1900～1911》（臺北：中研院近史所，1992年）。桑兵，《清末新知識界的社團與活動》（北京：三聯書店，1995年）；桑兵，《學生與社會變遷：晚清學堂》（上海：學林出版社，1995年）。張灝，〈中國近代思想史的轉型時代〉，《二十一世紀》（第52期：1999年4月），頁29～39。
〔註2〕 梁啓超，《自由書‧慧觀》，《專集之二》，頁46。
〔註3〕 請參看本文「緒論」，頁20註解62，以及第三章第一節「一、《自由書》——民權自由與公理時勢」中的討論。

提倡的「新史學」之用詞，即以「互緣」代替「因果律」的梁啓超個人觀點，可稱之為「思想建構過程中的互緣性」。〔註4〕

　　梁啓超在《新民說》中，認為提倡新民為當務之急，其原因可分內治外交二項。中國提倡改革新法數十年而無效，是因人民的民德、民智、民力並無自新之故，且國家正處於民族帝國主義環伺之際，不得不實行民族主義而力抵外侮，為此先使國人自我革新成為新民之外別無他法。〔註5〕但新民並不是指「盡棄其舊以從人」，〔註6〕而是「博考各國」、「擇其長者」，〔註7〕是在本國之特質基礎上淬厲其固有而增長之者。〔註8〕在此基礎上，國人才能真正瞭解「中國數千年來，束身寡過主義，實為德育之中心點，範圍既日縮日小。其間有言論行事，出此範圍外，欲為本臺本國之公利公益有所盡力者，比曲士賤儒，動輒援『不在其位，不謀其政』等偏義，以非笑之擠排之」〔註9〕之陋習正盛行，中國不得不進行「道德革命」。〔註10〕道德革命提倡「新道德」，其內涵與傳統不同，如梁啓超所說「德也者，非一成而不變者」，〔註11〕當前國際環境險峻，雖然「合公私而兼善」乃「新道德」之主軸，但因「國民最缺者，公德」〔註12〕之故，當此國族競爭，甚至外敵以民族帝國主義之形態逼進中國之時，他所致力的目標乃是提倡「公德」。在此我們應當注意的是，他所提倡之「德也者，非一成而不變者」之語，此種思考當時與梁啓超頗有往來的章太炎〔註13〕曾經也談及：「道德本無所謂是非，在那種環境裡產生相適應的道德，在那時如此便夠了。我們既不可以古論今，也不可以今論古」。

〔註4〕　有關互緣的討論請參看梁啓超，〈研究文化史的幾個重要問題〉，《文集之四十》，頁4。
〔註5〕　梁啓超，《新民說‧論新民為今日中國第一急務》，《專集之四》，頁2～4。
〔註6〕　梁啓超，《新民說‧釋新民之義》，《專集之四》，頁5。
〔註7〕　梁啓超，《新民說‧釋新民之義》，《專集之四》，頁6。
〔註8〕　「淬厲其固有」見於梁啓超，《新民說‧釋新民之義》，《專集之四》，頁6。「淬厲之而增長之」見於梁啓超，《論中國學術思想變遷之大勢‧總論》，《文集之七》，頁3。
〔註9〕　梁啓超，《新民說‧論公德》，《專集之四》，頁13。
〔註10〕梁啓超，《新民說‧論公德》，《專集之四》，頁15。
〔註11〕梁啓超，《新民說‧論公德》，《專集之四》，頁15。
〔註12〕梁啓超，《新民說‧論公德》，《專集之四》，頁12～13。
〔註13〕梁啓超和章太炎，在這一時期往來頗密，章稱讚梁啓超「學識日進，頭頭是道」，他們之間的主要關懷是與修《中國通志》相關。請參看姚奠中、董國炎，《章太炎學術年譜》（太原：山西古籍，1996年），頁72～73。

〔註 14〕但在此所言及之「德」，猶如梁啓超所說：「道德之本體一而已，然其發表於外，則公私之名立焉。」〔註 15〕故所謂公德和私德是一種表現在外的道德，即是對內（自我）或對外（社會）的形態和形式，並不是指道德之本體或根源。此新道德在新舊論說中所標榜的內涵，則是：

> 今夫人之生息於一羣也，安享其本羣之權利，即有當盡於其本羣之義務。苟不爾者，則直爲羣之蠹而已。彼持束身寡過主義者，以爲吾雖無益於羣，亦無害於羣，庸詎知無益之即爲害乎？何則，羣有以益我，而我無以益羣，是我逋羣之負而不償也。〔註 16〕

能否益羣，就能決定民族帝國主義盛行於國際間的險峻時期，捍衛個人民權之可行途徑，是梁啓超論述之重點，故有「今吾中國所以日即衰弱者，豈有他哉！束身寡過之善士太多，享權利而不盡義務」〔註 17〕之慨嘆，正說明梁啓超提出「新道德」之理由，即提倡不能安於安身立命之傳統，爲國家民族負起應有的責任。所以他接著於〈論國家思想〉、〈論進取冒險〉中，倡明身爲一國之國民該有的義務，以及如何勇敢地接受且盡其義務。

第一節　仁耶？義耶？

梁啓超在《子墨子學說》中論及「儒者常以仁義並稱，墨者常以愛利並稱」，〔註 18〕他認爲仁與愛可謂同物，是故分儒墨，應由重義重利視之。當梁啓超言權利思想，不再靜待人君施以「仁政」，多自人民爭取公義公利言之，實謂統合儒墨之精髓，導引出誘發人民之良策，由此可知其論述重點，在覺醒人民由人民自決之途徑。

梁啓超提倡新道德，舉起道德革命之旗幟，意在突破安身立命傳統之陋

〔註 14〕章太炎，《國學概論》，頁 41。雖然，這是章太炎晚年之演講稿，而我們大致瞭解當時思想界對道德的看法。其中「不可以古論今，也不可以今論古」，頗似是戴震「不以人蔽己，不以己自蔽」一語。此戴震「不以人蔽己，不以己自蔽」一語亦見於梁啓超，《清代學術概論・十一》，《專集之三十四》，頁 26。梁啓超認爲此二語「實震一生最得力處」。「不以人蔽己，不以己自蔽」一語出自〈答鄭用牧書〉，《戴震全書 6・東原文集卷九》（合肥：黃山書社，1994年），頁 373。
〔註 15〕梁啓超，《新民說・論公德》，《專集之四》，頁 12。
〔註 16〕梁啓超，《新民說・論公德》，《專集之四》，頁 13。
〔註 17〕梁啓超，《新民說・論公德》，《專集之四》，頁 13。
〔註 18〕梁啓超，《子墨子學說》，《專集之三十七》，頁 27。

俗，要求人民自我覺醒，自我爭取，自我捍衛自己的權利，盡其身爲一國國
民之義務。自我道德覺醒，公德和私德之兼備，不但是自我個體的權利，更
是身爲國民之義務，悍然獨立自強的個人，才有能力爲國爭取國家獨立，在
國中羣己相諧，與國民同享眞正的自由。使人民從安身立命之傳統中，破殼
而出，成爲獨立自主的個體，此一大破大立之途徑，隨著梁啓超所鼓吹之種
種改革措施和激烈的宣傳，引來「破壞主義」過分盛行，而成爲梁啓超必須
解決的課題。

一、道德控制與激進主義

　　我們早已透過梁啓超在 1901 年（光緒二十七，辛丑）10 月《清議報》第
94、95 冊中發表的〈國家思想變遷異同論〉，且在 96、97 冊中分別介紹霍布
士，斯片挪莎，在 98～100 冊中論述盧梭等三位思想家時，詳細討論梁啓超
國家思想之理論基礎，尤其對個人自由和國家權力之間的關係頗有著墨。但
是，與此相比，梁啓超《新民說》中的國家思想，論旨鮮明而篤定，他說：「殺
其一身之私以愛一家可也，殺其一家之私以愛一鄉族可也，殺其一身一家一
鄉族之私以愛一國可也。國也者，私愛之本位，而博愛之極點。」〔註 19〕雖
然，我們瞭解他在《新民說》中不以理性討論，而直接對國人作如此強烈要
求，是因爲《新民說》直接面對大眾，其宣傳意味相當濃厚，論述重點不得
不儼如道德命令般篤定且鮮明。但其標榜的內容，大致上與《清議報》時期
的一些論點，並無太大差異。他在《新民說·論進步》（一名〈論中國羣治不
進之原因〉）中，認爲中國羣治不進之原因，列出五項，一曰：「大一統而競
爭絕」，二曰：「還蠻族而交通難」，三曰：「言文分而人智局」，四曰：「專制
久而民性漓」，五曰：「學說隘而思想窒」。〔註 20〕換言之，爲羣治之進化，推
翻專制、提倡學術自由，改革語言文字，即是最好的幾個救國就羣之方策。
故梁啓超更爲大膽地倡其「破壞主義」，他說：

　　新民子曰：無不欲復作門面語，吾請以古今萬國求進步者，獨一無
　　二不可逃避之公例，正告我國民。其例維何曰：破壞而已。不詳哉！
　　破壞之事也。不仁哉！破壞之言也。古今萬國之仁人志士，苟非有

〔註 19〕梁啓超，《新民說·論國家思想》，《專集之四》，頁 18。
〔註 20〕梁啓超，《新民說·論進步（一名論中國羣治不進之原因）》，《專集之四》，頁
　　　　56～59。

所萬不得已，豈其好爲俶詭涼薄，憤世嫉俗，快一時之意氣，以事
此是而言此言哉！蓋當夫破壞之運之相迫也。破壞亦破壞，不破壞
亦破壞。破壞既終不可免，早一日則受一日之福，遲一日則重一日
之害。早破壞者，其所破壞可以較少，而所保全者自多。遲破壞者，
其所破壞不得不益甚，而所保全者彌寡。用人力以破壞者，爲有意
識之破壞，則隨破壞隨建設。一度破壞，而可以永絕第二次破壞之
根。故將來之樂利，可以償目前之苦痛而有餘。聽自然而破壞者，
爲無意識之破壞，則有破壞無建設。一度破壞之不已，而至於再。
再度不已，而至於三。如是者可以利數百年千年，而國與民交受其
病，至於魚爛而自亡。嗚呼！痛矣哉！破壞。嗚呼！難矣哉！不破
壞。〔註21〕

以整段的敘述而言，他不是主張盲目的破壞，而是沈痛的慨嘆破壞之不可避
免。他所倡導的破壞乃是有意識的破壞、有準備的破壞，更強調破壞之後的
建設，若能早一日破壞可即可少破壞之負影響，所以他在最後一段再次強調
說：

雖然，破壞亦豈易言哉？瑪志尼曰：「破壞也者，爲建設而破壞，非
爲破壞而破壞。使爲破壞而破壞者，則何取乎破壞？且將並破壞之
業而不能就也。」吾請更爲下一解曰：「非有不忍破壞之仁賢者，不
可以言破壞之言。非有能回破壞之手段者，不可以事破壞之事。」

〔註22〕

這使我們即能聯想到他在《自由書》中，所極力提倡的除舊布新之意圖，以
全新的民權自由代替固有「義禮」傳統，〔註23〕此論在「破壞主義」中是以
更爲鮮明的批評專制與傳統學術而重現。當今所須要的是用「破壞主義」，脫
離過去君臣、禮樂所代表的形式和思想關係網絡、與愚民教育和種種禮俗的
束縛，以完成人民之獨立自由、伸張民權的基本目標，並在人民獨立自由的
基礎上，以「國家主義」之實現，在激烈的世界競爭中，捍衛國家獨立。

〔註21〕 梁啓超，《新民說·論進步（一名論中國羣治不進之原因)》，《專集之四》，頁
60。
〔註22〕 梁啓超，《新民說·論進步（一名論中國羣治不進之原因)》，《專集之四》，頁
67〜68。
〔註23〕 更詳細的討論請參看本文第二章第節「二、「公」與「私」——個人自主權與
君權之分界」中的討論。

梁啓超在《新民說》中，提出如此激烈論說，或許是因爲如他所說：「天下無中立之事，不猛進斯倒退矣。」〔註 24〕之故。而此種想法在當時可以說是頗爲普遍，劉師培於 1904 年（光緒三十，甲辰）3 月在《中國白話報》刊載的〈論激進的好處〉也有類似之論述。

雖梁啓超言論甚爲激烈，但是對如何善加控制此「破壞」及其危險，曾指出當由「不惜改絃以應之，其方法雖變，然其所以愛國者未嘗變」之豪傑。此豪傑不但能「服公理」、「達時勢」，〔註25〕即是服從民權自由、推動民權自由，且不失「其方法隨時與境而變，又隨吾腦識之發達而變，百變不離其宗，但有所宗，斯變而非變」的態度，「行吾心之所志，必求至而後已」〔註26〕的人。對他而言，或許追求一生「吾心所志」的歷程，雖然隨著其見識和知識增長且其時空環境之演變，有所不同的變化，而其變化始終不離其宗旨，光明磊落地追求國家獨立、人民之自由民權，由此進至世界大同之大理想。此《自由書》中的英雄豪傑在《新民說》中轉化爲「仁人君子」，與其說觀念退守，不如說是「輸入之而調和之」〔註27〕的結果。

梁啓超一貫提倡道德控制，說明他對自然天演之結果仍有一種戒心，希望以人治節制天演淘汰之普遍規律。這一試圖不僅是道德的提倡，梁啓超在

〔註24〕 梁啓超，《新民說・論進取冒險》，《專集之四》，頁 23。有趣的是，這種議論在新文化運動，甚至 1930 年代亦能發現。胡適在 1917 年 4 月 9 日寄給陳獨秀（1879～1942 年）的信中，充分表達實驗主義者的謹慎和謙虛，討論問題不宜過於極端或肯定，而陳獨秀回函時則強調「不容他人之匡正」的態度。錢玄同（1887～1939 年）也寫信說：「玄同對於用白話說理抒情，最贊成獨秀先生之說，亦以爲『其是非甚明，必不容反對者有討論之餘地，必以吾輩所主張者爲絕對之是而不容他人之匡正。』此等論調，雖若過悍，然對於迂謬不化之選學妖孽與桐城謬種，實不能不以如此嚴厲面目加之。」（胡適，《胡適作品集 3・文學改良芻議》，頁 32，51。）我們在胡適 1935 年 3 月《獨立評論》第 142 號編輯後記中，發現胡適爲何不得不如此激進的回應。他說：「現在的人說『折衷』，說『中國本位』，都是空談。此時沒有別的路可以走，只有努力全盤接受這個新世紀的新文明。全盤接受了，舊文化的『惰性』自然會使他成爲一個折衷調和的中國本位新文化。……古人說：『取法乎上，僅得其中；取法乎中，風斯下矣。』這是最可玩味的真理。我們不妨拼命走極端，文化的惰性自然會把我們拖向折衷調和上去的。」或許，梁啓超的激進論述，如同胡適所說，經過舊文化的『惰性』使它自然調和折衷。

〔註25〕 梁啓超，《自由書・豪傑之公腦》，《專集之二》，頁 34。

〔註26〕 梁啓超，《自由書・善變之豪傑》，《專集之二》，頁 28。

〔註27〕 梁啓超，〈《清議報》一百冊祝詞並論報館之責任及本館之經歷〉，《文集之六》，頁 50。

〈論進取冒險〉一文中，指出冒險精神之四大原由，希望、熱誠、智慧、膽力，其中對智慧一項的論述，表明梁啓超在控制天演之普遍規律時，是如何將智慧和道德的力量結合，他說：

> 故進取冒險之精神，又長以其見地之淺深高下爲比例差。欲養氣者必先積智，非虛言也，而不然者，爲教宗之奴隸，爲先哲之奴隸，爲習俗之奴隸，爲居上位有權勢者之奴隸，乃至自爲其心之奴隸……
> 〔註28〕

換言之，養氣修養之功，先由智識或見識增長入手，若一個人的智識不充分，只能淪落爲他人之奴隸。梁啓超舉陽明之「知行合一」論，他說：「大雪漫野，坑谷皆盈，非識地勢者不敢凌言。見之不審，則其氣先餒，餒則進取之精神萎地矣。故王陽明以知行合一爲教義，誠得其本也。」〔註29〕這一觀點大概可說明梁啓超道德主義思想之主要內涵，道德和智識之關係爲何。梁啓超在 1926年 12 月以〈王陽明知行合一之教〉演講時，仍堅持他在 1902 年（光緒二十八，壬寅）在《新民叢報》第 9～10 號刊載的〈東籍月旦〉中的論點。世界雖進入以「智識」爲主的社會，學校都變成「智識販賣所」，〔註30〕但修養不能等待智識完成後才開始，至少必須同時並進。梁啓超雖然不排拒智識，甚至相當積極追求智識，而他仍然認爲若無道德修養之功夫，在「奸智」叢生的社會環境中，人無法抗拒誘惑。這一憂慮使得梁啓超無法放棄個人之道德修養。

除此之外，梁啓超在〈論國家思想〉中，提出：「吾中國人之無國家思想也，其下焉者，惟一身一家榮瘁是問；其上焉者，則高談哲理以乖實用也。」〔註31〕這所謂「上下」亦指形而上之道和形而下之器，他認爲：

> 中國儒者，動日：「平天下！治天下！」其尤高尚者，如江都繁露之篇，橫渠西銘之作，視國家爲眇小之一物，而不屑厝意，究其極也。所謂國家以上之一大團體，豈嘗因此等微妙之空言，而有所補益，而國家則滋益衰矣。若是乎吾中國人之果無國家思想也。危乎痛哉！吾中國人之無國家思想竟如是其甚也。
>
> 吾推其所以然之故，厥有二端，一曰：「知有天下而不知有國家」，

〔註28〕 梁啓超，《新民說·論進取冒險》，《專集之四》，頁 29。
〔註29〕 梁啓超，《新民說·論進取冒險》，《專集之四》，頁 29。
〔註30〕 梁啓超，〈王陽明知行合一之教〉，《文集之四十三》，頁 23。
〔註31〕 梁啓超，《新民說·論國家思想》，《專集之四》，頁 18。

二曰：「知有一己而不知有國家」。〔註32〕

梁啓超批評的中國儒者，指「高談哲理以乖實用」者，是只「知有一己」，而「獨善其身，鄉黨自好者流也，是即無所謂逋羣負而不償者也」，〔註33〕大致是指空談心性理氣之當權者。梁啓超曾在《變法通義・論科舉》一文中談及，同治初葉恭親王等曾主張五品以下由進士出身之各官員，入同文館學習西藝之時，「乃彼時倭文端方以理學名臣主持清議，一時不及平心詳究遂以用彝（夷）變夏之說，抗疏力爭，遽尼成議。子曰：『君子一言以爲智，一言以爲不智。』文端之言，其誤人家國，豈有涯耶。」〔註34〕或許這也可佐證，梁啓超所指乃空談心性理氣之當權者。他所指者，乃維護自我權利明知改革之不可免，而爲其子孫之安榮不肯改革的「爲我派」，所謂「以老聃爲先聖，以楊朱爲先師，一國中無論爲官爲紳爲士爲商，其據要津握重權者」，〔註35〕只顧個人之利益，寧可害人而不知合羣協力乃眞爲己之輩。值得注意的是，梁啓超在此所指中國儒者（即是空談心性理氣的爲我當權派）所談之「天下」與顧炎武所言之「天下」不能相稱。因爲，中國儒者所談「平天下！治天下！」看似高尚之哲理中，只有虛並無實，只有口號並無實質行動，只有虛道並無實器。

由此可知，梁啓超「破壞主義」所指，看似相當激烈，但他總以控制者之設計，試圖節制其破壞之嚴重後果。這一控制者角色，是智識基礎深厚，道德修養亦深者才能擔負之，但此種期許猶如儒家思想中的聖君或君子的期待，〔註36〕容易陷入菁英主義〔註37〕或英雄主義。對此，梁啓超所提出的解

〔註32〕 梁啓超，《新民說・論國家思想》，《專集之四》，頁 20～21。

〔註33〕 梁啓超，《新民說・論國家思想》，《專集之四》，頁 18。

〔註34〕 梁啓超，《變法通義・論科舉》，《文集之一》，頁 30。

〔註35〕 梁啓超，〈呵旁觀者文〉，《文集之五》，頁 71。

〔註36〕 或許如勞思光教授所說：「中國傳統的政治哲學，原只作爲道德哲學的附屬品而存在。因此，正面的政治理想，只落在『聖君賢相』和道德教育上。結果是，政治生活中一切客觀軌道都不能建立。」（〈中國哲學研究之檢討及建議〉，《虛境與希望——論當代哲學與文化》，頁 23。）這是相當多學者對傳統的看法，但是梁啓超從制度改革之失敗，進而以社會風氣、人心改造爲入手（如福澤諭吉在《文明論概略・以西洋文明爲目標》中強調的），重新鑄造「新民」，尋求適於現實環境的種種政治制度的設計途徑來看，梁啓超道德主義思想早已脫離傳統道德教育「聖君賢相」的途徑。

〔註37〕 梁啓超在〈申論種族革命與政治革命之得失〉一文中，對自己的立憲主張論說：「流俗人之言立憲，則欲其動機發自君主而國民爲受動者，吾之言立憲，則欲其動機發自國民，而君主爲受動者。……如吾所言，則立憲不立憲之權操諸我，我苟抱定此目的，終可操券而獲也。」（《文集之十九》，頁 36～39。）

決方法，就是服公理、達時勢。〔註38〕服公理達時勢，就是指任何人都必須接受民權自由之約束。所謂自由以他人之自由爲其界，不侵他人之自由，亦不受他人之侵犯，故英雄豪傑、仁人君子應當以不損害他人之民權自由爲界，約束其爭取民權自由之指導原則。因此，該服從者乃爲「民權自由」，此不但是人民爭取之目標，亦是人民遵守之共同約束。更爲重要的是，人民之覺醒，如同梁啓超在 1899 年（光緒二十五，己亥）7 月 28 日《清議報》第 22 冊〈愛國論三——論民權〉一文所言：「政府壓制民權，政府之罪也。民不求自伸其權，亦民之罪也。西儒之言曰：『侵犯人自由權利者，爲萬惡之最，而自棄其自由權利者，惡亦如之。』……西儒之言曰：『文明者購之以血者也』又曰：『國政者，國民之智識力量的回光也』，故未有民不求自伸其權，而能成就民權之政者。」〔註39〕我們以此相較梁啓超在《新民說・論權利思想》注語，他舉例說：「歐西百年前，以施濟貧民爲政府之責任，而貧民日以多，後悟此理釐而裁之，而民反殷富焉。君子愛人以德，不聞以姑息，故使人各能自立而不倚賴他人者上也。若曰：『吾舉天下人而仁之，毋乃降斯人使下己一等乎？』」換言之，所謂菁英主義或英雄主義之領導，若無人民之覺醒，等於空言民權自由，和空談心性理氣並無不同，不會奏效產生任何實質影響，此理甚明。梁啓超於 1921 年 11 月 12 日，在北京國立法政專門學校以〈無槍階級對有槍階級〉之題目演講時，論及辛亥革命仍然延續此一觀點，他說：

> 天下的壞事，出面來做的雖然只有幾個人，從後台裡直接間接有意識無意識來養成的，實不知若干千千萬萬人。說到這裡，不能不追述革命以來的歷史。你想，革命是誰的事呀，革去一個專制的舊國，建設一個德謨克拉西的新國，自然該由全國人民自覺自動的去革他去建他。你看歐洲各國革命，那一國不是由人民運動得來。我們怎麼樣呢？哎，說來又是慚愧，又是可憐，我們豈但夠不上說「人民運動」，並且夠不上說「運動人民」。我們僥倖成功，不過靠的是運動軍隊、運動土匪。諸君啊，諸君也不能怪當時的革命家，好好的人民沒有一個肯攏邊，叫他們有什麼法子想？不用這種手段，能夠

可見，他的民權主張，始終堅持人民自我覺醒爭取自我權力。梁啓超一生中有關「菁英主義」的研究，請參看張朋園，〈梁啓超的菁英主義和議會政治〉，《知識分子與近代中國的現代化》，頁 330～344。

〔註38〕梁啓超，《自由書・豪傑之公腦》，《專集之二》，頁 34。

〔註39〕收入於〈愛國論〉，《文集之三》，頁 75～76。

> 把滿清推倒嗎？卻是宇宙間的因果律，從來不會饒人。一般人民十
> 年前消極的種下那惡因，今日卻要積極的捱受這惡果：人民運動或
> 運動人民成功的革命，那政治自然會建設在人民的基礎之上。運動
> 軍隊成功的革命，那政治那能不建設在軍隊的基礎之上？運動土匪
> 成功的革命，那政治安能不建設在土匪的基礎之上？〔註40〕

正如「未有民不求自伸其權，而能成就民權之政者」，〔註41〕人民若不自覺伸
張自我權利，即便僥倖得其權利亦不能享受。運動之成功與否，革命之實現
與否，關鍵不在幾個謀事者，而是在於大多數人民的覺醒和覺悟。若沒有無
名之英雄們的支持，即便有幾百英雄，亦無用武之地，故如何使人民自醒，
不但成爲梁啓超救國思想的中心議題，亦是當時士人共同致力的目標之一。
所以梁啓超不但強調，「不自治則治於人，勢所不可逃也」、「人而無自治力則
禽獸也」〔註42〕，且羣體或國家之自治獨立亦始於此，他說：

> 勿徒以之責望諸團體，而先以之責望諸個人。吾試先舉吾身而自治
> 焉，試合身與身爲一小羣而自治焉，更合羣與羣爲一大羣而自治焉，
> 更合大羣與大羣爲一更大之羣而自治焉，則一完全高尚之自由國、
> 平等國、獨立國、自主國出焉矣。〔註43〕

一個人之覺醒與自治，可連鎖反應出一羣一國之覺醒和自治獨立。這一覺醒不
但能引導國家之健全與獨立，更能防止英雄主義或菁英主義之偏，與獨裁或其
他弊端之叢生。然個人之覺醒應當走上哪一種途徑，以完成所謂一人自治而大
羣自治之理想？梁啓超在〈愛國論三——論民權〉一文中，其爭民權、爭自由
的論點，即是一種解決途徑，這一論旨在《新民說》中，不但更深入問題之核
心，要求人民要爭民權、爭自由，且主張國家應當予以讓權，故我們下一節中
進一步探討其內涵，以此充分瞭解所謂人民之覺醒而後所要追求的目標爲何。

二、消極自由或積極自由

與其指望「仁政以得一支半節之權利」，〔註44〕不如以積極「進取而始生」

〔註40〕 梁啓超：夷夏編，〈無槍階級對有槍階級〉，《梁啓超講演集》（石家莊：河北
　　　　人民，2004年1月），頁25。
〔註41〕 梁啓超，〈愛國論〉，《文集之三》，頁76。
〔註42〕 梁啓超，《新民說‧論自治》，《專集之四》，頁51。
〔註43〕 梁啓超，《新民說‧論自治》，《專集之四》，頁54。
〔註44〕 梁啓超，《新民說‧論權利思想》，《專集之四》，頁37～38。

之權利思想，爭取個人自由與民權。這種爭民權之強力要求，不但使個人自強，且在衝突與妥協過程中，漸次建構羣己權限之合理範圍，並由此確立以國內羣己相諧力量共抵外侮之權利基礎。梁啓超這種積極爭取權利的思想論述，在《新民說·權利思想》中更清楚地闡釋，他認為這不但是與人類自我生命相倚，更是在人類歷史中永不停息的競爭，他說：

> 我對我之責任奈何，天生物而賦之以自捍自保之良能，此有血氣者之公例也。而人之所以貴於萬物者，則以其不徒有「形而下」之生存，而更有「形而上」之生存。其條件不一端，而權利其最要也。故禽獸以保生命為對我獨一無二之責任，而號稱人類者，則以保生命保權利兩者相倚，然後此責任乃完。……
>
> 德儒伊耶陵 Jhering 所著《權利競爭論》云：「權利之目的在平和，而達此目的之方法則不離戰鬥，有相侵者則必相拒，侵者無已時，故拒者亦無盡期，質而言之，則權利之生涯，競爭而已。」〔註45〕

梁啓超在此所言及形而上者是精神之謂，形而下者大致是指生存日用之謂。權利思想亦是屬形而上者，但它不僅是形而上之思想而已，是一種義務，是對自我更是對公羣應盡之義務。〔註46〕所謂傳統「義禮」透過梁啓超之詮釋轉化為權限之劃分追求「公理」之論點，梁啓超在《新民說·論權利思想》中，以仁與義的角度比較中國與泰西，頗值得注意，他說：

> 大抵中國善言仁，而泰西善言義。仁者人也，我利人，人亦利我，是所重者常在人也。義者我也，我不害人，而亦不許人之害我，是所重者常在我也。此二德果孰為至乎？在千萬年後大同太平之世界，吾不敢言，若在今日，則義也者，誠救時之至德要道哉！夫出吾仁以仁人者，雖非侵人自由而待仁於人者，則是放棄自由也。仁焉者多，則待仁於人者亦必多，其弊可以使人格日趨於卑下。〔註47〕

在此梁啓超所討論的「仁」與「義」，不是傳統之仁義，在這篇文章中，是已經轉化為現代政治概念的詮釋術語。「仁」是「忠恕」為本，而「忠恕」、「絜矩」可通往約翰·穆勒（彌爾；John Stuart Mill，1806～1873）的自由主義學

〔註45〕梁啓超，《新民說·論權利思想》，《專集之四》，頁31～32。
〔註46〕請參看梁啓超，《新民說·論權利思想》，《專集之四》，頁36。
〔註47〕梁啓超，《新民說·論權利思想》，《專集之四》，頁35。

說。〔註48〕雖然，嚴復早已相當清楚指出，「忠恕」、「絜矩」之道，實質上與歐美自由觀念有所不同。他在 1895 年（光緒二十一，乙未）〈論事變之亟〉一文中，曾明白指出：「中國理道與西法自由最相似者，曰：『恕』，曰：『絜矩』。然謂之相似則可，謂之真同則大不可也。何則？中國恕與絜矩，專以待人及物而言。而西人自由，則于及物之中，而實寓所以存我者也。自由既異，於是羣異縱然以生。」〔註49〕嚴復在此相當清楚地指出中國傳統中的「恕」、「絜矩」，與歐美自由觀有所不同。但在《羣己權界論》中，顯然嚴復較強調兩者之共同處。這一轉變剛好說明嚴復看出時局之激進趨向（尤其梁啓超推崇盧梭等思潮有關〔註50〕），很可能導致內部衝突可能性之增強，故特重其內部和協之態度。

梁啓超 1902 年（光緒二十八，壬寅）3 月 10 日〈論政府與人民之權限〉一文中說：「中國先哲言仁政，泰西近儒倡自由，此兩者其形質同而精神迥異……政治之正鵠，在公益而矣，今以自由為公益之本，昔以仁政為公益之門」。〔註51〕由此可知，梁啓超所言「仁」和「義」所指為何，若與〈論權利思想〉一文之論旨相比較，即可瞭解他已經相當清楚掌握他的目標，即是爭取自由民權的權利，與其靜待「仁政」不如以「進取而始生」之權利思想爭取「公義」。梁啓超《新民說·論權利思想》中，在援用楊朱時，更為清楚地舉出爭取民權實有二種趨向，對這一趨向的具體內涵，他說：

> 楊朱曰：「人人不損一毫，人人不利天下，天下治矣。」吾疇昔最深惡痛恨其言，由今思之，蓋亦有所見焉矣。其所謂人人不利天下，固

〔註48〕嚴復雖在 1899 年（光緒二十五，己亥）翻譯英國自由主義思想家約翰·穆勒之 On Liberty，但因原稿遺失之故，遲至 1903 年（光緒二十九，癸卯），才正式出版並易名為《羣己權界論》。嚴復在書中強調說：「故曰：『人得自繇，而必以他人之自繇為界』，此則大學絜矩之道，君子所恃以平天下者矣。」（穆勒原著、嚴復譯述，《羣己權界論·譯凡例》（臺北：商務印書館，1966 年），頁 1～2。）胡適在 1914 年 10 月 26 日的日記中，有系統地闡述「一致」，並認為儒家「恕」道是可與西方思想相互通的重要觀念。胡適以「恕」作為判斷事物之基準，從個人到國際種種關係，都能以一貫之。他所舉出的例子中，可見「恕」道即能通往約翰·穆勒（彌爾）自由原理。請參看胡適，〈十六·「一致」之義〉，《胡適作品集 35·胡適留學日記（二）》，頁 186～187。

〔註49〕嚴復，〈論事變之亟〉，《嚴復集 1》，頁 3。

〔註50〕我們透過黃遵憲寫給梁啓超的信中，亦能瞭解他對梁啓超過激思想亦有所擔憂。請參看丁文江撰，《梁任公年譜長編》上冊，頁 170。

〔註51〕梁啓超，〈論政府與人民之權限〉，《文集之十》，頁 5。

公德之蠹賊，其所謂人人不損一毫，抑亦權利之保障也。……一私人之權利思想，積之即爲一國家之權利思想，故欲養成此思想，必自個人始，人人皆不肯損一毫，則亦誰復敢攖他人之鋒而損其一毫者，故曰：「天下治矣」，非虛言也。西哲名言曰：「人人自由以他人之自由爲界」，實即人人不損一毫之義也。不過其與有完有不完者耳雖然，楊朱非能解權利之眞相者也，彼知權利當保守而勿失，而不知權利以進取而始生。〔註52〕

「進取而始生」所點出的權利思想，在「必以爭立法權爲第一要義」，〔註53〕這種爭民權之強力要求，不但使個人自強，且在衝突與妥協過程中，雖「倚舊者與倡新者，皆不可不受大損害」，但若指望「仁政以得一支半節之權利者，實含有亡國民之根性」。〔註54〕而這一主張自從「爭固不可也，讓亦不可也。爭者損人之權，讓者損己之權。爭者半而讓者半，是謂缺權。舉國皆讓是無權，夫自私之極，乃至無權」，〔註55〕經由「爲君相者而務壓民之權，是之謂自棄國。爲民者而不務各伸其權，是之謂自棄其身。故言愛國必自興民權始。」，〔註56〕最終認爲「各以自堅持權利思想爲第一義，國民不能得權利於政府也，則爭之，政府見國民之爭權利也，則讓之。欲使吾國之國權與他國之國權平等，必先使吾國中人人固有之權皆平等，必先使吾國民在我國所享之權利與他國民在彼國所享之權利相平等」。〔註57〕隨著時空環境之轉變，梁啓超對「民權」的看法亦有所更新，或許這是在其思想的內部進展，也有可能是早期言論尤其東渡日本之前，是因其政治環境而有所保留之故，無論如何，我們從中大致發現梁啓超思想的某種深化，確是值得留意。

雖然，梁啓超在《新民說》中，將權利和自由分開討論，但梁啓超似更重「權利」，鼓舞人民認清自我應有之權利，爭取者乃是思想與人身基本自由，及參政立法等自由權利。他的〈愛國論三——論民權〉、《自由書》、〈十種德性相反相成義〉等文，與《新民說・論權利思想》之間最大的差別，就在他首次將此權利思想區分爲「知權利當保守而勿失」與「知權利以進取而始生」，這一點確實值得進一步深論。梁啓超提出這一區分時，是指出楊朱個人主義

〔註52〕梁啓超，《新民說・論權利思想》，《專集之四》，頁36。
〔註53〕梁啓超，《新民說・論權利思想》，《專集之四》，頁37。
〔註54〕梁啓超，《新民說・論權利思想》，《專集之四》，頁37～38。
〔註55〕梁啓超，〈論中國積弱由於防弊〉，《文集之一》，頁100。
〔註56〕梁啓超，〈愛國論〉，《文集之三》，頁73。
〔註57〕梁啓超，《新民說・論權利思想》，《專集之四》，頁40。

式權利思想之消極性，終無突破擴大個人權利思想的積極性。而這與柏林（Isaiah Berlin，1909～1997）的消極自由（Negative Liberty）與積極自由（Positive Liberty）成相當有趣的對比。消極自由是指個人不想受別人干涉的自由傾向，積極自由是指積極追求自我要達成某種事情的自由傾向。因此，消極自由者若沒有受到干涉，他不會主動要求某種自由或權力，而積極自由者是主動要求擁有更多的自由去作什麼。此兩者當然不是十分清晰或絕對的分法，也有可能一個人在不同遭遇中，要求不同的自由。〔註 58〕其實我們細看穆勒之 *On Liberty* 他所強調的是政府不能作什麼，是限制政府不能干涉個人自由，因此，這一論點是針對政府而發，以否定形式限制政府。相對的，梁啓超民權觀是針對人民而發，告訴人民可以作什麼，應當爭取什麼形式的個人權利和自由。當然，我們不能簡單認爲梁啓超相當肯定「進取而始生」之積極追求權利的態度，就是所謂積極自由，更不能簡單認爲與海耶克（Friedrich Hayek（即是 Freidrich August Von Hayek），1899～1992）之「流行於歐陸的自由主義，則是偏向權力集中化、偏向國家主義、偏向社會主義的」〔註 59〕等同視之。海耶克曾在《個人主義與經濟秩序》中，對「英語世界的自由主義」和「流行於歐陸的自由主義」，指出自由主義傳統中的兩大潮流：

> 十九世紀英語世界所認爲的自由主義與歐陸所號稱的自由主義，其間的基本差異，是和它們所分別承襲的眞的個人主義與假的、唯理主義的個人主義有密切關聯。反對權力集中化，反對國家主義，反對社會主義的只是英語世界的自由主義，至於流行於歐陸的自由主義，則是偏向權力集中化、偏向國家主義、偏向社會主義的。可是，我得附帶地講一句：在這方面和其他方面一樣，約翰·穆勒以及淵源於他的英國後期的自由主義，屬於歐陸傳統的成份至少和屬於英國傳統的成份一樣多；就我所知，關於這些基本差異的，沒有比阿克頓對穆勒的批評更爲明朗的。阿克頓批評穆勒曾經對歐陸自由主義的國家主義趨勢做過一些讓步。〔註60〕

〔註58〕 可參看以撒·柏林（Isaiah Berlin），雷敏·亞罕拜格魯（Ramin Jahanbegloo），《以撒·柏林對話錄》（臺北：正中書局，1994 年），頁 51～55。

〔註59〕 海耶克著，夏道平譯，《個人主義與經濟秩序》（臺北：遠流出版社，1993 年 1 月 1 日），頁 43。

〔註60〕 海耶克著，夏道平譯，《個人主義與經濟秩序》，頁 43。

他說穆勒的自由主義思想同時涵蓄著英美和歐陸自由主義傳統的成分，〔註61〕而這確實是我們研究中國自由主義思想時，值得深思的一個問題。嚴復譯穆勒 *On Liberty* 時，內容頗有一些不同於原著而受到研究者的注意，〔註62〕此固有緣於中國學術思想傳統，但或許嚴復的詮釋在某種程度上反而符合了歐陸傳統，從而更契合穆勒思想潛在的完整面貌。〔註63〕而這種英美和歐陸自由主義傳統之整合，以及兩者之間的緊張和消長，在中國自由主義代表人物身上應屬普遍現象，如梁啓超、胡適對自由之認知亦與嚴復有著同樣的複雜性。

如果我們肯定海耶克之看法，即可知穆勒正處於古典英國自由主義和現代自由主義傳統的橋樑上，換言之，他是處於主張個人自由盡可能擴張的消極自由主義傳統和允許集體與國家干涉個人的積極自由主義思潮之間。〔註74〕中國自由主義思想之系統傳播，是始於嚴復引進穆勒和斯賓塞（Herbert Spencer，1820～1903）等人之學說。而嚴復在引進自由主義思想時，也立即看出自由主義思想核心問題，乃在於羣（國家社會）與己（個人）之權限的區分上，這確實是中肯而切實。但是，海耶克所擔憂的「流行於歐陸的自由主義」即是「偏向權力集中化、偏向國家主義、偏向社會主義的」積極自由趨向，並不等同於《新民說・論權利思想》中（是以「仁」代表消極；以「義」代表積極時），梁啓超選擇積極思想趨向。梁啓超明確選擇「在千萬年後大同太平之世界，吾不敢言，若在今日，則義也者，誠救時之至德要道哉！」〔註75〕但這正合於梁啓超的基本認知，國家決不是「政府萬能」，〔註76〕當然不能為集權而反害個人民權，雖政權統一，而中央與地方羣體自治各有權限不相侵越，〔註77〕國人至君

〔註61〕 可參考 Gertrude Himmelfarb, On liberty and liberalism : the case of John Stuart Mill（California: ICI Press，1990）.和 Joseph Hamburger, John Stuart Mill on Liberty and Control,（N.J.: Princeton U.P.，1999）.從中也可以看出穆勒自由主義思想中的兩種自由主義傳統的成分也反映在 1859 年成書的 On Liberty 一書。

〔註62〕 有關對此簡述，請參看周昌龍，〈嚴復自由觀的三層意義〉，《漢學研究》第 13 卷第 1 期，1995 年 6 月，頁 52 以及註23；黃克武，《自由的所以然:嚴復對約翰彌爾自由思想的認識與批判》（臺北：允晨文化公司，1998 年）

〔註63〕 我們從 G. Himmelfarb,和 J. Hamburger 的深入討論和研究中，也可以得到佐證和啓發。

〔註74〕 請參看何信全之《海耶克自由理論研究》（臺北：聯經出版事業公司，1991 年）的導論。

〔註75〕 梁啓超，《新民說・論權利思想》，《專集之四》，頁 35。

〔註76〕 梁啓超，〈國家思想變遷異同論〉，《文集之六》，頁 21。

〔註77〕 梁啓超，〈國家思想變遷異同論〉，《文集之六》，頁 17～18。

主皆受於公正的法治管治，這就是爭取個人自由爲基礎的國家主義思想的提倡。〔註78〕那麼，梁啓超所支持的國家民族主義對抗民族帝國主義之思路，是否具有相當的危險性？對此我們可參考由嚴復翻譯的穆勒《羣己權界論》的論點，嚴復案語「況世俗所爲，實有侵削自繇之可患」所指，亦是穆勒所擔憂者

> 自夫俗以一道同風爲郅治之實象也。張皇治柄之家，常欲社會節制權力，日益擴充，清議之所維持，法律之所防範，皆此志也。故今日世治流變之所趨，大抵皆進社會之眾權，而屈小己一人之私力。此其勢設任其自趨，將非若他端之害，久之寖微寖滅也。必將降而愈牢，不可復破。蓋人心爲用，無論其身爲主治之君相，抑爲由野之齊民，其欲推己意之所高，以爲他人之標準，殆人同此情，所未爲者，力未副耳。其所以爲此之心，或發於至懿，或出於甚私，而侵削自繇，則未嘗異。夫其勢之日益盛大如此，藉非昌言正辭，爲立至確極明之防限，以挽其末流，將所謂自繇幸福者，所餘眞無幾矣。〔註69〕

穆勒相當清晰的察覺出，當時世界政治正走上，「進社會之眾權，而屈小己一人之私力」。面對此一困境，穆勒則希望賴於堅強的道德信念，防止此禍害。〔註70〕穆勒這一堅持個人自由思路，仰賴道德力量，防止國家權利之擴張，並捍衛個人自由，我們不能不說在某種程度上，與梁啓超以堅強的道德意志和智識、見識之閱歷等條件，要求控制者和個人的德智覺醒，存在著相當鮮明的共同點。這不但是英雄豪傑所必具之條件，更是個人自強之首要條件，

〔註78〕對此「國家主義」，我們應當清楚地瞭解，這在梁啓超的思想架構而言，是以相當完善的捍衛個人之覺醒及其民權自由基礎上建構的理論。本文一再強調「服公理、達時勢」的民權自由觀念，不但是捍衛個人自由基礎和覺醒過程，甚至連英雄人物、仁人君子亦受其限制，不得擅自侵犯個人權利。故這一「國家主義」的要求，實基於軟性道德訴求，即是個人通過自我德智覺醒之後，面對世界列強帝國主義環伺下，自願讓出合理權利，成就自我道德實現，走上個人自強而國家自強之途徑。

〔註69〕穆勒原著、嚴復譯述，《羣己權界論・引論》，頁 14～15。

〔註70〕請參看原文 "unless a strong barrier of moral conviction can be raised the mischief, we must expect, in the present circumsrances of the world, to see it increase." 引自 John Stuart Mill, 〝On Liberty: I. Introductory〞,On Liberty and Other Essays（edited by John Gray, New York：Oxford University Press, 1991），p. 19. 嚴復將「moral conviction」譯爲「昌言正辭」，其他中譯或可參看，郭志嵩譯，《論自由及論代議政治》（臺北：協志工業叢書，1991 年 6 刷），頁 12。

即是實現人民個人德智兼備，完成健全道德人格是在同一脈絡上，只有社會人民之道德條件充分，才能保證自由民主政制之順利運作。

　　除此之外，我們也應當考慮另一種反思，當代政治哲學家漢娜‧鄂蘭（Hannah Arendt，1906～1975）身為德國猶太人，經歷集中營生活之體認後，她提出對個人自由與社會（群體、團體）自由保障的另一種構思，她說：「人權……被認為獨立於所有政府；但若人類沒有了政府而要投靠人權時，就變成了沒有留下任何能保護他們的權威，也沒有任何制度願意保證他們的安全。」〔註71〕她的這番苦思或許對梁啟超當時的政治主張，尤其相關國家主義，做出合理回應。個人自由這一絕對的人民權利，若在外競激烈種族面臨滅亡之時，不得不考慮如何顧全兩者之方法。換言之，梁啟超在個人道德覺醒基礎上，建構國家主義，並且這健全的道德個人，不但為自己的自由爭民權，也適度調整國家處於危機之時，合理讓權，這或許是在國家之間的激烈外競環境中，能兼顧個人自由和國家自由的救國方策之一。

第二節　羣耶？己耶？

　　與其靜待仁政，不如爭取公義，在仁和義的抉擇時，梁啟超清楚瞭解當他選擇積極爭取個人權利和自由的途徑，即意味著人民開始爭取個人權利，社會「倚舊者與倡新者，皆不可不受大損害」。〔註72〕但梁啟超提出「必以爭立法權為第一要義」，〔註73〕足見梁啟超爭民權之強力要求，透過羣己衝突與妥協過程中，漸次建構羣己權限之合理範圍，並由此可確立以國內羣己相諧力量，共抵外侮之權利基礎，其理論和論述重點，則是確立公正的法律基礎。這一法律基礎，不但是羣己合理權限之根據，更是凝聚羣己對抗外敵之社會國家的總歸。

　　如同梁啟超選擇爭取公義之途徑，當梁啟超走上羣己自由相諧並進途徑時，意旨不在羣體之維護，而是在於為真正能保護個人權利和自由，當前唯一的途徑，力抵外侮捍衛國家獨立，同時確立國內公正的法律，使國人同時

〔註71〕Hannah Arendt，The Origins of Totalitarianism（third edition, Allen and Unwin, London,1967），pp291～2。當然，我們也不能否認漢娜鄂蘭之見解，已經不是以健全的個人主義為基礎的古典自由主義信念，而是一種共和主義者的論述。但是，正處於急迫的危機時，此種解決途徑是可以允許的。
〔註72〕梁啟超，《新民說‧論權利思想》，《專集之四》，頁37。
〔註73〕梁啟超，《新民說‧論權利思想》，《專集之四》，頁37。

享有實質的個人自由和權利。爲此理想，梁啓超不但提倡如何積極爭取民權，並對如何實現「公意」基礎上完成公正的法律，頗有著墨，但比起制度的設計和提倡，更先解決的是，如何形構出道德理想人格。梁啓超《新民說》以及《德育鑒》、《節本明儒學案》等著作，即是反映出梁啓超道德主義思想，以德智相和基礎上建構出理想道德人格，控制羣己衝突，甚至過份強調爲羣而抑己之危險，完成羣己相諧之和諧共存圖景。

一、羣己自由相諧並進——民權自由與公意法治

雖然，嚴復與梁啓超在爭取「民權」之法，及對權利和自由的兩種趨向（消極和積極的取捨上），或出現不同論點，但綜觀嚴復、梁啓超之自由思想，即可發現在他們的思想結構，都相當強調社會基礎和法治下的個人自由。他們基本上都強調社會中的個人，且十分重視羣己關係之和諧，因此和歐美放任主義或是極端的個人主義思潮成爲鮮明的對照；另外一方面以「絜矩之道」或「忠恕之道」詮釋法治下的個人自由，則建立起更獨特的思想體系。如嚴復所云：

> 自繇者凡所欲爲，理無不可，此如有人獨居世外，其自繇界域，豈有限制，爲善爲惡，一切皆自本身起義，誰復禁之。但自入羣而後，我自繇者人亦自繇，使無限制約束，便入強權世界，而相衝突。故曰人得自繇，而必以他人之自繇爲界。此則大學絜矩之道，君子所恃以平天下者矣。〔註74〕

又云：

> 貴族之治，則民對貴族而爭自繇；專制之治，則民對君上而爭自繇，乃至立憲民主，其所對而爭自繇者，非貴族非君上。貴族君上於此之時，同束於法治之中，固無從以肆虐，故所與爭者乃在社會，乃在國羣，乃在流俗。穆勒此篇，本爲英民說法，故所重者，在小己國羣之分界。然其所論，理通他制，使其事宜任小己自繇，則無間君上貴族社會，皆不得干涉者也。〔註75〕

嚴復在此不但簡述了社會中的個人自由應如何合理限制，同時，也明白指出小己自繇在法治上的首要地位及其重要性。他以「絜矩之道」詮釋羣己權限，

〔註74〕穆勒原著、嚴復譯述，《羣己權界論・譯凡例》，頁1。
〔註75〕穆勒原著、嚴復譯述，《羣己權界論・譯凡例》，頁3。

帶給中國自由主義思想與歐美不相同的發展方向。基本上，嚴、梁二人都積極支持法治下的個人自由。但我們應當注意他們思想中個人與團體之密切互依關係，企圖同時維護個人自由與團體（國羣）自由，注重其相通處而忽略其衝突性。嚴復在《羣己權界論》中，一方面如穆勒般論述社會自由，一方面亦並述及個人特操（個性）之伸展、修養、教育等問題。而梁啓超在《新民說》中，以內在自由乃爲求眞自由的先決條件，將此自由的意義提升爲高尚的道德修養而與傳統理想結合，並強調求自由不得爲古人、世俗、境遇、情慾等所箝制。梁啓超希望求自由者，應保持以「我不入地獄，誰入地獄」、「克己復禮爲仁」的態度。同時，在《新民說・論自治》中，梁啓超更強調先求一己之自治進而求一羣之自治。當然，所謂一己之自治同時包含個人之身、心兩個層次。由此可知，嚴復在引進自由主義理論時，便十分注意其與中國傳統思想之分界，但是在梁啓超的論說中，我們則可以看出他用心凸顯兩者之間的融合關係，大膽地嘗試新的發展方向。雖然，嚴復和梁啓超的自由觀不盡相同，而他們同在積極追求社會中個人和羣體之間的和諧關係，卻是不容置疑的。他們瞭解到羣己的衝突可藉由傳統的「絜矩之道」、「忠恕」加以化解（即是希望每個社會個體的道德修爲提高到可以互相包容之境地），由此達成清初顧炎武、黃宗羲（梨洲，1610～1695）所持的「積天下之私爲天下之公」，成就國羣和文明自由的基本理想，保護眞正的個人自由。

　　梁啓超在《新民說・論自由》一開始先問自由是否適合於當時的中國實際情況：

> 自由之義，適用於今日之中國乎？曰：「自由者，天下之公理，人生之要具，無往而不適用者也。」雖然有眞自由，有僞自由；有全自由，有偏自由；有文明之自由，有野蠻之自由。今日自由云，自由云之語，以漸成青年之口頭禪矣。新民子曰：「我國民如欲永享完全文明眞自由之福也，不可不先知自由之爲物果何如矣。」〔註76〕

梁啓超綜觀歐美爭取自由的發達史，而把自由分爲政治、宗教、民族（本國對於外國）、生計（經濟）四端。其中對中國最迫切者，乃政治（國民全體對於政府所得之自由，乃參政權）與民族兩端。梁啓超認爲政治與民族自由兩者緊密的結合之故，只要達成其中之一可以帶動另外一方。其次，對一己自由，他先提出人心自由乃求眞自由的先決條件，以此把自由的與傳統道德修

〔註76〕梁啓超，《新民說・論自由》，《專集之四》，頁40。

養結合，強調求自由不得為古人、世俗、境遇、情慾所箝制。梁啟超希望求自由者，保持以「我不入地獄，誰入地獄」、「克己復禮為仁」的態度。〈論自治〉一文中，梁啟超論及求一己之自治進而一羣之自治，其思維模式猶如《大學》所傳的「內聖外王」之法。

梁啟超在《新民說‧論自由》中，討論自由之權限和法律之下的自由觀念之前，相當重視所謂團體自由和文明自由，他對團體自由說：

> 自由之界說曰：「人人自由，而以不侵人之自由為界。」夫既不許侵人自由，則其不自由亦甚矣。而顧謂此為自由之極則者何也？自由云者，團體之自由，非個人之自由也。野蠻時代，個人之自由勝，而團體之自由亡。文明時代，團體之自由強，而個人之自由減。斯二者，蓋有一定之比例，而分毫不容忒者焉。〔註77〕

他又解釋文明自由：

> 文明自由者，自由於法律之下。其一舉一動，如機器之節腠。其一進一退，如軍隊之步武，自野蠻人士之，則以為天下之不自由，莫此甚也。夫其所以必若是者何也？天下未有內不自整，而能與外為競者，外界之競爭無已時，則內界之所以團其競爭之具者，亦無已時，使濫用其自由，而侵他人之自由焉，而侵團體之自由焉，則其羣固已不克自立，而將為他羣之奴隸，夫復何自由之能幾也。故真自由者，必能服從。服從者何？服法律也。法律者，我所制定之，以保護我自由，而亦以箝束我自由者也。〔註78〕

在此梁啟超清楚地表示，他所追求者乃是團體自由、文明自由。這先安內而力抵外侮，國內合羣協力而自立於外競，是梁啟超救國論述的重點所在。這一論點，透過人民之覺醒，爭取自我權利基礎（即自由），爭參政立法之權利，並以此合理保護自我權益，就是符合國內合羣協力、人民自強而國家自強之救國思想邏輯。但是，他的這一論點，尤其強調服從法律，及其團體自由，與《羣己權界論》的觀點，剛好出現有趣的對比，《羣己權界論》第三章、〈釋行己自由明特操為民德之本〉有如下的敘述：

〔註77〕 我們當然也不能混淆梁啟超所用的詞彙之意義，他說的「團體自由」是指「文明自由」、「自由於法律之下」，而所謂「個人自由」是指「野蠻自由」，即是只有權利而並無義務之放任放縱之自由。其中並沒有貶抑個體自由之意。梁啟超，《新民說‧論自由》，《專集之四》，頁44～45。

〔註78〕 梁啟超，《新民說‧論自由》，《專集之四》，頁45。

　　方夫民之始羣而爲國也，固有慮民氣之桀驁，而國家所具之權利，
　　有不足以整齊節制之者。當此之時，民獨立自用之風太過，勢若與
　　國權羣制，爭一旦之命也者，故其時之所難，在能誘慴怯逋敝之民，
　　使抑其奮發不可羈紲之情，俛然以就一羣之憲法。……顧至於今，
　　則所謂國家者，乃大異矣。經一二千年積治，國羣之威大勝，而小
　　己浸焉。有識者之憂其民也，不在決鷙而破防，而在同風而一道，
　　不在國家治權之不重，而在人民特操之不伸。〔註79〕

以上梁啓超與嚴譯相比較，即能發現穆勒《羣己權界論》所表達的是，古代
（或可稱之爲野蠻時代）在不得已的情況下，國家施行強而有力的法制「整
齊節制」，但現在（或可稱之爲文明時代）反而國家權力過大，因此如何使個
人不受限制而發揮人民各自的個性，且又如何保護個人自由，就成爲其核心
議題。但在梁啓超的論述中，雖然點出「野蠻時代，個人之自由勝，而團體
之自由亡。文明時代，團體之自由強，而個人之自由減」之情況，而嚴譯和
穆勒所重視的個人自由之提倡和保護，似是被忽略了。但是，若法律眞能從
人民之眾意積和而成，人民出自個人民權自由基礎上，達成「公意」〔註80〕
爲依歸的法律，誠然人民服此法律，乃服公理，即保護民權自由，其間並無
衝突。因爲，梁啓超認爲當前中國之種種困境，實源自於國人「專謀利己，
而不顧他人之害」，〔註81〕猶如《羣己權界論》所描述，古代「民獨立自用之
風太過」，故不得不採用公正的法律節制。並且民族帝國主義環伺中國之時
勢，相當清楚地告訴他，中國不早防備必會走上自亂而被滅亡之途。因此，
他在文章中說：

　　團體自由者，個人自由之積也，人不能離團體而自生存，團體不保
　　其自由，則將有他團焉，自外而侵之壓之奪之，則個人之自由更何
　　有也。〔註82〕

個人之自由若不健全，其個人自由積合而成的團體自由能否健全？同理，個
人積合之團體，與眾多團體之間無法自立、自由，其成員能否享受自由？誠
如梁啓超在〈論中國宜講求法律之學〉一文所提出，文明時代隨者羣體之智

〔註79〕穆勒原著、嚴復譯述，《羣己權界論・釋行己自由明特操爲民德之本》，頁71。
〔註80〕梁啓超，〈盧梭學案〉，《文集之六》，頁104。
〔註81〕梁啓超，〈霍布士學案〉，《文集之六》，頁92。
〔註82〕梁啓超，《新民說・論自由》，《專集之四》，頁46。

和力越盛，則條約羣體之法律要求也越多，其內涵也越完備，是故察看一國法律之完備程度，即可知其文明之程度。雖然，「文明野番之界雖無定，其所以為文明之根原則有定。有定者何？其法律愈繁備而愈公者，則愈文明；愈簡陋而愈私者，則愈野番而已」。〔註83〕如此所謂個人自由消減之義，即是限定個人自由之條件增加，防止人民專謀利己而害其羣之和協。梁啓超的整體論述，是假設個人之自然追求道德之念、合羣之德，他認為若個人道德形勢上獨立，其道德精神之力量，自然導引其愛己而愛他、獨立而合羣之德性，並能「拙身而就羣」。〔註84〕因此，個人自由之追求，並不妨礙團體自由之確立，透過「道德之念、自由之性」，〔註85〕發揮「自治之德」〔註86〕與「合羣之德」，〔註87〕這一自然進程不但是梁啓超道德主義思想之主要構成因素，且透過服公理、達時勢條件（即是在民權自由環境下，社會成員合羣協力追求公意基礎上達成的法律環境），同時達致個人自由與羣體自由。

由此可知，梁啓超所要追求的真自由乃「人人自由，而以不侵人之自由為界」，〔註88〕是法律限制下的自由，以此警戒放任、放縱之害（這些問題，當是從奸智、過渡慾望所造成）。以整篇文章之結構而言，其自由可分為兩大類，個人處於社會國家間的自由為第一類，一己自由為其第二類。其分類可以說社會中的個人自由與個人內心、精神上的自由。這就某種程度道出梁啓超公德與私德之內涵和概念趨向，如他所說：「道德之本體，一而已。但其發表於外，則公私之名立焉。人人獨善其身者，謂之私德；人人相善其羣者，謂之公德，二者皆人生所不可缺之具也。」〔註89〕由此可知，梁啓超的公德和私德，如同「道德之念、自由之性」所表達的，其實是與社會中個人自由及其一己自由不可分立，並且在理論上羣己自由同時並進而可達致，亦是根基於其人類道德自然進程。

這一人類道德自然進程，在梁啓超介紹〈法理學大家孟德斯鳩之學說〉時，就以孟德斯鳩「法之精神」由「良知」解釋，他說：

〔註83〕梁啓超，〈論中國宜講求法律之學〉，《文集之一》，頁94。
〔註84〕梁啓超，〈十種德性相反相成義・獨立與合羣〉，《文集之五》，頁44。
〔註85〕梁啓超，〈霍布士學案〉，《文集之六》，頁92。
〔註86〕梁啓超，〈十種德性相反相成義・自信與虛心〉，《文集之五》，頁46。
〔註87〕梁啓超，〈十種德性相反相成義・獨立與合羣〉，《文集之五》，頁44。
〔註88〕梁啓超，《新民說・論自由》，《專集之四》，頁41。
〔註89〕梁啓超，《新民說・論公德》，《專集之四》，頁12。

> 孟氏之學，以良知爲本旨，以爲道德及政術，皆以良知所能及之至
> 理爲根基。其論法律也，謂事物必有其不得不然之理，所謂法也，
> 而此不得不然之理，又有其所從之本原，謂法之精神，而所以能講
> 究此理、窮其本原，正吾人之良知所當有事也。〔註90〕

孟德斯鳩思想本身與個人主義爲基礎的自由主義思路不同，〔註91〕是肯定人類
「互相親近」之本性（自然法的第三條），及其除了最初原始親近的感情之外，
累積知識，「互相結合」成羣社會生活（自然法的第四條）之能力爲基礎，開展
出以社會爲基礎的自由主義思想脈絡。〔註92〕孟德斯鳩認爲法律成立之前，世
間當自有義不義正不正之道理，尋此事物自然之理，乃法律之所由出，故法律
適合於其邦國之地勢、風土、物資等自然條件之相宜，更適於其國民對自由權、
宗教、政治意向等人文條件，因而衍生出專制、立君、共和三大政體。其政體
之精義所在，乃爲「專制國尙力，立君國尙名，共和國尙德，是也，而其所謂
德者非如道學家之所恆言，非如宗教家之所勸化，亦曰：『愛國家尙平等之公德
而已』」，其中共和國之政體，是「人人據自由權，非有公德以自戒飭，而國將
以無以立」。〔註93〕這一公德（政治上的品德〔註94〕）之提倡，即是孟德斯鳩
在其原著中，出自對平民民主政治的隱憂所提出的肺腑之言，他是這樣說的：

> 維持或支撐君主政體或是專制政體並不須要很多的道義。前者有法
> 律的力量，後者有經常舉著的君主的手臂，可以去管理或支持一切。
> 但是在一個平民政治的國家，便須要另一種動力，那就是品德。……
> 當品德消失的時候，野心便進入那些能夠接受野心的人們的心裏，
> 而貪婪則進入了一切人們的心裏。欲望改變了目標：過去人們所喜

〔註90〕 梁啓超，〈法理學大家孟德斯鳩之學說〉，《文集之十三》，頁19。
〔註91〕 洛克以降，以個人主義爲基礎的自由主義理論，有一種致個人陷入過分自私
化、原子化的危險，相對而言，以孟德斯鳩和托克維爾爲代表的自由主義傳
統則較爲強調中介社會組織之功能。Charles Taylor, "Modes Of Civil
Society", in Public Cultures （vol.3, no.1），pp.105～6, 113～5.；又參看林勝
偉，《公民社會的自主性原則及其組織條件》（國立政治大學社會學研究所，
2000年7月），頁86～89。
〔註92〕 孟德斯鳩，《論法的精神》（臺北：臺灣商務印書館，1998年）第一卷第一章
「一般的法」，頁4～5。
〔註93〕 梁啓超，〈法理學大家孟德斯鳩之學說〉，《文集之十三》，頁22～23。
〔註94〕 根據孟德斯鳩拉布萊版本（1875～1879年）中，多次說明此一明確的定義「我
把愛祖國、愛平等叫做政治的品德」，梁啓超也忠實的介紹此一論點。請參看
孟德斯鳩，〈著者的幾點說明〉，《論法的精神》，頁26～27。

愛的，現在不再喜愛了；過去人們因有法律而獲得自由，現在要求
自由，好去反抗法律；每一個公民都好像是從主人家裏逃跑出來的
奴隸；人們把過去的準則說成嚴厲，把過去的規矩說成拘束，把過
去的謹慎叫做畏縮。在那裏，節儉被看做貪婪；而占有欲卻不是貪
婪。從前，私人的財產是公共的財寶；但是現在，公共的財寶變成
了私人的家業，共和國成了巧取豪奪的對象。它的力量就只是幾個
公民的權力和全體的放肆而已。〔註95〕

這一顧慮和隱憂，使得孟德斯鳩法治思想趨於「設官分職，各司其事，必使
互相牽制，不至互相侵越」〔註96〕之三權分立及其政治上品德之推崇。而梁
啓超比較在意的是，「蓋其於法律與自由兩者之關係及其界限，未能分明」，
尤其對「法治之國_謂以法律施治_{之法治}人人得以為其所當為，而不能強其所不可為」〔註
97〕的嚴格的法律限制，以立法者是否合乎公意公理的角度，批評其創制法律
之正當性。換言之，法律惟合乎公意公理之時，才能要求人民在此一嚴格法
律限制下行使自由。若是如此，人民當然可以要求法律之公正性，要求合於
公意公理，我們藉由梁啓超這一積極民權角度，可以整理出梁啓超自由法治
思想的基本架構，他說：

> 一國之中，雖人人服從法律，而未可謂真自由，何則？所謂法律者，
> 誰創之耶？其法律果何如耶？是未可知也。夫法律縱然為美備，若
> 創法者為不稱其職之人，而強行於國中，是亦不正也，即創法者悉
> 稱其職，一由國民之公議，然苟有背於自由平等之理，猶之不正也。
> 〔註98〕

如此一來，梁啓超相當完整的論述自由、法律、政府及人民之間的關係。的
確「真自由者，必能服從。服從者何？服法律也。法律者，我所制定之，以
保護我自由，而亦以箝束我自由者也。」〔註99〕並且「政府之權限，惟在保
護國民之自由權，擁衛其所立之民約，而此外無所干預，則輿情自安，而禍
亂亦可以不萌。」〔註100〕換言之，自由必服從於法律限制下，且政府應以有

〔註95〕孟德斯鳩，《論法的精神》第一卷第三章「三種政體的原則」，頁18～19。
〔註96〕梁啓超，〈法理學大家孟德斯鳩之學說〉，《文集之十三》，頁24。
〔註97〕梁啓超，〈法理學大家孟德斯鳩之學說〉，《文集之十三》，頁23。
〔註98〕梁啓超，〈法理學大家孟德斯鳩之學說〉，《文集之十三》，頁24。
〔註99〕梁啓超，《新民說·論自由》，《專集之四》，頁45。
〔註100〕梁啓超，〈霍布士學案〉，《文集之六》，頁93。

限政府形態維護人民自由權及民約爲其目的，但是若其法律即便遵從公眾之眾議，卻違背自由平等之公理，人民就有權利修正或抵抗此一法律而捍衛自我權益，可見梁啓超對政府組織之成立和公正性，甚至對成立法律時，可能發生的缺陷，提出相當嚴厲的監督。這一觀點，梁啓超在1919年9月歐遊期間，「新學會」主辦的雜誌《解放與改造》，〔註101〕在鼓吹「文化運動與政治運動相輔並行」爲宗旨的發刊詞中，仍能見到

> 同人確信舊式的代議政治不宜於中國，故主張國民總須在法律上取得最後之自決權。

> 同人確信國家之組織，全以地方爲基礎，故主張中央權限，當減到以對外維持統一之必要點爲止。

> 同人確信地方自治，當由自動，故主張各省乃至各縣各市，皆宜自動的制定根本法而自守之，國家須加以承認。……〔註102〕

這一「新文化救國」宣言中，梁啓超等人對集權中央政府之不信任，並要求人民自己擁有最後自決權時，正能突顯出透過「有限政府」、「地方自主」、「法律限制下的自由」等多種具體制度的設計和安排，捍衛「人民自決」以及個人自由和社會自由〔註103〕的最大努力。並且當他說：「國家非人類最高團體，

〔註101〕請參看丁文江撰，《梁任公年譜長編》下冊，頁564。

〔註102〕梁啓超，〈解放與改造發刊詞〉，《文集之三十五》，頁20。

〔註103〕梁啓超當羣己和諧和道德主義爲其自由主義思想基礎時，已能說明爲何他與孟德斯鳩和盧梭等法國自由主義思想有理論上的契合。或許孟德斯鳩以中介社會之概念，即是「社會自由」角度，進一步討論梁啓超自由思想，是相當值得的另一研究途徑。

對「社會」概念的引入，李歐梵教授注意梁啓超等人以此爲基礎建立「新民」理想，而沈松橋教授認爲「國民」概念的興起，激發了「新民」的努力，才進一步逼出「社會」概念。若將此沈教授之論點，由金觀濤、劉青峰教授，透過梁啓超「合羣」立憲和革命派由下等「社會」推翻滿清專制建立新社會之主張，及從「羣」到「社會」概念之思想光譜相比較，我們或能更清楚地瞭解，梁啓超以當前仕紳社會結構中追求國內羣己、官民、民族之間的和諧，正能表達出專制國家之近代化或現代國家化途徑中的複雜性和多元可能性。由此而言，與其說「國民」概念激起「新民」和「社會」，不如說是追求現代化國民國家的複雜多元途徑，透過「羣己和諧」、「新民」、「社會」等論述重點，激盪出現代中國思想史演變的豐富軌跡和脈絡。

請參看李歐梵，〈「批評空間」的開創——從《申報》「自由談」談起〉，《二十一世紀》（第19期，1993年10月），頁39〜51；沈松橋，〈國權與民權：晚清的「國民」論述，1895〜1911〉，《中央研究院歷史語言研究所集刊》（第

故無論何國人，皆當自覺爲全人類一分子而負責任，故褊狹偏頗的舊愛國主義，不敢苟同」〔註104〕時，相當程度化解，爲愛國主義盲目要求人民，限制其個人自由的種種疑慮。

這樣一來，梁啓超在理論上之構築便相當完整，一方面要求人民在服從合乎自由平等公理的法律限制下，積極爭取個人自由和自我權利，同時呼籲政府以有限政府形態維護其個人自由和平等條件，由此在國內同時兼顧羣己自由和諧並進之途徑。

梁啓超闡釋自由與自治，其觀念層次雖與嚴復自由觀十分類似，但從嚴復到梁啓超思想中的自由主義思想，其意涵所涵蓄的傳統與歐美思想之結合過程中，出現相當不同面貌，使梁啓超的思想層次從消極自由觀念中脫離，其內涵以「克己復禮」等傳統修身之法與新倫理結合，建立新道德之基礎；以法律保障個人自由之優先性，謀求全體成員之自由，完成相當獨特且完整的思想體系。

二、集體道德主義之迷思──道德自由與羣體

梁啓超道德主義思想之另一主要議論點，在於羣體主義或集體主義相關問題。張灝教授就以道德相對主義、進化道德觀、集體主義來形容梁啓超道德思想。〔註105〕這一集體主義思路，如果我們將其注意力擴大到梁啓超一生，即能發現梁啓超對個人自由或個人自治優先和維護提出相當一貫態度，他在《新民說》中就認爲說：

> 勿徒以之責望諸團體，而先以之責望諸個人。吾試先舉吾身而自治焉，試合身與身爲一小羣而自治焉，更合羣與與羣爲一大羣而自治焉，更合大羣與大羣爲一更大之羣而自治焉，則一完全高尚之自由國平等國獨立國自主國出焉矣。〔註106〕

國家決不能爲「政府萬能」〔註107〕而集權，反害個人民權，雖政權統一，而

73 本第 4 分，2002 年 12 月），頁 706 註 84：金觀濤、劉青峰，〈從「群」到「社會」、「社會主義」──中國近代公共領域變遷的思想史研究〉，《中央研究院近代史研究所集刊》（第 35 期，2001 年 6 月），頁 5～66。
〔註104〕梁啓超，〈解放與改造發刊詞〉，《文集之三十五》，頁 21。
〔註105〕張灝，《梁啓超與中國思想的過渡（1890～1907）》（南京：江蘇人民出版社，1995 年），頁 108。
〔註106〕梁啓超，《新民說・論自治》，《專集之四》，頁 54。
〔註107〕梁啓超，〈國家思想變遷異同論〉，《文集之六》，頁 21。

中央與地方羣體自治各有權限不相侵越，[註108] 從國人至君主皆受於公正的法治管治。換言之，梁啓超自由思想是積極提倡民權、權利，要求人民自我覺醒而自決，其重點在於國家與國民在自由、平等、法律等公理界限之確立，絕不會走上集權而反害個人自由之路。這猶如梁啓超在 1919 年〈解放與改造發刊詞〉[註109] 中所言，充分表達對集權中央政府之不信任，並要求人民自己擁有最後自決權，這都突顯出透過「有限政府」、「地方自主」、「法律限制下的自由」等多種具體制度的設計和安排，捍衛「人民自決」，兼顧個人自由和社會自由的努力，自始自終並沒有重大轉變。這一觀點，我們不妨藉由盧梭思想中，頗受爭議的「強迫自由（forced to be free）」[註110] 概念之討論，進一步瞭解梁啓超以道德主義思想爲根基的自由民權思想脈絡，在受到盧梭自由主義思想的影響下，是否肯定「強迫自由」，甚至走上政府集權反害個人自由的思想路徑。

梁啓超在相當程度吸收盧梭全民直接立法、統治之觀點，並以個人道德自由基礎，實現「主權在民」的理想，故當他接觸孟德斯鳩法律思想時，直接以盧梭思想，即成立法律之公正性、代議民主之不完整性以及自由平等公理結構關係，修正孟德斯鳩思想的缺憾。雖然，梁啓超和盧梭對待智識的態度有所不同，但是他們基本上接受，人性自私放縱之缺陷，透過道德重顯之努力（對盧

[註108] 梁啓超，〈國家思想變遷異同論〉，《文集之六》，頁 17～18。

[註109] 梁啓超，〈解放與改造發刊詞〉，《文集之三十五》，頁 19～22。

[註110] 梁啓超與「強迫自由」之間的問題，劉紀曜教授在〈梁啓超的自由理念〉中有所論述，其中對盧梭「強制自由」（即是強迫自由）頗有微詞，並以洛克這一個人主義自由主義思想和法律觀點，批評梁啓超自由和法律觀念。對此，或許孟德斯鳩和托克維爾所代表的，以中介社會爲立基的另一自由主義思想和法律觀點，可以回應此一批評。另外林啓彥教授〈嚴復與章士釗——有關盧梭《民約論》的一次思想論爭〉對盧梭思想的另一詮釋，或許也能此類批評提供一些不同的看法，文中藉由 George Kateb, John Plamenatz, Alfred cobban, John W. Chapmen, G. D. H. Cole 等學者之論點，甚至透過章士釗對盧梭思想的辯解，相當清晰的解答對盧梭思想的誤解。有關中介社會及其自由主義思想脈絡請參看 Charles Taylor. "Modes of Civil Society", in Public Cultures（vol.3, no.1），pp.105～6, 113～5.；請參看林勝偉，《公民社會的自主性原則及其組織條件》（國立政治大學社會學研究所，2000 年 7 月），頁 86～89。有關梁啓超與「強制自由」請參看劉紀曜，〈梁啓超的自由理念〉，《國立臺灣師範大學歷史學報》（第 23 期，1995 年 6 月），頁 263～287。對盧梭思想的辯解，請參看林啓彥，〈嚴復與章士釗：有關盧梭《民約論》的一次思想論爭〉，《漢學研究》（第 20 卷 1 期，2002 年 6 月），頁 339～367。

梭而言是恢復 Conscience；對梁啓超而言是「致良知」，所以他們之間，對智識
出現相當顯著的差異），使得國家趨於自由平等之完美形態。在道德主義思想基
礎上，建構一種羣己和諧社會形態，是梁啓超和盧梭思想的契合之處，但是對
於盧梭思想中一向為人詬病的「強迫自由」之問題，我們應先從盧梭《社會契
約論》第 8 章 "The Civil State" 的論點中，剖析出基本思想架構和其意義，或
許較為正確掌握盧梭「強迫自由」的實質意義，盧梭在文中說：

> 由自然的狀態（state of nature）進入公民社會狀態（civil state），人類
> 便產生了一場最堪注目的變化；在他們的行為中正義就代替了本能，
> 而他們的行動也就被賦予了前此所沒有的道德性（moral quality）。唯
> 有當義務的呼聲代替了生理的衝動，權利代替了嗜欲的時候，此前只
> 知道關懷一己的人類才發現自己不得不按照另外的原則行事，並且在
> 聽從自己的欲望之前，先要請教自己的理性（reason）。……
>
> 現在讓我們把整個這張收支平衡表簡化為易於比較的項目吧：人類
> 由於社會契約而喪失的，乃是他的自然自由（natural liberty）以及
> 對於他所企圖的和所能得到的一切東西的那種無限權利；而他所獲
> 得的，乃是公民自由（civil liberty）以及對於他所享有的一切東西
> 的所有權。為了權衡得失時不致發生誤解，我們必須清楚地區別，
> 惟以個人的力量為其界限的自然自由（natural liberty），與以公意
> （general will）為其界限的公民自由（civil liberty）。〔註111〕

公民自由的另一獲益之處，是公民社會狀態中的道德自由（civil state moral
freedom），使我們遠離受私欲控制的奴隸狀態，而成為服從自我立法、自我約
束的真正自我的主人。在盧梭所描寫的自然自由狀態中，人是孤離的，也沒有
語言文化，更遑論自我道德意識（self-consciousness），〔註112〕人類進入公民社
會狀態就意味著人類自我道德成長，換言之，所謂「強迫自由」是指社會公約
不致於成為空文，要求人民服從公意、服從真正自我的一種默契，〔註113〕對此

〔註111〕中文翻譯參考盧梭，何兆武譯，《社會契約論》（臺北：唐山，1987 年 3 月），
　　　　頁 33～34。英文翻譯參考 The Social Contract and The First and Second
　　　　Discourses（Edited and with an Introduction by Susan DunnNew Haven and
　　　　London: Yale University, 2002 年），pp.166～167.
〔註112〕請參看 Robert N. Bellah, "Roesseau on Society and the Individual", The
　　　　Social Contract and The First and Second Discourses, p.268.
〔註113〕請參看盧梭，何兆武譯，《社會契約論》，頁 31。The Social Contract and The First

《日內瓦手稿》有云：

> 因而，為了使社會公約不致於成為一紙空文，就必須使主權者在每
> 個人的同意而外，還得具有他們對公共事業效忠的某些保證。這些
> 保證的第一步，通常就是宣誓。然而由於它是從全然不同的另一種
> 秩序得出來的，並且每個人又可以按照自己內心的準則隨心所欲地
> 修改自己所負擔的義務；所以人們在政治體制中就很少依賴於這一
> 點，而是更有理由要重視從事物本身之中所得出來的那些更為現實
> 的安全保障。〔註114〕

在某種意義上言，這是一種人類自我約束、自我成長之緩慢的社會化進程，脫
離自然自由而進入以公意和社會公約（social pact）為基礎的公民社會狀態（civil
state）的途徑。並且，社會契約所要解決的根本問題，就是「要尋找出一種結合
的形式，使它能以全部共同的力量來維護和保障每個結合者的人身和財富，並
且由於這一結合而使每一個與全體相聯合的個人又只不過在服從自己本人，
並且仍然像以往一樣地自由。」〔註115〕況且，以盧梭的法律觀念而言，「更無須
問何以人們既是自由的而又要服從法律，因為法律只不過是我們自己意志的紀
錄」、「服從法律的人們就應當是法律的創作者；規定社會條件的，只能是那些
組成社會的人們」。〔註116〕換言之，「強迫自由」即使在其語意上有所偏頗之處，
但是在其理論層面而言，為了進入公民社會狀態而所經歷的一種道德內在教
化，是一種宣誓和默契，更是一種社會中的個人自覺和自決進程。因此，在理
論的設計角度而言，這是在完美理想構築過程中的，一種勸言或道德教化，所
謂「主權在民」、「公民社會狀態中的道德自由」、「服從自己」的公意原則下，
當然不能轉化為容許政府強迫人民的手段。猶如布洛克（Alan Bullock（即是 Alan
Louis Charles Bullock, Baron Bullock of Leafield），1914～2004）所言，「不論存在
著什麼混亂和矛盾，事實仍舊是，盧梭是第一個闡釋人民主權基本原則的人」，
〔註117〕盧梭是不會放棄人民主權、人民自決原則的，由此而言，梁啓超以智識
化思想脈絡中的道德主義為其思想基礎的自由主義思想脈絡更會是如此。

---

and Second Discourses, ChapterVII "The Sovereign", p.166.

〔註114〕盧梭，何兆武譯，《社會契約論》，頁31～32，註解11。

〔註115〕盧梭，何兆武譯，《社會契約論》，頁24。

〔註116〕盧梭，何兆武譯，《社會契約論》，頁57。

〔註117〕Alan Bullock 亞倫・布洛克，董樂山翻譯，《西方人文主義傳統》（臺北：究
竟出版社，2000年），頁125。

第三節 德智相和的「新民」：私德與公德之相和

　　雖然梁啓超自由主義思想相關觀點，與盧梭思想有密切相關性，但是，當梁啓超將傳統宋明儒學的「良知」，從傳統天道觀念中解放，以樸實的直覺和經驗「俗識」來描寫，在相當程度上推進「良知」的智識化脈絡來看，梁啓超和盧梭道德主義論點有著相當鮮明的差異。尤其梁啓超「新民」，以德智相和、公德和私德以及羣己自由和諧論點，更是與盧梭思想有所區別。

一、內聖與外王──各爲目的、各司其職

　　我們在討論梁啓超相關私德問題之前，先對有關梁漱溟點出「對於人格修養的學問，感受《德育鑒》之啓發，固然留意；但意念中卻認爲『要作大事必須有人格修養才行』，竟以人格修養作方法手段看了」，〔註118〕所引來的梁啓超道德主義思想是否繼承傳統「內聖外王」問題（這就關係到梁啓超思想與繼承「內聖外王」思想格局延伸和道統論述〔註119〕的新儒家「弱義的泛道德主義」之間的關係劃分），進一步瞭解所謂人格修養問題，在梁啓超思想中會否轉爲一種方法或手段。首先，在《新民說・論自由》末端，我們看到梁啓超相關論述，他說：

> 凡有過人之才者，必有過人之欲。有過人之才、有過人之欲而無過人之道德心以自主之，則其才正爲欲之奴隸，曾幾何時，而銷磨盡矣。故夫泰西近數百年，其演出驚天動地之大事業者，往往在有宗教思想之人，夫迷信於宗教而爲之奴隸，固非足貴，然其藉此以克制情欲，使吾心不爲頑軀濁殼之所困，然後有以獨往獨來，其得力固不可誣也。日本維新之役，其倡之成之者，非有得於王學，即有得於禪宗，其在中國近世，勳名赫赫在人耳目者，莫如曾文正，試一讀其全集，觀其困知勉行勵志克己之功何如，天下固未有無所養而能定大難成大業者。〔註120〕

人之欲可分爲兩種，梁啓超曾說「物質上之欲，惟患其多，精神上之欲，惟患其少，而欲求減物質上之欲，則非增精神上之欲，不能爲功，其消息之間，

〔註118〕梁漱溟，《我的自學小史》，《梁漱溟全集2》，頁683。
〔註119〕請參看李明輝，〈儒家思想與科技問題──從韋伯觀點出發的省思〉，收入於《儒家思想與現代世界》，頁75。
〔註120〕梁啓超，《新民說・論自由》，《專集之四》，頁50。

殆有一定之比例。」〔註121〕換言之，人若有過人之才，其求知欲望亦強，而若不以精神之欲通往道德心加以控制，較易受其「奸智」影響，故他特重人之道德修養。他的「才、欲、道德」，猶如心理學所謂「ego、id、superego」，道德在此如「superego」是控制者的角色，駕馭「才」和「欲」兩頭馬而決定方向。

那麼這種道德修養之功，可否成就使人擔負艱辛之大事業？要成就大業者，必經道德修養之階段？對此，福澤諭吉講的一段話，頗值得玩味，他說：「有德的善人，不一定為善，無德的惡人，不一定作惡。」，〔註122〕並舉例說明，當德川家康奪權之經過，「論其私人道德，卻有不少令人不齒之處」，「然而，由於這種不德卻奠定了三百年太平基業，拯救了全國人民免遭塗炭，這不是千古奇談麼？」〔註123〕這猶如孔子對管仲的評價，「管仲相桓公，霸諸侯，一匡天下，民到于今受其賜；微管仲，吾其被髮左衽矣！豈若匹夫匹婦之為諒也，字經於溝瀆，而莫之知也！」。〔註124〕

可見道德修養之完整與否的評價，並不能與其事功之成就相提並論，其實梁啟超在《節本明儒學案・姚江》中，已相當清楚表述，倘使「我尚有功利之心，則雖日談道德仁義，亦只是功利之事」，在注語中也說到：「然則以功利之心談愛國者何如？」〔註125〕可見，梁漱溟當初受梁啟超《德育鑑》影響時，誤將人格修養和事功劃上等號，雖然，梁漱溟適時進行反省，但到底梁啟超本身是否將人格修養當作是完成救國目的的方法或手段？對此，我們可藉由梁啟超本人之話語相當清楚地回答，人格修養非功利之事，更不能以功利之心談愛國。換言之，人格修養和救國，各為目的，各司其職，並不是手段和目的之因果關係。但是，梁啟超仍然認為，進行救國運動時，道德修養卻能監督「在初時或本為一極樸實極光明之人，而因其所處之地位所習之性質，不知不覺，而漸與之俱化，不一二年，而變為一刻薄寡恩機械百出之人」，〔註126〕並相當肯定其束身功夫，對人生中的積極意義。

當然我們更不能忽略，梁啟超所提倡之道德，不囿限於私德，而是包含

〔註121〕梁啟超，《自由書・無欲與多欲》，《專集之二》，頁74。
〔註122〕福澤諭吉，《文明論概略・智德的區別》，頁99。
〔註123〕福澤諭吉，《文明論概略・智德的區別》，頁101。
〔註124〕《論語・憲問》，《十三經注疏》　（一八一五年阮元刻本）。
〔註125〕梁啟超編，《節本明儒學案・姚江》，頁90。
〔註126〕梁啟超，《新民說・論私德》，《專集之四》，頁135。

公德的新道德，是服公理、達時勢〔註127〕之英雄豪傑甚至無名之英雄該具備之基本道德。通往羣己權限基礎上，追求個人自由和團體自由和協並進之道德。誠如他所說：「法律者，非由外鑠也，非有一人首出，制之以律羣生也，蓋發於人人心中良知所同然，以爲必如是乃適於人道，乃足保我自由而亦不侵人自由。故不待勸勉，不待逼迫，而能自置於規矩繩墨之間，若是者謂之自治。」，〔註128〕一法律概念，經由心中良知所同然，〔註129〕且「必如是乃適於人道」，猶如戴震「天下萬世皆曰：『是不可易也』，此之謂同然」，〔註130〕指出此一權限之劃分，由保護人民之自由，且人民自願接受的範圍中說明。這都充分證實他所謂服公理達時勢所指，以落實於其「法律」中，相當符合「非以剝削各人之自由權爲目的，實以增長堅立各人之自由權爲目的」爲主幹，公意爲體、法律爲用「爲公眾謀最大利益」，即爲人民自由與平等盡最大敬意和努力的盧梭思想之眞諦。〔註131〕這法律是基於人人心中良知所同然，不但可通往歐美「公意」、「公益」爲基礎的法律概念，而且可承續以「理」釋「禮」〔註132〕之傳統。〔註133〕由此可知，所謂包含私德和公德的「新道德」，一是屬於個人道德修養，另一是屬於公共社會道德，在民權自由社會中將如何定位，成爲梁啓超《新民說》一系列文章之最終課題之一。

二、反帝制與反專制——適於國情的民主

1903 年（光緒二十九，癸卯）1 月 23 日至 10 月 12 日，〔註134〕梁啓超美國之行後，發現民主政制並不是完美無瑕之制度，如他所說：「專制國之求官者，則諂其上，自由國之求官者則諂其下；專制國則媚茲一人，自由國則媚茲庶人。諂等耳，媚等耳，而其結果自不得不少異。雖然，以之爲完全之制度，則俱未也。」〔註135〕況且，親眼經歷自由民主國中的華僑社會後，不

〔註127〕梁啓超，《自由書‧豪傑之公腦》，《專集之二》，頁34。
〔註128〕梁啓超，《新民說‧論自治》，《專集之四》，頁51～52。
〔註129〕「心之所同然」出自於《孟子注疏‧告子章句上》，卷11，《十三經注疏》（一八一五年阮元刻本）。梁啓超在此改爲「心中良知所同然」。
〔註130〕戴震，《孟子字義疏證》卷上。
〔註131〕請參看梁啓超，〈盧梭學案〉，《文集之六》，頁104。
〔註132〕請參看〈序〉，《禮記‧引言》，《十三經注疏》（一八一五年阮元刻本）。
〔註133〕請參看本文第二章第二節與第三章第一節之討論。
〔註134〕丁文江撰，《梁任公年譜長編》上冊，頁174，191。
〔註135〕梁啓超，《新大陸遊記節錄》，《專集之二十二》，頁141。

但體悟到「中國社會之組織，以家族爲單位，不以個人爲單位」，而且國人「只能受專制，不可享自由」。〔註136〕但值得注意的是，這一觀點所指，並不是爲了批評國人無民主自由之性，而是就如梁啓超在 1915 年 9 月在《申報》上，反對袁世凱復辟的相關文章中，剛好提到說：「吾昔在《新民叢報》與革命黨論，謂以革命求共和，其究也必反於帝政；以革命求立憲，其究也必反於專制。吾當時論此焦脣敝舌，而國人莫余聽，乃流傳浸淫，以成今日之局。」，〔註137〕梁啓超清楚瞭解以家族爲單位的中國社會條件，比較容易陷入以專制解決國政之途徑，是故該面對的是如何防止專制的出現，如何設計出適於中國社會條件的民主政治的形式。因此，梁啓超回到日本後，大致接受當初黃遵憲所書「公以爲由君權而民政，一度之破壞終不可免，與其遲發而禍大，不如速發而禍小。僕以爲由野蠻而文明，世界之進步必積漸而至，時不能躐等而進，一蹴而幾也」〔註138〕之建議，並在〈答和事人〉中說：「吾向年鼓吹破壞主義，而師友多謂爲好名，今者反對破壞主義，而論者或又謂爲好名，顧吾行吾心之所安而已。」〔註139〕雖然，梁啓超坦然接受自我政治主張的昨非今是，但究其實質論述內涵，可以說相當部分是強化過去言論中的某種觀點，尤其，《新民說·論私德》一文，或許連同他的〈論公德〉一道瞭解，較能適切地掌握梁啓超道德主義思想內涵。〔註140〕

梁啓超清楚瞭解中國以家族爲核心的文化傳統與民族特性之後，選擇立法權之完整爲首要目標。但就如本文第四章第二節「一、羣己自由相諧並進——民權自由與公意法治」中所討論，梁啓超以立法者是否合乎公意公理的角度，批評其創制法律之正當性，並認爲法律惟合乎公意公理之時，才能要求人民在此一嚴格法律限制下行使自由。是故民主程序創制法律之時，參與此一重任者能否合乎公意公理，參與立法權之運作者，有否足夠能力辨別是非，不以個人黨派之見泯滅自我良知，顯得相當重要的另一課題。由此可知，梁啓超爲建立現代立憲民主國家理想之時，以「新民」、「新道德」之建構爲

〔註136〕梁啓超，《新大陸遊記節錄》，《專集之二十二》，頁 121，122。
〔註137〕請參看〈梁任公與英報記者之談話〉，《申報》（1915 年 9 月 4 日）。徐鑄成，《報海舊聞》（上海：上海人民出版社，1981 年版），頁 8～13。
〔註138〕丁文江撰，《梁任公年譜長編》上冊，頁 170。
〔註139〕梁啓超，〈答和事人〉，《文集之十一》，頁 46。
〔註140〕請參看張灝，《梁啓超與中國思想的過渡》，頁 196～198。黃克武，《一個被放棄的選擇：梁啓超調適思想之研究》，頁 181。

其另一重點,必有其思想內在脈絡,更是與梁啟超個人對於當時國情、文化、思想的深刻體認,有相當密切的關聯。

《新民說》章節之順序安排,在某種程度說明了梁啟超如何開展自己的思想步驟,並且隨著創作時間之不同,充分顯示出受到歷史政治環境之不同體認,所帶給梁啟超思想論述的刺激和影響,因此我們可以說《新民說》呈顯出來的,即是一種社會和個人思想之間互動的具體反映和寫照。在某種意義上言,〈論私德〉一文是對以「公德」為論述主題的《新民說》思想的補充和修正。基本上,梁啟超深信道德與學術之領先地位,故若無道德與學術之進展則根本談不上國家、國民力量之改善,並且沒有德智覺醒之健全個人,其社會和國家亦不能健全。

正若我們在本文〈緒論〉中論述,梁啟超救國思想三個階段而言,第一、以道德、學術思想之提高作為民族改造之基礎;第二、先建立適合於當時實際情況的政體(開明專制亦是其選項之一),集中民族、國家之力量爭取獨立國家地位;第三、以此推動新的道德與學術思想,改善整個國家與民眾,能夠達到所謂理想政治環境,即非專制而開明的國家,確能保障個人自由權的民主國家,其中《新民說》乃屬於道德與學術之革新,引導國民力量之提高的第一階段。這最為基本的救國步驟中,梁啟超所強調的是,提出新的道德社會倫理作為改善中國社會、國家之基本綱領。而其道德觀之核心乃為公德與私德,他對公德與私德之分界有如下的解說:

> 道德之本體,一而已。但其發表於外,則公私之名立焉。人人獨善其身者,謂之私德;人人相善其羣者,謂之公德,二者皆人生所不可缺之具也。……吾中國道德之發達,不可謂不早。雖然偏於私德,而公德殆闕如。……關於私德者,發揮幾無餘蘊。……今試以中國舊倫理,與泰西新倫理相比較,就倫理之分類,曰君臣,曰父子,曰兄弟,曰夫婦,曰朋友。新倫理之分類,曰家族倫理,曰社會(即人羣)倫理,曰國家倫理。舊倫理所重者,則一私人對於私人之事也。……新倫理所重者,則一私人對於一團體之事也。〔註141〕

梁啟超言中國傳統學術重視私德且「發揮幾無餘蘊」,但當今合羣協力,力抵外競之時,不可不重視公共領域之道德。梁啟超認為道德之本體,可以其對待的對象之不同而分為「公」與「私」,此與福澤諭吉以智慧的力量力圖革新之途徑

〔註141〕梁啟超,《新民說‧論公德》,《專集之四》,頁12~13。

不同，梁啓超試圖建立過去傳統道德倫理無法範圍之新道德，達成國家合羣協力以抵外競之目標。梁啓超認爲世界「民族帝國主義」之間激烈競爭，各國正發憤圖謀生存，故新道德公德之澄清乃當今之急需。故文章之末端呼籲說：

> 公德之大目的，既在利羣，而萬千條理，即由是生焉。本論以後各
> 子目，殆皆可以利羣二字爲綱，以一貫之者也。故本節但論公德之
> 急務，而實行公德之方法，則別著於下方。〔註142〕

我們在上述的引文中，必先注意其「利羣」的概念，因爲，梁啓超認爲在當時實際情況的限制下，其所急者乃公德、乃利羣而已，先主張利羣也是爲了達到使個人實現享受自由的崇高目的。我們應當以梁啓超思考邏輯之階段性來看其術語之正確含意與所佔的地位比較適當。

主張「利羣」乃圖謀國家生存之方策，故梁啓超在〈論私德〉中，痛心於若無私德之進展，就無法達成其公德之目的「利羣」，則梁啓超原本以道德思想改造之實現，達成其救國思想的第一階段，以及使國家全體之力量集合對抗列強之侵略的第二階段之目標，皆無法順利完成。因此，梁啓超提出把「私德」與「公德」緊密結合，確立由「私德」進入「公德」的思想體系。他說：

> 今之學者，日言公德，而公德之效弗覩者，亦曰國民之私德有大缺
> 點云爾！是故欲鑄國民，必以培養箇人之私德爲第一義。欲從事於
> 鑄國民者，必以自培養其箇人之私德爲第一義〔註143〕

如此，私德之進展在此成爲梁啓超整個救國思想的根據點，梁啓超以爲道德思想體系之重建，本以新道德（包含公德和私德）之發明擔負其重任，而能力之有限、時間之緊迫，無法達成滿足於當時的急需，因此，他主張活用對私德方面已「發揮幾無餘蘊」的傳統道德「深微之義」：

> 吾疇昔以爲中國之舊德，恐不足以範圍今後之人心也，而渴望發明
> 一新道德以補助之。由今以思，此直理想之言，而決非今日可以見
> 諸實際。夫言羣治者，必曰德、曰智、曰力，然智與力之成就甚易，
> 惟德最難。今欲以新道德易國民，必非徒以區區泰西之學說，所能
> 爲力也。……道德者，行也，而非言也。苟欲言道德也，則其本原
> 出於良心之自由。無古無今，無中無外，無不同一。是無有新舊之

〔註142〕梁啓超，《新民説・論公德》，《專集之四》，頁15～16。

〔註143〕梁啓超，《新民説・論私德》，《專集之四》，頁119。

可云也！苟欲行道德也，可因於社會性質之不同，曰各有所受。……
一旦突然欲以他社會之所養者養我，談何容易耶？……吾固知言德
育者，終不可不求泰西新道德以相補助。雖然，此必俟諸國民教育
大興之後，而斷非一朝一夕所能獲。……則今日所恃以維持吾社會
於一線者何在乎？亦曰吾祖宗遺傳固有之舊道德而矣。〔註144〕

民德之進展也是要考慮社會本身之架構，若不顧社會本身之性質，直接輸入
不同歷史、文化、社會背景下發展出來的道德體系，很可能不適合於現實需
求。故雖以道德之長遠發展方向而言，中西思想之統合乃是勢之所趨，但是
處於迫切的國家危機下，就無法等到其理想之實現。因此，唯一解決其困境
之法門，宜先善用其舊道德補救「假公濟私，以煽動民氣爲一手段者」〔註145〕
引起的迫切道德危機，這樣才能以此提高國民之私德而進於公德達成民德之
進展。若此，實現梁啓超救國思想之第一步，乃以道德之重建，改造國民完
成其新民之意。

　　梁啓超在《新民說・論義務思想》中提及國民義務納稅和服兵役，且在〈論
尚武〉中認爲「中國民族之不武」原因，則是國勢之一統、儒教之流失、霸者
之摧盪、習俗之濡染。換言之，梁啓超所期待者，不但人民覺醒而追求自我權
利基礎之外，人民更要瞭解爲國家付出的義務之可貴，其中國民之義務納稅、
服兵役等爲國家犧牲之準備，當然是直接關係到國家之強盛與否。其實，國家
之政體如何，對梁啓超而言，並不是關鍵課題，他甚至認爲只要「適於中國」，
專制、立憲、共和都無不可，關鍵在於能否「出於公心，出於熱誠，不背乎前
所謂普天下文明國共同之宗旨」，〔註146〕即是傳統中所良者保存，是以舊道德
培養自主人格之基礎；必採他人者、必求他人之匡救者，勇猛自克而代易之，
使人民自治而享有個人自由民權乃其所謂文明國共同之宗旨。

三、私德與公德之相和——積私德而公德

　　這一宗旨之順利完成，不能僅靠智識，亦不能靠衝破一切道德之陽明末
流，他認爲日本「專求智識之輸入，而於德育未嘗留意，既已舉千年來所受
儒教之精神，破壞一空，而西人倫理道德之精華，亦不能有所得，青黃不接，

〔註144〕梁啓超，《新民說・論私德》，《專集之四》，頁131～132。
〔註145〕梁啓超，《新民說・論民氣》，《專集之四》，頁147。
〔註146〕梁啓超，〈論教育當定宗旨〉，《文集之十》，頁61。

故風俗日壞，德心日衰」，〔註147〕是故中國提倡新文明救國之改革，不可重蹈覆轍。若像陽明末流「放縱得不成話，如何心隱（本名：梁汝元），李卓吾（贄）等輩，簡直變成一個『花和尚』。他們提倡的『酒色財氣不礙菩提路』，把個人道德社會道德一切藩籬都衝破了，如何能令敵派人心服？」〔註148〕這種若無道德「如何能令敵派人心服？」不止是梁啓超一人的課題，章太炎在 1906 年（光緒三十二，丙午）《民報》第 8 號中刊載的〈革命道德說〉中認爲「事有易於革命者，而無道德亦不可就」，並以「日狹妓飲燕不已」之語，嚴厲指責唐才常（1867～1900）個人道德之敗壞，且認爲「庚子之變，庚子黨人之不道德致之也」。〔註149〕換言之，在梁啓超和章太炎的心目中個人之私德操守，竟轉化爲使敵人心服或革命從事者必備具之德目。

但如福澤諭吉所言「有德的善人，不一定爲善，無德的惡人，不一定作惡」，〔註150〕「又如對於古今成大功立大業的風雲人物，則稱他爲英雄豪傑，而對於他的道德，則稱讚其私德，對更可貴的公德，反倒不列入道德之內，好像把他忘掉了……結局受社會一般風氣的束縛，只是重視私德方面」，〔註151〕由此而言，梁啓超和章太炎之論點稍嫌偏激而不甚周全。〔註152〕但他們仍然認爲道德，不但能支撐個人意志力的最主要構成來源，更是得到廣大民眾支持的必要條件之一。梁啓超之所以重提私德也是基於此，他說：

> 一私人對於一私人之交涉而不忠，而欲其忠於團體，無有是處，此其理又至易名也。若是乎今之學者，日言公德，而公德之效弗覩者，亦曰：「國民之私德，有大缺點云爾。是故欲鑄國民，必以培養個人之私德爲第一義，欲從事於鑄國民者，必以自培養其個人之私德爲第一義。〔註153〕

〔註147〕梁啓超，〈論教育當定宗旨〉，《文集之十》，頁 58。梁啓超這一觀點狹間直樹認爲很可能與井上哲次郎以陽明學反對日本「歐化主義」有所關聯。請參看〈關於梁啓超稱頌「王學」問題〉，《戊戌維新與近代中國的改革》（北京：社會科學文獻，2000 年 5 月），頁 571～572。

〔註148〕梁啓超，《中國近三百年學術史》，《專集之七十五》，頁 4。

〔註149〕章太炎，〈革命道德說〉，《章太炎全集4》，頁 280。

〔註150〕福澤諭吉，《文明論概略·智德的區別》，頁 99。

〔註151〕福澤諭吉，《文明論概略·智德的區別》，頁 75。

〔註152〕將個人道德修養作爲政治運動之工具化，在當時知識界頗爲盛行。請參看王汎森，〈中國近代思想中的傳統因素——兼論思想的本質與思想的功能〉，《中國近代思想學術的系譜》，頁 147～149。

〔註153〕梁啓超，《新民說·論私德》，《專集之四》，頁 119。

梁啓超認爲提倡公德而弗覩其功效,是因爲「蔑私德而謬託公德,則並所以推之具而不存也」,「所謂公私,就析義言之,則容有私德醇美,而公德尚多未完者,斷無私德濁下,而公德可以襲取者」,因此,他爲了提倡公德,不得不倡由推私德而進公德之途徑。換言之,私德即是推動公德之門徑,且若無私德之完善基礎,僅推動公德是本末倒置的(雖然,我們透過福澤諭吉所點出德川家康的例子,已瞭解私德和公德不一定相稱),如同「泰西之所謂道德,皆謂其有讚於公安公益者」,私德和公德之提倡,亦是爲了增進國羣之中,人民在合理法規限制下,同時享受公安公益之目的。

　　梁啓超提倡的不僅是個人道德之修養(私德),是適合於當今文明民族國家的公民道德(公德),且其公民道德如斯賓塞所論,「么匿(unit)之所本無者,不能從拓都(total)而成有;么匿之所同具者,不能以拓都而忽亡」。〔註154〕健全的個人造就健全的社會和國家,故爲了使人民成就健全理想人格,梁啓超提倡推私德進而公德之途徑,並且對重提私德或放棄破壞主義之原因,沈痛地告白說:

> 五年以來,海外之新思想,隨列強侵略之勢力以入中國,始爲一二人倡之。繼爲千百人和之,彼其倡之者,固非必盡蔑舊學也,以舊學之簡單而不適應於時勢也,而思所以補助之。且廣陳眾義,促思想自由之發達,以求學者之自擇,而不意此久經腐敗之社會,遂非文明學說所遽能移植,於是自由之說入,不以之增幸福,而以之破秩序;平等之說入,不以之荷義務,而以之蔑制裁;競爭之說入,不以之敵外界,而以之散內團;權利之說入,不以之圖公益,而以之文私見;破壞之說入,不以之筬膏肓,而以之滅國粹。〔註155〕

「此久經腐敗之社會」乃是梁啓超所目睹之祖國現實,他不但抨擊「漢學家者率天下而心死者也」,更是擔憂當今只言「一切破壞」不言建設之艱困者,只知猛劑下藥不知護其「元神真火」〔註156〕者之遺害。雖然道德本於良心之

〔註154〕梁啓超,《新民說‧論私德》,《專集之四》,頁 118。梁啓超引自嚴復《群學肄言》。

〔註155〕梁啓超,《新民說‧論私德》,《專集之四》,頁 127～128。

〔註156〕他在 1896 年(光緒二十二,丙申)〈西學書目表後序〉中說:「今日非西學不興之爲患,而中學將亡之爲患。」(《文集之一》,頁 126。)從中我們即能瞭解到他對中國學術傳統之地位的擔憂之心。而在 1902 年(光緒二十八,壬寅)秋,黃遵憲與梁啓超就有關《國學報》一事商議,黃遵憲回函時說:「公謂養成國民,當以保國粹爲主義,取舊學磨洗而光大之,至哉斯言。特此足以立

自由，並無古今中外之分，但「因於社會性質之不同，而各有所受」之故，較適合於當今中國時局者乃中國故有的「舊道德」。他並非不知「德育者終不可不求泰西新道德以相輔助，雖然，此必俟諸國國民教育大興之後」，故現今以道德救國之重任，繫在「舊道德」之闡發，〔註157〕不但要防止「革命熱之太盛」，而且更須強調「非有大不忍人之心者，不可以言破壞」。〔註158〕私德能否進至公德，關鍵在於能否成就「公益」（或「公意」），顯然倡破壞之正當性亦繫在破壞能否成就「公益」，而如何判定其提倡者之意圖，出自公心還是

國矣。……若中國舊習，病在尊大，病在固蔽，非病在不能保守也。……公之所志，略遲數年再爲之，未爲不可」（丁文江撰，《梁任公年譜長編》上冊，頁161。）1902年（光緒二十八，壬寅）春梁啓超與章太炎關係甚佳，章太炎稱梁爲「學識日進，頭頭是道」，至6月章太炎有書致梁啓超討論《中國通史》（《章太炎學術年譜》，頁72。），或許梁啓超受章太炎影響而更爲關注保存國粹。但梁啓超對傳統學術思想的關注，是相當顯著的個人研究思想趨勢，並不是一時突然萌生的意願。但梁啓超這一保存「元神眞火」之觀點，雖早在〈西學書目表後序〉一文中頗詳細論及，但這已與張之洞「今欲強中國存中學，則不得不講西學，然不先以中學固其根柢，端其識趣，則強者爲亂首，弱者爲人奴，其禍更列於不通西學者矣」論點頗相似。（《勸學篇・內篇》（臺北：文海，1961年），頁25。）

〔註157〕梁啓超在此暢談之「舊道德」，實是陽明學派的論點。狹間直樹在〈關於梁啓超稱頌「王學」問題〉一文中，指出梁啓超對陽明學之重新提倡，與日本學者吉本襄所編《陽明學》及井上哲次郎《日本陽明學派之哲學》有所關聯。因爲他們都以陽明學爲宗旨重鑄國家的新道德，對抗「歐化主義」。（此文收入於《戊戌維新與近代中國的改革》（北京：社會科學文獻，2000年5月），頁567～575。）梁啓超的陽明學說基礎，應始於梁啓超請康有爲如何爲學時，康示以陸王心學、史學、西學爲其爲學大方針。（請可參看《梁任公年譜長編》上冊，頁15；《清代學術概論・二五》。）而在梁啓超1892年（光緒十八，壬辰）所著的〈讀書分月課程〉一文和1898年（光緒二十四，戊戌）〈湖南時務學堂學約〉中，清楚地發現其中的論點與《新民說・論私德》並沒有很大的差異。且梁在《節本明儒學案・例言》有云：「啓超自學於萬木草堂，即受明儒學案，十年來以爲常課」（頁1。），可見梁啓超陽明學思想根基之篤厚。但在《新民叢報》第46、47、48合刊號上，〈論私德〉與〈近世第一大哲康德之學說〉中，同時出現陽明和康德學說相同之處的論述，這或能間接證明狹間直樹所指出井上哲次郎的關聯。除此之外，梁啓超在《節本明儒學案・例言》中，引用井上哲次郎「治王學者，其所信之主義，曰：『知行合一』，故其人身教之功，比諸言教之功爲尤大。欲觀其精神，無寧於其行事求之。《日本陽明派之哲學》，頁27。」（《節本明儒學案・例言》，頁4；請參看同書頁315～317中的案語）故我們將此關聯視爲梁啓超思想展開過程中的次要環境因素，大致不成問題。

〔註158〕皆引自梁啓超，《新民說・論私德》，《專集之四》，頁131～133。

私心？又如何判別他的行為能否成就「公益」或「利羣」等高尚目的？

就梁啓超整體政治論述架構而言，道德力量是積極擴充自我見識和知識的基礎上所建構，因之梁啓超認為當今救國的最佳途徑，是經由國人自治能力的提升以促進國家之自治獨立。但倘使個人見識和知識膚淺，則其道德力量便不能健全，而一德智不全之人格則遑論自我獨立自治。故梁啓超的道德理想人格，顯然不是超然獨立於人世，反是在人世中積極追求德智健全除弊建公之人。且在人人爭取民權自由權利基礎上，參政而立法，促使國家之內行其公正的法律，以此化解國內競爭，合羣協力共抵外競。但梁啓超在進行革命或改革運動之時，他所目睹的是「在初時或本為一極樸實極光明之人，而因其所處之地位所習之性質，不知不覺，而漸與之俱化，不一二年，而變為一刻薄寡恩機械百出之人者有焉矣」〔註159〕之情形。他在〈論民氣〉一文中，更詳細指出：

> 凡多數人相集而圖一事，則其中必有多少之權力，於是有覬覦此權力
> 而加入團體者，又凡一事之成，則其後必有多少之名譽，於是有歆羨
> 此名譽而加入團體者，又凡一事件之起，其事件間接之影響，或可予
> 一種人以特別之利益，於是有取便私圖而加入團體者……〔註160〕

這種不德之人加入團體漸多之後，「其團體自表面上視之，雖若甚大且堅，實則其內容含有種種不同性質之分子，各向於其特別之目的而進行，無論事之成不成，而皆可以生出惡果。此等敗類，無論何種團體，固萬難絕無，而民德高尚之國，其數寡民德污下之國，其數眾」，且這些人是「假公濟私，以煽動民氣為一手段者」，〔註161〕故必須堅忍、親善、服從、博愛等諸德，監督團體之健全，而只要「民力民智民德三者既進，則其民自能自認其天職，自主張其權利，故民氣不期進而自進」。〔註162〕雖然，梁啓超積極輸入而調和之的觀點出現謹慎，優勝劣敗之激動轉為「社會性質之不同，而各有所受」，〔註163〕但是他所指出的中國之種種弊端，如對掌權「為我派」或魏晉間清談、清代考據漢學之流的抨擊，甚至引用曾國藩（文正，1811～1872）支持養心之說法，都與〈湖南時務學堂學約〉中的論述面向大致相當。在〈論私德〉中，梁啓超提出正本、慎獨、謹小等功夫，不斷防堵「功利之心」，且以慎獨、謹小之功，猶如基督教祈

〔註159〕梁啓超，《新民說‧論私德》，《專集之四》，頁135。
〔註160〕梁啓超，《新民說‧論民氣》，《專集之四》，頁147。
〔註161〕梁啓超，《新民說‧論民氣》，《專集之四》，頁147。
〔註162〕梁啓超，《新民說‧論民氣》，《專集之四》，頁148。
〔註163〕梁啓超，《新民說‧論私德》，《專集之四》，頁131～132。

禱日日懺悔之功，引導「個人之德漸進，人人如是，則社會之德漸進」，自我檢視有否放棄自我「良心之自由」，〔註164〕將成爲自我覺醒導引社會覺醒之有效途徑。

在在的顯示，梁啓超提倡私德，不是爲了放棄公德，或放棄破壞主義，而是經幾年之改革或革命運動中所見，若無堅強之私德基礎，他們所推動的運動又變成另一形態的假公濟私權力爭奪之地。故他的補救方法，就是重提根植於社會人們心中的傳統道德精微之處「元神眞火」，實與梁啓超平時主張並不嚴重衝突。因爲，梁啓超與智識主義傳統不同，將最終控制者角色委於道德擔負，自然十分強調道德修養之功，補救社會嚴重脫序之危險。且在〈論私德〉中看似多麼嚴厲抨擊「智育」或「功利」，甚至以老子「爲學日益，爲道日損」，重提「智育將爲德育之蠹，而名德育而實智育者，益且爲德育之障也。以智育蠹德育，而天下將病智育；以『智育的德育』障德育，而天下將病德育」，〔註165〕但其所指責者並不是「智育」或「功利」本身，而是「奸智」和假公濟私之「功利」觀念而已。誠如他所說：「泰西之民，其智與德之進步爲正比例；泰東之民，其智與德之進步爲反比例。」〔註166〕且其根本原因就在中國人民的民力民智民德基礎尚未堅實，而其解決之道始於積極推動道德，使人民誠實面對自我之良心，不被社會種種惡習所影響，這就反映出梁啓超與智識主義傳統的不同解決途徑。

〔註164〕此一語梁啓超介紹康德思想時所用，是與良知頗有關聯。請參看梁啓超，《新民說·論私德》，《專集之四》，頁 142。對康德與王陽明學說，梁啓超則說：「陽明之良知，即康德之眞我其學說之基礎全同。」請參看梁啓超，〈近世第一大哲康德之學說〉，《文集之十三》，頁 62～63。

〔註165〕梁啓超，《新民說·論私德》，《專集之四》，頁 137。

〔註166〕梁啓超，《新民說·論私德》，《專集之四》，頁 137。

第五章　民族新塑：道德主義思想進程

　　如康德（Immanuel Kant，1724～1804）在他的一篇文章，*An Answer to the Question:'What is Enlightenment?'*簡明扼要地說：「Have courage to use your own understanding!（拿出勇氣使用你自己的見解！）」〔註1〕啓蒙就是使人在自由辯論環境中，自我成長，自我成就，自我尊重的思想活動。是故對當時身處中國危急存亡的梁啓超而言，所謂啓蒙就是救亡，救亡就是啓蒙，關鍵就在於個人之覺醒。故某種意義而言羣己關係或救亡與啓蒙，在循環邏輯架構中互爲相緣，並不宜選擇其中一方而認爲哪一種是根本或次要，應當以時空環境的互動中瞭解比較適切。梁啓超在〈近世第一大哲康德之學說〉一文案語中有言，

> 此論精矣！盡矣！幾於佛矣！其未達一間者，則佛説：「此眞我者實爲大我，一切眾生皆同此體，無分別相，而康氏所論未及是。通觀全書，似仍以爲人人各自有一眞我，而與他人之眞我不相屬也。又佛説同一眞我，何以忽然分爲眾體而各自我？蓋由眾生業職妄生分別，業種相熏，果報互異，苟明此意，則並能知現象之所從出。……康氏以自由爲一切學術仁道之本，以此言自由，而知其與所謂不自由者並行不悖實華嚴圓教之上乘也！〔註2〕

〔註1〕 Immanuel Kant, Kant Political Writings,（edited with an introduction and notes by Hans Reiss; translated by H. B. Nisbet, 1991）, p.54.

〔註2〕 梁啓超，〈近世第一大哲康德之學說〉，《文集之十三》，頁59。有關個人覺醒請參看本文「悲智雙修」相關論述。梁啓超，〈論佛教與羣治之關係〉，《文集之十》，頁46。

在梁啓超道德主義思想之架構而言，顯然能脫離此一時空環境而自存者，乃是「內聖的全部，外王的一小部分，絕對不含時代性」，〔註 3〕道德修養所體顯的良知或「良心之自由」。〔註 4〕

梁啓超在 1902～1903 年間，除了他的《新民說》之外，在《新民叢報》中以相當大的篇幅介紹各國學術思想，如 1902 年（光緒二十八，壬寅）〈近世文明初祖二大家之學說〉、〈新史學〉、〈論學術之勢力左右世界〉、〈天演學初祖達爾文之學說及其略傳〉、〈法理學大家孟德斯鳩之學說〉、〈中國專制政制進化史論〉、〈樂利主義泰斗邊沁之學說〉、〈進化論革命者頡德之學說〉、〈論佛教與羣治之關係〉等文，而在 1903 年（光緒二十九，癸卯）至 1904 年（光緒三十，甲辰）間，則有〈近世第一大哲康德之學說〉，在這些文章中都相當清楚地反映出梁啓超當時以學術救國〔註 5〕的公智觀點之具體表現。因此，就在外競激烈環境中與國家將亡之危機意識驅使下，梁啓超從世界各國及其自身傳統學術思想中，所看到或發現者都是與救國論述息息相關。

這就像梁啓超當初於 1900 年（光緒二十六，庚子）在《自由書‧慧觀》所指出的，「考據家讀之，所觸者無一非考據之材料，詞章家讀之，所觸者無一非詞章之材料」，〔註 6〕正顯示出當時梁啓超的論述注意力都集中於輸入新學理、學術救國的「公智」這一主題。雖然，尚不能確定福澤諭吉「公智」〔註 7〕觀點，與梁啓超論說有否直接關聯，但是，可以確定梁啓超對學術救國之觀點，是始終維持相當一貫的態度，〔註 8〕故我們借用「公智」概念，由此進一步深

〔註 3〕 梁啓超，《儒家哲學》，《專集之一百零三》，頁 8。

〔註 4〕 請參看梁啓超，《新民說‧論私德》，《專集之四》，頁 142；〈近世第一大哲康德之學說〉，《文集之十三》，頁 62。

〔註 5〕 這種「學術救國」的態度，林毓生則以「藉思想、文化以解決問題的方法」稱之，請參看林毓生〈五四時代的激烈反傳統思想與中國自由主義的前途〉，《思想與人物》（臺北：聯經出版事業公司，1983 年），頁 139～196。對此「藉思想、文化以解決問題的方法」之出現，我們應當注意，這是當時思想界經歷種種救國方策和途徑之失敗後，尋找更為根本解決方法之結果。

〔註 6〕 梁啓超，《自由書‧慧觀》，《專集之二》，頁 46。

〔註 7〕 請參看本文第一章第二節「道德主義與智識主義」中的討論。

〔註 8〕 這不僅是梁啓超獨特的觀點，也是一種中國智識分子的某種學術思想的傾向，每遇自強救國之途徑失敗而告終時，他們更積極尋找更為根本之解決方法。最後他們發現學術思想之革新，乃個人覺醒、自強而救國最為根本之途徑。這不但是民德振興之法門，更是救國有效手段之一。這種傾向，透過學術振興救個人及其社會道德，在五四運動健將傅斯年（1896～1950 年）的論述中亦然可發現。傅斯年曾在〈旨趣書〉中說：「羣眾對於學術無愛好心，其

入瞭解梁啓超學術救國的具體主張和論點。

第一節　悲智雙修

梁啓超所介紹的歐美學術思想，往往失其原貌而爲他所用，當然這一「公智」化的引介，是具有相當濃厚的目的趨向，如民族國家主義之倡導，即是相當顯著的例子之一。

梁啓超爲了凝聚廣大民眾，合羣協力力抵外侮，而訴諸國人爲羣讓出小我之部分權利的道德勸告論點，常爲研究者所詬病。甚至，張灝教授以此認爲梁啓超的道德主義思想具有強烈的集體主義傾向。〔註9〕但是，若我們以德智相輔相和相緣架構中，羣己相諧角度，重視梁啓超如何面對國家民族危機，即能瞭解所謂爲利羣而損己之論述，並不是單方面要求，而是爲了進行覺醒人民，要求人民在公益基礎上爭取個人民權自由，完成合乎情理和公理結構的立法，並建構能劃分個人之間或羣己之間的合理權限。

這一多方面的要求，不但可以減少爭權過程中的種種衝突，而且可以除去合羣的障礙。因此，他的要求並不是盲目要求人民爲羣體之利益犧牲個人利益，而是除去個人過分利己而罔顧他人之私心，這一要求之成立與否，繫在個人能否透過德智相和、悲智雙修之途徑，完成個人道德理想人格之形構，以此達成羣己相諧之境。

一、羣己相諧

如果我們的研究範圍侷限於 1902 年（光緒二十八，壬寅）10 月 16 日發表在《新民叢報》第 18 號的〈進化論革命者頡德之學說〉，或許此一張灝教

結果不特學術消沈而已，墮落民德爲尤巨。不曾研詣學問之人恆昧於因果之關係，審理不瞭而後有苟且之行。又學術者深入其中，自能率意而行，不爲情牽。對於學術負責任，則外物不足縈惑，以學業所得爲辛勞疾苦莫大之酬，則一切犧牲盡可得精神上之酬償。……又觀西洋 "Renaissance" 與 "Reformation" 時代，學者奮力與世界魔力戰，辛苦而不辭，死之而不悔，若是者豈眞好苦惡樂，異夫人之情耶？彼能於眞理眞知灼見，故不爲社會所征服；又以學業鼓舞其氣，故能稱新而行，一往不返。」《傅斯年全集》（臺北：聯經出版事業公司，1980 年），頁 1399。）
〔註9〕 請參看張灝，《梁啓超與中國思想的過渡（1890～1907）》（南京：江蘇人民出版社，19952 刷），頁 107～108。

授的觀點，即是梁啓超道德主義思想具有強烈的集體主義傾向，似乎言之成理。在這一篇文章中，梁啓超藉頡德（Benjamin Kidd，1858～1916）之進化論，認爲近四十年來之天下，即是進化論之天下，唯物主義昌，而唯心主義屏息之時期，並進一步指出，雖然斯賓塞將達爾文之進化原理應用於人類社會，但對人類將來之進化，並無明確的論說，故梁啓超在文章中，引用麥喀士（馬克思；Karl Marx，1818～1883）人類進化能否更進化之階級角度批評斯賓塞，以及赫胥黎對斯賓塞個人主義和社會主義共存學說之不可行等評論，爲頡德「進化的運動，不可不犧牲個人以利社會^{即人}，不可不犧牲現在以利將來」〔註10〕之論點增加其正當性。並且梁啓超特重頡德之觀點，故謂「現在利己心，名之爲『天然性』，頡德以爲此天然性者，人性中之最『個人的』、『非社會的』、『非進化的』其餘人類全體之永存之進步，無益而有害者也」。〔註11〕

若我們從這樣的角度觀察梁啓超的臺己觀點，似能看出其中強迫個人犧牲自我，成就臺體社會之集體主義傾向。但是，我們不能忽略頡德之論點爲梁啓超所用，是因爲梁啓超理想和現實之分界構圖的基本思考邏輯，與頡德要求捨棄「現在利己心」，在某種程度上符合梁啓超原先對人類情欲偏私之擔憂。梁啓超或許認爲透過個人道德覺醒，才能克服個人爲己而損人害臺之困境，合理讓出目前個人之部分權利，由此可達成個人自由爲基礎推向臺體自由、國臺獨立之目標。

就理論上說，人民覺醒而爭民權自由，依照國人在公益基礎上，完成合乎情理和公理結構的立法，由此劃分個人之間或臺己之間的權限，是一條相當清晰的改革脈絡。但此一整體思考若要順利完成，不但要減少爭權過程中的種種衝突，而且必須去除妨礙合臺協力力抵外侮之種種障礙，這就是梁啓超提倡道德，爲利臺而損己論述之主要原因。因爲，此一道德力量不但要求個人，也要求臺體「服公理、達時勢」，換言之，若從個人至社會國家道德力量能夠健全，這不但保證個人在合乎情理公理架構中的法制下，可獲得其應有的權限基礎，更是個人在道德覺醒和當時時勢認識基礎上，自願合理讓出自我部分權利，達成臺己和諧完成臺己共同享受文明自由之目標。

或許我們可以參考梁啓超撰寫頡德相關文章之前，曾於 1902 年（光緒二

〔註10〕梁啓超，〈進化論革命者頡德之學說〉，《文集之十二》，頁79。
〔註11〕梁啓超，〈進化論革命者頡德之學說〉，《文集之十二》，頁80。

十八，壬寅）9 月發表在《新民叢報》第 15、16 號的〈樂利主義泰斗邊沁之學說〉一文。從中我們不難發現，梁啓超所擔憂者乃是實際生活中私益和公益之衝突。「邊沁以爲人羣公益一語，實道德學上最要之義也。雖然，前此稱道之者，其界說往往不明，夫人羣者，無形之一體也，面其所賴以成立者，實自羣內各各特別之箇人，團聚而結構之，然則所謂人羣之利益，舍羣內各箇人之利益，更無所存」，〔註 12〕邊沁認爲求個人之利益之積合乃人羣之利益，這對梁啓超而言，並不具說服力，他反認爲要如康南海所言「救國救天下，皆以縱欲也，縱其不忍人之心則然也」，使得「感情的愛他心，期能使私益直接於公益」，欲求自我樂利則求全羣之樂利，才能完成羣己同時享受其樂利結果。〔註 13〕

如梁啓超所說：「合羣之德者，以一身對於一羣，常肯拙身而就羣，以小羣對於大羣，常肯拙小羣而就大羣，夫然後能合內部固有之羣，以敵外部來侵之羣。」〔註 14〕當前儘快克服的難題，就是如何促進合羣而使得國家獨立自由。

二、悲智雙修

梁啓超在 1902 年（光緒二十八，壬寅）12 月 30 日，發表在《新民叢報》第 23 號〈論佛教與羣治之關係〉的一文中，他所表述的正是佛教對合羣有何益處之著想。故他提倡佛教之原因，是基於它的智信而非迷信、入世而非厭世、平等而非差別、自力而非他力等諸項德目，均適合用以解決當前羣治之困境。佛教之最大綱領「悲智雙修」〔註 15〕所指：

> 恆以轉迷成悟爲一大事業，其所謂悟者，又非徒知有佛焉，而盲信之之謂也。故其教義云：「不知佛而自謂信佛，其罪尚過於謗佛者。」……未有國民愚而我可以獨智，國民危而我可以獨安；國民悴而我可以獨榮者也。〔註 16〕

此與梁啓超透過「廣其識見」〔註 17〕分別是非，或強烈批評爲政者所施行之

〔註 12〕梁啓超，〈樂利主義泰斗邊沁之學說〉，《文集之十三》，頁 32。
〔註 13〕請參看梁啓超，〈樂利主義泰斗邊沁之學說〉，《文集之十三》，頁 37～39。
〔註 14〕梁啓超，〈十種德性相反相成義・獨立與合羣〉，《文集之五》，頁 44。
〔註 15〕梁啓超，〈論佛教與羣治之關係〉，《文集之十》，頁 46。
〔註 16〕梁啓超，〈論佛教與羣治之關係〉，《文集之十》，頁 47。
〔註 17〕梁啓超，〈湖南時務學堂學約〉，《文集之二》，頁 24。

愚民政策等觀點相當吻合。且佛教立教之目的，「則在使人人皆與佛平等」之平等精神，不同於專制或立憲政體要求人民之服從，佛教是要求人服從自我而負起責任，〔註18〕是「自力而非他力」，〔註19〕如此都相當符合梁啓超要求人民於自由基礎上透過個人自我之覺醒，進以發揮高尚的「合羣之德」。姑且不論梁啓超對佛教的認知正確與否，然而從中我們所能瞭解的是，梁啓超爲合羣協力羣治之目的，試圖從各種不同思想資源中，尋繹出他的論點之正當性。這種目的導向之結果，便導致孔教、佛教、天演進化思想或自由民權思想，都在相當程度上助進梁啓超統合性質濃厚的道德主義思想路線之完成。其中梁啓超某些過於激進或過分目的化的論點所引起的質疑，他是以相當堅強之救國論述架構支撐，實是爲了解放人民之束縛，成爲獨立開「悟」覺醒之人民，由此建立自由民權之民族國家。這當然是爲了啓蒙人民能獨立自由，在一種危機環境中，不得不採取的啓蒙與救國目的同時並進之法。爲此目的，梁啓超想要建立的中國人民之理想人格，不但是以悍然抵抗外侮之尚武精神，〔註20〕將生死置之度外，〔註21〕更是艱困的啓蒙救國同時並進過程中，捍衛獨立自由堅守服公理達時勢之道德人格。

這種種努力，所謂「悲智雙修」、「尚武精神」，所謂「吾輩皆死，吾輩皆不死，死者，吾輩之箇體也，不死者，吾輩之羣體也」，〔註22〕可從我們回顧

〔註18〕 請參看梁啓超，〈論佛教與羣治之關係〉，《文集之十》，頁49。

〔註19〕 梁啓超，〈論佛教與羣治之關係〉，《文集之十》，頁50。「自力而非他力」猶如「依自不依他」。（章太炎，〈答鐵錚〉，《章太炎全集4》，頁369。）此時梁啓超和章太炎思想之間，出現相當密切關聯之處（1902年章太炎曾寄居梁啓超住所，轉引自巴斯蒂（法國），〈梁啓超與宗教問題〉，狹間直樹編，《梁啓超·明治日本·西方——日本京都大學人文科學研究所共同研究報告》（北京：社會科學文獻，2001年3月第一版），頁431。），對陽明學說或佛教或國粹等問題的相關論述，都能顯示出其中的共同論點。由此可知，當時他們的主張能某種程度反映出當時學術思想界的一種趨向，尤其以日本爲舞台的思想界代表人物梁啓超和章太炎的論述關注點之相似性，我們可由他們之間或他們與日本學術界的互動解釋其中幾個主要環節。當中尤值得注意的是他們開始注意革命或啓蒙運動分子私德操守上的嚴格要求，更能突顯出當時對私德的要求，應當從他們思想的脈絡及其社會變遷連帶影響來瞭解或較爲適切。

〔註20〕 梁啓超1903年（光緒二十九，癸卯）《新民說·論尚武》1904年（光緒三十，甲辰）《中國之武士道》，如在1899年12月（光緒二十五，己亥）章太炎《訄書·儒俠》等文，都屬於想要實現國家須要的理想人格所做的努力。

〔註21〕 1904年（光緒三十，甲辰）12月21日和1905年（光緒三十一，乙巳）1月6日，《新民叢報》第59、60號連載梁啓超〈余之死生觀〉一文。

〔註22〕 梁啓超，〈余之死生觀〉，《文集之十七》，頁8。

當時梁啓超在〈湖南時務學堂學約〉中的一段話就能概括，他說：「率吾不忍人之心，以憂天下救眾生，悍然獨往，浩然獨來，先破苦樂，次破生死，次破毀譽。」〔註23〕由此可知，梁啓超的種種論述是前後維持相當一貫的關注點，就如梁啓超對孔教和破壞主義從支持到宣示決裂的態度，曾引發前後不一之質疑，我們若將其視爲追求國羣獨立目標中的局部調整，以變動性而非根本性，來進行理解或較爲適當。

我們十分明白梁啓超的整體救國論述，是由「廣其識見」始（或以「悲智雙修」也能概括其重點），但在面對過去傳統學術時，便如同他所說：「清學的研究法，既近於『科學的』，則其趨嚮似宜向科學方面發展；今專用之於考古，除算學、天文外，一切自然科學皆不發達，何也？⋯⋯我國數千年學術，皆集中社會方面，於自然界方面素不措意，此無庸爲諱也。」〔註24〕是與生活有所脫節並無法適用於當今之時。故須重新認清當今世界時勢之發展，覺悟出「服公理達時勢」，求羣己自由並進之須要，也就是如此，使得梁啓超道德主義與單純的儒家思想更有所區隔。公理不是天理，是人類現實生活中運行之自由民權普世價值，因此道德不是無所不包之指導原理，它是導引人類自我自利之本性趨向於愛他愛人之驅動力，能夠理解到爲羣即爲己之「悲智雙修」途徑。

在民族帝國主義盛行之外競環境中，以小我之犧牲而成就大我，盡快完成國家獨立自主，或許是當時愛國志士所秉持之基本目標。而這一犧牲之要求，似屬當然，但卻是以人類自我爲中心，與其自利之天然性顯然相背道而馳，且易陷於強制要求個人自由折損之境。雖然梁啓超以「服公理達時勢」之自由民權架構，求其個人自由在團體自由下完成，而卻無法完整解決此一困境。因此，梁啓超道德主義思想之關鍵，便在於當面對此理論所可能發展之危境時，亟欲以個人道德修養控制者角色化解此一困境，是故重新提倡傳統道德修養之法，便成爲整個救國論述之補救方法。

第二節　羣己國族相諧之基礎

若是爭權利而破壞，爲爭權而集權，將會走上海耶克所指出「流行於歐

〔註23〕梁啓超，〈湖南時務學堂學約〉，《文集之二》，頁24。
〔註24〕梁啓超，《清代學術概論·九》，《專集之三十四》，頁22。

陸的自由主義」〔註 25〕的國家主義、社會主義、反個人自由的思想路線。梁
啓超清楚地認識，以當時國際情勢之險峻，中國必須積極推動改革和改造，
然而過於激進的解決途徑，往往夾帶著無可避免之危險性。梁啓超為解決此
一困境，雖然曾致力於諸多面向之努力，但制度改革和設計途徑的失敗，使
他不得不正視另一解決途徑（或許這是唯一剩下的解決途徑），那就是道德力
量之提倡。正如穆勒所清晰察覺的，當時世界政治正走上「進社會之眾權，
而屈小己一人之私力」〔註 26〕的困境，穆勒希望賴於堅強的道德信念，防止
此禍害。〔註 27〕換言之，制度設計和輿論制衡等實際行動都無效時，人類所
能仰賴者除了道德良知、道德信念（moral conviction）〔註 28〕或「良心之自由」
〔註 29〕者外，概找不出另一途徑得以解決此根本性之問題。

一、德智相和──與康德道德理性思想之比較

那麼這一道德良知或良心之自由，是從何種基礎開展出來呢？對此問
題，我們要考慮啓蒙思想中的兩種不同趨向。一是休謨（David Hume，1711
～1776）的「情感」說，另一是康德的「理性」說。對民族主義論述頗有影
響力的葛爾納（Ernest Gellner，1925～1995）在他的遺著 *Nationalism* 一書中，
相當有力闡述這兩種不同趨向對民族主義建構的影響。他認為「如休謨這樣
的思想家發現，道德的基礎其實是建立在『我們乃是**感性的**人類存有』，能夠
感受快樂與痛苦，也能夠感同身受別人的快樂與痛苦。然而，向康德這樣的
思想家卻認為，我們人類的同一性（認同）與道德的根源就在於我們所共有
的**理性**。」〔註 30〕所以，他對休謨以情感為道德或人類行為之基礎的論點，
提出這樣的見解：

> 從休謨的觀點來看，唯有情感才足以激發人心，無論是為了道德或
> 其他行為之故。可是，我們要進一步探問的是：到底是哪一種情感，

〔註 25〕 海耶克著，夏道平譯，《個人主義與經濟秩序》，頁 43。
〔註 26〕 穆勒原著、嚴復譯述，《羣己權界論・引論》，頁 14。
〔註 27〕 請參看原文 John Stuart Mill, ,On Liberty and Other Essays（edited by John Gray, New York：Oxford University Press, 1991），"On Liberty: I. Introductory", p. 19.
〔註 28〕 嚴復將「moral conviction」譯為「昌言正辭」。
〔註 29〕 請參看梁啓超，《新民說・論私德》，《專集之四》，頁 142；〈近世第一大哲康德之學說〉，《文集之十三》，頁 62～63。
〔註 30〕 葛爾納，《國族主義》（臺北：聯經出版事業公司，2001 年），頁 70。國族主義即是梁啓超所言之民族主義。

才足以作爲道德的基礎？根據休謨的說法，一位公正不倚的觀察
者，跳脫了他自身的地位與利益，這樣的情感便是道德的基礎所在。
〔註31〕

另一方面，他對於康德的推論則是「情感（feelings）是無法駕馭管理的，所
以，情感不足以做爲人類價值與同一性（認同）的所在，至於愛，因爲受到
基督教的倫理（他仍不斷推崇，並聲稱只是他自己的個人意見，並非出於學
術研究的心得）的管束，也不能算是情操。情操並不是人類本質要素中有價
值的構成要素。唯有受到普遍法則的敬畏所喚起的善行，才能夠被掌握運用，
也才是我們眞正的同一性（認同）的所在」。〔註32〕由此，我們大概能瞭解到
道德基礎是情感還是理性，可分爲兩種不同的哲學趨向，而有趣的是，除了
此兩種哲學趨向之外，其實在盧梭身上，我們還能發現相關於道德根源的其
他論點，並且這使我們更清楚瞭解梁啓超道德主義思想的獨特位置。亞倫‧
布洛克在論及盧梭道德根源相關問題時，他說：

> 對於道德根源是什麼這個問題，盧梭答道：不是理性，不是自我利
> 益與公共利益的一致，或者功利原則，而是「內心的呼聲」，每一個
> 人內心裡天生有的正義和道德感，這對農民和對知識分子至少是一
> 樣清楚明白的。這一內心的呼聲，良心的呼聲，在道德上是獨立的，
> 它不依賴天啓宗教、教育或者任何外部權威──這種觀點仍舊表明
> 盧梭是與啓蒙運動相一致的。……
>
> 盧梭在他最著名的著作《社會契約論》中，更進一步要想尋找一個
> 辦法來取代腐飾人的社會，在這個新社會裡，人能夠一方面繼續享
> 受自由，因爲沒有自由他就會喪失人性，同時又遵守法律，因爲沒
> 有法律社會就無法運作。〔註33〕

即便布洛克對圍繞著盧梭「強迫自由」相關討論輕描淡寫，事實上迴避進一
步的討論，但他仍然肯定「不論存在著什麼混亂和矛盾，事實仍舊是，盧梭
是第一個闡釋人民主權基本原則的人。其他啓蒙思想矚目於開明的君主政
體，不信任民主政體。盧梭則認爲這不是未來的前途，而且這也與盧梭的人
性觀相一致。他的人性觀認爲道德行爲的根源不是受過教育者的智力，而是

〔註31〕 葛爾納，《國族主義》，頁74。
〔註32〕 葛爾納，《國族主義》，頁73。
〔註33〕 Alan Bullock 亞倫‧布洛克；董樂山譯，《西方人文主義傳統》，頁123～124。

農民和工匠像達觀要人一樣都具有受過教化的良心。」〔註34〕

那麼我們所要追問的是，梁啓超的道德主義思想相較於情感、理性或是Conscience 爲基礎的道德主義脈絡有何關係？對此我們已經詳細討論過，梁啓超和盧梭 Conscience 之間的相關問題，發現兩者之間最大的區隔，就在如何對待智識，梁啓超比起盧梭更爲看重智識，並且在德智互爲相因之角度，充分表述他的思想立場。現在我們可參看梁啓超在〈樂利主義泰斗邊沁之學說〉中評論邊沁時，說明到良知或道德以感情爲依準的空洞性，更進一步瞭解其道德主義思想的內部邏輯脈絡，他說：

> 所謂感情說者，謂以己之好惡爲是非者也。邊沁以爲持此說者，其權衡事物也，不以人羣之實際爲尺度，而以一己之感情爲尺度。……其立論根據地，一皆歸本於自己之感情，此亦一是非，彼亦一是非，同主張正理，同論一事，而或謂之善，或謂之惡，言人人殊，推諸良知、常識、性法等派，莫不皆然。斯皆不遵名學之公例，未定界說，而遽下論斷者也，若是乎論者之所謂善惡，果皆空漠而無朕，殽雜而無準也。〔註35〕

若我們以此對照梁啓超論佛教「悲智雙修」時的論點，他說：「恆以轉迷成悟爲一大事業，其所謂悟者，又非徒知有佛焉，而盲信之之謂也。故其教義云：『不知佛而自謂信佛，其罪尙過於謗佛者。』」〔註36〕如此即能瞭解梁啓超所重視者，顯然不以感情爲道德本質之基礎。梁啓超的道德主義思想，堅持德智相輔相和相緣架構及對智識的相對重視而言，確實與盧梭思想有所不同，反而是以理性爲基礎的康德學說有所相似性，但若梁啓超所言「陽明之良知，即康德之眞我，其學說之基礎全同」，〔註37〕則又未免有所偏失。因爲，康德基本上反對以愉悅與不愉悅來看善惡，〔註38〕這與「良知只是個是非之心，是非只是個好惡，只好惡就盡了是非」，〔註39〕確實有所不同。而且康德不但對「道德熱狂和過度自負」、「一種依違不定的、過分的和幻想的思維方式，

〔註34〕Alan Bullock 亞倫・布洛克：董樂山譯，《西方人文主義傳統》，頁 125。

〔註35〕梁啓超，〈樂利主義泰斗邊沁之學說〉，《文集之十三》，頁 33。請進一步參看同文頁 35～36 中的案語。

〔註36〕梁啓超，〈論佛教與羣治之關係〉，《文集之十》，頁 47。

〔註37〕梁啓超，〈近世第一大哲康德之學說〉，《文集之十三》，頁 63。

〔註38〕請參看康德，《實踐理性批判》（北京：商務印書館，1999 年），頁 61～67。

〔註39〕梁啓超，《德育鑒》，《專集之二十六》，頁 26。

以一種既無需鞭策亦無須控御的心靈志願的良好來自許」〔註40〕態度有所保留〔註41〕（猶如梁啓超對王學末流，尤對龍谿一派有所保留），更是對以好惡之心（即是稟好 Neigungen〔註42〕）為基礎的道德持著保留態度，他說：

> 因為如果行為不僅僅應當包含合法性，而且也應當包含道德性，那麼在準則中的所有一切都必須指向作為決定根據的法則表象。稟好（Neigungen）是盲目而奴顏婢膝的，無論它良好與否；而如果事情取決於德性，那麼理性必須不僅僅擔任稟好的監護者的角色，而作為純粹實踐理性必須不顧稟好，完全只照顧它自己的關切。即使同情和柔腸憐憫的情感，倘若在關於什麼是職責的深思熟慮之前發生而成為決定根據，甚至也令思維健全的人煩難，使他們深思熟慮過的準則陷於一團糊塗，並促使他們願意從中解脫出來，單單委質於立法的理性。

> 由此我們便可以理解：關於純粹實踐理性這個能力的意識如何能夠通過業績（德行）產生一種克服自己稟好的意識，因此也產生獨立於這些稟好、從得獨立於始終伴隨它的不滿足的意識，於是產生對自己狀況的否定的愜意，亦即滿足，而它在源頭上就是對自己人格的滿足。自由本身因這樣一種方式（也就是間接地）就能成為一種享受。〔註43〕

若不以深思熟慮實踐理性作為合法道德動機之相輔，而僅憑藉好惡之心是不完整的。顯然良知與康德之學說，不能完全等同視之，但是，若康德與梁啓超即便道德乃是其思想追求關注重點，而仍不失智識或理性輔助和努力，可謂已相當完整的解決德智關係問題。由此而言，梁啓超道德主義思想與盧梭有所區隔，反而是與康德有所相近，但是，梁啓超和康德思想之間仍有顯著的差異，我們將康德和梁啓超作簡單的對比，由此更清楚地瞭解，梁啓超思想與康德之間的分歧所在。葛爾納對康德的理解是這樣的：

〔註40〕 康德，《實踐理性批判》，頁 92。

〔註41〕 陳來論說正因為如此「康德系統中不會出現王學末流的情況」，請參看《有無之境——王陽明哲學的精神》，頁 190。

〔註42〕 我們在《實踐理性批判》中，即能發現所謂稟好以情感為基礎，與理性相對，與職責相對，與實踐法則相對，是一種本能的愛。請參看《實踐理性批判》中的〈索引〉。

〔註43〕 康德，《實踐理性批判》，頁 129～130。

啓蒙時代所推崇的個人主義及反傳統的哲學，有助於摧毀前國族主
義時代盛行的非族裔的、社群的或帝國的政體，這也等於間接為國
族主義打下了基礎。不過，以康德所畢生推崇的個人主義是與普遍
性倫理來說，所強調的是個人自決，既不是在知識上支持國族自決，
也不是國族自決學說的歷史成因。〔註44〕

換言之，康德學說的重點在於個人之自決，除此之外其餘有關國族的問題，
其實是次要的亦非根本關鍵所在。如梁啓超所述：「佛說此真我者實為大我，
一切眾生皆同此體，無分別相。而康氏所論未及是，通觀全書，似仍以為人
人各自有一真我，而與他人之真我不相屬也。」〔註45〕梁啓超在此案語中，
認為康德與佛境尚離一間之隔，顯然梁啓超認為羣己關係不能劃然二分，這
就是梁啓超思想的另一獨特位置所在。〔註46〕

二、羣己相諧——與黑格爾道德倫理思想之比較

如上所述，梁啓超之羣己關係不能劃然二分的觀點，是否會導致過分重
視羣己和諧或國家獨立，而忽略人民個人自由？這與黑格爾思想中追求「國
家」〔註47〕、「民族精神」〔註48〕的理論，有否密切的相似之處？〔註49〕對此，
我們先從黑格爾如何批評康德角度切入，以初步瞭解黑格爾思想的立基點，
再藉此比較梁啓超國家主義思想，從而深入探討兩者之關係。

對黑格爾而言，「自在自為的國家就是倫理性的整體，是自由的現實化；而

〔註44〕 葛爾納，《國族主義》，頁70～71。

〔註45〕 梁啓超，〈近世第一大哲康德之學說〉，《文集之十三》，頁59。

〔註46〕 針對梁啓超與康德思想的討論，黃克武教授有一篇專文〈梁啓超與康德〉，論
述嚴復與梁啓超的「群己並重」觀點，並認為梁啓超「群己並重」觀點，是
受到儒家思想和佛學影響，配合德國國家主義、英國自由主義，並且採此「群
己並重」角度批評康德思想。請參看黃克武，〈梁啓超與康德〉，《中央研究院
近代史研究所集刊》（第30期，1998年12月），頁138。

〔註47〕 「國家是倫理理念的現實」，請參看黑格爾，《法哲學原理》（北京：商務印書
館，1996年8月）第三章「國家」第257節，頁253。

〔註48〕 「『民族精神』這個概念並不特別包含某種超個體的社會主體說。『民族精神』
即是歷史上的諸文化。不過，此諸文化乃是『精神』在其實現與自我認識之
特定階段上的體現。」請參看Charles Taylor，徐文瑞譯，《黑格爾與現代社會》
（臺北：聯經出版事業公司，1999年8月），頁153，註解13。

〔註49〕 梁啓超與德國國家思想，尤其黑格爾思想之相關問題，請參看張灝，《梁啓超
與中國思想的過渡（1890～1907）》，頁169～183。

自由之成爲現實乃是理性的絕對目的。」〔註50〕並且在「倫理（Sittlichkeit）」領域中，應然（what ought to be）和實然（what is）是整合而統一的，但在道德領域中，應然與實然是分離而對立的，〔註51〕「倫理」是指一種社會成員爲了促進並維持「理念」爲基礎建立的社會，而對其所屬社會應盡的義務。〔註52〕與此相比，依據黑格爾的論點，康德把倫理義務等同於「道德」，陷入應然和實然之間無窮盡的對立，所以道德淪落爲只是個人的倫理，而規避了成爲大生命之一分子，無法臻至共同體中自我實現完成「理念」，更不能統一應然和實然。即便黑格爾仍遵循著康德之核心論點，即人必須是一個理性主體，在具有合理性基礎上，國家必須由法律行使統治，不能任憑恣意處置，但仍然以「理念」之實現，修正康德過分強調個人道德自律而無法顧及臺體，不能成爲有效政治學說之盲點。〔註53〕

　　國家或民族是個人的「實體（substance）」，是能培育理性主體個人的環境，因爲個人與國家是有機生命中的環節，其中並沒有一個成員是目的或手段。唯獨個人與其「民族精神」或「國家」產生「異化」，甚至移居於另一團體生活漸漸增多之時，或是個人開始全力發揮自我所能，不再認同臺體生命，返回（reflect）自身之時，即是個人主義出現，民族生命瓦解的時刻，而這一關鍵時刻，即是民族精神所體現的自我歷程「理念」再沒有生機，個人紛紛拋棄這一國家，正說明著新的歷史階段之開啓。〔註54〕人類理性的自然表露，使得臺聚生活成爲可能，此一共同體乃體現「理念」，並且維持此一社會「實體」，能爲個人帶來最大的生活有利環境，個人當然盡可能遵行維持秩序的「倫理」義務，但是，若此一國家民族無法爲個人提供有利環境，並無正確體現「理念」，個人當有權利使國家符合新「理念」，或拋棄它。換言之，這是一種有機體內在辯證脈絡，其中並無國家或個人優先之問題，但我們從黑格爾對法國革命所謂「絕對自由（absolute freedom）」衝動的評價，即「毀滅的狂熱（fury of destruction）」來看，他的確對人類爭取絕對自由心存戒心，可見法國大革命追求「絕對自由」之理想無法與黑格爾國家必要有所分化的看法相容。換言之，當黑格爾提出社會各階級分化概念時，已經充分說明這整個辯

〔註50〕黑格爾，《法哲學原理》第三章「國家」第258節補充，頁258。
〔註51〕請參看 Charles Taylor，《黑格爾與現代社會・作者介紹》，頁 xvii。
〔註52〕請參看 Charles Taylor，《黑格爾與現代社會》，頁 132。
〔註53〕請參看 Charles Taylor，《黑格爾與現代社會》，頁 130～135。
〔註54〕請參看 Charles Taylor，《黑格爾與現代社會》，頁 151～156。

證歷史發展中，個人和共同體之間的有機合作關係。並且，若「民族精神」是某一階段的人類生活形式，同理證之將來某日真正實現「世界精神」不無可能，換言之，黑格爾並不否定康德「永久和平」或「世界主義」在理論上，或現實中可能成立的可行性。他在《法哲學原理》第三篇「倫理」第三章「國家」第 333 節附釋中說：

> 國家之間沒有裁判官，充其量，只有仲裁員和調停人，而且也只是偶然性的，即已爭議雙方的特殊意志為依據的。康德的想法是要成立一種國際聯盟，調停每一爭端，以維護永久和平。這種聯盟將是被每個個別國家所承認的權力，旨在消彌紛爭，從而使訴諸戰爭以求解決爭端成為不可能。康德的這種觀念以各國一致同意為條件，而這種同意是以道德的、宗教的或其他理由和考慮為依據的，總之，始終是以享有主權的特殊意志為依據，從而仍然帶有偶然性的。〔註55〕

黑格爾強調個人接受大於個人之共同體文化生命，如語言、制度、藝術、宗教、科學等「民族精神」，個人參與此一文化而獲得身份、享其自由，人在實體之外，是微不足道的。由此看來，黑格爾是想修正康德的個人道德自律為基礎，指向「永久和平」的理論架構之政治媒介空洞性，透過民族和國家實體，彌補其中的不足，即便黑格爾肯定戰爭在世界精神實現過程中的積極作用，並且「永久和平」之可能是偶然並非必然，甚至「持續的甚或永久的和平會使民族墮落」，〔註56〕但其實現之可能性是仍存在的。

　　康德與黑格爾思想之間最大的差別，或許是黑格爾想補救過分強調理性個人之自主自律而倒置的原子化趨向，將此趨向統一在現實國家有機體中，甚而要求鼓吹人民英勇行為，這會否相對減弱個人權益維護的疑慮有關。如黑格爾所稱頌的英勇行為，是因為「固有價值包含在真實的絕對的最終目的即國家主權中。這種最終目的的現實性，作為英勇的作品，是以個人現實的犧牲為其中介。因此這種形態包含著極端尖銳的矛盾：犧牲自己，然而這卻是他的自由的實存！個體性具有最高的獨立性，然而同時它的實存在外部秩序和服務的機器中起作用」，〔註57〕而這一困境的克服建構在「把個人的利益

〔註55〕黑格爾，《法哲學原理》，頁 348。
〔註56〕黑格爾，《法哲學原理》第三篇「倫理」第三章「國家」第 324 節附釋，頁 341。
　　　　亦可參看同 324 節補充（永久和平）。
〔註57〕黑格爾，《法哲學原理》第三篇「倫理」第三章「國家」第 328 節，頁 344。

和權利設定為瞬即消逝的環節」和「肯定個人的絕對個體性」中，黑格爾在附釋中鄭重宣誓說：

> 有一種很誤謬的打算，在對個人提出這種犧牲的要求這一問題上，把國家只看成市民社會，把它的最終目的只看成個人生命財產的安全。其實，這種安全不可能通過犧牲應獲得安全的東西而達到；情形剛剛相反。〔註58〕

正因黑格爾認為個人存有的實體，即國家中的人才能真正享受自我個體的現實意義，而過分肯定現實現象之具體意義在世界精神中的自我理性發展，甚至承認某個民族在某個歷史階段中，發揮其絕對權利，即便它在世界歷史進程中，只能出現一次，〔註59〕相對而言，或許對帝國主義之盛行，無法反應出正確的人類平等多元普世價值。〔註60〕但黑格爾明確「肯定個人的絕對個體性」以及反對民族主義促進社會同質化，因而壓制異己和歧見，淪為狹隘且非理性的沙文主義。〔註61〕即使黑格爾重視「民族」或「國家」之實體性，但是就如泰勒（Charles Taylor，1931～）對黑格爾的評論一般：

> 作為一種忠貞情操，民族主義不夠理性，太近於純粹情緒，在國家的種種基礎中不能佔有一席之地。它確實也不能提供他（即黑格爾）認為現代社會須要的東西。這東西，就是分化的根據。這分化的根據須對人民有意義，同時又不致造成局部性共同體之間的衝突，而是須把他們織合在一個大整體之中。
>
> ……將社會的和政治的分化視為宇宙秩序的表現，從而給予此等分化一定的意義；不過，在他的構思裏，這秩序是現代對自主性的企求的最終且圓滿實現。這秩序直下立基於理性本身，因而也是自由意志的終極對象。〔註62〕

個體與共同體之織合中，排除同質化之危險而確立分化，在宇宙秩序中，建構出完美型式的理論架構，為現代國家提供一個理想實現之藍圖，這一似是不可

〔註58〕黑格爾，《法哲學原理》第三篇「倫理」第三章「國家」第 324 節，頁 340。
〔註59〕請參看黑格爾，《法哲學原理》第三篇「倫理」第三章「國家」第 474 節，頁 354。
〔註60〕請參看黑格爾，《法哲學原理》第三篇「倫理」第三章「市民社會」第 246、247 節，頁 246。
〔註61〕請參看 Charles Taylor，《黑格爾與現代社會》，頁 182～185。
〔註62〕Charles Taylor，《黑格爾與現代社會》，頁 184。

能的構築過程，或許說明了梁啓超啓蒙思想所擔負之角色的艱難曲折。在帝國主義環伺下，喚起人民自我覺醒，也同時兼顧羣己自由、國家獨立，並減少國內羣己種族衝突之可能性，在這困境中，黑格爾與梁啓超所交會的問題核心，不外乎就是建立現代理性國家，並且建構適切於民族文化的憲法法治基礎，補救個人主義導致的原子化、自私化之虞。對於黑格爾的國家相關論點，我們不妨視為一種有機整合的羣己相屬之關係，但其理論結構上並無排擠異己之危險，更是反對社會同質化所引起之危險。我們所看到的是立於鼓吹社會政治分化基礎上，有機統合羣己，從中理性的個人不但能在民族文化精神中實現理念，更是為自我的實體（即共同體）奮鬥（不為個人利益而犧牲自我）。這都能顯示我們不能將黑格爾思想，簡單認為國家至上而壓迫個人自由的反自由主義思想。〔註63〕因此，若在這種意義上，視他們為反個人自由而擁護國家自由的觀點，批評黑格爾和梁啓超思想之間的關聯並不公允。

　　我們細看始於洛克所主張的個人主義為基礎之自由主義理論，是有一種過分重視個人自由，而容易陷入個人在社會中原子化或自私化的趨向，相對而言，以孟德斯鳩和托克維爾為代表的自由主義傳統則較強調中介社會組織之功能，由此而言，或能將康德視為前者之綜合，並且與其說黑格爾是國家主義者，不如說是強調中介社會組織功能的自由主義傳統脈絡上，強調民族和國家之實體性用以修正康德，建立自我思想體系或許更為適切。對此，我們或許可參看，羅爾斯所提出的黑格爾思想的「和諧（reconcile）」〔註64〕觀點，他說：

> 黑格爾的自由（freedom）觀是，只有實體才是充分自由的，而理性社會是一個實體。此外，與康德倫理學之誤導人的自律相反，只要通過自省（self-reflecting）和認可（endorsing）理性社會的諸多偶然因素（如黑格爾說的那樣），個體便能獲得適用於他們的最充分自由。術語「偶然因素（accidents）」表明，對黑格爾來說，個體無法

〔註63〕 或許，羅爾斯的介紹，對我們瞭解黑格爾思想有所幫助，他說：「我把黑格爾解釋成一位溫和、進步、具有改良頭腦的自由主義者，他的自由主義在自由的自由主義（liberalism of freedom）的道德哲學和政治哲學史上是一個重要典範。其他這樣的典範是康德和穆勒（《正義論》也是一種自由的自由主義，它從他們那裡吸取了許多東西）」請看 John Rawls，《道德哲學史講演錄》，頁 479。此書乃翻印《道德哲學史講義》（上海：上海三聯書店，2003 年 4 月），頁 445。
〔註64〕 雖然，翻譯者使用「和解」一詞，而個人認為「和諧」或許更貼切。以下引文中，皆使用「和諧」。

通過自生而成爲實體，無法依據自身而成爲自由的。相反地，他們
是一個實體———一個理性社會———的偶然因素。正式通過**那個**實體
他們才達到了他們的**真正自由**。……只有通過對個體的自我反省
（self-reflection），只有在與他們的（理性的）社會的和諧過程中，
只有在正確地把它看做是理性的並且個體也相應地過者理性的生活
的過程中，社會本身才能達到最完滿的實體性。

所以對黑格爾來説，與康德相反，探討作爲**倫理**（Sittlichkeit）的倫
理學的目的不在於告訴我們應該去作些什麼———我們知道我們應該
作些什麼———而在於使我們與我們的**真正**社會取得**和諧**，在於使我
們相信，我們不讓我們的思想和反省停留在理想社會層面。因爲每
當我們沈迷於一個理想社會，我們很可能會提及現實社會的諸多缺
陷，接著便會批評和責難我們的現實社會。由於我們必需的工作是，
通過洞察到真實社會的真正本質是**理性的**，從而與之取得和諧；爲
了獲得這個洞見，我們必須對那個社會有一個哲學的考慮，並最終
形成關於作爲一個整體的那個世界的哲學觀念，並把一種歷史包容
於其中。〔註65〕

由此分析梁啓超道德主義爲基礎的政治理想，或能看出梁啓超政治理想似乎
同時具有康德和黑格爾兩大思想體系的某種思想特性，現實是以社會中的臺
己和諧爲基礎，重建國家、民族精神和社會倫理爲其追求目標，但他的理想
則是指向著以「善良意志」爲基礎的世界主義大同理想。乍看之下，這在梁
啓超「理想與現實」，或「服公理、達時勢」等思緒脈絡中，混然成爲一體，
這相當清楚凸顯出梁啓超思想的某種「輸入而調和」〔註66〕的特性。

　　值得注意的是，這一「理想與現實」之政治目標，則是以道德主義思想
貫串支撐，但其道德主義思想並無黑格爾所謂「倫理學不應該僅僅研究道德
問題，而應該擴大爲對整個民族的生活意識（生活方式）的研究」〔註67〕之

〔註65〕 John Rawls，Lectures On The History Of Moral Philosophy （Cambridge:Havard
University Press，2000），pp.333～334；John Rawls，《道德哲學史講演錄》，
頁 483；《道德哲學史講義》，頁 449～450。雖然，本引文借用翻譯本，而有
些概念，翻譯本身並不一貫，故參照原文有所更改。

〔註66〕 梁啓超，〈《清議報》一百冊祝詞並論報館之責任及本館之經歷〉，《文集之六》，
頁 50～51。

〔註67〕 陳家琪，〈康德、黑格爾及其他———關於"新道德主義"的一封信〉，《世紀中

擴張性，反而對人類「善良意志」、「良知」以及「自由意志」，流露出相當濃厚的關切，〔註68〕並充分節制其道德範圍。梁啓超對「善良意志」的肯定和對道德無限擴張的節制，在某種意義上言，不但相當巧妙地迴避過分重視個人或集體可能引發的諸多危險，即羣己疏離（原子化）或羣己衝突（甚至羣體壓迫個己），而且透過道德主義化解極端個人主義和集體主義思想趨勢之危險。那麼梁啓超思想論述中，何以出現兩種不同的思想特性之調適？這一問題，顯然在當時國際情勢下梁啓超所面對的民族帝國主義之盛行，以及國內改革勢力互相角力中，梁啓超等人與革命派展開的種種思想論爭，是有相當密切的關聯。整體而言，梁啓超及其中國啓蒙運動的思想任務可化約爲，打破過去專制國家體制構成要件之思想和禮俗基礎，使人民覺醒而自決進入現代社會和國家思想體制和法律環境。〔註69〕這一中介角色，不但面對專制轉化爲民主自由環境之困境，同時肩負著國家民族滅種之危機，使得他們不得不追求同時解決兩大困境之方案。

三、開明專制論——羣己國族相諧之途徑

梁啓超在 1903 年的旅美之行，的確帶給梁啓超相當大的反省空間，即使他的「理想與現實」架構仍然維持不變，但其《新民說》斬釘截鐵的言論轉

國》http://www.cc.org.cn/newcc/browwenzhang.php?articleid=1641。陳家琪教授在文中，康德與黑格爾思想之間的衝突相關論點，值得參看。

〔註68〕 本文已經對梁啓超「良知」、「善良意志」都有所討論，梁啓超對「自由意志」的關注比前兩個觀點稍晚，而仍不超出道德和科學獨立而和諧相存之理論框架。請參看梁啓超，〈什麼是文化〉：〈爲學與做人〉：〈治國學的兩條大路〉，《文集之三十九》，頁 97～119：〈研究文化史的幾個重要問題〉，《文集之四十》，頁 1～7。

〔註69〕 國民國家建構，從人民的立場而言，是突破專制束縛，但也是陷入另一國民國家意識形態之束縛。對此論點，請參看白永瑞師，〈20 세기형 동아시아문명과 국민국가를 넘어서: 한민족 공동체의 선택 （超越 20 世紀東亞文明和國民國家: 韓民族共同體之選擇）〉，『동아시아의귀환: 중국의근대성을묻는다（回歸東亞: 試問中國的近代性）』（서울: 창작과비평사，2000 年 11 月），頁 16。白師在文章中，借用백낙청（白樂晴） 'the double project of adapting to and overcoming modernity' 概念應用於國民國家問題的「二重性及其課題」。有關백낙청（白樂晴）請參看『창작과비평（創作和批評）』，1999 年秋季。這一有關國民國家建構二重性問題，沈松橋教授也在他的專文〈國權與民權：晚清的「國民」論述，1895～1911〉中陳述相同的論點。（《中央研究院歷史語言研究所集刊》（第 73 本第 4 分，2002 年 12 月），頁 719。）

爲緩和保留，對破壞主義和革命學說的放棄和修正，使他的政治思想更爲務實而直視現實世界的政治局勢，認清當前並不能透過革命之手段全面解決中國所面臨的種種困境。

梁啓超早已在 1902 年 2 月 8 日《新民叢報》第一號，〈論學術之勢力左右世界〉中，透過德國人伯倫知理（Johann Caspar Bluntschili，1808～1881）國家學說，不但指出「伯倫知理學說與盧梭正相反對」，並在十九世紀「國家爲人民而生」與二十世紀「人民爲國家而生」之不同思想趨勢之中，認爲伯倫知理國家主義學說，即以「國民皆以愛國爲第一之義務」，創造二十世紀國家思想，〔註 70〕可見梁啓超充分瞭解當時國際民族帝國主義局勢中，單求人民自由民權思想的某種侷限。

梁啓超在 1903 年 10 月發表的〈政治學大家伯倫知理之學說〉中，對此單求人民自由民權思想的某種侷限，回應說：

> 故我中國今日所最缺點而最急需者，在有機之統一與有力之秩序，而自由平等直其次耳。何也？必先鑄部民使成國民，然後國民之幸福乃可得言也。如伯氏言，則民約論者適於社會而不適於國家，苟弗善用之，則將散國民復爲部民，而非能鑄部民使成國民也。故以此論，要歐洲當時干涉過度之積病，固見其效，而移植之於散無有紀之中國，未知其利害之足以相償否也。〔註 71〕

顯然梁啓超開始注意伯倫知理學說，不但爲對抗帝國主義之必要而要求國家有機體，更爲重要原因則是對當時中國多民族國家之特殊性和面對革命派種族革命論點，將引起之激烈國內內部衝突有關。尤其在文中對章太炎「不能變法當革，能變法亦當革，不能救民當革，能救民亦當革」之唯革命論，認爲此乃「由建國主義一變而爲復仇主義」，所以爲此國內種族問題之解決，梁啓超提出的解決方法，則是「合國內本部屬部之諸族以對於國外之諸族」〔註 72〕的大民族主義。並且，即便共和國體具備諸多優點，〔註 73〕但人民「務私欲而不顧公益，

〔註 70〕 以上引自梁啓超，〈論學術之勢力左右世界〉，《文集之六》，頁 114。

〔註 71〕 梁啓超，〈政治學大家伯倫知理之學說〉，《文集之十三》，頁 69。

〔註 72〕 以上引自梁啓超，〈政治學大家伯倫知理之學說〉，《文集之十三》，頁 75～76。

〔註 73〕 梁啓超借用伯倫知理學說，點出五大優點，一、養成國民之自覺心，使人自知其權利義務，且重名譽；二、使人民知仁道之可貴；三、選舉和良法獎勵公民競爭；四、有才能者，不論貧富貴賤，皆得自通顯，參掌政權，以致力於國家；五、利導人生之善性，使國民知識，可以自由發達。（請參看〈政治學大家伯倫知理之學說〉，《文集之十三》，頁 75）但是，若共和政體眞能「利

氣力微弱，教育缺乏，而欲實有此政體，則未覩其利」，猶如美國「崇拜實利之主義過甚，國民品格之墮落亦滔滔可懼」，又如「法人曾無所練習，百事皆仰賴政府……治國之道，常以中央集權制度相貫徹……共和政治之美名，其實質則與君主政治無毫釐之異」。〔註74〕

緊接著梁啓超闡述波倫哈克（Konrad Bornhak，1861～1944）的國家論點，基本上，共和政體在統治主體和客體同爲人民，故平衡正義調和社會上各種利害衝突之功能，即在人民自己手中，但若是專制政體之人民，「既乏自治之習慣，復不識團體之公益，惟知持個人主義以各營其私」，〔註75〕此政體權衡正義利害衝突之責，易失衡而出現混亂和暴亂，導致人民希望寄託於一豪傑，自甘爲奴隸，易爲民主專制政體。

「革命之力，一掃古來相傳之國憲，取國家最高之目的，而置之於人民仔肩之上矣，而成此大暴動之後，以激烈之黨爭，四分五裂之人民，而欲使之保持社會勢力之平衡，此又必不可得之數也」，〔註76〕經此浩劫，民主專制政體一旦成立，議院成爲「貓口之鼠」，統治者雖言對國民負責，而此責任「不過憲法上一空文」。〔註77〕因此，梁啓超不得不慨嘆曰：「嗚呼！共和共和，吾愛汝也，然不如其愛祖國，吾愛汝也，然不如其愛自由。」，〔註78〕共和之美名反而斷送人民自由、國家獨立，送給民主專制政體之獨裁者，如何其不悲也！

梁啓超這一革命學說之擔憂，使得他的政治論述，要尋找另一解決途徑，或許他的「開明專制」的提倡，正顯示他對「革命共和」──「民主專制」發展模式的疑慮。

梁啓超思想體系中，被指爲保守性質濃厚的〈開明專制論〉，〔註79〕一開始就聲明「本篇雖主張開明專制，然與立憲主義不相矛盾，讀終篇自可見其

導人生之善性，使國民知識，可以自由發達」，爲何不能及時實行，由此利導人民？梁啓超回答之大意，大概是此一優點實屬理想狀態，但實際運作中，常出現現實與理想間互相背離之情形。

〔註74〕梁啓超，〈政治學大家伯倫知理之學說〉，《文集之十三》，頁77，79，78～79。
〔註75〕梁啓超，〈政治學大家伯倫知理之學說〉，《文集之十三》，頁82。
〔註76〕梁啓超，〈政治學大家伯倫知理之學說〉，《文集之十三》，頁83。
〔註77〕梁啓超，〈政治學大家伯倫知理之學說〉，《文集之十三》，頁84，85。
〔註78〕梁啓超，〈政治學大家伯倫知理之學說〉，《文集之十三》，頁86。
〔註79〕在1906年（光緒三十二年，丙午），發表於《新民叢報》第73、74、75、77號。我們可以參考同年《新民說》最後一篇〈論民氣〉，發表於第72號。

用意之所在」。〔註80〕他在本文中，先解釋所謂同類間競爭之「制」，乃助長
異類間「競爭」中獲勝的必須條件。簡單的說，以普遍競爭規律來看，社會
或是國家之內外都有競爭，而一個社會或國家從如此激烈的競爭中圖謀生
存，唯以強制的力量調和其內部的競爭、衝突，恢復秩序而結合其一社會或
國家全體的力量與異類競爭，才能夠使其在弱肉強食的競爭中生存。他為了
社會之存續肯定神聖的強制，因而產生有制者與被制者所引起的不平等現
象。但是，以神聖的強制，為了驅除社會或國家本身不可避免的內部競爭之
各種不平等現象（社會內也有弱肉強食等現象），使用其權力則實為符合調和
社會或國家內的競爭與衝突的目的；另外對個人方面而言，個人雖在強制約
束之下享有的自由較狹窄，但其範圍之內可得到確切的保障。

　　我們若以上述的論點，認為梁啟超為了達到國家之圖存與富強，肯定強
制的手段與個人自由的限制，就有違梁啟超本義。我們必須瞭解梁啟超把上
述的「神聖強制」權力歸於國家機關的理論架構，是兼顧臺己自由之折衷方
法，在梁啟超整體民權思想脈絡而言，人民自覺和自決乃是最為優先的考量。
他以為國家之種類可分為二，乃是「人人皆為制者，同時人人皆為被制者」
的非專制與「有制者與被制者」的專制國家。〔註81〕且申論專制國家中野蠻
與開明之分：

> 故在專制的國家，其立制者，以自然人的一己之利益為標準，則其
> 制必不良。……故吾得斷言曰：凡專制者，以能專制之主體的利益
> 為標準，謂之野蠻專制，以所專制之客體的利益為標準，謂之開明
> 專制。……
>
> 吾欲申言野蠻專制與開明專制之異同。吾得古人兩語焉以為之證。
> 法王路易第十四曰，「朕即國家也」（Lést cest Moi）此語也，即代表
> 野蠻專制之精神者也。普王腓力特列曰，「國王者國家公僕之首長也」
> （Der kôuig ist der erste Dieme des Staats）此語也，即代表開明專制
> 之精神者也。……
>
> 準是以談則國家所最希望者，在其制之開明而非野蠻耳。誠為開明則

〔註80〕梁啟超，〈開明專制論〉，《清議報》第73號，1906年（光緒三十二，丙午），
　　　　1月25日，頁1；《文集之十七》，頁13～14。
〔註81〕請參看梁啟超，〈開明專制論〉，《清議報》第73號，頁6；《文集之十七》，頁
　　　　17。

> 專與非專，固可勿問，何也？其所受之結果無差別也。但非專制的國
> 家其得開明制也易，既得而失之也難；專制的國家其得開明制也難，
> 既得而失之也易。非專制之所以優於專制者在此點而已。〔註82〕

梁啓超認為符合實際情況者，以客體之利益為主的開明專制；需要達到的終
極目標，乃是非專制而開明的國家。他繼續討論開明專制與非專制之優劣與
適用性說：

> 然則開明專制政體與非專制政體就孰優？曰，是難言也。以主觀論，
> 則非專制之優於專制似可一言而決；以客觀論，則決之不若是之易
> 易也。昔達爾文說生物學之公例曰，優勝劣敗，而斯賓塞易以適者
> 生存。意若曰，適焉者，雖劣亦優；不適焉者，雖優亦劣也。故吾
> 輩論事，毋惟優是求，而惟適是求。
>
> （附注）主觀者，從吾心之理想而下斷定者也；客觀者，從事實之
> 對象而下斷定者也。……〔註83〕

梁啓超認為當時中國現實環境，不適合運用非專制等充滿理想的終極目標，
不得不採取合乎實際情況的策略。被評論為保守的《開明專制論》中，我們
看到的是梁啓超以理想與現實構圖，分別論及適於當前中國政治環境者和必
須完成的目標和理想。

梁啓超與革命派之間圍繞著民族、革命等問題，展開激烈的論戰，但他
們仍然有所共同之見解，即所謂「開明專制」與「約法訓政」，培養國民的政
治能力，以此準備行憲之緩衝期都是其中的共同點。雖然大多數認為此一論
戰是革命派最終勝利，但是梁啓超針對革命論者提出的種種疑難，最終成了
現實，可謂相當中肯。〔註84〕其中梁啓超對「軍政」所提出的疑慮，頗能幫
助我們釐清（即便在被批評為保守的思想中）梁啓超思想的中心位置，仍以
民權保障為其首義，他說：「夫人民所有此區區之權利，出自軍政府之殊恩，
非自初有所挾，而使軍政府不得不予我者也。軍政府欲奪回之，隨時可以奪
回之，此正波氏所謂貓口之鼠之權利也。」、「我國民義務觀念素未發達，軍
政府語之曰：『汝其忍一時苦痛，以易無量幸福。』」，無量幸福在將來，彼未

〔註82〕梁啓超，〈開明專制論〉，《清議報》第 73 號，頁 12～14；《文集之十七》，頁
22～23。

〔註83〕梁啓超，《清議報》第 74 號，頁 5～6。

〔註84〕請參看張朋園，《梁啓超與清季革命》，頁 207～242。

之見，一時苦痛在今日，固已切膚也。」〔註85〕由此看來，即便建立現代國家之要求多麼迫切，但是人民自由民權之權益，不能強奪，建國應當以人民自覺和自決基礎上，才能立足穩定而長遠。因此，如何保障此個人自由民權，將成爲相當重要的課題。

四、羣己國族間──康德、黑格爾思想之統合

是故梁啓超的理論視角，不只是對個體的要求，對以個體所組之團體或羣體亦同樣有所要求，即是服公理達時勢，更是人民的自由民權，這是一種立於認知基礎上所遵守的自由民主原則。羣己是共相相屬，並非能夠劃然二分的，是互爲相輔，不是互爲排斥，在這一點上，梁啓超與黑格爾思想有共同趨向，但是，就梁啓超以純然致良知爲基礎積極推向智識科學的道德主義，指向世界大同公理理想而言，黑格爾包含宇宙論的有機整合道德、倫理、國家思想體系，並不與梁啓超相重疊。雖然，康德與黑格爾思想，並不能完全說明梁啓超思想的內涵，但是透過對他們二人思想理論的瞭解，卻能幫助我們深入探析出梁啓超思想之理論架構。當黑格爾批評康德純義務的良心觀，即使黑格爾肯定「康德的哲學觀點，提出義務和理性應符合一致，這一點是可貴的」，〔註86〕但是，黑格爾將「形式的良心」和「眞實的良心」區別開來時，我們即可瞭解康德「定言命令」〔註87〕應用到「作爲生活於自然中的合理而理性的（vernünftig），具有良知（conscience）和道德感的、受自然欲望和嗜好影響但不由它們決定的人生上的時候，這個程序便規定了道德法則的內容」，〔註88〕對黑格爾言，仍屬於「主觀的」，並不能滿足其「眞實」的意義。對此，他舉例說明：

〔註85〕梁啓超，〈開明專制論〉，《文集之十七》，頁 55，56。

〔註86〕黑格爾，《法哲學原理》第二篇「道德」第三章「善和良心」第 135 節補充，頁 138。

〔註87〕第一、「要只按照你同時認爲也能成爲普遍規律的準則去行動」，其擴充爲「你的行動，應該把行爲準則通過你的意志變爲普遍的自然規律」（康德（Immanuel Kant）著，苗力田譯《道德形而上學原理》（上海：上海人民出版社，2002 年），P421，頁 38，39。）第二、「你的行動，要把你自己人身中的人性，和其他人身中的人性，在任何時候都同樣看作是目的，永遠不能只看作是手段」（P429，頁 47。）

〔註88〕John Rawls，Lectures On The History Of Moral Philosophy，p.164；John Rawls，《道德哲學史講演錄》，頁 265；《道德哲學史講義》，頁 221～222。

權利和義務的東西，作為意志規定的自在自為的理性東西，本質上
既不是個人的特殊所有物，而其形式也不是感覺的形式或其他個別
的及感性的知識，相反地，本質上它是普遍的、被思考的規定，即
採取規律和原則的形式的。所以良心是服從它是否真實的這一判斷
的，如果只乞靈於自身以求解決，那是直接有背於它所希望成為的
東西，即合乎理性的、絕對普遍有效的那種行為方式的規則。正因
為如此，所以國家不能承認作為主觀認識而具有他獨特形式的良
心，這跟在科學中一樣，主觀意見、專擅獨斷以及向主觀意見乞靈
都是沒有價值的。〔註89〕

我們先不管黑格爾對康德的批評是否公允，但是他對權利和義務所提出的觀
點，或可借用於梁啓超以致良知為基礎的道德主義思想，在社會國家中能否
開展出具體客觀的倫理或法律之可能性問題。

有趣的是，近有透過經濟學尤以「納甚均衡（Nash equilibrium）」、「囚犯
困境（Prisoners' Dilemma）」博弈理論角度與康德的「定言命令」比較研究，
在某種意義上，「經濟學與倫理學對話的橋樑又再度架起。接著通過市場重覆
博弈的進一步考察，揭示了倫理學中『黃金法則』（golden rule）於博弈論中
『針鋒相對』（tit for tat）策略的深層關係。在這段漫長的『曲徑通幽』之後，
韋森再次回到其最為關注的問題，反思東西方文化中道德倫理在制序演進中
的作用。最終確認了道德基礎對於市場經濟的重要意義。」〔註90〕雖然，這
一途徑，在理論上是否完整而得到學界的認可是一回事，但這一試圖，的確

〔註89〕黑格爾，《法哲學原理》第二篇「道德」第三章「善和良心」第137節附釋，
頁140。

〔註90〕引自《二十一世紀》網路版，2003年7月總第16期
http://www.cuhk.edu.hk/ics/21c/supplem/essay/0305025.htm 更詳細的討論，請參
看韋森，《經濟學與倫理學——探尋市場經濟的倫理緯度與道德基礎》（上海：
上海人民出版社，2002年）。這一康德「定言命令」和經濟學「納甚均衡（Nash
equilibrium）」、「囚犯困境（Prisoners' Dilemma）」博弈理論之相關論點，我們
當然可參考嚴復，他說：「大利所存，必其兩益。損人利己非也，損己利人亦
非；損下益上非也，損上益下亦非。」（《天演論》導言十四〈恕敗〉復案，《嚴
復集5》，頁1349。），他所要求的是衝突雙方得其兩益而存大利，由此可知，
清末民初思想界多重視羣己兩益、相得益彰之思想論點，通往「均衡」而創
造最多利益的經濟學倫理觀念之間的關係頗值得注意。（我們也在1899年（光
緒二十五，己亥）蔡元培的手稿〈嚴復譯赫胥黎《天演論》讀後〉中，可以
看到蔡元培特引此句。蔡元培，《蔡元培全集1》，頁238～239。）

給黑格爾對康德學說的批評，帶來一些有趣的反證。並且猶如胡適在 1914 年
10 月 26 日日記〈十六・「一致」之義〉中，將康德「定言命令」與忠恕一同
講解從個人到國際種種關係間，以一貫之之法來看，〔註 91〕儒家「恕」道，
或如康德「定言命令」可開展出有利於現實的具體法則。

　　梁啓超介紹〈法理學大家孟德斯鳩之學說〉時，就以孟德斯鳩「法之精
神」連結「良知」，說：「孟氏之學，以良知為本旨，以為道德及政術，皆以
良知所能及之至理為根基。其論法律也，謂事物必有其不得不然之理，所謂
法也，而此不得不然之理，又有其所從之本原，謂法之精神，而所以能講究
此理、窮其本原，正吾人之良知所當有事也。」〔註 92〕即便梁啓超並未從事
精微的理論探討，但我們從中不難發現，梁啓超建立現代國家制度的種種努
力，不在黑格爾對康德的批評「空虛的形式主義」，〔註 93〕是無法滿足人們的
根本倫理須要的狹隘的、隔膜的道德哲學，〔註 94〕而是如黑格爾所舉的例子
「一個父親問：『要在倫理上教育兒子，用什麼方法最好』，畢達哥拉斯派的
人曾答說（其他人也會做出同樣的答覆）：『使他成為一個具有良好法律的國
家的公民。』」，〔註 95〕在於有效維護個人自由民權的法律建構。

　　從上述對黑格爾和梁啓超整體思想的初步瞭解，我們或許可以發現，他
們兩者之間的最大的不同，也就是其理論架構重心關注點上有所差異。如前
所言，梁啓超似是康德與黑格爾思想的某種統合，梁啓超仍然不忘道德新民

〔註91〕請參看胡適，《胡適留學日記（二）》，頁 186～187。
　　　　今日與訥博士談，博士問，「天然科學以歸納論理為術，今之倫理，小之至於
　　　　個人，大之至於國際，亦有一以貫之術乎？」余答曰，「其唯一致乎？一致者，
　　　　不獨個人之言行一致也。己所不欲，勿施於人。所不欲施諸吾同國同種之人
　　　　者，亦勿施諸異國異種之人也，此孔子所謂『恕』也，耶氏所謂『金律』也，
　　　　康德（Kant）所謂『無條件之命令』也（康德之言曰，「凡作一事，須令此事
　　　　之理由，可成天下人之公法。」〔"Always act so that thou canst will the maxim
　　　　of thy act to become a universal law of all rational beings." ～The Categorical
　　　　Imperative〕此即《中庸》所謂「君子動而世為天下道，行而世為天下法，言
　　　　而世為天下則」也）斯賓塞所謂『公道之律』也（見上則），彌爾所謂『自由
　　　　以勿侵他人之自由為界』也：皆吾所謂一致也。一致之義大矣哉！」
〔註92〕梁啓超，〈法理學大家孟德斯鳩之學說〉，《文集之十三》，頁 19。
〔註93〕黑格爾，《法哲學原理》第二篇「道德」第三章「善和良心」第 135 節附釋，
　　　　頁 137。
〔註94〕請參看 John Rawls，Lectures On The History Of Moral Philosophy，p.164；John
　　　　Rawls，《道德哲學史講演錄》，頁 485～486；《道德哲學史講義》，頁 451～453。
〔註95〕黑格爾，《法哲學原理》第三篇「倫理」第 153 節附釋，頁 172。

建構之重要性，適合於現代國民國家，甚至超越此意涵的重鑄民族新塑，將與「開明專制」和「立憲」主張結合，鋪陳出他的理論特性。

但是，梁啓超即便偶有突顯出國家主義思想的觀點，其中並無看到黑格爾國家思想的另一重點，即國家行政機器即是對公職人員要求「大公無私、奉公守法、溫和敦厚」〔註96〕德性等相關問題。對此，我們或許藉由張朋園教授多年相關梁啓超研究的成果，尤其〈梁啓超的菁英主義和議會政治〉一文，所揭露梁啓超從 1904 年《新民說・論政治能力》〔註97〕起，相關「有思想之中等社會」〔註98〕、「中堅階級」〔註99〕的議論〔註100〕和梁啓超透過教育培育出建立政黨組織人才等計畫，〔註101〕或可視為一種相當於黑格爾思想中「市民社會」〔註102〕（或可翻譯為「公民社會」）層次建構的努力。若我們

〔註96〕黑格爾，《法哲學原理》第三篇「倫理」第三章「國家」第 294〜297 節，頁 312〜315。

〔註97〕在 1904 年 6 月 28 日及 1905 年 2 月 4 日，分別發表於《新民叢報》第 49、62 號。

〔註98〕梁啓超，《新民說・論政治能力》，《專集之四》，頁 156。梁啓超認為中國人民無政治能力，是基於長期受專制統治、家族為統治之客體（因而未有機會孕育出市民（Citizen））、生計未進步、喪亂頻仍之故。

〔註99〕1913 年 5 月 16 日出版於《庸言》第 1 卷第 12 號，〈多數政治之試驗〉，《文集之三十》，頁 37。

〔註100〕請參看張朋園，〈梁啓超的菁英主義與議會政治〉，《知識分子與近代中國現代化》（南昌：百花洲文藝，2002 年），頁 330〜344。

〔註101〕請參看張朋園，《梁啓超與民國政治》（臺北：食貨出版社，1978 年 5 月）；張朋園，〈梁啓超與五四運動〉，收於汪榮祖編，《五四研究論文集》，頁 277〜310。

〔註102〕市民社會或哈伯馬斯（Jurgen Habermas，1929〜）公共領域角度探討中國近代史，近來頗多研究者開始注意，具有代表性的是 Mary B. Rankin, Elite Activism and Political Trasformation in China:Zhejiang Province 1865 〜 1911（Stanford:Stanford University Press, 1986）.; Thomas B. Gold, "The Resurgence of Civil Society in China", Journal of Democracy （Vol.1, No.1 Winter 1990）, pp.18〜31。William T. Rowe, "The Problem of 'Civil Societey' in late Imperial China", Modern China （Vol.19, No.2 April 1993）.; David Strand, "Protest in Beijing: Civil Society and Public Sphere in China", Problems of Communism（Vol.39, No.3 May〜June 1990), pp.1〜19.; David Strand, Rickshaw Beijing: City People and Politics in the 1920s. （Berkeley: University of California Press, 1989）. Prasenjit Duara, Restructing History from the Nation: Questioning Narratives of Modern China （The University of Chicago Press, 1995）.
對此問題的簡單整理和介紹，可參看顧昕，〈當代中國有無公民社會與公共空間——評西方學者有關論述〉，《當代中國研究》（總第 43 期，1994 第 4 期）。

將公民社會和公共領域之角度，探析中國近代史社會性質，引伸自本文主題之研究即能發現，梁啓超道德主義思想，在中國內部社會傳承脈絡，即傳統仕紳階層以及社會公眾場域轉爲現代化的公民社會或公共領域拓展時，在某種程度上合理解決和民族主義相關的理論困境，提出適時的解決方案。值得注意的是，猶如 Philip Kuhn 所言，個人主義爲核心的市民社會之成長，無法適時建立合法性政治力量，反被民族主義建國運動所壓抑之歷史事實，﹝註103﹞若是如此，我們或可視梁啓超以道德主義思想態度追求羣己和諧，是補救中國正面臨個人主義化的市民社會發展趨向和民族羣體建國力量之適度調解需求的一種回應。由此看來，沈松橋教授認爲「國民」概念的興起，激發了「新民」的努力，才進一步逼出「社會」概念，﹝註104﹞不但得到一些佐證，而且透過黑格爾「市民社會」，即是以「中等社會」（即是公民與國家之間的中介組織領域）功能爲基礎的孟德斯鳩和托克維爾之自由主義傳統，﹝註105﹞由此

同文可見於網址 http://www.chinayj.net/StubArticle.asp?issue=940404&total=43

﹝註103﹞ Philip Kuhn，"Civil Society and Constitutional Development"，American-European Symposium on State vs. Society in East Asian Traditon（Paris, May 1991）．

對此 Philip Kuhn 的觀點，白永瑞師借以 Mary B. Rankin 對市民社會不必然與個人主義相一致觀點，透過 1920～1930 年代的民主化要求及其抗日請願運動爲具體例子，指出民族主義對民間市民社會成長過程中所扮演的積極角色，並且，對這一民間市民社會之成熟，爲何不能帶動實質上的制度化政治力量，提出個人看法。他認爲雖然民族主義或能某種程度上，助長此一民間市民運動之成長，但此一運動之成長，正因藉由既有的傳統社會結構形式及民族主義激情反被束縛，顯然無法進一步提出代替既有傳統之制度和思想。

請參看白永瑞，〈중국에 시민사회가 형성되었나?──역사적 관점에서 본 민간사회의 궤적（在中國有否形成市民社會？──以歷史觀點論民間社會的軌跡）〉，收入於『동아시아의귀환：중국의근대성을묻는다（回歸東亞：試問中國的近代性）』（서울：창작과비평사，2000 年 11 月），頁 95～128。Mary B. Rankin, "Some Observation on a Chinese Public Sphere"，Modern China（Vol.19, No.2 April, 1993）．

﹝註104﹞ 請參看沈松橋，〈國權與民權：晚清的「國民」論述，1895～1911〉，《中研院史語所集刊》（第 73 本第 4 分，2002 年 12 月），頁 706 註 84。

﹝註105﹞ 泰勒也指出黑格爾與托克維爾民主政治理想同時指向分化。「他（即是托克維爾）認爲諸多健全的組員羣體（constituent communities）共同存在於一分散的權力結構當中，這對於民主政治，關係至爲重要。然而同時，平等性的魅力卻促使現代社會漸趨一致，甚至還可能臣服於全能政府之下。這個巧合其實並不意外，因爲這兩位思想家（黑格爾與托克維爾）同時皆深受孟德斯鳩的影響，而且對於過去以及未來的浪潮均有深刻而同情的瞭解。但不論我們

重新審視梁啓超自由主義思想的研究途徑可得到相當的理論根據。但是，這一脈絡實質上並未朝市民社會分化方向進行，而是往組政黨之政治運動以及菁英政治脈絡發展。對此，梁啓超晚年亦有所體認，他說：「別人怎麼議論我，我不管，我近來卻發現了自己一種罪惡。罪惡的來源在哪裡呢？因為我從前始終脫不掉『賢人政治』的舊觀念，始終想憑藉一種固有的舊勢力來改良這國家，所以和那些不該共事或不願共事的人，也共過幾回事。雖然我自信沒有做壞事，多少總不免被人利用我做壞事，我良心上無限痛苦，覺得簡直是我間接的罪惡。……我生平是靠興味做生活源泉。我的學問興味、政治興味都甚濃，兩樣比較，學問興味更為濃些。……我覺『我』應該做的事，是恢復我二十幾歲時候的勇氣，做個學者生涯的政論家。我很盼望最近的將來，有真正的國民運動出現。倘若有麼，我梁啓超應該使役我的舌頭和筆頭來當馬前小卒。」〔註 106〕可見，透過教育培育出建立政黨組織人才等計畫，為何最終歸於純粹學術思想傳播方向邁進。

由此而言，道德新民建構，或許是可涵蓋「中等社會」、「中堅階級」以及公職人員「大公無私、奉公守法、溫和敦厚」之資格培養的必要條件之一。故梁啓超要求個人道德修養，在某種意義上而言，同時防止個人對其他個人之侵害，及其臺體對個人之侵害，更是建構中介社會之首要任務。如同佛教「立教之目的，則在使人人皆與佛平等」之平等精神，不同於專制或立憲政體要求人民之服從，佛教是要求人服從自我而負起責任，〔註 107〕「自力而非他力」，〔註108〕要求服從來自個人道德修養之功，雖然，梁啓超以啓蒙角度呼籲人們道德修養，他要求的是自我覺醒後的自然表露，自願自發的自我要求。這一要求將與中介社會「中堅」力量建構結合，成為完成現代國民國家的構成要件。

是由黑格爾抑或由托克維爾的說法來理解，現代民主政治的重大需要之一，是重新引起人們感受到分化是非常重要的，以使局部性的諸團體——不論是地理上的、文化上的、抑或職業上的——再度成為他們事業及活動的重心，同時藉此將它們的成員關聯到一個大的整體之中。」（Charles Taylor，《黑格爾與現代社會》，頁 185。）這一中介社會功能或可參考胡適公民社會基礎以及監督政府公權力之第三權（如健全的言論媒體或智識分子所該擔負的積極角色）的論點，請看本文第六章第二節「傳統與現代」一節中的討論。

〔註 106〕梁啓超，〈外交歟內政歟〉第 7 段「『我』所應該做的事」，《文集之三十七》，頁 59。

〔註 107〕請參看梁啓超，〈論佛教與群治之關係〉，《文集之十》，頁 49。

〔註 108〕梁啓超，〈論佛教與群治之關係〉，《文集之十》，頁 50。

　　在理論上，梁啓超「悲智雙修」的臺己關懷中，或許種種臺己關係達到「義之和」〔註109〕的境界。但就實質影響層面而言，或許如張灝教授所指出梁啓超的集體主義影響到毛澤東或共產主義中的「雷鋒精神」〔註110〕之虞，但我們也應當同時注意到，猶如王汎森教授所指出：「毛澤東與所有現代人物必然是要引許多古書的，而且可以找到愈來愈多的證據來證明他們受到傳統這樣或那樣的影響。不過，在他們形成自己的思想後，他們與先前各種思想來源的關係辨識結構因果關係，這些成分與他們的行動並不必然有一對一的對應關係。所以並不是毛澤東的思想中有某種成分，後來便有相應的表現。」〔註111〕這一觀點，或許可以回答張灝教授所提出之部分疑慮，思想史的研究，並不能解答歷史現象之全部內涵，它僅是構成歷史的成因之一，或許過去中國學術思想傳統過分強調思想因素，反失去歷史眞相之重現和現實之間的不斷的互動過程。

第三節　民族新塑

　　民族國家建構過程，是不是一種「想像的共同體」〔註112〕之構築過程？是建立認同「『共同體的追尋』──尋找認同與故鄉──是『人類的境況』（human condition）本然的一部分」？〔註113〕如葛爾納所言：「國族主義的浪潮是會隨著歷史事件而變遷起伏的：國族並非天生的，而是透過國家以及國族主義者的推動而肇建的。……無論是什麼形式出現，都是現代世界無可遁逃的命運。」〔註114〕若民族主義是不可避免的勢之所趨，定當全力投入而導引至正當方向進行。

〔註109〕請參看本文第二章第二節，「二、『公』與『私』──個人自主之權與君權之分界」中的討論。

〔註110〕請參看張灝，《梁啓超與中國思想的過渡（1890～1907）》（南京：江蘇人民出版社，19952刷），頁216～218；除此之外，黃克武教授對此種種討論在《一個被放棄的選擇：梁啓超調適思想之研究》第一章「導論」，頗有詳細的整理和檢討。

〔註111〕王汎森，〈中國近代思想中的傳統因素──兼論思想的本之與思想的功能〉，《中國近代思想學術的系譜》，頁159。

〔註112〕此一概念請參看安德森，《想像的共同體：民族主義的起源與散布》（臺北：時報文化，1999年）一書。

〔註113〕吳叡人，〈認同的重量：《想像的共同體》導讀〉，安德森，《想像的共同體：民族主義的起源與散布》，頁xvii。

〔註114〕葛爾納，《國族主義‧前言》，頁xi。

一、重塑已知之理，期許民族之新興

梁啓超曾在《德育鑑》一書中，引用說：「近世西哲所倡民族心理學，則凡一民族必有其民族之特性，其積致之也。」〔註115〕如果，我們肯定民族主義建構過程是一種追尋自我民族之特性（即便是非天生的或是想像的產物），梁啓超出版於 1905 年末的《節本明儒學案》與《德育鑑》（當時年輕學子間頗爲流行的修身讀物），當然是梁啓超建構民族精神道德價值之最主要媒介。當梁漱溟在1907～1909 年間自修《新民叢報》、《德育鑑》等書籍時，曾說：「對於人格修養的學問，感受《德育鑑》之啓發，固然留意；但意念中卻認爲『要作大事必須有人格修養才行』，竟以人格修養作方法手段看了。」〔註116〕這與陶希聖（1899～1988）之回憶「我在預科三年級，先讀梁任公《節本明儒學案》，再讀《明儒學案》原書，然後讀《宋元學案》，這時候讀這兩部書，並不是單純的求知，而是深切的悔悟」，〔註117〕可見當時梁啓超此兩本書對年輕學子的影響。

以往學界多以《新民說・論私德》爲梁啓超思想之轉折點，但在某種意義上而言，《新民說》是借鏡歐美公眾道德和倫理學基礎上，希望改造國人適於現代民主政制中公民的自由和義務環節之力作。這一構想之實現，如梁啓超所言「非徒以區區泰西之學說所能爲力也」〔註118〕而告終。正因爲如此，本文根據梁啓超以《節本明儒學案》與《德育鑑》，此一「舊道德」、「治心治身」〔註119〕之基礎上，型塑「新民」之論述爲出發點，進一步深論梁啓超道德主義思想之營構。

或許如梁啓超曾在〈近世第一大哲康德之學說〉案語中指出，「朱子補格致傳謂即凡天下之物，莫不因其已知之理而益窮之，以求至乎其極。」〔註120〕梁啓超認爲任何學術思想不經由「已知之理」的基礎上詮釋，倘忽略「社會性質之不同，而各有所受」〔註121〕等條件，無法發揮其應該有的影響力。梁

〔註115〕梁啓超，《德育鑑》，《專集之二十六》，頁 76。
〔註116〕梁漱溟，《我的自學小史》，《梁漱溟全集2》，頁 683。
〔註117〕陶希聖，《潮流與點滴》（臺北：傳記文學，1979 年），頁 32。
〔註118〕梁啓超，《新民說・論私德》，《專集之四》，頁 131。《新民說》有否帶動中國知識分子之覺醒和梁啓超自我認知之間有所區別，本文在此則是以梁啓超思想進程而言。
〔註119〕梁啓超編，《節本明儒學案・例言》，頁 2。
〔註120〕梁啓超，〈近世第一大哲康德之學說〉，《文集之十三》，頁 56。
〔註121〕梁啓超，《新民說・論私德》，《專集之四》，頁 131～132。

啓超經由政制改革和公民建設構思，都無法即時實現他的當前理想，而目睹只喊口號並無實質奉獻的所謂假愛國之士行徑時，他選擇看似最迂迴的一條路，所謂「舊道德」之提倡，即是建立健全的道德人格之構築運動。但如梁啓超訪美期間所體悟的，「中國社會之組織，以家族爲單位，不以個人爲單位」，〔註122〕他不以歐美個人主義基礎，而是基於「已知之理」，以根植於人心中的民族共同之特性爲基礎，不但建構民族形象，更是致力於個人道德理想之重鑄和推廣。在梁啓超所親身推動「新民」、「公德」的經歷中，不但革新無法順利進行，且面臨其改革人士不顧盲目「破壞」之危險，大談「革命」，並以「假公濟私，以煽動民氣爲一手段」〔註123〕放蕩之時，梁啓超認爲當前之最首要課題乃如何杜絕此歪風。猶如「人之病痛，不知則已，知而克治不勇，使其勢日甚，可乎哉？志之不立，古人之深戒也」，〔註124〕既知病根之所在，應當對症下藥。或許如吳康齋所言：「明德新民雖無二致，然已德未明，遽欲新民，不惟失本末先後之序，豈能有新民之效乎？徒爾勞攘，成私意也。」〔註125〕這或能說明梁啓超從《新民說》之公德論，轉而提倡私德之主要原因之一。

二、《節本明儒學案》——道學與科學

　　《節本明儒學案》例言中，梁啓超有言：「啓超自學於萬木草堂，即受明儒學案，十年來以爲常課。」〔註126〕換言之，在某種意義上而言梁啓超從未間斷對傳統學術思想的研讀和關懷。且他在文中相當清楚的揭示，對道德和科學的基本看法，他說：

> 道學與科學，界限最當分明，道學者，受用之學也，自得而無待於外者也，通古今中外，而無二者也；科學者，應用之學也，藉辨論積累而始成者也，隨社會文明程度而進化者也。故科學尚新，道學則千百年以上之陳言，當世哲人，無以過之。科學尚博，道學則一言半句，可以畢生受用不盡。老子曰：「爲學日益，爲道日損」，學

〔註122〕梁啓超，《新大陸遊記節錄》，《專集之二十二》，頁121。
〔註123〕梁啓超，《新民說·論民氣》，《專集之四》，頁147。
〔註124〕梁啓超編，《節本明儒學案·崇人》，頁10。亦見於《德育鑒》，《專集之二十六》，頁17。
〔註125〕梁啓超編，《節本明儒學案·崇人》，頁6。
〔註126〕梁啓超編，《節本明儒學案·例言》，頁1。

謂科學也，道謂道學也。〔註 127〕

科學可分為「物」和「心」，心所指者乃哲學、倫理、心理學之謂，猶如法律、經濟裨於智育無裨於德育，故必與中國傳統「治心治身」〔註 128〕之道相備而後完善。傳統所謂理氣性命太極陰陽或相關佛教等論，實屬於「心」之科學，是可研究的對象，然與能導引實際行為之「治心治身」有所區別。若我們依照他的分法，瞭解其道德主義思想基礎，顯而易見，他脫離傳統天道天理等觀念之束縛，將道德的範圍侷限於發覺自我是非判斷所能依準之良心基礎，付諸於實際行為的人倫日常生活。梁啓超一生最敬慕的顧亭林提倡「反對向內的——主觀的學問，而提倡向外的——客觀的學問」，且梁啓超以做人的方法和做學問的方法解其「行己有恥博學於文」。若是如此，如余英時所言：

> 顧氏之學以經世致用為主眼，故所謂「博學」並不限於書本和知識。他在《日知錄》中也說：「博學於文，自身而至於國家天下，制之為數度，發之為音容，莫非文也」（卷九「博學於文」條）……第二，他以「行己有恥」來重新界定「尊德性」的內涵，使儒家的道德在人生上落實化、具體化了，雖然也不免因此失去了理論的深度。但相對於晚明以來空談心體、性體、良知之類的語言遊戲而言，這一斬截的論斷自有其道德的動力……第三，他分別標舉「博學於文」與「行己有恥」，至少已於無意之中將知識與道德劃為兩個互相獨立的領域。〔註 129〕

梁啓超將道德和知識（或是道學和科學），在互相獨立領域中理解時，這不但已相當符合清儒「道問學」傳統，〔註 130〕亦符合清儒所謂「博」與「約」論述脈絡。〔註 131〕但梁啓超仍然認為如「須先有根然後有枝葉，不是先尋了枝

〔註127〕梁啓超編，《節本明儒學案·例言》，頁 1。亦可參看《新民說·論私德》，《專集之四》，頁 136～137。梁啓超道學和科學這一分析角度，援用到德性和文獻之角度論述國學，請參看在 1923 年 1 月 9 日發表的〈治國學的兩條大路〉，《文集之三十九》，頁 110～119。

〔註128〕梁啓超編，《節本明儒學案·例言》，頁 2。

〔註129〕余英時，〈清代學術思想史重要觀念通釋〉，《中國思想傳統的現代詮釋》，頁 450。

〔註130〕余英時，〈清代學術思想史重要觀念通釋〉，《中國思想傳統的現代詮釋》，頁 441。

〔註131〕請參看《中國近三百年學術史》，《專集之七十五》，頁 56，57；余英時，〈清

葉，然後去種根」，科學是枝葉，道學乃是根，〔註132〕若論其先後應當先明德而後新民。〔註133〕故梁啓超認爲如「後世不知作聖之本，卻專去知識才能上求聖人……知識愈廣，而人欲愈滋，才力愈多，而天理欲蔽」，若只「崇拜科學而蔑道德」〔註134〕乃是本末倒置。

雖然，「治心治身」不與科學有所衝突，但若當前專講智育，而忽略有關是非判斷能否付諸行爲之德育，就只有「泰西之民，其智與德之進步爲正比例；泰東之民，其智與德之進步爲反比例」〔註135〕之結果。那麼，爲何泰西和泰東會出現以上反差？梁啓超認爲其主要原因在泰西基督教尙存以祈禱懺悔之功維繫人心之，而泰東專制政制以愚民治國，且學術匡救之功亦乏而不善，〔註136〕故當前必以簡易直切之法，〔註137〕日以責善與友朋，「必以力行爲功夫」〔註138〕力導人民而易天下，倘使「我尙有功利之心，則雖日談道德仁義，亦只是功利之事」〔註139〕而已。

梁啓超在 1897 年（光緒二十三，丁酉）10 月 26 日發表於《知新報》第35 冊〈萬木草堂小學學記〉，及其同年冬天在長沙教學時所撰之〈湖南時務學堂學約〉，於此二文中皆先言「立志」而後「養心」，但他的《德育鑒》卻是從〈辨術〉而後〈立志〉，可見當時梁啓超所擔憂者，就是所謂權利、功利、愛國、破壞等，已變成口頭禪，如王學末流之蔽，「皆投小人之私心，而又可以附於君子之大道而已」。〔註140〕梁啓超認爲「今日之最急者，宜莫如愛國」，〔註141〕但「凡吾輩日言愛國，而無實行者皆未知國之可愛也」，〔註142〕「惟其眞愛國而已，苟僞愛國者盈國中，試問國家前途，果何幸也？」〔註143〕梁啓超不斷強調此眞愛，但如何分辨其眞僞？以他之見，必經「昔

代學術思想史重要觀念通釋〉，《中國思想傳統的現代詮釋》，頁 441～456。
〔註132〕梁啓超編，《節本明儒學案・姚江》，頁 104～105。
〔註133〕請參看梁啓超編，《節本明儒學案・崇人》，頁 6。
〔註134〕梁啓超編，《節本明儒學案・姚江》，頁 112。
〔註135〕梁啓超，《新民說・論私德》，《專集之四》，頁 137。
〔註136〕梁啓超舉出五種原因，請參看《新民說・論私德》，《專集之四》，頁 120～128。
〔註137〕梁啓超，《德育鑒》，《專集之二十六》，頁 24。
〔註138〕梁啓超編，《節本明儒學案・姚江》，頁 85。
〔註139〕梁啓超編，《節本明儒學案・姚江》，頁 90。
〔註140〕梁啓超，《德育鑒》，《專集之二十六》，頁 8。
〔註141〕梁啓超，《德育鑒》，《專集之二十六》，頁 3。
〔註142〕梁啓超編，《節本明儒學案・姚江》，頁 105。
〔註143〕梁啓超，《德育鑒》，《專集之二十六》，頁 3。

賢自律之嚴，用功之苦」，〔註144〕在社會腐敗「無形之惡教育至深且厚」〔註145〕之境遇下，能除惡根不與種種惡現象相與爲緣之謂，可知眞僞一念之微處其幾甚微。〔註146〕

但此種論述未免空洞，因爲正如梁啟超所說：「孔子所謂爲己，與楊朱所謂爲我者全異。爲己者欲度人而先自度也，苟無度人之心，則其所以自度者，正其私也。」〔註147〕若一切都繫於有否此心或一念之微處，如何能辨別其中的是非？如何建立客觀的準則？以他在〈樂利主義泰斗邊沁之學說〉所論「其立論根據地，一皆歸本於自己之感情，此亦一是非，彼亦一是非，同主張正理，同論一事，而或謂之善，或謂之惡，言人人殊，推諸良知、常識、性法等派，莫不皆然。斯皆不遵名學之公例，未定界說，而遽下論斷者也，若是乎論者之所謂善惡，果皆空漠而無朕，殽雜而無準也」，〔註148〕是故梁啟超道德主義之提倡，嚴格侷限在自我修養之要求，這在某種意義上而言，不必由此道德良知中伸展出客觀行事原則，〔註149〕顯然此一侷限或能說明他的道德主義思想與傳統確有所區隔。又如問難者所提，「欲使天下之人皆自致其良知，去其自私自利，以躋於大同，其意固甚美，然我如是而人未必如是，我退而人進，恐其遂爲人弱也，是所謂消極的道德，而非積極的道德也」，〔註150〕對此梁啟超回答說：

> 其所謂利者，必利於大我而後爲眞利，苟知有小我而不知大我，則所謂利者，非利而恆爲害也。……此犧牲小我以顧全大我之一念，

〔註144〕梁啟超，《德育鑒》，《專集之二十六》，頁7。

〔註145〕梁啟超，《德育鑒》，《專集之二十六》，頁4。

〔註146〕請參看梁啟超，《德育鑒》，《專集之二十六》，頁3～4，12。

〔註147〕梁啟超，《德育鑒》，《專集之二十六》，頁12。

〔註148〕梁啟超，〈樂利主義泰斗邊沁之學說〉，《文集之十三》，頁33。請進一步參看同文頁35～36中的按語。

〔註149〕陳來教授認爲，「『良知』具有比『本心』更接近意識活動的性格，更強調道德主體作爲活動原則的一面。良知即體即用，既是本體，又是現成；既是未發，又是已發；既是立法原則，又是行動原則，尤其在工夫上使人易得入手處」，（《有無之境——王陽明哲學的精神》，頁188。）但是，梁啟超的「良知」與「科學」是相當清楚的劃分其範圍，突顯出其「良知」之侷限性。（請參看梁啟超編，《節本明儒學案・例言》，頁1。）這種將道德和知識視爲獨立範圍的理解態度，是清儒相當普遍的思考脈絡。（請參看梁啟超，《中國近三百年學術史》，《專集之七十五》，頁56，57。以及余英時，《中國思想傳統的現代詮釋》，頁450。）

〔註150〕梁啟超，《德育鑒》，《專集之二十六》，頁42。

　　即所以去其自私自利之蔽，而躋於大同之卷也，質而言之，則約「公
　　利」而已，曰：「公德」而已。〔註151〕

可見梁啓超提倡之道德，就存於小我能否進至大我那一念之間，如福澤諭吉
公德公智之論點，或如嚴復以赫胥黎之人治觀點審視「天演」，梁啓超對「天
演界爭自存之理」是以道德修養公德公利角度，呼籲讓渡自我之權利而存續
大我、成就大我。故他說：

　　先儒示學者以用力，最重克己。己者天行也，克之者人治也，以社
　　會論，苟任天行之肆虐，而不加人治，則必反於野蠻，以人身論，
　　苟任天行之橫流，而不加人治，則必近於禽獸。〔註152〕

「天行」即是如頡德之「現在利己心」、「天然性」，〔註153〕只顧個人之安危，
不顧羣體社會之存續與否，不知羣體之受難即是對個人最大的危害，若國家或
社會構成分子多數是如此，且其教育僅強調智育而忽略德育，則如「蓋學問為
滋養品，而滋養得病根，則成不如不滋養之為愈」，〔註154〕反而助長病根之加
深。我們知道，雖然梁啓超相當重視德育，但並不是忽略智育或智識，其實他
始終站在清儒「道問學」傳統脈絡上論述其德育，猶如他在案語中所說：

　　陸子復言，必先有智識然後有志願，此別是見到語，如吾輩前此曾
　　無愛國之志，而一聞先覺之言，或一經游歷他國，而此志乃勃然興
　　者，則智識為之導也。今各國教育，必令學僮先習溥通學，得有常
　　識，然後使於專門學中自擇一焉，亦為此也。然智識與志願，遞相
　　為果，遞相為因，無智識則志願固無從立，無志願則智識亦無從增。
　　〔註155〕

他所強調的是，身心之學即是「治心治身」之學，不以科學或智育之所能範
圍而已。如陽明所說：「只要良知真切，雖做舉業，亦不為心累……任他讀書，
只是調攝此心而已，何累之有？」〔註156〕先得其良知之真切，則良知和科學
不相悖，道和學亦不相妨。換言之，道與學可相輔相和相緣，當可並進，一
旦智識發顯良知，良知真切，讀書智識之增進必不為奸智所蔽。

〔註151〕梁啓超，《德育鑒》，《專集之二十六》，頁42～43。
〔註152〕梁啓超，《德育鑒》，《專集之二十六》，頁96。
〔註153〕梁啓超，〈進化論革命者頡德之學說〉，《文集之十二》，頁80。
〔註154〕梁啓超，《德育鑒》，《專集之二十六》，頁5。
〔註155〕梁啓超，《德育鑒》，《專集之二十六》，頁21。
〔註156〕梁啓超，《德育鑒》，《專集之二十六》，頁39。

　　梁啓超認爲王學最受用處，在「其自信力必甚大且堅」，〔註157〕適合過渡時期英雄豪傑之士，但他不甚喜好龍谿心齋一派。他將王學分爲兩派，趨重本體者（即注重良字）王龍溪王心齋一派，與趨重功夫者（即注重致字）聶雙江羅念菴一派，對此曾表示說：「若啓超則服膺雙江念菴派者，然不敢以強人，人各有機緣，或以龍谿心齋派而得度，亦一而已矣。」〔註158〕可見梁啓超對龍谿心齋之學說有所顧忌，或如他所提到念菴寄龍谿書中云：「終日談本體不說功夫，纔拈功夫，便指爲外道。」〔註159〕龍谿學說流爲放蕩之虞，或許是梁啓超所顧忌。此亦如改革革新人士滿口口頭禪放蕩不羈，確實是當時他有所擔憂之時局現象。因此，梁啓超提倡「王學絕非獨善其身之學，而救時良藥」，〔註160〕其意乃指人民「受過過去社會種種遺傳性及現在社爲種種感化力」〔註161〕之影響，不易返諸最初之一念眞是眞非，故才會「愛國合羣之口頭禪人人能道，而於國事絲毫無補」，〔註162〕唯今之計如日本維新造時勢之豪傑，以王學知行合一之教，抗拒天演之「人爲淘汰」，而以「人治與天行戰」。〔註163〕

　　梁啓超借用佛家之觀點，認爲社會即是「『無明』所集合之結晶體，生於其間者，無論何種人，已不能純然保持其『眞如』之本性而無所纏雜」，社會「全體之習氣，民族全體之習氣，乃至血統上遺傳之習氣……有生以後，復有現社會種種不良之感化力，從而熏之，使日滋長，其鎔鑄而磨刮之，不得不專恃自力，斯乃所以難也」，梁啓超正處於型塑民族國民性格之期，他藉以陽明和佛學，如董仲舒所言，要求學子「勉強學問，則聞見博而知益明，勉強行道，則德日起而大有功」，〔註164〕提倡智德兼備、悲智雙修之途。

　　從梁啓超《新民說・論私德》以後發表的或編撰的重要著作中，我們瞭解到他重新提倡以「良知」爲主的舊道德，要求先明德而後新民〔註165〕之主張。梁啓超不但以此爲新中國民族精神型塑之基礎，且在民權自由論基礎上

〔註157〕梁啓超，《德育鑑》，《專集之二十六》，頁31。
〔註158〕梁啓超，《德育鑑》，《專集之二十六》，頁30。
〔註159〕梁啓超，《德育鑑》，《專集之二十六》，頁34。
〔註160〕梁啓超，《德育鑑》，《專集之二十六》，頁41。
〔註161〕梁啓超，《德育鑑》，《專集之二十六》，頁27。
〔註162〕梁啓超，《德育鑑》，《專集之二十六》，頁42。
〔註163〕梁啓超，《德育鑑》，《專集之二十六》，頁77。
〔註164〕以上引自梁啓超，《德育鑑》，《專集之二十六》，頁76，77。
〔註165〕請參看梁啓超編，《節本明儒學案・崇人》，頁6。

完整地呈現出理想與現實時空軸心架構中，適合於當今政治局勢的種種論述和主張。我們將在下一節中，探討在「科玄論戰」中梁啓超道德主義思想與胡適智識主義的比較，由此進一步瞭解其中的分歧點和意義所在。

第六章　道德主義與智識主義的重整

　　雖然，「科玄論戰」嚴格說來從 1923 年 2 月 14 日張君勱（1887～1969）
應清華學生會負責人吳文藻（1901～1985）之邀請，以「人生觀」為題在清
華大學出版社演講，引起丁文江之反駁，由此揭開「科玄論戰」之序幕。但
是，梁啓超和梁漱溟等人從 1919 年到 1923 年間，早已開始鼓吹「玄學」之
風，已經埋下此一論戰之起因。〔註 1〕

　　此「科玄論戰」在思想史上的意義，就如梁啓超在 1919 年在〈解放與改
造發刊詞〉中，聲明「思想統一，為文明停頓之徵兆，故對於世界有力之學
說，無論是否為同人所信服，皆采無限制輸入主義待國人別擇。」、何況「淺
薄籠統的文化輸入，實國民進步之障」，〔註 2〕換言之，積極的輸入世界各國
文明文化之精華，並且正確消化才是國民進步之表徵。故在此意義上言，「科
玄論戰」中雙方積極投入爭辯，不但促進正確的文化輸入和消化，並且供給
建構自我思想理論架構之機會，更是中國現代學術思想界發揮自我創新力量
的一大盛會。

　　「科玄論戰」顯然是在中國創造明辨學理、重塑文化進步之過程中，帶
給中國學術文化思想界，開展出反省和檢討的討論場域，更是透過此一論戰，
在思想史上激起各種現代學術思想各自脈絡耙梳時程，豐富了傳統學術思想
資產之轉化。在這盛會中，梁啓超扮演相當關鍵的角色，並且清楚地表達其
道德主義思想，德智相和相緣之基本觀點。

〔註 1〕　請參看郭穎頤，《中國現代思想中的唯科學主義（1900～1950）》，頁 113。
〔註 2〕　梁啓超，〈解放與改造發刊詞〉，《文集之三十五》，頁 21。

第一節　科玄論戰

梁啓超自從參加「巴黎和會」歸國後，在 1921 年開始，進行一系列公開演講，〔註 3〕在這過程中他已對科學與人生觀相關問題，提出相當明確的個人觀點。他在 1922 年 12 月 27 日，爲蘇州學生聯合會公開講演時，仍然延續他對智識教育的一貫看法，雖然「常識學識和總體的智慧，都是智育的要件，目的是教人做到知者不惑」，這一智育將與情感教育的「仁者不憂」，意育目的「勇者不懼」，結合成爲梁啓超教育目的之主要要件。但是「你如果做成一個人，智識自然是越多越好，你如果做不成一個人，智識却是越多越壞」，〔註 4〕故他在 1923 年 1 月 9 日於東南大學國學社以〈治國學的兩條大路〉演講時，就說：

> 近來國人對於知識方面，很是注意，整理國故的名詞，我們也聽得純熟。誠然整理國故，我們是認爲急務，不過若是謂除整理國故外，遂別無學問，那卻不然。我們的祖宗遺予我們的文獻寶藏，誠然足以傲世界各國而無愧色，但是我們最特出之點，仍不在此，其學爲何，即人生哲學是。

> 歐洲哲學上的波瀾，就哲學史家的眼光看來，不過是主智主義與反主智主義兩派之互相起伏。主智者主智，反主智者即主情，主意本來人生方面，也只有智、情、意三者，不過歐人對主智特別注重，而於主情、主意，亦未能十分貼近人生。……

> 直至詹姆士、柏格森、倭鏗等出，才感覺到非改走別的路不可，很努力的從體驗人生上做去，也算是把從前機械的唯物的人生觀，撥開幾重雲霧。但是與我們儒家相比，我可以說仍然幼稚。〔註 5〕

梁啓超在同文中，對「人生觀」問題更是強調說：「西人所用的幾種方法，僅能夠用之以研究人生以來的各種問題。人，決不是這樣機械易懂的，歐洲人卻始終未澈悟到這一點，只盲目的往前做，結果造成了今日的煩悶，徬徨莫

〔註 3〕　這一系列公開演講與梁啓超重組新政黨之意圖相關問題，張朋園教授論說：「爲了組織新的政黨而從事辦學與講學的梁任公，由於日益與學術接近，學術的興趣日益沖淡了他的組黨目的」請參看張朋園，〈梁啓超與五四運動〉，收於汪榮祖編，《五四研究論文集》，頁 310，307～310。

〔註 4〕　以上引文請看梁啓超，〈爲學與做人〉，《文集之三十九》，頁 106，108，109。

〔註 5〕　梁啓超，〈治國學的兩條大路〉，《文集之三十九》，頁 114～115。這一論點正是胡適等人在極力攻堅的「倭鏗（Eucken）與柏格森（Bergson）都作了陸王的援兵」（胡適，《胡適作品集 32‧戴東原的哲學》，頁 140。）

知所措。」〔註6〕梁啓超在《晨報副刊》上接連發表二文，5月9日〈關於玄學與科學論戰之「戰時國際公法」〉和5月29日〈人生觀與科學〉，其中我們較值得考慮的是〈人生觀與科學〉一文。梁啓超開宗明義認為：

> 人生問題，有大部分是可以——而且必要用科學方法來解決的。確有一小部分——或者還是最重要的部分是超科學的。〔註7〕

這一思考與大約20年前的《節本明儒學案》中，「道學」和「科學」之分界，大致上並無甚差別。但有趣的是，他對自由意志的看法，彷彿看到康德以深思熟慮實踐理性作為合法道德動機之相輔論點，與黑格爾「唯有人是善的，只因為他也可能是惡的。善與惡是不可分隔的」〔註8〕觀點頗類似，他說：

> 我承認人類所以貴於萬物者在有自由意志、又承認人類社會所以日進，全靠他們的自由意志。但自由意志之所以可貴，全在其能選擇於善不善之間，而自己作主以決從違。所以自由意志是要與理智相輔的。若像君勱全抹殺客觀以談自由意志，這種盲目的自由，恐怕沒有什麼價值了。〔註9〕

顯然，這與過去《節本明儒學案》、《德育鑑》等書，試以道德良知之論點和角度，型塑國人適於民族主義國際環境已有所區別，但我們從其「自由意志之所以可貴，全在其能選擇於善不善之間」中，尚能依稀看出「此犧牲小我以顧全大我之一念，即所以去其自私自利之蔽」，〔註10〕或「返諸最初之一念，則眞是眞非，未有不能知者」〔註11〕之觀點脈絡。且在其整體論述中，猶如當初「自由權又道德之本」，〔註12〕或「道德也，則其本原出於良心之自由」〔註13〕的政治論述重點，都相當巧妙地融貫，不再重複過分強調某種觀點而缺乏論述之完整性。在文章中梁啓超強調，他不但不認同抹殺客觀之自由意

〔註6〕梁啓超，〈治國學的兩條大路〉，《文集之三十九》，頁115。
〔註7〕梁啓超，〈人生觀與科學〉，《文集之四十》，頁23。
〔註8〕黑格爾，《法哲學原理》第二篇「道德」第三章「善和良心」第139節補充（惡的根源），頁144。我們也可參看「人有了自由意志，他能自由為善，也就能自由作惡」（賀麟，〈黑格爾著《法哲學原理》一書評述〉，收入於黑格爾，《法哲學原理》，頁15。）
〔註9〕梁啓超，〈人生觀與科學〉，《文集之四十》，頁25。
〔註10〕梁啓超，《德育鑑》，《專集之二十六》，頁42～43。
〔註11〕梁啓超，《德育鑑》，《專集之二十六》，頁27。
〔註12〕梁啓超，〈盧梭學案〉，《文集之六》，頁101。
〔註13〕梁啓超，《新民說・論私德》，《專集之四》，頁131～132。

志，且亦不相信「科學萬能」。在此我們值得注意的是，梁啓超對「用科學方法求出是非真偽，將來也許可以把人生觀統一」之論點（即是試以訂出客觀條件分別是非真偽的觀點）所提出的批評。梁啓超一貫地認為自由意志和理智（或道和學之間）互為相輔，但其間有一定的區隔，他說：

> 人類生活，固然離不了理智；但不能說理智包括盡人類生活的全內容。此外還有極重要一部分——或者可以說是生活的原動力，就是「情感」。〔註14〕

梁啓超舉出「愛」和「美」之情感為例，再次強調「人生關涉理智方面的事項，絕對要用科學方法解決，關涉情感方面的事項，絕對的超科學」，〔註15〕這一情感或「確有一小部分——或者還是最重要的部分」〔註16〕和科學的區隔，互為獨立相存之觀點，我們將以胡適智識主義觀點相比較，以此進一步討論道德主義和智識主義之間的相關問題。

　　胡適除在 1923 年 5 月 11 日的《努力週報》第 53 期發表〈孫行者與張君勱〉一文中挑一些邏輯錯誤外，並沒有真正參與這場論戰。因此，胡適在 1923 年 11 月 17 日所著的〈科學與人生觀‧序〉〔註17〕中自認為是「一個逃兵」。

　　〈科學與人生觀‧序〉一文共有五大段，第一段評論梁啓超《歐遊心影錄》〔註18〕之害，因為梁啓超在同文中加自注寫道：「讀者切勿誤會，因此菲薄科學，我絕不承認科學破產，不過也不承認科學萬能罷了。」但胡適卻認為「梁先生的話在國內卻曾替反科學的勢力助長不少的威風」，因此他不能不大聲疾呼替科學辯護。第二段則提出「我們信仰科學的人，正不妨做一番大規模的假設。只要我們的假設處處建築在已知的事實之上，只要我們認我們的建築不過是一種最滿意的假設，可以跟著新證據修正的，——我們帶著這種科學的態度，不妨衝進那不可知的區域裏」。第三段即批評梁啓超《歐遊心影錄》和〈人生觀和科學〉一文對科學的看法，並建議以「上帝」、「愛情」等具體的問題來討論。第四段先指出「人生觀是因知識經驗而變換的」，所以

〔註14〕梁啓超，〈人生觀與科學〉，《文集之四十》，頁 26。
〔註15〕梁啓超，〈人生觀與科學〉，《文集之四十》，頁 26。
〔註16〕梁啓超，〈人生觀與科學〉，《文集之四十》，頁 23。
〔註17〕胡適在 1922 年 3 月 25 日星期六日記中，雖記述以「科學與人生觀」為題演講，但因其基本論調與〈科學與人生觀‧序〉無甚差別，本文進行討論時，以〈科學與人生觀‧序〉為主要討論對象。
〔註18〕《歐遊心影錄》於 1920 年 3 月至 6 月間，同時連載於北京《晨報》與上海《時事新報》。後來刪節而收入於《專集之二三》中，名為《歐遊心影錄節錄》。

「只是用光明磊落的態度，誠懇的言論，宣傳我們的『新信仰』，繼續不斷的宣傳，要使今日少數人的信仰逐漸變成將來大多數人的信仰。」第五段則提出十項「新人生觀的輪廓」作為科學的人生觀之「新信仰」。〔註19〕

　　總言之，胡適〈科學與人生觀・序〉一文所針對的對象其實是梁啓超。梁氏是在自由意志與理智相輔相成之統合基礎上，承認「人類貴於萬物」、「情感」（這都是胡適在文中加以攻擊的，但胡適在文章中的攻擊並無深刻的理論基礎），指出「科學萬能」之謬見，並洞察出若要以「科學」替代信仰和自由意志，將形成如同中世基督教般盛行「不許異己」、「別黑白而定一尊」之局面。〔註20〕但胡適對此論有所迴避，只是大膽地主張以「科學的人生觀」替代宗教系統的地位，他說：

> 深信宣傳與教育的效果可以使人類的人生觀得著一個最低限度的一致。……
>
> 使我們信仰的「科學的人生觀」將來靠教育與宣傳的功效，也能有「有神論」和「靈魂不滅論」在中世歐洲那樣的風行，那樣的普遍，那也可算是我所謂「大同小異的一致」了。
>
> 我們所謂「奮鬥」，並不是像林宰平先生形容的「磨哈莫得式」的武力統一：只是用光明磊落的態度，誠懇的言論，宣傳我們的「新信仰」，繼續不斷的宣傳，要使今日少數人的信仰逐漸變成將來大多數人的信仰。我們也可以說這是「作戰」，因為新信仰總免不了和舊信仰衝突的事；但我們總希望作戰的人都能尊重對方人格，都能承認那些和我們信仰不同的人不一定都是笨人與壞人，都能在作戰之中保持一種「容忍」（Toleration）的態度……〔註21〕

雖然，胡適強調「容忍」的態度，主張一點一滴的改造（不至於像陳獨秀一意地不承認多元而主張經濟物質一元論）。但是無法否認，如此已隱含梁啓超所擔憂的「不許異己」、「別黑白而定一尊」之破壞性和危險性。〔註22〕

〔註19〕皆引胡適，〈科學與人生觀・序〉，《胡適作品集8・五十年來中國之文學》，頁1～21。

〔註20〕請參看梁啓超，〈人生觀與科學〉，《文集之四十》，頁25。

〔註21〕胡適，〈科學與人生觀・序〉，《胡適作品集8・五十年來中國之文學》，頁17。

〔註22〕馬克思主義昌盛和「科玄論戰」之相關問題，可參閱胡明，〈論胡適的科學人生觀〉，收入於《現代學術史上的胡適》（北京：三聯書店，1996年5月），頁205。以及李澤厚，《中國現代思想史論》（臺北：三民書局，1996年），頁59。

　　其次，對梁啓超所指出的自由意志與理性相輔相成的邏輯，受實驗主義「一切理性派與經驗派的爭論，一切唯心論和唯物論的爭論，一切從康德以來的知識論，在杜威的眼裏，都是不成問題的爭論」〔註23〕影響的胡適，即認爲這是根本不成問題的爭論。他不但深受實驗主義的啓發，而且深信以經驗的擴充涵蓋古典哲學中的理性、經驗、知、行等因素，並從其效果而判定價值，〔註24〕因此，他提出以具體人生觀來討論「科學的人生觀」與「玄學的人生觀」的主張，不接受任何教條式的行動綱領（尤其，有機式整體結構化的傳統道德更是如此），確實是有理論上的根據的。在「科玄論戰」時，梁啓超曾擔憂「不許異己」態度的危險性，而胡適縱然是在容忍態度的基礎上，積極追求科學的人生觀，但他從中失去了一種平衡（雖然他個人一直保持著這種平衡的態度，但是他的言論容易誤導讀者失去平衡），在某種程度上助長當時知識分子爲了追求科學的完美世界，即願意付出任何代價而走上激進之路。〔註25〕

　　若我們從「尊德性」和「道問學」的分析角度所指出的論點，〔註26〕以

〔註23〕胡適，〈實驗主義〉，《胡適作品集 4·問題與主義》，頁 87。

〔註24〕有關杜威（Dewey John, 1859～1952 年）思想的詮釋，請參看羅素之見解。他說：「杜威博士和我之間的主要分歧是，他從信念的效果來判斷信念，而我則在信念涉及過去的事件時從信念的原因來判斷。一個信念如果同它的原因有某種關係（關係往往很複雜），我就認爲這樣一個信念是『眞的』，或者盡可能近於是『眞的』。杜威博士認爲，一個信念若具有某種效果，它就有『有保證的可斷言性』──他拿這個詞代替『眞實性』。………但假若眞實性，或者不如說『有保證的可斷言性』，依未來而定，那麼，就改變未來是在我們的能力範圍以內來說，改變應斷言的是便在我們的能力範圍以內。這增大了人的能力和自由之感。」羅素原著，《西方哲學史（下）》（臺北：五南，1985 年），頁 1049～1050。

〔註25〕我們在林毓生的回憶中，即可發現當時（1948 年）他的老師罵胡適爲破壞中國固有的道德傳統，且是國破人亡之罪魁禍首。請參看林毓生，〈漫談胡適思想及其它──兼論胡適著「易卜生主義」的含混性〉，《政治秩序與多元社會》（臺北：聯經出版事業公司，1990 年 9 月第一版二刷），頁 225。亦可參看郭穎頤，《中國現代思想中的唯科學主義》，尤其是第 7 章之內容。

〔註26〕「尊德性」和「道問學」的分析角度在梁啓超思想脈絡中，佔據著相當重要位置，他在 1923 年 1 月 9 日〈治國學的兩條大路〉演講中，明確指出「文獻的學問」和「德性的學問」延續其《節本明儒學案》科學和道學的分析構圖，以此肯定德性之學在人生問題上的效用和意義，相較下在胡適的著作中，此一分析架構轉化爲一種名學方法論的爭論點。早在《中國古代哲學史》第四篇、孔子即有，又在〈臺北版自記〉中更直接地指出朱陸之爭乃是「尊德性」與「道問學」之爭，他說：「試看今世思想史上，程、朱、陸、王的爭論，豈不是一個名學的方法的爭論？朱晦菴把『格物』解作『即物而窮其理』，王陽

「道問學」與「尊德性」的角度來觀察這一場「科玄論戰」，人生觀的問題是否可以藉由智識增長爲基礎，不但是合乎於以「道問學」進而「尊德性」的清代學術思想的一種潮流，而且更適於余英時教授所指出明清學術思想往智識主義的方向發展的整個趨勢。〔註27〕但梁啓超和胡適之間（即使都處於此一相同脈絡上），卻在其程度上有所區別，梁啓超是以承認道德和知識獨立範圍中的互爲相輔來理解其中的關係，這與顧炎武有相當密切的相似性，〔註28〕但胡適則比梁啓超更爲進一步，猶如戴東原「惟學可以增益其不足而進於智。益之不已，至乎其極，如日月之明，容光必照，則聖人矣」，〔註29〕將「智」推到極致。這種他們之間的學術思想路線之不同，當然並不是從「科玄論戰」開始，他們對孔子學說的研究中，亦能發現其中的分歧點。

　　梁啓超在 1920 年《孔子》一書中，認爲儒家哲學以「修己安人」一語即能括之，〔註30〕並且「儒家精神重在力行，最忌諱說空話」，〔註31〕因此，「儒家哲學一面講道，一面講術；一面教人應該做什麼事，一面教人如何做去」。〔註32〕可見梁啓超的道德主義所重視的，顯然是行爲本身（即是能否引導出正確的行爲），正因爲如此他對孔子思想也有他獨特的看法，他說：

> 孔子講學問，還是實踐方面看得重，智識方面看得輕。他拿學與思對舉，說道：「學而不思則罔，思而不學則殆」有人拿康德講的「感覺無思想是瞎的，思想無感覺是空的」。這兩句話來解釋他，果然如此。那思與學都是用來求智識了？我說不然，孔子說的思，算得求智識的學問；說的學，只是實行的學問，和智識沒有什麼關係〔註33〕

明把『格物』解作『致吾新知良知於事事物物』，這豈不是兩種根本不同的名學方法的論爭嗎？南宋的朱陸之爭，當時已認作『尊德性』與『道問學』兩條路子的不同，──那也是一個方法上的爭執。」另有關余英時教授的部分請參看余英時，〈清代學術思想史重要觀念通釋〉，《中國思想傳統的現代詮釋》，頁 405，409，410～411。

〔註27〕請參看余英時，〈清代思想的一個新解釋〉，《歷史與思想》（臺北：聯經出版事業公司，1995 年初版 19 刷）。

〔註28〕請參看余英時，〈清代學術思想史重要觀念通釋〉，《中國思想傳統的現代詮釋》，頁 450。

〔註29〕戴東原，《孟子字義疏證》卷下，一貫條。

〔註30〕請參看梁啓超，《儒家哲學》，《專集之一百零三》，頁 2。

〔註31〕梁啓超，《儒家哲學》，《專集之一百零三》，頁 71。

〔註32〕梁啓超，《儒家哲學》，《專集之一百零三》，頁 5。

〔註33〕梁啓超，《孔子》，《專集之三十六》，頁 11。

若我們以此相較於胡適論孔子，即可發現他以方法論的角度，相當平實地重視孔子學說，但與梁啓超有相當不同面貌，我們不妨稍作比較，胡適說：

> 孔子把學與思兩事看得一樣重，初看去似乎無弊。所以竟有人把「學而不思則罔，思而不學則殆」兩句來比康德的「感覺無思想是瞎的，思想無感覺是空的」。但是孔子的「學」，與康德所說的「感覺」略有不同。孔子的「學」並不是耳目的經驗。看他說：「多聞，多見而識之。」（識通志）「好古敏以求之」「信而好古」「博學於文」，那一句說的是實地的觀察經驗？墨家分知識爲三種。一是親身的經驗，二是推論的知識，三是傳授的知識（說詳第八篇第二章）。孔子的「學」只是讀書，只是文字上傳授來的學問。……

> 所以我說孔子論知識注重「一以貫之」，注重推論，本來很好。只可惜他把「學」字看作讀書的學問，後來中國幾千年的教育，都受這種學說的影響，造成一國的「書生」廢物，這便是他的流弊了。〔註34〕

同樣的孔子所言「學」，在梁啓超認爲是「實行的學問」，但在胡適《中國哲學史大綱卷上》中認爲「學」就是「讀書的學問」，不但不是康德之感覺，更是造成「書生廢物」的「學」。雖然，他們之間確有分歧，而胡適卻相當精確指出孔子人生哲學之意義，在養成一種道德的品行、道德的習慣，且此種道德習慣是須要種種涵養功夫。他舉出《荀子・正名》篇認爲正名是培養德育之最好利器。〔註35〕可見對胡適而言，德育是通過智識主義方法論的教育行爲而培育的。當然，這一觀點梁啓超是不能接受的。其實，「對胡適而言，科學即是純理智的智識主義態度即是人類應有的創造文明的態度，因此不但應該用在治學或科學實驗上，也同樣應該用在人生觀、道德觀或倫理觀等問題上。……道德必須出於可證的知識，道德的人格必須出於可證的知識的人格。」〔註36〕所以，他無法接受梁啓超有機整合的道德主義傾向之言論。基本上，胡適把梁啓超《歐遊心影錄》等言論，視爲傳統道德與現代知識之衝突，〔註37〕因此，他不能不更明

〔註34〕 胡適，《中國古代哲學史》，頁98～99。
〔註35〕 請參看胡適，《中國古代哲學史》，頁107～109。
〔註36〕 周昌龍師，〈戴東原哲學與胡適的智識主義〉，《新思潮與傳統》，頁68。
〔註37〕 如果，我們稍微瞭解胡適實驗主義思想，即可明白爲何胡適有以上的分界。吳森有關杜威對禮俗的態度，曾作了如下的論說：「道德分爲『禮俗的道德』（Customary Morality）和『反省的道德』（Reflective Morality）兩種。『禮俗』是一個文化傳統及其社會約定俗成的產物，對社會中的個人有很大的約束

確地選擇他的趨向。胡適在 1923 年 11 月 17 日與〈科學與人生觀‧序〉同一天所撰的〈政治概論‧序〉一文中，對知識和道德之間的關係，表示了這樣的意見：

> 凡經過長期民治制度的訓練的國家，公民的知識和道德總比別國要高的多。……他們只不過生在共和制度之下，長在民主的空氣裏，受了制度的訓練，自然得著許多民治國家的公民應有的知識，比我們在大學裏讀紙上的政治學的人還高明的多！
>
> 有人說，「那只不過是公民知識的長進，與公民道德無關；也許那些有公民知識的人未必都是良好的公民罷？」我的答案是：公民知識是公民道德的要素；公民知識的普及是公民道德養成的重要條件。公民的知識不充分，所以容易受少數舞法姦人的愚弄。〔註38〕

又在《戴東原的哲學》中，他說：

> 但今年以來，國中學者大有傾向陸王的趨勢了。有提倡「內心生活」的，有高談「良知哲學」的，有提倡「唯識論」的，有用「直覺」說仁的，有主張「唯情哲學」的。倭鏗（Eucken）與柏格森（Bergson）都作了陸王的援兵。〔註39〕

由此可知，胡適在「科玄論戰」中討論問題的重點，在於「道德」和「知識」的關係上，也就是說胡適面對傳統道德有機整合體系，是以智識主義的論點加以攻擊的。那胡適何以如此在意此思潮之興起呢？我們可以從兩個層次回答這個問題。在現實層面上，胡適認為個人是因其知識的不充分而被愚弄，故若要培養一個獨立思考且不被迷惑的健全人格，必須建立一個根據事實進而助長知識成長的環境。在傳統道德所束縛的社會裡，不可能實現個人之解放和自我發展自我負責的個體，若此，根本也不可能實現自由主義社會的理想。

力。禮俗形成之後，倘若社會和人民知識眼界一成不變的話，還可以繼續發揮對個人行為的約束和指導作用。但社會的變遷，知識的進步，文化的分解和融合，在在要求我們對禮俗檢討的必要。……一般人多數受禮俗的支配，不懂得去反省思考。杜威要呼籲，作為一個現代人，我們的道德行為是不能盲從附合的。……有時禮俗道德經反省之後當淘汰，有時經反省之後該保留或甚至該發揮發揚光大。杜威的主張是，不管禮俗的道德是好是壞，我們不要盲從附合，我們用我們的智慧因時制移去鑑定是否可行。」吳森，〈杜威思想與中國文化〉，收入於汪榮祖編《五四研究論文集》，頁135～136。

〔註38〕胡適，〈政治概論‧序〉，《胡適作品集 9‧我們的政治主張》，頁 17。

〔註39〕胡適，《胡適作品集 32‧戴東原的哲學》，頁 140。

其次，在理論層面上，胡適一眼看出此思潮不但助長盲目的民族主義，而且可能出現如黑格爾等人影響下所發展的歐陸積極自由主義之盛行，將反而帶來不必要的個人自由之約束以及阻礙中國現代化及理性化的進程。這些胡適所擔憂的問題，的確帶給梁啓超道德主義思想，有一個相當值得考慮和討論的必要。但是，若實際論述層面考察，第一梁啓超也不會反對須要培養一個獨立思考且不被迷惑的健全人格，並以此建立一個根據事實進而助長知識成長的環境，但他無法接受智識或科學能涵蓋人的道德修養問題；第二梁啓超對於在傳統道德所束縛的社會裡，不可能實現個人之解放和自我發展自我負責的個體，已有充分的瞭解，所謂「使不爭」〔註40〕的討論即是最好的例子；第三民族主義或歐陸自由主義之盛行，雖然，梁啓超不一定對此趨勢有直接影響，但以他的個人道德修養範圍之規範，即與科學互相有所區隔而言，這不僅一方面為梁啓超道德主義固守道德修養範圍，但另一方面反而限制其道德修養範圍不能逾越。換言之，他的道德主義思想並沒有擴展為涵蓋智識科學的構思。相較下，胡適等人在「科玄論戰」中所表現的是希望將來以科學解決道德問題、涵蓋道德範圍，由此可見其智識主義或科學主義是積極整合道德和知識為一個智識化的邏輯貫穿。

第二節　傳統與現代

對胡適而言，或許在某種程度上此一智識主義之徹底執行，意味著中國思想之現代化，帶動國家走上現代化之正軌，故相較於胡適這臺年輕新文化運動的推動者，梁啓超不斷重提「舊道德」確似是保守。根據趙元任之回憶，當他應聘為羅素（Bertrand Russel，1872～1970）演講作翻譯時，胡適等人提醒他不能上「進步黨」的當。〔註41〕換言之，他們認為梁啓超等人邀請羅素訪華，另有「研究系」一派思想人物之政治考慮。可見，梁啓超《歐遊心影錄》發表以後，五四新文化運動之健將，對梁啓超否定盲目歐化等言論，及其透過教育培育出建立政黨組織人才等計畫，〔註42〕不免多少心存戒心。雖

〔註40〕梁啓超，〈斯片挪莎學案〉，《文集之六》，頁96。請參看本文第三章第一節「四、精神力量革新——思想自由與道德覺醒」中的討論。

〔註41〕請參看馮崇義，《羅素與中國——西方思想的一次經歷》（北京：三聯書店，1995年10月），頁92。相關問題請看同書第二章第一節「中國新知識界的嘉賓」。

〔註42〕有關梁啓超對於透過教育，如辦大學、講學等方法，作為建立政黨之準備等

然梁啓超與胡適之間偶有分歧，平心而論其間合作多於衝突，並且梁啓超的道德主義思想，當然不等同於五四新文化運動之打擊目標，傳統「吃人的禮教」，它是相當清楚地區劃出道德和知識領域，給予其相對獨立而相輔相和相緣之德智架構。這不但是儒家「尊德性而道問學」的長遠歷史軌跡的傳統上，更是與休謨、康德將宗教和科學相區隔，使兩者各得其所之基本架構〔註43〕有不謀而合。

梁啓超道德主義思想是一種與傳統進行不斷溝通的橋樑，歷史不可能是斷絕的，在現代化浪潮中正視自我歷史定位，而提供不斷進行改造和修正的傳統道德思想的另一出路。

梁啓超 1927 年在清華大學出版社演講《儒家哲學》，對於「爲什麼要研究儒家哲學」，提出他的幾個觀點說：

> 中國偌大國家，有幾千年的歷史，到底我們這個民族，有無文化，
> 如有文化，我們此種文化的表現何在？……我們可以說研究儒家哲
> 學，就是研究中國文化。〔註44〕

他將學術分爲有否時代侷限性二種，並認爲「內聖的全部，外王的一小部分，絕對不含時代性」，〔註45〕言下之意，當初《節本明儒學案》和《德育鑒》所提倡的舊道德、良知、知行合一之教，都不受時代影響或約束。猶如當梁啓超倡重鑄民族特性時，曾引用說：「近世西哲所倡民族心理學，則凡一民族必有其民族之特性，其積致之也。」〔註46〕事隔約 20 年後《儒家哲學》試以文化中國代表姿態重現。中國學術思想歷史淵源，是基於儒家思想維繫其社會人倫及國家秩序，這一特性大概不能簡單以民族主義「想像的共同體」型塑觀點瞭解，梁啓超以儒家思想尤其道德修養爲基礎，固守中國文化思想之價值，在某種意義上反映出中國文化「內核（core）」型態。

他在《戴東原哲學》論及「解蔽莫如學」時，指出東原「不蔽則幾於至善」，

具體計畫，清參看張朋園，《梁啓超與民國政治》；張朋園，〈梁啓超與五四運動〉，收於汪榮祖編，《五四研究論文集》，頁 277～310。尤其，胡適認爲梁啓超涉入政治，尤其參與北洋政府官職一事頗爲不妥，以此「警惕自己不入官場，但作一個公正的批評者」（張朋園，〈梁啓超與五四運動〉，頁 280）。

〔註43〕請參看張國清，〈譯者序：德性就是主觀的法〉收自 John Rawls，《道德哲學史講演錄》，頁 13。

〔註44〕梁啓超，《儒家哲學》，《專集之一百零三》，頁 6。

〔註45〕梁啓超，《儒家哲學》，《專集之一百零三》，頁 8。

〔註46〕梁啓超，《德育鑒》，《專集之二十六》，頁 76。

可謂「新知行合一主義」。〔註47〕這些都在在顯示梁啓超道德主義思想之一貫性，他始終認爲道德和知識在互爲相輔的結構中，同存於互相獨立的範圍。我們相當清楚地瞭解梁啓超道德主義思想之幾個重點，如同道德和知識互爲相輔架構中互爲獨立，其羣己關係亦是如此，故他的羣己關係是羣己自由並進之途（這種觀點或許與佛教華嚴圓教有關〔註48〕）。但如胡適所指出應當以具體人生觀來討論「科學的人生觀」與「玄學的人生觀」，道德主義和智識主義（甚至科學主義）中的控制者角色爲何，不管它（控制者）是否出自道德或知識，重點是若以它們的觀點到底造就何種人格，成就何種社會政治結果出來。這種將問題之癥結，落實於現實中討論，實爲清儒以來頗盛行之研究途徑（胡適此一觀點當然與實驗主義亦有相當深厚關聯），因此，我們將此道德主義和智識主義爲基礎開展的自由民權學說角度，重新探討其中的異同。

嚴復與梁啓超是清末民初積極引進歐美學術思想，最主要的核心人物之一。雖然，兩人對西學採取的態度或取捨間不甚相同，但就啓蒙中國思想界和引進自由民權思想，都有相當顯著的貢獻。尤其他們都瞭解到羣己衝突可藉由傳統的「絜矩」、「忠恕」之道加以化解，成就國羣獨立於外競中，保護眞正的個人自由的終極目標。但是，以「絜矩」之道爲基礎的思路上引進英國自由主義傳統，卻是帶來相當大的理論困境。換言之，梁啓超當初提倡「爭固不可，讓亦不可」，〔註49〕所隱含的「絜矩」之道基礎上，我們如何區劃出其中的客觀界限？又如何在現實環境中完成其理想？並且在這個理論架構，需要人人都能夠以「忠恕」之道作爲其行爲準則的預設。〔註50〕因此，若一個人或一羣人不遵守這個高尚的修身行爲理想的預設準則，我們應當如何處理？如同問難者曰：「我如是而人未必如是，我退而人進，恐其遂爲人弱也」，〔註51〕對此，梁啓超回答說：「此犧牲小我以顧全大我之一念，即所以去其自私自利之蔽，而躋於大同之卷也，質而言之，則曰：『公利』而已，曰：『公德』而已。」〔註52〕這一念之間，或許是忠恕或良知的不得不然之自然過程，

〔註47〕梁啓超，〈戴東原哲學〉，《文集之四十》，頁76。
〔註48〕請參看梁啓超，〈近世第一大哲康德之學説〉，《文集之十三》，頁59～61中的案語。
〔註49〕梁啓超，〈論中國積弱由於防弊〉，《文集之一》，頁100。
〔註50〕請參看嚴復，〈原強〉，《嚴復集1》，頁14。
〔註51〕梁啓超，《德育鑒》，《專集之二十六》，頁42。
〔註52〕梁啓超，《德育鑒》，《專集之二十六》，頁42～43。

但這仍然無法解決客觀行事行爲準則之確立問題。梁啓超因使用所謂「公利」和「公德」，這在某種意義上顯示出，是以公眾之利益和「公意」環節中審視此一課題，換言之，如盧梭指出「眾之所欲，與公意自有別，公意者，必常以公益爲目的」，〔註53〕公意並非多數人之欲，而是伸張公益之謂，是指能「易事勢之不平等，而爲道德之平等者」，能扶社會之弱勢者，正其天生之不平等，「由法律條款所生之義理」，〔註54〕伸張道德和公眾之利益。就這一論述脈絡而言，梁啓超認爲堅強的私德基礎，爲人民得能享受自由民權國家中行使自我權力之有效途徑。因爲，梁啓超將此私德，侷限於個人道德修養層次，相當巧妙地避免與歐美自由民主現實政治理想衝突之可能性。

　　忠恕、絜矩或容忍，都屬於自由心證的觀念層次，難以提出確切的準則，若一旦發生衝突時，我們如何認定容讓之程度？再者，我們如何處理個體或羣體間的平等與正義問題？這種理論架構本身的困境，早已隱藏於穆勒自由主義思想中，因此，約翰‧格雷在《自由主義》一書中指出穆勒困境時，他說：

> 如果說彌勒成功地表明了作爲人類幸福必要成份的個體性的重要意義，那麼，他卻未能提出任何令人滿意的功利論來闡釋的自由派正義觀。其部分原因在於，他力圖爲之辯護的自由原則並不是盡如意的。這個原則──即除非爲了防止傷害他人，個人自由不受限制（筆者註：這就是所謂「自由以勿侵他人之自由爲界」）──並不能實現彌勒所希望的那種維護自由的作用，因爲它所涵蓄的傷害概念存在著難以消除的爭議性；同時還因爲，即使它所含的傷害概念可以充分限定，這個原則也只是一個不充分的行動指南而已。
>
> ……他只是闡明了合理限制自由的一個必要條件，而永遠不能告訴我們，不藉助於彌勒的主導功利原則，限制自由在總體上何時才是合理的。〔註55〕

格雷所提出的穆勒思想之缺陷，也正說明以「忠恕」之道立足的中國自由主義思想引進之理論空洞性。尤其是「忠恕」之道，如何區劃出客觀的界限？如何落實於客觀的現實？對此我們在梁啓超自由民權觀念之擴展過程，以及胡適在 1925 年 8 月 13 日出版的《戴東原的哲學》一書中，透過崔述（1740

〔註53〕梁啓超，〈盧梭學案〉，《文集之六》，頁 105。
〔註54〕梁啓超，〈盧梭學案〉，《文集之六》，頁 104。
〔註55〕約翰‧格雷，《自由主義》（臺北：桂冠圖書公司，1991 年），頁 73。

～1816）「使無訟」的討論，或能看出胡適對此問題的基本態度。〔註56〕爲討論進行之便，先從胡適《戴東原的哲學》開始，認識他們二人的關注點。

胡適論及戴東原之後學，也是與凌廷堪同時代的揚州學者焦循（1763～1820）時，指出雖然焦循十分佩服戴東原不以「據守」（猶如惠棟依據於古人）而「通核」（通全經，而不依古人，力求證據），但是，焦循以王陽明爲宗主，並未得戴東原哲學之眞義。他從焦循對戴東原提出的疑問中，發現焦循之錯誤，並加以更正。焦循問說：「處人倫之中，可以智乎？……將欲使天下之人忘其親而用其智歟？」，而認爲「可知理足以啓爭，而禮足以止爭也。」、「天下人皆能絜矩，皆能忠恕，上何訟之有？」〔註57〕

在此焦循所提出的疑問，正好與我們對自由主義（尤其以「忠恕」或「絜矩」爲主的中國自由主義傳統建立初的理論架構）所提出的疑問不約而同。其實，焦循的意思是說，父母對待子女，是否可以理智爲依據判斷是非？或我們在人倫的親情中，是否可以客觀的態度處理問題？比如說兄弟之間或父子之間爭財產，如果以訴訟的方式處理，或許可以分其財產，而終究無法彌補其「親情」之裂痕，此是否值得？也許在儒家「親親」的強力約束環境中，保持客觀公正，並不是最好的解決方法，而是歸諸於其「親情」，而以和諧的方式對待才能免除親人之間「訴訟」等傷心事。焦循的這種方法也就是中國儒家傳統中最典型的化解問題的途徑。

對此，胡適則援引崔述（1740～1816）而駁正焦循。崔述說：「兩爭者，必至之勢也。聖人知其然，故不責人之爭，而但論其曲直。曲則罪之，直則原之。故人競爲直，而莫肯爲曲。人皆不肯爲曲，則天下無爭矣。然則聖人之不禁爭，乃所以禁爭也。……以讓自勉，則可；以不讓責人，則斷不可。」又云：「聖人所謂『使無訟』者，乃曲者自知其曲而不敢與直者訟，非直者以

〔註56〕我們應當先瞭解胡適撰寫《戴東原的哲學》一書的背景。當時大力提倡科學救國的胡適而言，梁啓超的《歐遊心影錄》及「科玄論戰」中玄學派的種種言論，不但是助長陸王心學之興起和「精神文明」之自滿心態，而且抵銷現代科學進程的推力。胡適認爲爲了中國的現代化和進步，須要的是科學和反省，並非安樂於「精神文明」之自滿態度。因此，他不但從《戴東原的哲學》中，尋出中國思想中的科學精神，而且大力駁斥當時學術界的一種新的趨勢，乃以精神文明和物質文明的分界，以此安慰民族文化優越自滿心理。他從中所發現的並不只是一種詮釋或各人研究上的寄託，而是東西方哲學研究者的相互啓發和創發。

〔註57〕皆轉引自胡適，《戴東原的哲學》，頁90～91。

訟爲恥而不肯與曲者訟也。」〔註58〕若我們以崔述的看法，援用於上述的例子，則親人之間的財產分配訴訟，應當積極地訴訟分清其是非，由此給社會大眾一種警訊，即是若不宜正當的方法，決不能得到任何利益。如此一來，其「親情」之裂痕無法彌補。雖然，胡適由此反駁焦循，若「以情絜情」視爲戴東原哲學的主軸則容易陷入希望人人能恕能忍，「不論其是非」的路，胡適認爲這是一種奢望，因此主張養成心知之明、聰明睿智，分別是非的積極態度，這也是戴東原之中心思想。

但是，胡適之此見解，並非戴東原之本義，也曲解焦循和崔述之原意。如胡適所分析，戴東原之「理」論，若能分爲二，是「人事之理」和「事物之理」，並「以情絜情」之法治「人事之理」，以「剖析至微」之法治「事物之理」。那麼，戴東原的理論體系對待「人事」、「事物」具備同等地位，雖以「心知之明」（所謂「智」）能判別是非，也在其理論中具備核心地位，但也不因此就不重視「以情絜情」之重要性。何況我們也很難想像，崔述會因此就鼓勵親人之間爲伸張正義而興發不必要的訴訟。當然，胡適也並不是不知道此道理，只是他基於強調中國思想中的重智主義，欲由此接軌於歐美智識主義傳統的意圖心過分強烈，而導致他撰書的論述方式。誠如胡適的名言，「作學問在不疑之處有疑，做人在有疑之處不疑」，也剛好說明他如同戴東原對人事和事物之「理」，確有其分。

由此我們可以發現以「忠恕」之道爲基礎的中國自由主義傳統的一種可能出路。在人事上，應當以「己所不欲，勿施於人」之態度容忍不同的思想，而在政治、法律、公共政策等社會層面上應當積極面對而勇往直前。在此「事物之理」的意義上，我們可以看出胡適的自由主義以「忠恕」爲主軸，而並不流於空洞。他以治「事物之理」的態度積極的追求個人自由之崇高價值和社會正義，他藉由學問的科學方法和客觀態度，教導民眾爭取她們該有的自由。

從胡適一生的言論中，我們也可發現對權威不斷提出批評，爲了改良社會種種惡俗，不惜任何代價勇往直前的烈士之風。這就是他所領悟的（也是加以宣揚的）中國傳統中醞釀的自由主義行事原則。

除此之外，羅爾斯也在《正義論》（*A Theory of Justice*, 1971）中對格雷的疑問提出一些修正的看法。〔註59〕羅爾斯聲稱他的正義理論絕不是固定永

〔註58〕皆轉引自胡適，《戴東原的哲學》，頁92。
〔註59〕有關羅爾斯的思想主要參考約翰・格雷，《自由主義》；林火旺，〈羅爾斯的自

恆的規範，而是在當代民主政治文化中，獲得共識的基礎上所建立的體系。
對於如何制訂正義的社會規範？他認為其最理想的條件乃是全部的社會成員
都能立於平等的地位，以契約的方式，共同尋覓出大家都可以承受與認同的
規範。若眞能尋覓出這種最低限度的，且大家都願意接受的社會規範，就可
稱之為正義的社會規範。顯然，羅爾斯所提出的正義觀念，在理論上或許可
以成立，但實際生活中卻無法順利達成全體社會成員的共識。因為，自由主
義基本上是一個承認不同文化、學術、宗教可自由共存的多元系統，若其中
一個宗教或一個哲學不允許其他異己之宗教和學術時，如何能建立起社會全
體成員之共識？

因此，我們不得不承認自由主義的政治理想是預設在一個自由主義的特殊
道德文化之上，所以只能說服原具有自由主義精神的心靈。就是說社會成員已
認同其自由主義和多元主義原則的共識，才能順利發展出自由主義的政治文化
體制。〔註60〕若是如此，我們應當如何成就所謂自由主義的特殊道德文化和自
由主義精神心靈？勞思光曾指出胡適自由主義思想特色之一時，表示：「他說首
先我們要明白，倘若是不受監督的話，任何人執政都可以是很壞的。……但是，
他又認為，所謂民主政治假若沒有社會基礎的話，結果就是不要你來專政而是
我來專政。所以，他認為當時的國共兩黨就是這個情況，這跟民主政治根本就
是相反的。」〔註61〕胡適所指出的社會基礎這一觀點，我們或可參看羅素，他
說：「任何一個組織，不管他所宣稱的目的是多麼理想，都會頹化成為一種暴政，
除非是公眾在自己的手裡保持著某種有效的辦法來控制領袖們。」〔註62〕可知

由主義與人的理想〉，《美國月刊》（第 8 卷第 9 期，1993 年 9 月），頁 114～
124；林火旺，〈儒家的倫理思想和自由主義〉，《宗教哲學》（第 1 卷第 1 期，
1995 年 1 月），頁 113～122。

〔註60〕對此我們從 Ann Bousfield, The Relationship Between Liberalism And Conservatism
（England, Ashgate, 1999），pp. 168～169 一書中得到另外一種論證。他的結論
中闡明個人主義和自由主義並不是泛文化現象，而是一種依賴於能助長個人主
義和自由主義運動的社會環境的產物。因為，自由主義不但需要能孕育他的土
壤和環境，而且積極維護其承認自由主義理論的社會環境的需要，因此，在此
意義上他是保守（Conservative）的。而且，自由的個人不但是歷史上的產物，
為了捍衛其自由，應當建立適當的社會是必要的條件。

〔註61〕勞思光，〈胡適也有他限制的一面〉，《中國論壇》（第 2 期 31 卷第 3 期，1990
年 12 月），頁 25。

〔註62〕Bertrand Russell, Understanding History, And Other Essays,（New York :
Philosophical Library, 1957），p.51。譯文出自同書翻譯本《論歷史》（桂林：

胡適強調的社會基礎乃是立於自由主義的特殊道德文化和自由主義精神的心靈之上，也就是在徹底覺醒覺悟的公民，要強而有力監督其政府和公權力的意志和思想基礎上才能順利完成。而胡適主張的教育啓蒙民眾，進以達成自由民主國家之建設，看似迂遠確是進入自由民主國家之有效途徑之一。雖然，梁啓超和胡適必會同意，此一透過教育，培養健全的公民社會基礎以及監督政府公權力之第三權（如健全的言論媒體或智識分子所該擔負的積極角色），但他們在更爲具體的實現此一理想的方法上會出現分歧。換言之，他們如何培植健全的人格，是否必要道德修養之問題上，會出現不同的看法，但爲捍衛個人自由以及民主政治理想和價值，對此終極理想價值之時現，或其中個人所擔負的角色，他們大致上維持相當一貫的看法。

與胡適相較之下值得注意的是，梁啓超將私德範圍侷限於個人修養層次，與智識有所區隔爲相輔結構中的獨立空間，在某種意義上打破「內聖外王」環節。雖然，對梁啓超而言內聖可通往外王之可能，但其外王已有所質變情況下，梁啓超將良知與康德良心之自由〔註63〕或自由意志〔註64〕在同一脈絡中詮釋，有利於將歐美自由主義思想整合於他的道德主義思想環節。猶如「自由的個人不但是歷史上的產物，爲了捍衛其自由，應當建立適當的社會是必要的條件」，〔註65〕梁啓超所致力建立的社會環境是，個人先求諸己或爲己之學等傳統修養基礎上，自我發顯自我覺醒而顯現個人良知良心，他認爲這一反躬之一念，即可決定人之善惡。猶如他所言：「科學人生問題，有大部分是可以——而且必要用科學方法來解決的。確有一小部分——或者還是最重要的部分是超科學的。」〔註66〕如此，一個人良心之覺醒不會妨礙科學生活，反而更是互爲相輔相得益彰。

質言之，梁啓超和胡適同屬於中國現代自由主義思想之傳播者，但因他們思想立足點之不同，而出現不同的關懷點。梁啓超是以他的道德主義基礎上，要求人民先明德而後新民，這才是眞正建立自由主義生長之土壤即是社

廣西師范大學出版社，2001 年），頁譯序 20。

〔註63〕請參看梁啓超，《新民説・論私德》，《專集之四》，頁 142。另外，梁啓超説：「陽明之良知，即康德之眞我其學説之基礎全同。」請參看梁啓超，〈近世第一大哲康德之學説〉，《文集之十三》，頁 62～63。

〔註64〕梁啓超，〈人生觀與科學〉，《文集之四十》，頁 25。

〔註65〕請參看 Ann Bousfield, The Relationship Between Liberalism And Conservatism, pp. 168～169.

〔註66〕梁啓超，〈人生觀與科學〉，《文集之四十》，頁 23。

會基礎。胡適則以智識主義爲媒介，徹底貫徹歐美式的個人獨立，主張健全的個人主義，我們知道「胡適捨棄黑格爾哲學而歸於杜威實驗主義，因爲實驗主義更爲『科學』，更重實效，而且強調全社會各種多元力量之間的分進改革，以收一點一滴的累積改革之功。胡適相信，人類在科學文明下所訓練的『官能智慧』，是『求眞理的唯一法門』，他也相信，社會改革的成功與否，最後皆繫於個人這種『官能智慧』之充分與否」。〔註67〕然，梁啓超也大致贊同胡適所言科學之某種功效，但與胡適或福澤諭吉「把聰明睿智的作用，歸入智慧之內」〔註68〕觀點不同，他仍相信著個人道德良知之功夫才能其改革順利進行，這兩種不同趨向造就梁啓超和胡適思想之間的差異。我們若從道德主義和智識主義觀點審視梁啓超和胡適，則發現他們之間確存有若干立論基礎之相異點，但將其視角移到實際現實生活政治層面，〔註69〕即可發現其中會出現相當多的共同點。

　　胡適認爲若將「以情絜情」視爲戴東原哲學的主軸，則容易陷入希望人人能恕能忍，「不論其是非」的路，因此他主張養成心知之明、聰明睿智，分別是非的積極態度。爲此所舉的崔述之言，「聖人所謂『使無訟』者，乃曲者自知其曲而不敢與直者訟，非直者以訟爲恥而不肯與曲者訟也。」〔註70〕若我們將此相較於梁啓超民權主張，我們可以發現兩者之間存有相當一致的求民權而定權限之觀點。

　　梁啓超的民權主張，自從「爭固不可也，讓亦不可也。爭者損人之權，讓者損己之權。爭者半而讓者半，是謂缺權。舉國皆讓是無權，夫自私之極，乃至無權」，〔註71〕經由「爲君相者而務壓民之權，是之謂自棄國。爲民者而不務各伸其權，是之謂自棄其身。故言愛國必自興民權始」，〔註72〕到最終認爲「各以自堅持權利思想爲第一義，國民不能得權利於政府也，則爭之，政府見國民之爭權利也，則讓之。欲使吾國之國權與他國之國權平等，必先使

〔註67〕周昌龍師，〈五四時期知識分子對個人主義的詮釋〉，《新思潮與傳統：五四思想史論集》（臺北：時報文化，1995 年），頁 31；請參看胡適，〈我們對於西洋近代文明的態度〉，《胡適文存》第三集第一卷。

〔註68〕福澤諭吉，《文明論概略‧智德的區別》，頁 75〜76。

〔註69〕有關思想問題落實、具體化趨向，請參看余英時，〈清代學術思想史重要觀念通釋〉，《中國思想傳統的現代詮釋》，頁 450。

〔註70〕皆轉引自胡適，《戴東原的哲學》，頁 92。

〔註71〕梁啓超，〈論中國積弱由於防弊〉，《文集之一》，頁 100。

〔註72〕收入於〈愛國論〉，《文集之三》，頁 73。

吾國中人人固有之權皆平等，必先使吾國民在我國所享之權利與他國民在彼國所享之權利相平等」〔註73〕之主張。這是一條相當一貫性的展演脈絡，即是對人民自由民權之重視越深越篤厚，且在討論人生觀時，認爲若以「科學」替代信仰和自由意志，將形成如同中世基督教般盛行「不許異己」、「別黑白而定一尊」之局面，對此論點我們也大概不能與「集體主義」或只注重羣體而忽略個人的論點相等同。

若我們僅從單一文章脈絡區隔開梁啓超的思想片段，而認爲梁啓超論述從激進轉爲保守等論點，或許不甚理想，如《新民說・論私德》之重點在於推廣「私德」，但他並不完全否定過去追求「民權」捍衛個人自由之基本主張。梁啓超之所以主張「開明專制」，並不是個人思想根本上之牽動，而是隨著時空環境之變化，所調整的局部改變。〔註74〕以他而論，不受時代性影響者，乃是「內聖的全部，外王的一小部分」，〔註75〕只要根據「其方法隨時與境而變，又隨吾腦識之發達而變，百變不離其宗，但有所宗，斯變而非變矣。此乃所以磊磊落落也」的態度，「行吾心之所志，必求至而後已」。〔註76〕此觀點正好說明梁啓超一生所致力學術和政治生涯所努力的宗旨所在。對他而言，或許追求一生「吾心所志」的歷程，雖然隨著其見識知識增長與其時空環境之演變，有所不同的變化而變化，但其始終不離之宗旨，即是從個人之道德良知養心基礎上追求國家獨立、人民之自由民權。

雖然，梁啓超認爲戴東原「去私」、「解蔽」，是屬於「修養實踐」，是「新知行合一主義」，〔註77〕這與胡適以智識主義角度研究戴東原有相當大的距離。但是對於胡適所提出「人事之理」和「事物之理」，〔註78〕剖析出戴東原思想的主要特性，梁啓超在《中國近三百年學術史》談及顧炎武時，就對「行己有恥，博學於文」提出過「一是做人的方法，一是做學問的方法」，〔註79〕

〔註73〕梁啓超，《新民說・論權利思想》，《專集之四》，頁40。
〔註74〕請參看拙著《胡適早期自由主義思想研究》（高雄：國立高雄師範大學國文系碩士論文，1998年），頁51～54。
〔註75〕梁啓超，《儒家哲學》，《專集之一百零三》，頁8。
〔註76〕梁啓超，《自由書・善變之豪傑》，《專集之二》，頁28。
〔註77〕請參看梁啓超，《戴東原哲學》，《專集之四十》，頁74,75,77。
〔註78〕胡適《戴東原的哲學》一書出版於1925年8月13日，〈戴東原在中國哲學史上的位置〉出版於1923年12月19日，梁啓超《中國近三百年學術史》則概1923～1924年間刊行。
〔註79〕梁啓超，《中國近三百年學術史》，《專集之七十五》，頁57。

可見他們對學術思想研究，並不是格格不入、壁壘分明。細看梁啓超《中國近三百年學術史》，處處注意方法論的立場，頗有胡適實驗主義科學方法論的影子。換言之，他們倆最鮮明的主要分歧仍圍繞著道德主義和智識主義，這一不同脈絡。若在中國自由主義思想進程而言，他們從道德和智識角度，各自開展出一條獨特的思想途徑，使自由主義思想在中國學術思想界，發揮積極影響，並且得其豐碩理論收穫。我們發現即使梁啓超到了晚年，對道德修養仍維持一貫不變的態度，尤其對「知行合一」情有獨鍾。他在 1926 年 12 月〈王陽明知行合一之教〉一文中，仍以相當犀利的語氣，批評現代教育過分強調「智育」，他說：

> 學校變成「智識販賣所」，辦得壞的不用說，就算頂好的吧，只是一間發行智識的「先施公司」。教師是掌櫃的，學生是主顧客人，頂好的學生，天天以「吃書」爲職業，吃上幾年，肚子裏的書裝的像蠱脹一般，便算畢業，畢業以後，對於社會上實際情形不知相去幾萬里。想要把所學見諸實用，恰與宋儒高談「井田封建」無異，永遠只管說不管做。再講到修養身心磨練人格那方面的學問，越發是等於零了。學校固然不注意，即使注意到，也沒有人去教，教的人也沒有自己確信的方法來應用……就修養方面論，把「可塑性」最強的青年時代白白過了，到畢業出校時，品格已經成型，極難改進，投身到萬惡社會中，像洪爐燎毛一般，攏着邊便化爲灰燼。〔註80〕

這一論述，與相隔 20 年之《節本明儒學案》或《德育鑒》幾乎如出一轍，他對「功利」所提出的批評〔註81〕和當初一樣激昂。我們在前章節中，已詳細討論梁啓超的種種論點，大致不必再重複。就如清儒將問題落實於現實層面討論，梁啓超和胡適之間的道德主義和智識主義角度，在自由主義保護個性問題上討論，即可發現，雖然他們的論點出現不同途徑和關注點，但爲保護此一基本人權的目標和實際層面大概不會有異議。可見，他們倆自不同思想根基處出發，然其目標則大致相同也。

　　梁啓超道德主義思想，雖以陽明「知行合一」爲宗旨，而範圍則縮小到個人修養層面，與所謂科學的智識主義或智育有所區隔，保留其固有之領域。並以此化解種種不必要的衝突，若此而言，所謂儒家「內聖外王」之關聯，

〔註80〕梁啓超，〈王陽明知行合一之教〉，《文集之四十三》，頁 23。
〔註81〕請參看梁啓超，〈王陽明知行合一之教〉，《文集之四十三》，頁 60～62。

僅落於修養問題上，故「科玄論戰」受到唯科學主義步步進攻之時，梁啓超只能守不能進，可見何以「科玄論戰」中科學主義獲勝而告終。或許，在線性歷史展演角度言，梁啓超是在現代中國思想界，道德主義思想與智識主義思想之衝突過程中，扮演相當重要角色，更是傳統道德主義思想轉化爲新道德主義思想開出門境，這一角色，如胡適在智識主義思想傳承中所扮演的角色，使得梁啓超道德主義思想正符合開啓傳統和現代之間思想溝通之有效途徑。梁啓超道德主義思想，在某種意義上言，可謂是反照現代智識主義思想脈絡之一面鏡子，更是傳統與現代之間開啓溝通門境的思想資產。

結 論

林則徐在 1839 年公函致維多利亞女王的書信中，有言：

> 唯是通商已久，眾夷良莠不齊，遂有夾帶鴉片；誘惑華民、以致毒
> 流各省者。似此但知利己，不顧害人，乃天理所不容，人情所共
> 憤。……以中國之利利外夷，是夷人所獲之厚利，皆從華民分去，
> 豈有反以毒物害華民之理。即夷人未必有心爲害，而貪利之極，不
> 顧害人，試問天良安在？〔註1〕

在林則徐的這一封信中，對「但知利己，不顧害人」之責難，處處流露出天
理人情，道德關懷和勸說之情，此情猶如梁啓超論及霍布士學說，「專謀利己，
而不顧他人之害，此即後來達爾文所謂生存競爭優勝劣敗，是『動物之公共
性』，而人類亦所不免也。苟使人類而僅有此性，而決無所謂道德之念、自由
之性，則霍氏之政論，誠可謂完美無憾」，〔註2〕梁啓超既知在人類世界國家
競存之際，所謂「動物之公共性」，雖行之無礙，然他仍相信著「道德之念、
自由之性」尚存於人心。

通往自由民權大道之思想自由和思想解放，成爲梁啓超論述重點，思想
自由、愛護自我權益的人民，若看到政府無法保護人民自由權，反而侵犯此
基本權，人民當然有權推翻而另立新政府。這一積極的自由民權思維，面對
所謂「使不爭」〔註3〕的傳統專制政治及其學術思想形態時，便發揮其積極正

〔註1〕 林則徐著，中山大學歷史系中國近代現代史教研組研究室編，〈擬頒發檄諭英
　　　　國國王稿〉，《林則徐集・公牘》（北京：中華書局，1963 年），頁 125。
〔註2〕 梁啓超，〈霍布士學案〉，《文集之六》，頁 92。
〔註3〕 梁啓超，〈斯片挪莎學案〉，《文集之六》，頁 96。「使不爭」不但是霍布士之觀

面影響。這一「使不爭」的傳統思想脈絡，就是梁啓超積極面對且解決之課題之一，因爲梁啓超仍然相信著人類共有「道德之念、自由之性」，故當面對「使不爭」的傳統學術思想基礎時，他不以盲目的破壞爲手段，而是以有效控制下的破壞，爲建設而破壞。梁啓超提倡人人恢復自我本性，並且相當清楚地劃分其道德修養範圍。梁啓超民權自由主張，以羣己自由並進之途徑，及其道德主義思想所強調的，從道德修養爲基礎的健全人格控制者角色中進行瞭解較爲適當。因爲，梁啓超希望人人養成道德人格，自然開展爲己而爲羣之人治力量，如此將能克服「動物之公共性」，羣己和協、力抵外侮，完成羣己自由並進合羣協力之理想。

在某種意義上而言，當初梁啓超所堅持的對傳統學術思想的重新詮釋，或提倡先明德而後新民，〔註4〕並無與崔述「聖人所謂『使無訟』者，乃曲者自知其曲而不敢與直者訟，非直者以訟爲恥而不肯與曲者訟也」〔註5〕之觀點相左。梁啓超反對「使不爭」或「息爭」之傳統政治思想，因此基本上他大致也不會反對崔述「使無訟」之內涵，合理且積極爭取人民自我權利的見解。他之所以積極提倡道德養心之功夫，是爲彌補單方面強調智育而忽略道德教育所可能引起之缺憾。這與梁啓超在日本或在美國華人社會中的種種經歷，目睹從事革命或革新運動人士之敗壞，使得他不得不正視個人私德修養問題。

我們透過旅居日本時期梁啓超和福澤諭吉所代表，觀察道德主義和智識主義論點之比較，瞭解到他們的主要分歧點在於「聰明睿智」〔註6〕控制者角色歸於道德或智識這一點上。這一分析構圖當然也適用於梁啓超和胡適之間的比較。另外，借用福澤諭吉「公智」觀點，瞭解梁啓超以公意爲基礎的「利羣」概念，此「利羣」基於公意而發，故不但具有相當強烈的平等和社會正義意涵，且以道德修養之功，自然開顯出「人治」進程上不可或缺之主要動因。

以往學界多以《新民說・論私德》爲梁啓超思想之轉折點，但在某種意義上而言，《新民說》是借鏡歐美公眾道德和倫理學基礎上，希望改造國人適於現代民主政制中公民的自由和義務環節之力作。這一構想之實現，雖如梁啓超所言「非徒以區區泰西之學說所能爲力」〔註7〕而告終，但誠如梁啓超在《節本

點，亦是能維繫中國傳統社會的重要理論基礎。
〔註4〕　請參看梁啓超編，《節本明儒學案・崇人》，頁6。
〔註5〕　皆轉引自胡適，《戴東原的哲學》，頁92。
〔註6〕　福澤諭吉，《文明論概略・智德的區別》，頁75。
〔註7〕　梁啓超，《新民說・論私德》，《專集之四》，頁131。《新民說》有否帶動中國

明儒學案》與《德育鑑》中，所論及的立於「舊道德」、「治心治身」〔註8〕基礎上，即是在明德而後才能型塑「新民」之論述爲出發點，完整構築其道德主義思想之範圍，而起先導作用。因爲梁啓超以華嚴相爲互因、相爲互果之統一結構中，審視各種似互爲矛盾而實爲對待、互爲相輔之觀念，故當「公德」之提倡並無具體功效時，乃以「私德」和「公德」統合，進行其道德主義思想之構築。

　　《新民說》、《德育鑑》和《節本明儒學案》是梁啓超道德主義思想構築過程中，相當重要的基本文獻，並且是梁啓超致力建立的民族主義國家型塑之必備條件。它們所代表的是中國文化精神，控制人欲之「現在利己心，名之爲『天然性』」，〔註9〕順利趨向於「不可不犧牲個人以利社會，不可不犧牲現在以利將來」〔註10〕之最重要驅動力。梁啓超雖承認在現實環境中人人追求自我權益之本性，但他更認爲道德不但能導引人進入爲我而爲他的天演過程，而且人因存其「道德之念、自由之性」，故能提供追求人性之高尚道德精神、善根或其本原的動機，這也就構成梁啓超道德主義思想的基本核心。

　　梁啓超曾在1923年5月29日〈科學與人生觀〉中，對於張君勱所言「有所觀察而甲乙丙時或以爲善或以爲不善」是屬於直覺範圍時，反駁說：「爲什麼『甲時以爲善乙時以爲不善』，因爲『常有所觀察』因觀察而以爲不善，跟著生出主張希望要求，不觀察便罷，觀察離得了科學程序嗎？『以爲善不善』，正是理智產生之結果，一涉理智，當然不能逃科學的支配。」〔註11〕這或許在某種程度上，回答他個人思想多變之原因，及在他的思想上道德和科學（或智識）之間的基本關係。如他所言「百變不離其宗，但有所宗，斯變而非變矣」、「行吾心之所志，必求至而後已」，〔註12〕在梁啓超的思想架構的內核，當是以道德主義道德修養爲宗，追求國家民族獨立和人民民權自由，且終其一生大致無所改變，對此道德本體良知之發顯的關懷和關注，乃其心之所繫，百變不離其宗之所在，此一是非之心，引導他的道德主義思想控制者角色發展，爲益羣而合

知識分子之覺醒和梁啓超自我認知之間有所區別，本文在此則是以梁啓超思想進程而言。
〔註8〕梁啓超編，《節本明儒學案・例言》，頁2。
〔註9〕梁啓超，〈進化論革命者頡德之學說〉，《文集之十二》，頁80。
〔註10〕請參看梁啓超，〈進化論革命者頡德之學說〉，《文集之十二》，頁79。
〔註11〕梁啓超，〈科學與人生觀〉，《文集之四十》，25。
〔註12〕梁啓超，《自由書・善變之豪傑》，《專集之二》，頁28。

理損己，追求國家之獨立和人民自由民權同時兼顧之思想途徑。

梁啓超和胡適的區別，亦如梁啓超和福澤諭吉，但是若我們不從學理中探究其中的異同，而是落實於現實層面如民權自由或學術思想研究等問題，或許更容易瞭解其中的差別所在。梁啓超區隔其道德與科學之諸問題，在互為相輔架構中，給予道德一定獨立的範圍，這與胡適以科學貫通知識和道德，有相當大的差異。福澤諭吉雖然也是站在智識主義傳統上，且其論點也一貫提倡智慧智識，而他並不否認道德之功用和效益，與此相比，胡適以實驗主義打破傳統道德和知識疆域。我們從梁啓超思想建構過程中，透過他的各種論述為基礎，理繹出他的道德主義思想面貌，並且與智識主義脈絡互相比較，透過它們整體學術思想主要關注和分歧趨向的探究，大致可掌握其中的意涵。

梁啓超如此一貫推崇道德和對僅重智識帶來的危險有所顧慮，我們透過日本啓蒙思想家福澤諭吉曾點出的論點中，即能瞭解梁啓超道德主義思想的建構基礎，是為了解決一種看似互為不相容的兩個問題；換言之，梁啓超從自私為出發的愛國精神和民族主義，與世界大同和平理想整合的理論困境中，導引出以道德主義思想化解此一理論困境之解決方法。

如同福澤諭吉認為「愛國精神和自私心是名異而實同」，「只要世界上有國家有政府存在，就無法消除各個國民的私情，既無消除私情的辦法，彼此便不得不以私情相待」，這「就會使人感到一視同仁、天下一家的大義和盡忠報國、主權獨立的大義，是相悖而不能相容」，〔註13〕或許是一種不可避免的事實。由於世界各國民族主義的不斷深化，自然引導出民族帝國主義之出現，已成為歷史現實的態勢中，梁啓超所面對的是，國內以民族主義或愛國精神喚起人民團結，導致民族主義風潮引起國內民族分裂危機，盲目的愛國主義很可能引發國際間不斷衝突。為解決此一困境所付出的努力和各種理論基礎，梁啓超就不同於福澤諭吉所提之先取得本國獨立地位，其他問題留待第二步〔註14〕的態度。只要我們細看福澤諭吉為取得本國獨立地位，毫不隱諱奪取琉球和朝鮮的野心，又為琉球和朝鮮之防守，而認為佔據臺灣（甚至福建）和中國東北是一種「正當防禦」，〔註15〕這種帝國主義侵略行為，為取得

〔註13〕 福澤諭吉，《文明論概略》，頁 175～176，187～188，176。
〔註14〕 福澤諭吉，《文明論概略》，頁 192。
〔註15〕 〈臺灣割讓指令理由〉，《時事新報》明治二七年一二月五日。若更進一步瞭解，福澤諭吉在甲午戰爭前後，積極主張侵略琉球、臺灣、朝鮮，並將取中國福建與東北為其戰略腹地相關論說，請參看吳密察，〈福澤諭吉的臺灣論〉，

本國獨立地位的美名之下毫無忌憚地鼓吹，可見所謂其他問題留待第二步態度的危險性。相較下，梁啓超則是希望以道德感化力量，從本國獨立地位之爭取途徑始，積極推動相對減少殘酷內外臺己衝突的和諧並進之途徑。因此，這一道德主義思路，不但是對福澤諭吉等日本啓蒙思想之某種修正，而且更能顯示出梁啓超啓蒙思想建構之獨創性。〔註16〕

　　其次，在個人身上如何開展出道德主義或智識主義傾向，雖本文並未將此設爲主要討論的範圍，但道德主義和智識主義到底能培養出何種人格？何種人生觀？當然是相當值得注意的問題。對此，胡適曾指出孔子人生哲學之意義，在養成一種道德的品行、道德的習慣，且此種道德習慣是須要種種涵養功夫。〔註17〕梁啓超亦曾認爲「可塑性」最強之青年時代〔註18〕應當致力於道德修養，換言之，或許人格成形之初走上何種途徑（如梁啓超早年以陽明學，胡適則以朱子學作爲其入學途徑），決定將來個人能否成爲健全之人格，是否以道德或以智識爲宗旨有著相當大的關聯。當然若借用費密以才之高明和沈潛之不同指出「道同而所入異，入異而道亦因之不同」，〔註19〕或能對此傾向描寫得更爲傳神。

　　梁啓超不像林則徐以道德天良責難外國或慨嘆時局，他從傳統儒家學術思想中，以道德爲其思想之基點出發，在國際民族帝國主義盛行之時，爲傳統思想之道德價值尋繹一條出路。單方面強調智育和科學之潮流，漸次盛行之時，以德育之提倡彌補智育之缺口，導引人們尋回自我本性，使人反躬自身發顯道德良知，希望人們發現人生最大價值和意義所在。如穆勒所擔憂的社會制衡之力量都無效時，我們人類能依靠的唯一對象，即是道德良心之力量。梁啓超不同於胡適，不相信科學能使人擁有完整的道德信念、道德良知，而道德必須經由德智相和相緣架構中，嚴格進行道德束身才能完成。這不但

《臺灣近代史研究》，頁69～107。

〔註16〕梁啓超以道德主義思路，在某種程度上化解民族主義和世界大同之理論衝突，但是，梁啓超此一思路，也是經過幾次轉折而完成的。梁啓超在《張博望、班定遠合傳》中，明確告訴「夫以文明國而統治野蠻國之土地，此天演上應享之權利也，以文明國而通野蠻國之人民，又倫理上應盡之責任也。」（《專集之五》，頁1。）梁啓超這一論點，鄭匡民認爲是受到福澤諭吉文明史觀的影響。請參看鄭匡民，《梁啓超啓蒙思想的東學背景》，頁63～65。

〔註17〕請參看胡適，《中國古代哲學史》，頁107～109。

〔註18〕請參看梁啓超，〈王陽明知行合一之教〉，《文集之四十三》，頁23。

〔註19〕費密，〈聖人取人定法論〉，《費氏遺書三種·弘道書》卷上，收入於《叢書集成續編》第一五四冊，頁173；即《弘道書》卷上，五十一。

是梁啓超提供給我們的他的憂慮和解決方法，更是我們值得考慮之入學教育途徑之一。

最後，我們也透過盧梭、孟德斯鳩、康德、黑格爾等人的思想，尤其以Conscience 與 Science 角度以及孟德斯鳩、托克維爾、黑格爾的中介社會功能爲基礎的自由主義傳統，與梁啓超道德主義思想相比較，由此對照出梁啓超思想的理論架構及其位階。當梁啓超認爲「人類所以貴於萬物者在有自由意志、又承認人類社會所以日進，全靠他們的自由意志。但自由意志之所以可貴，全在其能選擇於善不善之間，而自己作主以決從違。所以自由意志是要與理智相輔的。若像君勱全抹殺客觀以談自由意志，這種盲目的自由，恐怕沒有什麼價值了。」〔註 20〕這不但充分表達出梁啓超道德主義思想德智相和相緣統合爲一的思路，也在某種程度反映著洛克至康德、黑格爾以個人主義爲基礎的自由主義理論與中介社會功能爲基礎的自由主義傳統，在梁啓超思想中和諧統合相存之景象。

本論文之這一觀點，在某種程度上拓展學術界既有的梁啓超思想較近英國自由傳統的基本論點，〔註 21〕猶如蕭公權教授在張朋園教授《梁啓超與清季革命》一書中的序文中，認爲「任公的思想似乎比較接近英國傳統的自由主義。辨別是非，却不相信眞理絕對，因此他也不堅持個人一時一地的見解必然是正確而不可移易的。他毫不諱言『不惜以今日之我難昔日之我。』在清末民初時代的言論家當中他是最富有『民主態度』的一個人。他反對『民之父母』的政治觀。民權的目的是經過『開民智』，『新民德』的程序使個人得到最高的人格發展。」〔註 22〕或許，正因梁啓超擁有此現代學術界該有的「民主態度」，不會被某一思想束縛，以開放的態度面對當前臺己共同面對的困難，在中國傳統思想脈絡中透過英歐自由傳統之輔助，終於開展出相當獨特的思想整合。當梁啓超說：「中國社會之組織，以家族爲單位，不以個人爲單位」，〔註23〕我們清楚瞭解他爲何不全然接受英國式以個人主義爲基礎的自由主義傳統，而走上整合中英歐各思想傳統之優點，開展出獨立人格之覺醒

〔註20〕 梁啓超，〈人生觀與科學〉，《文集之四十》，頁 25。

〔註21〕 蕭公權、李澤厚、朱浤源、黃克武教授，認爲改革派政治主張較近於英國自由主義傳統，革命派較近於法國自由主義傳統。對此學術觀點的簡單整理請參看，黃克武，《一個被放棄的選擇：梁啓超調適思想之研究》第一章「導論」，頁 3。

〔註22〕 蕭公權，〈蕭公權先生序〉，收入於張朋園，《梁啓超與清季革命》，頁 2。。

〔註23〕 梁啓超，《新大陸遊記節錄》，《專集之二十二》，頁 121。

基礎上，臺己自由相諧並進的另一思路邁進。我們也透過本文詳細分析過程，充分瞭解到梁啓超個人思想內核道德主義思想，在英歐自由主義思想統合於德智相和相緣架構脈絡時，所發揮的積極角色和意義。

　　這一些問題在本文中都有所論及，值得一提的是，正因人的自由能善能惡，行民主或臺己相調和的現代社會亦不能完整地保障一切事物都是美好、所有人都是幸福，當然「合理性的社會不是烏託邦。」〔註24〕並且國民權利的合理基礎之「合適的憲法所在的『倫理』亦是緩緩成長的，而且旨在特定民族，以特定的步伐，於特定的條件中成長。」〔註25〕或許若要建構健全的現代國家，應當從個人和中介社會之充分發展為根基才能穩定長久，當然這也是梁啓超所提倡，並且當前仍有效的途徑之一。

〔註24〕請參看 John Rawls，Lectures On The History Of Moral Philosophy，p.336；John Rawls，《道德哲學史講演錄》，頁 486；《道德哲學史講義》，頁 452。

〔註25〕Charles Taylor，《黑格爾與現代社會》，頁 193。「一個民族的國家制度必須體現這一民族對自己權力和地位的情感，否則國家制度只能在外部存在著，而沒有任何意義和價值。」（黑格爾，《法哲學原理》第三篇「倫理」第三章「國家」第 274 節補充（國家制度的歷史制約性），頁 291～292。）

參考書目

一、博碩士學位論文

1. 王賀白，《從亞當斯密到穆勒——西方自由主義轉化之研究》，輔仁大學，歷史研究所碩士，1991 年 6 月。
2. 李哲浩，《梁啓超與近代中國政治思想：民權與君憲思想爲探討的中心》，文化大學，中山學術研究所博士，1995 年。
3. 林明德，《梁啓超與晚清文學運動》，國立政治大學，中國文學研究所博士，1988 年。
4. 林勝偉，《公民社會的自主性原則及其組織條件》，國立政治大學，社會學研究所，2000 年 7 月。
5. 邱茂生，《中國新文學現代主義思潮研究（1917～1949）》，文化大學，中國文學所博士，1995 年。
6. 金惠經，《胡適研究》，國立臺灣師範大學，中國文學所博士，1991 年。
7. 祝家華，《牟宗三「開出民主論」評析》，國立政治大學，政治學系博士，2001 年。
8. 翁志宗，《自由主義者與當代新儒家政治論述之比較——以殷海光、張佛泉、牟宗三、唐君毅、徐復觀的論述爲核心》，國立政治大學，中山人文社會科學研究所博士，2001 年。
9. 崔香順，《梁啓超（1873～1929）教育思想與其轉變因素之剖析》，國立政治大學，教育研究所博士，1994 年。
10. 張中雲，《整理國故運動之研究：以章太炎、胡適、顧頡剛爲例》，東吳大學，中國文學系博士，1997 年。
11. 張哲魁，《梁啓超的民族思想與國家觀念之研究》，東海大學，政治學系

碩士，1995 年。

12. 張勝勇，《胡適思想與中國新思潮》，中國文化學院，政治研究所碩士，1970 年。

13. 張智清，《梁啓超與《時務報》、時務學堂》，國立臺灣大學，中國文學系碩士，1996 年。

14. 張錫輝，《文化危機與詮釋傳統——論梁啓超胡適對清代學術思想的詮釋與意義》，國立台灣師範大學，國文研究所博士，2001 年。

15. 梁世佑，《從種族到民族：梁啓超民族主義思想之研究（1895～1903）》，國立中央大學，歷史研究所碩士，2002 年 7 月。

16. 梁台根，《胡適早期自由主義思想研究》，國立高雄師範大學，國文研究所碩士，1998 年。

17. 許松源，《梁啓超對歷史的理解及其思考方式》，國立清華大學出版社，歷史學研究所碩士，1997 年。

18. 陳以愛，《學術與時代：整理國故運動的興起、發展與流衍》，國立政治大學，歷史學系博士，2002 年。

19. 陳沛郎，《孫中山與梁啓超民族思想之比較研究》，國立臺灣師範大學，政治學研究所博士，2004 年 1 月。

20. 彭文倩，《胡適對民權主義政治建設的看法》，國立中山大學，中山研究所碩士，1988 年。

21. 劉紀曜，《梁啓超與儒家傳統》，國立臺灣師範大學，歷史研究所博士，1985 年 7 月。

22. 劉龍心，《史料學派與現代中國史學之科學化》，國立政治大學，歷史研究所碩士，1992 年。

23. 劉龍心，《學術與制度：學科體制與現代中國史學的建立》，國立政治大學，歷史研究所博士，2000 年。

24. 樊中原，《孫中山與梁啓超民族主義之比較研究》，國立政治大學，三民主義研究所博士，1991 年。

25. 鄭貴和，《胡適的自由思想》，國立臺灣大學，政治研究所博士，1992 年。

26. 鄧玉祥，《胡適思想研究》，輔仁大學，哲學研究所博士，1991 年。

27. 戴旭璋，《我國民族主義運動模式之研究——辛亥與五四社會運動觀》，國立師範大學，三民主義研究所博士，1997 年。

28. 魏中一，《梁啓超與晚清湖南改革思想之研究——以「群思想」爲例》，國立成功大學，歷史學系碩士，2004 年 7 月。

29. 蘇清良，《胡適與中美外交（1937～1942）》，國立臺灣大學，政治研究所碩士，1995 年。

二、中文書目

中央研究院文哲研究所──中研院文哲所

中央研究院社會科學研究所──中研院社科所

中央研究院近代史研究所──中研院近史所

中央研究院歷史語言研究所──中研院史語所

生活‧讀書‧新知三聯書店──三聯書店

1. 丁文江,《辛亥革命前十年間時論選集》,北京:三聯書店,1960～1978年。

2. 丁文江,《梁任公年譜長編》(上、下),臺北:世界書局,1988年4月。

3. 丁平一,《湖南維新運動史:1895年至1898年》,臺北:漢忠文化,2000年。

4. 丁守和主編,《中國近代啓蒙思潮》全3冊,北京:社會科學文獻出版社,1999年11月。

5. 丁偉志,陳崧,《中西體用之間:晚清中西文化觀述論》,北京:中國社會科學出版社,1995年1月。

6. 三聯書店主編,《儒家與自由主義》,北京:三聯書店,2001年10月。

7. 元清,《杜威與中國》,北京:人民出版社,2001年9月。

8. 方利山,杜英賢,《戴學縱橫》,北京:中國文聯出版社,1999年10月。

9. 方朝暉,《"中學"與"西學"──重新解讀現代中國學術史》,保定:河北大學出版社,2002年9月。

10. 牛仰山、孫鴻霓編,《中國近代文學研究資料叢書──嚴復研究資料》,福州:海峽文藝,1990年1月。

11. 王人博,《憲政文化與近代中國》,北京:法律,1997年10月。

12. 王中江,《嚴復與福澤諭吉:中日啓蒙思想比較》,開封:河南大學出版社,1991年。

13. 王中江,《嚴復》,臺北:東大圖書公司,1997年4月。

14. 王友琴,《魯迅與中國現代化震動》,臺北:水牛,1991年。

15. 王夫之,《黃書‧噩夢‧俟解》,臺北:世界書局,1977年12月。

16. 王夫之,《莊子解》,香港:中華書局,1989年7月。

17. 王世儒,《蔡元培先生年譜》2冊,北京:北京大學出版社,1998年。

18. 王先明,《近代神士:一個封建階層的歷史命運》,天津:天津人民出版社,1997年。

19. 王先明,《近代新學:中國傳統學術文化的嬗變與重構》,北京:商務印

書館，2000 年 3 月。

20. 王先謙，王雲五主編，《清王葵園先生先謙自訂年譜》，臺北：臺灣商務印書館，1978 年 7 月。

21. 王先謙，劉武，《莊子集解・莊子集解內篇補證》，臺北：漢京，1988 年 10 月。月 30 日。

22. 王守仁，《王陽明全集》，上海：上海古籍出版社，1997 年 8 月。第 3 刷年。

23. 王汎森，《章太炎的思想：兼論其對儒學傳統的衝擊》，臺北：時報文化出版公司，1985 年。

24. 王汎森，《古史辨運動的興起：一個思想史的分析》，臺北：允晨文化公司，1987 年。

25. 王汎森，《中國近代思想與學術的系譜》，臺北：聯經出版事業公司，2003 年。

26. 王克非，《中日近代對西方政治哲學思想的攝取：嚴復與日本啓蒙學者》，北京：中國社會科學出版社，1996 年 12 月。

27. 王俊義，曲弘梅譯著，《龔自珍魏源詩文選譯》，成都：巴蜀書社，1997 年。

28. 王俊義，黃愛平，《清代學術與文化》，瀋陽：遼寧教育出版社，1993 年。

29. 王國維，《王觀堂先生全集》，臺北：文華出版公司，1968 年。

30. 王國維，《古史新證》，北京：清華大學出版社，1994 年。

31. 王國維著，徐洪興編，《求善・求美・求眞——王國維文選》，上海：上海遠東出版社，1997 年 6 月。

32. 王爾敏，《晚清政治思想史論》，臺北：臺灣商務印書館，1995 年。

33. 王瑤，《中國文學縱橫論》，臺北：大安出版社，1993 年 7 月。

34. 王曉秋主編，《戊戌維新與近代中國的改革——戊戌維新一百周年國際學術討論會論文集》，北京：社會科學文獻出版社，2000 年 5 月。

35. 王韜，《弢園文新編》，北京：三聯書店，1998 年 6 月。

36. 王韜著，陳恆等注，《弢園文錄外編》，鄭州：中州古籍出版社，1998 年 9 月。

37. 王鑒平、胡佛希，《傳播與超越：中國近現代實証主義進程研究》，上海：學林出版社，1989 年。

38. 王鑒平、楊國榮，《胡適與中西文化》，成都：四川人民出版社，1989 年。

39. 包遵信，《批判與啓蒙》，臺北：聯經出版事業公司，1989 年。

40. 史語所七十周年研討會論文集編輯委員會，《學術史與方法學的省思：中央研究院歷史語言研究所七十周年研討會論文集》，臺北：中研院史語

所，2000 年 12 月。

41. 左玉河，《張東蓀文化思想研究》，北京：中國社會科學出版社，1997 年 7 月。

42. 甘陽，《我們在創造傳統》，臺北：聯經出版事業公司，1989 年。

43. 白吉庵，《胡適傳》，北京：人民出版社，1993 年。

44. 皮錫瑞撰，周予同註，《增註經學歷史》，臺北：藝文印書館，1996 年 8 月。

45. 石元康，《當代自由主義理論》，臺北：聯經出版事業公司，1995 年。

46. 石元康，《從中國文化到現代性：典範轉移？》，臺北：東大圖書公司，1998 年。

47. 朱文華，《胡適評傳》，重慶：重慶出版社，1991 年 11 月。

48. 朱希祖，《朱希祖先生文集》，臺北：九思出版社，1979 年。

49. 朱傳譽主編，《梁啓超傳記資料》（19 冊），臺北：天一出版社，1985 年。

50. 朱維錚，《求索真文明：晚清學術史論》，上海：上海古籍出版社，1996 年。

51. 朱學勤，《道德理想國的覆滅——從盧梭到羅伯斯庇爾》，上海：三聯書店，2003 年 8 月。

52. 朱熹編，張伯行集解，《近思錄》，臺北：臺灣商務印書館，1996 年 4 月。

53. 江藩，方東樹，《漢學師承記（附：宋學淵源記，漢學商兌)》，香港：三聯書店，1998 年 7 月。

54. 牟宗三等，《文化傳統的重建——中國文化的危機與展望》，臺北：時報文化出版公司，1988 年 7 月。

55. 牟潤孫，《海遺雜著》，香港：香港中文大學出版社，1990 年。

56. 艾思奇，《胡適實用主義批判》，北京：人民出版社，1955 年。

57. 艾思奇，《胡適梁漱溟哲學思想批判》，北京：人民出版社，1977 年。

58. 何信全，《儒學與現代民主——當代新儒家政治哲學研究》，臺北：中研院文哲所，1996 年。

59. 何俊，《西學與晚明思想的裂變》，上海：上海人民出版社，1998 年 8 月。

60. 何索，《胡適先生的感情世界》，臺北：國家出版社，1989 年 2 月。

61. 何懷宏，《良心論：傳統良知的社會轉化》，上海：三聯書店，1994 年。

62. 余英時，《中國思想傳統的現代詮釋》，臺北：聯經出版事業公司，1987 年。

63. 余英時，《文化評論與中國情懷》，臺北：允晨出版社，1988 年。

64. 余英時，《中國歷史轉型時期的知識分子》，臺北：聯經出版事業公司，

1992 年。

65. 余英時，《錢穆與中國文化》，上海：上海遠東出版社，1994 年。

66. 余英時，《中國近代思想史上的胡適》，臺北：聯經出版事業公司，1994
年。

67. 余英時，《歷史與思想》，臺北：聯經出版事業公司，1995 年。

68. 余英時，《中國文化與現代變遷》，臺北：三民書局，1995 年 8 月。

69. 余英時，《現代儒學論》，River Edge，八方文化，1996 年 9 月。

70. 余英時，《中國知識階層史論〈古代篇〉》，臺北：聯經出版事業公司，1997
年 4 月。

71. 余英時，《重尋胡適歷程：胡適生平與思想再認識》，臺北：聯經出版事
業公司：中研院，2004 年。

72. 余英時等著，《五四新論》，臺北：聯經出版事業公司，1999 年 5 月。

73. 余涌，《道德權利研究》，北京：中央編譯出版社，2001 年 10 月。

74. 吳天任，《黃公度（尊憲）先生傳稿》（2 冊）收於《中國近代史料叢刊
續輯》第 68 輯 671,672，臺北：文海出版社，1976 年。

75. 吳天任編著，《清黃公度先生遵憲年譜》，臺北：臺灣商務印書館，1985
年 7 月。

76. 吳光，《當代新儒學探索》，上海：上海古籍出版社，2003 年 4 月。

77. 吳長庚主編，《朱陸學術考辨五種》，南昌：江西高校出版社，2000 年 1
月。

78. 吳宓，《吳宓自編年譜》，北京：三聯書店，1995 年。

79. 吳宓，《吳宓日記》，北京：三聯書店，1995 年。

80. 吳荔明，《梁啓超和他的兒女們》，上海：上海人民出版社，1999 年。

81. 吳荔明，《百年家族──梁啓超和他的兒女們》，新店：立續文化，2001
年。

82. 吳密察，《臺灣近代史研究》，板橋市：稻鄉出版社，1991 年。

83. 吳森，《比較哲學與文化（一）》，臺北：東大圖書公司，1978 年 7 月。

84. 吳森，《比較哲學與文化（二）》，臺北：東大圖書公司，1988 年 3 月。

85. 吳雁南，《陽明學與近世中國》，貴陽：貴州教育出版社，1996 年。

86. 吳虞，《吳虞日記》，成都：四川人民出版社，1984 年。

87. 宋仁編，《梁啓超政治法律思想研究》，北京：學苑出版社出版社，1990
年。

88. 宋成有、湯重南主編，《東亞地區意識與和平發展》，成都：四川大學出
版社，2001 年。

89. 李又寧主編，《胡適與他的朋友‧第一集》，臺北：紐約天外出版社，1990年。

90. 李又寧主編，《胡適與他的朋友‧第二集》，臺北：紐約天外出版社，1991年。

91. 李天剛，《中國禮儀之爭：歷史、文獻和意義》，上海：上海古籍出版社，1998年12月。

92. 李天綱編校，《萬國公報文選》，北京：三聯書店，1998年6月。

93. 李弘祺，《讀史的樂趣：泛論近代中國學的發展與意義》，臺北：允晨文化公司，1991年。

94. 李弘祺，《面向世界：現代性‧歷史與最後的眞理》，臺北：允晨文化公司，2002年7月。月10日。

95. 李守常（李大釗），《史學要論》，石家莊：河北教育出版社，2000年7月。

96. 李孝悌，《清末的下層社會啓蒙運動1900～1911》，臺北：中研院近史所，1992年。

97. 李明輝，《儒學與現代意識》，臺北：文津出版社，1991年。

98. 李明輝，《當代儒學之自我轉化》，臺北：中研院文哲所，1994年。

99. 李金強主編，《王爾敏教授七十華誕暨榮休論文集》，香港：編輯委員會，1999年2月。

100. 李紀祥，《明末清初儒學之發展》，臺北：文津出版社，1992年。

101. 李國祁等，《近代中國思想人物論──民族主義》，臺北：時報文化出版公司，1980年。

102. 李敖，《播種者胡適》，臺北：遠流出版社，1986年。

103. 李敖，《胡適評傳》，臺北：遠流出版社，1988年12月。

104. 李梅，《權利與正義：康德政治哲學研究》，北京：社會科學文獻出版社，2002年2月。

105. 李細珠，《晚清保守思想的原型──倭仁研究》，北京：社會科學文獻出版社，2000年1年1月。

106. 李細珠，《張之洞與清末新政研究》，上海：上海書店出版社，2003年10月。

107. 李澤厚，《中國近代思想史論》，臺北：三民書局，1996年9月。

108. 李澤厚‧林毓生等著，《五四：多元的反思》，臺北：風雲時代，1989年5月。

109. 李濟，《感舊錄》，臺北：聯經出版事業公司，1967年。

110. 李鴻章，顧廷龍等主編，《李鴻章全集》，上海：上海人民出版社，1985

～1987年。

111. 李雙璧,《從經世到啓蒙——近代變革思想的歷史考察》,北京:中國展望出版社,1992年。

112. 杜正勝、王汎森編,《傅斯年文物資料選輯》,臺北:傅斯年先生百齡紀念籌備會,1995年。

113. 杜正勝、王汎森編,《新學術之路》,臺北:中研院史語所,1998年。

114. 杜亞泉著,許紀霖等編,《杜亞泉文存》,上海:上海教育出版社,2003年5月。

115. 杜念中、楊君實編,《儒家倫理與經濟發展》,臺北:允晨文化公司,1987年。

116. 杜維明主編,《儒學發展的宏觀透視:新加坡1988儒學群英會紀實》,臺北:正中書局,1997年7月。

117. 沈寂,《胡適政論與近代中國》,臺北:臺灣商務印書館,1994年。

118. 沈雲龍主編,《袁世凱史料彙刊》(41冊),臺北:文海出版社,1966年。

119. 沈殿成主編,《中國人留學日本百年史》,瀋陽:遼寧教育出版社,1997年。

120. 沈衛威,《胡適傳》,臺北:風雲時代,1990年。

121. 沈衛威,《回眸學衡派:文化保守主義的現代命運》,新店:立緒文化,2000年。

122. 汪暉,《反抗絕望》,臺北:九大文化公司,1990年10月。

123. 汪暉,《現代中國思想的興起》全4冊,北京:三聯書店,2004年7月。

124. 汪榮祖,《晚清變法思想論叢》,臺北:聯經出版事業公司,1990年。

125. 汪榮祖,《從傳統中求變——晚清思想史研究》,南昌:百花洲文藝出版社,2001年。

126. 汪榮祖編,《五四研究論文集》,臺北:聯經出版事業公司,1979年。

127. 周予同著,朱維錚編,《周予同經學史論著選集【增訂版】》,上海:上海人民出版社,1996年7月。

128. 周玉山主編,《五四論集》,臺北:成文出版社,1980年5月。

129. 周光慶,《漢語與中國早期現代化思潮》,哈爾賓,黑龍江教育出版社,2001.12年。

130. 周兆茂,《戴震哲學新探》,合肥:安徽人民出版社,1997年6月。

131. 周作人,鍾叔河編,《周作人文類編》(全十冊),長沙:湖南文藝出版社,1998年9月。

132. 周佳榮,《辛亥革命前的蔡元培》,香港:波文書局,1980年9月。

133. 周佳榮，《新民與復興——近代中國思想論》，香港：香港教育出版社，1999 年。

134. 周昌龍，《新思潮與傳統：五四思想論集》，臺北：時報文化出版公司，1995 年。

135. 周昌龍，《超越西方：胡適與中國傳統》，臺北：學生書局，2001 年 3 月。

136. 周明之著，雷頤譯，《胡適與中國現代知識分子的選擇》，成都：四川人民出版社，1991 年。

137. 周策縱、唐德剛等，《胡適與近代中國》，臺北：時報文化出版公司，1991 年。

138. 周策縱等，《五四與中國》，臺北：時報文化出版公司，1988 年 5 月。

139. 周陽山，《自由與權威》，臺北：三民書局，1990 年 8 月。

140. 周陽山編，《從五四到新五四》，臺北：時報文化出版公司，1989 年。

141. 周漢光，《張之洞與廣雅書院》，臺北：中國文化大學出版部，1983 年。

142. 周質平，《胡適與魯迅》，臺北：時報文化出版公司，1988 年。

143. 周質平，《胡適叢論》，臺北：三民書局，1992 年。

144. 周質平主編，《胡適早年文存》，臺北：遠流出版社，1995 年。

145. 周曉明，《多源與多元：從中國留學族到新月派》，武漢：華中師範大學出版社，2001 年 12 月。

146. 孟祥子，《梁啓超傳——救國篇》，臺北：風雲時代，1990 年 11 月。

147. 孟祥子，《梁啓超傳——學術篇》，臺北：風雲時代，1990 年 11 月。

148. 易竹賢，《胡適傳》，湖北，湖北人民出版社，1987 年。

149. 易竹賢，《胡適與現代中國文化》，武昌，武漢大學出版社，1993 年。

150. 林正珍，《近代日本的國族敘事：福澤諭吉的文明論》，新店：桂冠圖書公司，2002 年。

151. 林明德，《文學典範的反思》，臺北：大安出版社，1996 年。

152. 林保淳，《嚴復——中國近代思想啓蒙者》，臺北：幼獅文化事業股份有限公司，1988 年 4 月。

153. 林毓生，《政治秩序與多元社會》，臺北：聯經出版事業公司，1990 年 9 月。

154. 林毓生，《思想與人物》，臺北：聯經出版事業公司，1995 年 8 月。

155. 林端，《儒家倫理與法律文化》，臺北：中國法政大學出版社，1994 年 1 月。

156. 林繼平，《李二曲研究》，臺北：臺灣商務印書館，1999 年。

157. 邵東方，《崔述與中國學術史研究》，北京：人民出版社，1998 年 4 月。

158. 金耀基，《中國現代化與知識分子》，臺北：時報文化出版公司，1991 年。

159. 金耀基，《從傳統到現代》，臺北：時報文化出版公司，1992 年。

160. 金觀濤、劉青峰，《探索與新知》，臺北：風雲時代，1989 年 11 月。

161. 金觀濤、劉青峰，《開放中的變遷》，臺北：風雲時代，1994 年。

162. 金觀濤、劉青峰，《中國現代思想的起源》，香港：香港中文大學出版社，2000 年。

163. 俞榮根，《儒家法思想通論》，南寧：廣西人民，1998 年 2 月。

164. 姜廣輝主編，《中國經學思想史》全二卷，北京：中國社會科學出版社，2003 年 9 月。

165. 姜廣輝主編，《中國經學思想史》第二卷，北京：中國社會科學出版社，2003 年 9 月。

166. 姚介厚，《當代美國哲學》，臺北：遠流出版社，1996 年 9 月。月 16 日。

167. 施忠連，《現代新儒學在美國》，瀋陽：遼寧大學出版社，1994 年 2 月。

168. 柯慶明，《現代中國文學批評述論》，臺北：大安出版社，1992 年 3 月。

169. 胡昌智，《歷史知識與社會變遷》，臺北：聯經出版事業公司，1988 年。

170. 胡偉希、高瑞泉、張利民，《十字街頭與塔：中國近代自由主義思潮研究》，上海：上海人民出版社，1991 年。

171. 胡頌平，《胡適之先生年譜長編初稿》，臺北：聯經出版事業公司，1984 年。

172. 胡頌平，《胡適先生晚年談話錄》，臺北：聯經出版事業公司，1985 年。

173. 胡適，《胡適的日記手稿本》18 冊，臺北：遠流出版社，1989～1990 年。

174. 胡適，《胡適來往書信選》，香港：香港中華書局，1983 年。

175. 胡適，《胡適的日記》，香港：香港中華書局，1985 年。

176. 胡適，《胡適家書手稿》，安徽：安徽美術，1989 年 8 月。

177. 胡適，《胡適作品集》37 冊，臺北：遠流出版社，1995 年。

178. 胡適，《先秦名學史》，合肥：安徽教育出版社，1999 年 10 月。

179. 胡適，季羨林主編，《胡適全集》，合肥：安徽教育出版社，2003 年。

180. 胡適，雷震原著，《萬山不許一溪奔──胡適雷震來往書信選集》，臺北：中研院近史所，2001 年 12 月。

181. 胡適，歐陽哲生編，《胡適文集》12 冊，北京：北京大學出版社，1998 年 11 月。

182. 胡適紀念館編，《論學談詩二十年：胡適楊聯陞往來書札》，臺北：聯經出版事業公司，1998 年。

183. 胡適等著，《胡適與中西文化》，臺北：水牛，1992 年。

184. 胡適等著，耿雲志編，《胡適遺稿及密藏書信（42 冊）》，合肥：黃山書社，1994 年。

185. 胡適著，耿雲志等編，《胡適書信集》（上、中、下），北京：北京大學出版社，1995 年。

186. 胡適著，梁錫華選註，《胡適密藏書信選》（上、下），臺北：風雲時代，1990 年。

187. 胡適著，歐陽哲生編，《胡適學術文化隨筆》，北京：中國青年出版社，1996 年 7 月。

188. 郁建興，《自由主義批判與自由理論的重建──黑格爾政治哲學及其影響》，上海：學林出版社，2000 年 10 月。

189. 韋政通，《傳統的更新》，臺北：大林出版社，1981 年。

190. 唐小兵，《英雄與凡人的時代：解讀 20 世紀》，上海：上海文藝出版社，1997 年。

191. 唐德剛，《胡適口述自傳》，臺北：傳記文學，1986 年 12 月。

192. 唐德剛，《胡適雜憶》，臺北：風雲時代，1990 年 11 月。

193. 夏志清著，劉紹銘譯，《中國現代小說史》，臺北：傳記文學，1991 年。

194. 夏曉虹，《覺世與傳世──梁啟超的文學道路》，上海：上海人民出版社，1992 年 5 月。

195. 孫家祥編，《杜威忠告中國：杜威旅華講演實錄》，北京：中國世界語出版社，1998 年。

196. 孫隆基，《中國文化的深層結構》，臺北：唐山出版社，1993 年 6 月。

197. 孫歌，《亞洲意味著什麼：文化間的「日本」》，臺北：巨流，2001 年。

198. 徐松榮，《維新派與近代報刊》，太原市，山西古籍出版社，1998 年 2 月。

199. 徐海松，《清初士人與西學》，北京：東方出版社，2000 年 12 月。

200. 徐順教、李甄馥主編，《中國近代倫理思想研究》，上海：華東師範大學，1993 年 4 月。

201. 晉榮東，《李大釗哲學研究》，上海：華東師範大學，2001 年 1 月。

202. 桑兵，《清末新知識界的社團與活動》，北京：三聯書店，1995 年。

203. 桑兵，《學生與社會變遷：晚清學堂》，上海：學林出版社，1995 年。

204. 桑兵，《晚清民國的國學研究》，上海：上海古籍出版社，2001 年 10 月。

205. 殷海光，《中國文化的展望》（上、下），臺北：桂冠圖書公司，1988 年 3 月。

206. 耿雲志，《胡適研究論稿》，成都：四川人民出版社，1985 年。

207. 耿雲志、聞黎明，《現代學術上的胡適》，北京：三聯書店，1996 年。

208. 荊知仁，《中國立憲史》，臺北：聯經出版事業公司，1989 年。

209. 袁英光，劉寅生，《王國維年譜長編（1877～1927）》，天津：天津人民出版社，1996 年 10 月。

210. 馬相伯著，朱維錚編，《馬相伯集》，上海：復旦大學出版社，1996 年。

211. 馬積高，《清代學術思想的變遷與文學》，長沙：湖南出版社，1996 年 1 月。

212. 高力克，《五四的思想世界》，上海：學林出版社，2003 年 8 月。

213. 高大鵬，《傳遞白話的聖火——少年胡適與中國文藝復興運動》，臺北縣，駱駝出版社，1996 年。

214. 康有爲，姜義華等編，《康有爲全集》（3 冊），上海：上海古籍出版社，1987 年。

215. 康有爲，樓宇烈整理，《康子內外篇》，北京：中華書局，1988 年 8 月。

216. 康有爲，樓宇烈整理，《康有爲學術著作選》，北京：中華書局，1988 年 8 月。

217. 康有爲，錢鍾書主編，《康有爲大同論二種》，北京：三聯書店，1988 年 6 月。

218. 張之洞，苑書義等編，《張之洞全集》，石家莊：河北人民出版社，1998 年。

219. 張玉法，《章炳麟》，臺北：臺灣商務印書館，1999 年。

220. 張玉法編，《中國現代史論集　第六級　五四運動》，臺北：聯經出版事業公司，1981 年。

221. 張君勱，丁文江等著，《科學與人生觀》，濟南，山東人民出版社，1997 年 3 月。

222. 張岱年，程宜山，《中國文化與文化論爭》，北京：中國人民大學出版社，1990 年。

223. 張忠棟，《胡適五論》，臺北：允晨出版社，1990 年 8 月。

224. 張朋園，《梁啟超與民國政治》，臺北：食貨出版社，1978 年 5 月。

225. 張朋園，《梁啟超與清季革命》，臺北：中研院近史所，1982 年 6 月。

226. 張朋園，《知識分子與近代中國的現代化》，南昌：百花洲文藝出版社，2002 年。

227. 張東蓀，《思想與社會》，瀋陽：遼寧教育出版社，1998 年 3 月。

228. 張東蓀原著，張汝倫編選，《理性與良知——張東蓀文選》，上海：上海遠東出版社，1995 年 6 月。

229. 張昭軍，《儒學近代之境——章太炎儒學思想研究》，北京：社會科學文獻出版社，2002 年 8 月。

230. 張豈之、陳國慶，《近代倫理思想的變遷》，北京：中華書局，2000 年。

231. 張國華，《中國法律思想史新編》，北京：北京大學出版社，2003 年 8 月。

232. 張壽安，《清中葉徽州義理學之發展》，香港：香港大學中文學會，1986 年。

233. 張壽安，《以禮代理——凌廷堪與清中葉儒學思想之轉變》，臺北：中研院近史所，1994 年 5 月。

234. 張壽安，《龔自珍學術思想研究》，臺北：文史哲出版社，1997 年。

235. 張壽安，《十八世紀禮學考證的思想活力：禮教論爭與禮秩重省》，臺北：中研院近史所，2001 年。

236. 張曉唯，《蔡元培與胡適（1917～1937）——中國文化人與自由主義》，北京：中國人民大學出版社，2003 年 12 月。

237. 張錫勤，《戊戌思潮論稿》，哈爾賓，黑龍江教育出版社，1998 年 4 月。

238. 張灝，《近代中國思想人物論——晚清思想》，臺北：時報文化出版公司，1980 年。

239. 張灝，《幽暗意識與民主傳統》，臺北：聯經出版事業公司，1992 年 10 月。

240. 張灝，《梁啟超與中國思想的過渡（1890～1907）》，南京：江蘇人民出版社，1995 年 1 月。

241. 張灝，《張灝自選集》，上海：上海教育出版社，2002 年 4 月。

242. 曹世鉉，《清末民初無政府派的文化思想》，北京：社會科學文獻出版社，2003 年 7 月。

243. 梁啟超，《飲冰室文集類編》（上、下），臺北：華正書局，1974 年 7 月。

244. 梁啟超，《飲冰室合集》12 冊，北京：中華書局，1989 年 3 月。

245. 梁啟超，《梁啟超政論選》，北京：新華出版社，1994 年。

246. 梁啟超，《梁啟超未刊書信手跡》，北京：中華書局，1994 年。

247. 梁啟超，《中國近三百年學術史》與《清代學術概論》合刊，臺北：里仁書局，1995 年。

248. 梁啟超，《梁啟超知交手札》，臺北：中央圖書館，1995 年。

249. 梁啟超，夷夏編，《梁啟超講演集》，石家莊：河北人民出版社，2004 年 1 月。

250. 梁啟超，汪松濤編注，《梁啟超詩詞全註》，廣東：廣東高等教育，1998 年。

251. 梁啟超，范忠偵選編，《梁啟超法學文集》，北京：中國政法大學出版社，2000 年。

252. 梁啟超，張品興編，《梁啟超家書》，北京：中國文聯出版社，1999 年 12

月。

253. 梁啟超，程華平編，《飲冰室主人自說》，南京：江蘇人民出版社，1999年。

254. 許紀霖，陳崧，《中國現代化史》，上海：三聯書店，1995年。

255. 許祖華，《五四文學思想論》，武漢：華中師範大學出版社，2002年1月。

256. 連燕堂，《梁啟超與文學革命》，桂林：漓江，1991年。

257. 郭成棠，《陳獨秀與中國共產主義運動》，臺北：聯經出版事業公司，1993年5月。

258. 郭廷以，《近代中國的變局》，臺北：聯經出版事業公司，1987年。

259. 郭宛，《胡適新傳》，臺北：新潮社，1996年。

260. 郭湛波，《近五十年中國思想史正補合梓》，香港：龍門書店，1966年12月。

261. 郭嵩燾，劉錫鴻，薛福成，宋育仁，《郭嵩燾等使西繼六種》，北京：三聯書店，1998年6月。

262. 郭嵩燾原著，《郭嵩燾日記》，長沙：湖南人民出版社，1982年。

263. 陳以愛，《中國現代學術研究機構的興起——以北京大學研究所國學門為中心的探討（1922～1927）》，臺北：國立政治大學歷史學系，1999年。

264. 陳平原，《中國現代學術之建立——以章太炎、胡適之為中心》，北京：北京大學出版社，1998年2月。

265. 陳平原，王楓編，《追憶王國維》，北京：中國廣播電視出版社，1997年。

266. 陳平原，夏曉虹編，《觸摸歷史：五四人物與現代中國》，廣州，廣州出版社，1999年。

267. 陳平原等編，《追憶章太炎》，北京：中國廣播電視出版社，1997年。

268. 陳玉申，《晚清報業史》，濟南：山東畫報出版社，2004年4月。

269. 陳來，《朱熹哲學研究》，臺北：文津出版社，1990年。

270. 陳來，《哲學與傳統》，臺北：允晨出版社，1994年。

271. 陳來，《有無之境：王陽明哲學的精神》，北京：人民出版社，1995第2刷年。

272. 陳其泰，《中國近代史學的歷程》，鄭州：河南人民出版社，1994年。

273. 陳其泰，《清代公羊學》，北京：東方出版社，1997年。

274. 陳其泰，郭偉川等編，《二十世紀中國禮學研究論集》，北京：學苑出版社，1998年。

275. 陳金淦，《胡適研究資料（中國現代作家作品研究資料叢書）》，北京：北京十月文藝出版社，1989年。

276. 陳垣等著，陳智超編注，《陳垣來往書信集》，上海：上海古籍出版社，1990 年。

277. 陳美延，陳流求編，《陳寅恪詩集》，北京：清華大學出版社，1993 年。

278. 陳寅恪，《柳如是別傳》，臺北：里仁書局，1981 年。

279. 陳榮灼，《「現代」與「後現代」之間》，臺北：時報文化出版公司，1992 年。

280. 陳澧，《東塾讀書記》（外一種），北京：三聯書店，1998 年 6 月。

281. 陳獨秀，《陳獨秀著作選》，上海：上海人民出版社，1993 年。

282. 陳黻宸，《陳黻宸集》（上、下），北京：中華書局，1995 年 6 月。

283. 陶希聖，《潮流與點滴》，臺北：傳記文學，1979 年。

284. 章太炎，《章太炎全集》，上海：上海人民出版社，1982 年。

285. 章太炎，《章氏叢書正續編·家書·年譜》（上、下），臺北：世界書局，1982 年 4 月。

286. 章太炎，《民國章太炎先生炳麟自訂年譜》，臺北：臺灣商務印書館，1987 年 8 月。

287. 章太炎，《太炎文錄續編》，上海：上海書店出版社，1991 年。

288. 章太炎，《訄書:初刻本·重訂本》，北京：三聯書店，1998 年。

289. 章太炎，《章太炎生平與學術自述》，南京：江蘇人民出版社，1999 年 3 月。

290. 章太炎，《國學概論》，基隆：法嚴出版社，2000 年。

291. 章太炎，《章太炎的白話文》，瀋陽：遼寧教育出版社，2003 年 3 月。

292. 章太炎著，姜玢編選，《革故鼎新的哲理——章太炎文選》，上海：上海遠東出版社，1996 年 7 月。

293. 章太炎著，傅杰編校，《章太炎學術史論集》，北京：中國社會科學出版社，1997 年 6 月。

294. 章太炎著，湯志鈞編，《章太炎政論選集》，北京：中華書局，1977 年。

295. 章清，《胡適評傳》，南昌：百花洲文藝出版社，1993 年。

296. 章清，《殷海光》，臺北：東大圖書公司，1996 年 7 月。

297. 章清，《“胡適派學人群”與現代中國自由主義》，上海：上海古籍出版社，2004 年 4 月。

298. 章學誠撰，葉瑛校注，《文史通義校著·校讎通義校注》，臺北：漢經，1986 年 9 月。年 1 月。

299. 傅斯年，《傅斯年全集》，臺北：聯經出版事業公司，1980 年。

300. 傅樂詩等編，《近代中國思想人物論——保守主義》，臺北：時報文化出

版公司，1980 年。

301. 傅蘭雅（英），《佐治芻言》，上海：上海書店出版社，2002 年 1 月年。

302. 勞思光，《虛境與希望——論當代哲學與文化》，香港：香港中文大學出版社，2003 年。

303. 喻大華，《晚清文化保守思潮研究》，北京：人民出版社，2001 年 1 月。

304. 嵇文甫，《左派王學》，臺北：國文天地雜誌社，1990 年。

305. 湯志鈞，《近代經學與政治》，北京：中華書局，1995 年 3 月。

306. 盧湘父，《萬木草堂憶舊》，臺北：文海出版社，1979 年。

307. 辜鴻銘著，黃興濤等編譯，《辜鴻銘文集》，海口：海南出版社，1996 年 10 月。

308. 項維新‧劉福增主編，《中國哲學思想論集》現代篇，臺北：牧童出版社，1978 年 1 月。

309. 馮友蘭，《三松堂全集》，鄭州：河南人民出版社，1985 年。

310. 馮友蘭，《中國哲學史新編》全 7 冊，臺北：藍燈文化，1991 年 12 月。

311. 馮桂芬著，戴揚本注，《校邠廬抗議》，鄭州：中州古籍出版社，1998 年 9 月。

312. 馮崇義，《羅素與中國——西方思想的一次經歷》，北京：三聯書店，1995 年 10 月。

313. 馮愛群編輯，《胡適之先生紀念集》，臺北：臺灣學生書局，1973 年。

314. 黃艾仁，《胡適與中國名人》，南京：江蘇教育出版社，1993 年。

315. 黃克武，《一個被放棄的選擇：梁啓超調適思想之研究》，臺北：中研院近史所，1994 年 2 月。

316. 黃克武，《自由的所以然:嚴復對約翰彌爾自由思想的認識與批判》，臺北：允晨文化公司，1998 年。

317. 黃克武、張哲嘉主編，《公與私：近代中國個體與群體之重建》，臺北：中研院近史所，2000 年。

318. 黃俊傑、福田殖主編，《東亞文化的探索——近代文化的動向》，臺北：正中書局，1996 年。

319. 黃興濤，《文化怪杰辜鴻銘》，北京：中華書局，1997 年 1 月。

320. 黃濬，《花隨人聖盦摭憶》，上海：上海古籍出版社，1983 年。

321. 新會梁氏藏，《梁任公（啓超）先生知交手札》收於《近代中國史料叢刊續編》第 10 輯，臺北縣，文海出版社，1974 年。

322. 楊克己編，《民國康長素先生有爲梁任公先生啓超師生合譜》，臺北：臺灣商務印書館，1982 年。

323. 楊承彬,《胡適》,臺北:臺灣商務印書館,1982 年。

324. 楊明,《現代儒學重構研究》,南京:南京大學出版社,2002 年 5 月。

325. 楊國榮,《王學通論——從王陽明到熊十力》,臺北:五南圖書出版公司,1997 年 9 月。

326. 楊樹達,《積微翁回憶錄》,上海:上海古籍出版社,1986 年。

327. 萬仕國編著,《劉師培年譜》,楊州,廣陵書社,2003 年 8 月。

328. 葉德輝,《觀古堂所著書》,臺北:藝文印書館,1971 年。

329. 葉德輝,《觀古堂文外集》收於《叢書集成續編·集部》,上海:上海書店出版社,1994 年。

330. 葛懋春,蔣俊編選,《梁啓超哲學思想論文選》,北京:北京大學出版社,1984 年 4 月。

331. 董德福,《梁啓超與胡適——兩代知識分子學思歷程的比較研究》,長春:吉林人民出版社,2004 年 1 月。

332. 鄒讜,《二十世紀中國政治:從宏觀歷史與微觀行動角度看》,香港:牛津大學出版社,1994 年。

333. 鄔昆如,《自由主義透視》,臺北:黎明文化事業公司,1979 年。

334. 鄔昆如等著,《五四運動與自由主義》,臺北縣:先知出版社,1975 年。

335. 寥炳惠主編,《回顧現代文化想像》,臺北:時報文化出版公司,1995 年。

336. 寥梅,《汪康年:從民權論到文化保守主義》,上海:上海古籍出版社,2001.12 年。

337. 實藤惠秀著,譚汝謙、林啓彥譯,《中國人留學日本史》,香港:中文大學,1982 年。

338. 廖平,《今古學考》,臺北:長安,1974 年。

339. 熊月之,《西學東漸與晚清社會》,上海:上海人民出版社,1995 年 4 月。

340. 趙元任,《趙元任早年自傳 1892～1921》,臺北:傳記文學,1984 年。

341. 趙德志,《現代新儒家與西方哲學》,瀋陽:遼寧大學出版社,1994 年。

342. 劉小楓,《儒家革命精神源流考》,上海:三聯書店,2001 年 9 月。

343. 劉邦富,《梁啓超哲學思想新論》,武漢:湖北人民出版社,1994 年 1 月。

344. 劉岳兵,《日本近代儒學研究》,北京:商務印書館,2003 年。

345. 劉青峰、岑國良編,《自由主義與中國近代傳統——「中國近現代思想的演變」研討會論文集》(上、下),香港:香港中文大學出版社,2002 年。

346. 劉述先,《新時代哲學的信念與方法》,臺北:臺灣商務印書館,1991 年 7 月。

347. 劉述先主編,《當代儒學論集:挑戰與回應》,臺北:中研院文哲所,1995

年 12 月。

348. 劉述先主編，《儒家思想與現代世界》，臺北：中研院文哲所，1997 年。

349. 劉述先等著，《當代新儒家人物論》，臺北：文津出版社，1994 年。

350. 劉師培，《劉師培全集》，北京：中共中央黨校，1997 年。

351. 劉師培，《劉師培辛亥前文選》，北京：三聯書店，1998 年 6 月。

352. 劉桂生、林啓彦等編，《嚴復思想新論》，北京：清華大學出版社，1999 年 10 月。

353. 劉清峰編，《胡適與現代中國文化轉型》，香港：中文大學出版社，1994 年。

354. 劉富本編著，《嚴復的富強思想》，臺北：文景出版社，1977 年 6 月。

355. 劉詒徵，《國史要義》，臺北：中華書局，1984 年。

356. 劉詒徵，《劬堂題跋》，臺北：華世，1996 年。

357. 劉澤華，張榮明等著，《公私觀念與中國社會》，北京：中國人民大學出版社，2003 年 12 月。

358. 劉嶽兵，《日本近代儒學研究》，北京：商務印書館，2003 年。

359. 廣東省中山圖書館，《館藏康有爲梁啓超資料目錄》，廣州：中山圖書館，1983 年。

360. 歐陽哲生，《自由主義之累——胡適思想的現代闡釋》，上海：上海人民出版社，1993 年 12 月。

361. 歐陽竟無，《孔學雜著》，濟南：山東人民出版社，1997 年 3 月。

362. 歐陽漸著，王雷泉編選，《悲憤而後有學——歐陽漸文選》，上海：上海遠東出版社，1996 年 5 月。

363. 蔣廷黻，《中國近代史》，上海：上海古籍出版社，2001 年 12 月。

364. 蔣夢麟，《西潮》，臺北：致良出版社，1990 年 12 月。

365. 蔣夢麟，《新潮》，臺北：致良出版社，1990 年 12 月。

366. 蔣夢麟，明立志等編，《蔣夢麟文化隨筆》，北京：中國青年出版社，2001 年。

367. 蔣廣學，《梁啓超和中國古代學術的終結》，南京：江蘇教育出版社，1998 年。

368. 蔡元培原著，《孑民自述》，南京：江蘇人民出版社，1999 年 3 月。

369. 蔡元培著，馬燕編，《蔡元培講演集》，石家莊：河北人民出版社，2004 年 1 月。

370. 蔡尚思，《蔡元培學術思想傳記：蔡元培與近代中國學術思想界》，板橋，蒲公英出版社，1986 年 8 月。

371. 蔡英文、張福建主編，《自由主義》，臺北：中研院社科所，2001 年。

372. 鄭世興，《梁啓超教育思想》，臺北：幼獅文化事業股份有限公司，1980
年 7 月。

373. 鄭匡民，《梁啓超啓蒙思想的東學背景》，上海：上海書店出版社，2003
年 10 月。

374. 鄭師渠，《晚清國粹派──文化思想研究》，北京：北京師範大學出版社，
1997.11 年。

375. 鄭振鐸編，《晚清文選》，上海：上海書店出版社，1964 年。

376. 鄭觀應著，《鄭觀應集》，上海：上海人民出版社，1982 年。

377. 鄭觀應著，王貽梁評注，《盛世微言》，鄭州：中州古籍出版社，1998 年
9 月。

378. 鄧志峰，《王學與晚明的師道復興運動》，北京：社會科學文獻出版社，
2004 年 1 月。

379. 鄧實編，《光緒壬寅（二八年）政藝叢書》收於《中國近代史料叢刊續編》
第 27 輯 267～270；第 28 輯 271～274；第 28 輯 275～280，臺北：文海
出版社，1976 年。

380. 魯迅，《魯迅小說史論文集──中國小說史略及其他》，臺北：里仁書局，
1994.11 年。

381. 黎仁凱，鍾康模著，《張之洞與近代中國》，保定：河北大學出版社，1999
年 8 月。

382. 蕭公權，《中國政治思想史》，臺北：聯經出版事業公司，1989 年。

383. 蕭公權原著，汪榮祖譯，《康有爲思想研究》，臺北：聯經出版事業公司，
1988 年 5 月。

384. 蕭公權等編，《近代中國思想人物論──社會主義》，臺北：時報文化出
版公司，1980 年。

385. 賴光臨，《梁啓超與近代報業》，臺北：臺灣商務印書館，1971 年。

386. 錢基博原著，劉夢溪主編，《經學通志》收入《中國現代學術經典·錢基
博卷》，石家莊：河北教育出版社，1996 年 10 月。

387. 錢穆，《師友雜憶》，臺北：東大圖書公司，1953 年。

388. 錢穆，《中國近三百年學術史》（上、下），臺北：臺灣商務印書館，1995
年。

389. 錢穆，《政學私言》，臺北：臺灣商務印書館，1996 年 4 月。

390. 錢穆，《錢賓四先生全集》，臺北：聯經出版事業公司，1998 年。

391. 鮑國順，《戴震研究》，臺北：國立編譯館，1997 年。

392. 鮑國順，《儒學研究集》，高雄，高雄復文圖書出版社，2002 年。

393. 鮑國順，《清代學術思想論集》，高雄：高雄復文圖書出版社，2002 年。

394. 戴震，《戴震全書》，合肥：黃山書社，1994 年。

395. 薛化元，《晚清「中體西用」思想論（1861～1900）：官定意識型態的西化理論》，板橋，稻鄉出版社，2001 年。

396. 謝國楨，《近代書院學校制度變遷考》收於《中國近代史料叢刊續編》第 64 輯 651,與《萬木草堂憶舊》《清季各省興學史》合刊，臺北：文海出版社，1979 年。

397. 鍾叔河，《走向世界：近代中國知識分子考察西方的歷史》，北京：中華書局，1985 年。

398. 羅志田，《再造文明之夢──胡適傳》，成都：四川人民出版社，1995 年。

399. 羅志田，《民族主義與近代中國思想》，臺北：東大圖書公司，1998 年 1 月。

400. 羅志田，《亂世潛流：民族主義與民國政治》，上海：上海古籍出版社，2001 年 10 月。

401. 羅志田，《裂變中的傳承：20 世紀前期的中國文化與學術》，北京：中華書局，2003 年。

402. 羅志田，《國家與學術：清季民初關於"國學"的思想爭論》，北京：三聯書店，2003 年 1 月。

403. 羅志田主編，《20 世紀的中國：學術與社會·史學卷》（上下），濟南：山東人民出版社，2001 年 1 月。

404. 羅爾綱，《師門五年記·胡適瑣記》，香港：三聯書店，1994 年 7 月。

405. 羅檢秋，《近代諸子學與文化思潮》，北京：中國社會科學出版社，1998 年 6 月。

406. 嚴復著，王栻主編，《嚴復集》，北京：中華書局，1986 年。

407. 嚴復著，王慶成、葉文心、林載爵編，《嚴復合集》，臺北：辜公亮文教，1998 年。

408. 蘇力，賀衛方主主編，《20 世紀的中國：學術與社會·法學卷》，濟南：山東人民出版社，2001 年 1 月。

409. 蘇輿，《翼教叢編》，上海：上海書店出版社，2002 年 1 月。

410. 顧昕，《中國啓蒙的歷史圖景》，香港：牛津大學出版社，1992 年。

411. 顧炎武原著，黃侃、張繼校刊，《原抄本日知錄》，臺北：臺灣明倫，1979 年。

412. 龔自珍，《龔自珍全集》，上海：上海古籍出版社，1999 年 6 月。

三、外文書目

1. Alsdair, MacIntyre, *After Virtue,,* London: Duckworth Press, 1985

2. Alsdair, MacIntyre, *Whose Justice? Which Rationality?,,* Notre Dame:University of Notre Dame Press, 1988

3. Bell, Daniel A., *East Meets West: Human Rights and Democracy in East Asia,,* Princeton: Princeton U.P., 2000

4. Bellamy, Richard, *Liberalism and Modern Society,,* Cambridge:Polity Press, 1992

5. Berlin, Isaiah, *Four Essays on Liberty,,* Oxford:Oxford U.P., 1969

6. Berlin, Isaiah

7. Edited by Hardy, Henry, *Against The Current: Essays in the History of Ideas,,* Oxford:Oxford U.P., 1981

8. Bousfield, Ann, *The Relationship Between Liberalism and Conservatism: Parasitic, Competitive, or Symbiotic?,,* Vermont: Ashgate Press, 1999

9. Buckle, Henry Thomas, *History of Civilization in England,,* Toronto : Rose-Belford Press, 1878

10. Burke, Edmund, *Reflections on The Revolution in France,,* Harmondsworth: Penguin Press, 1969

11. Cecil, Andrew R., *Moral Values in Liberalism and Conservatism,,* Dallas : University of Texas at Dallas ; Austin : Distributed by the University of Texas Press, 1995

12. Collini, Stefan, *Public Moralists: Political Thought and Intellectual Life in Britan1850〜1930,,* Oxford:Oxford U.P., 1991

13. Deutsch, Eliot （ed）, *Culture and Modernity: East-West Philosophic Perspectives,,* Hawaii:University of Hawaii U.P., 1991

14. Dewey, John;

15. Editedby Jo Ann Boydston, *The Early Works 1882〜1898*

16. *The Later Works 1882〜1898*

17. *The Middle Works 1899〜1924,,* Carbondale:

18. Southern Illinois University, 1976〜1983,1981〜1990,1976〜1983

19. Duara, Prasenjit, *Restructing History from the Nation: Questioning Narratives of Modern China,,* Chicago: The University of Chicago Press, 1995

20. Eisenach, Eldon J., *Two Worlds of Liberalism: Religion and Politics in Hobbes, Locke, and Mill,,* Chicago: University of Chicago U.P.,_1981

21. Eisenach, Eldon J., *Mill and The Moral Character of Liberalism,,* University Park: Pennsylvania State University Press, 1998

22. Foot, Philippa（ed）, *Theories of Ethics,,* Oxford:Oxford U.P., 1967

23. Fukuyama, Francis, *The End of History and The Last Man,,* New York: Free Press, 1992

24. Fukuyama, Francis, *The Great Disruption: Human Nature and Reconstitution of Social Order,,* New York: Free Press, 1999

25. Fukuyama, Francis, *Trust: The Social Virtues and The Creation of Prosperity,,* New York: Free Press, 1995

26. Galston, William, "Value Pluralism and Political Liberalism", Report from The Institute for *Philosophy And Public Policy,,,* Volume16,No.2, http://www.puaf.umd.edu,ippp,galston.htm 30/11/97, Spring.1996

27. Gold, Thomas B., "The Resurgence of Civil Society in China", *Journal of Democracy,,,* Vol.1, No.1, Winter 1990

28. Gray, John, *Liberalism,,* Milton Keynes:Open U.P., 1986

29. Gray, John, *Post-Liberalism,,* London:Routledge, 1993

30. Green, T. H.,

31. Nicholson, Peter　（ed）, *Collected Works of T. H. Green,,* Thoemmes Press, 1997

32. Hamburger, Joseph, *John Stuart Mill on Liberty and Control,,* N.J.: Princeton U.P., 1999

33. Hayek, Feiedrich A. Von, *Individualism and The Economic Order,,* London: Routledge, 1974

34. Hayek, Feiedrich A. Von, *The Constitution of Liberty,,* London: Routledge & Kegan Paul, 1960

35. Hayek, Feiedrich A. Von, *The Road to Serfdom,,* London: Routledge, 1944

36. Himmelfarb, Gertrude, *On liberty and liberalism : The case of John Stuart Mill。,,* California: ICI Press　　, 1990

37. Hobbes, Thomas：Molesworth, William（ed）, *The Collected Works of Thomas Hobbes,,* Routledge:Thoemmes Press, 1992

38. Hobhouse, L. T, *Liberalism and Other Writings,,* Cambridge: Cambridge U.P., 1994

39. Hobhouse, L. T., *Morals in Evolution: A Study In Comparative Ethics,,* New York: H. Holt Press, 1969

40. Hofstadter, Richard, *Anti-Intellectualism in American Life,,* New York:Alfred A. Knopf Press, 1969 Fifth

41. Jessop, Bob, *Traditionalism Conservatism and British Political Culture,,* London:George Allen & Unwin, 1974

42. Kant, Immanuel, *Kant Political Writings,,* Cambridge U.P., 1991

43. Keenan, Barry, *The Dewey Experiment in China: Educational Reform and Political Power In The Early Republic,,* Cambridge, Mass.: Council on East

Asian Studies, Harvard U.P., 1977

44. Levenson, Joseph R., *Confucian China and Its Modern Fate: A Triology,,* Berkeley & LA:University of California Press, 1972

45. Locke, John, *An Essay Concerning Human Understanding,,* Oxford: Clarendon, 1979

46. Locke, John, *Essays on the Law of Nature,,* Oxford:Clarendon, 1988

47. Locke, John, *The Works of John Locke,,* New York:Clarendon, 1999

48. Lubot, Eugine, *Liberalism in an Illiberal Age,,* Westport:Greenwood, 1982

49. Manning, D. J., *Liberalism,,* London:J. M. Dent & Sons's, 1976

50. Matthew Festenstein, *Pragmatism and Political Theory,,* Cambridge:Polity, 1997

51. Menand, Louise, *Pragmatism,,* New York: Random House press, 1997

52. Middendorp, C. P., *Progressiveness and Conservatism,,* London:The Trinity, 1978

53. Mill, John Stuart

54. Edited by Gray, John, *On Liberty and Other Essay,,* New York:Oxford U.P., 1991

55. Miller, David, *On Nationality,,* New York:Clarendon, 1995

56. Nettleship, R. L., *Memoir of Thomas Hill Green,,* Thoemmes Press, 1993

57. Oakeshott, Michael Joseph, *Morality and Politics in Modern Europe: The Harvard Lectures,,* New Haven:Yale U.P., 1933

58. Oakeshott, Michael Joseph, *Morality and Politics in Modern Europe,,* New Haven: Yale U.P., 1993

59. Oakeshott, Michael Joseph, *On Human Conduct,,* Oxford: Clarendon Press, 1975

60. Rankin, Mary B., *Elite Activism and Political Trasformation in China:Zhejiang Province 1865~1911,,* Stanford: Stanford University Press,, 1986

61. Rankin, Mary B., "Some Observation on a Chinese Public Sphere" *Modern China,,* Vol.19, No.2, April 1993

62. Rawls, John, *A Theory of Justice,,* Oxford: Oxford U.P., 1972

63. Rawls, John, *Lectures on The History of Moral Philosophy,,* Havard U.P., 2000

64. Richter, Melvin, *The Politics of Conscience,,* Thommes Press, 1996

65. Robson, John, "Civilization and Culture as Moral Concepts", In John Skorupski （Ed）*The Cambridge Companion To Mill,,* Cambridge：Cambridge U.P., 1998

66. Robson, John, *The Improvement of Mankind: The Social and Political Thought of John Stuart Mill,,* Toronto:The University of Toronto Press, 1968

67. Rorty, Richard, *Contingency, Irony and Solidarity,,* Cambridge:Cambridge

U.P., 1989

68. Rorty, Richard, *Objectivity, Relativism and Truth,,* Cambridge:Cambridge U.P., 1991

69. Roth, Robert J, *Radical Pragmatism: An Alternative,,* New York: Fordham U.P., 1998

70. Rowe, William T., "The Problem of 'Civil Societey'in late Imperial China", *Modern China,,,* Vol.19, No.2, April 1993

71. Ryan, Alan, *John Dewey and The High Tide of American Liberalism,,* New York: W. W. Norton Press, 1995

72. Seaton, James, *Cultural Conservatism, Political Liberalism,,* Ann Arbor: The University of Michigan U.P., 1996

73. Steele, Valerie, *China Chic: East Meets West,,* New Haven, Conn.: Yale U.P., 1999

74. Strand, David, *Rickshaw Beijing: City People and Politics in the 1920s.,,* Berkeley: University of California Press, 1989

75. Tang, Xiaobing, *Global Space and The Nationalist Discourse of Modernity: The Historical Thinking of Liang Qichao,,* Stanford, Calif. : Stanford U.P., 1996

76. Taylor, Charles, *Philosophical Papers Volume 2; Philosophy and the Human Sciences,,* Cambridge: Cambridge U.P., 1985

77. Taylor, Charles, *Source of The Self: The Making of The Modern Identity,,* Cambridge: Harvard U.P., 1989

78. Taylor, Charles, "Modes of Civil Society", *Public Cultures,,* , vol.3, no.1, 1, Fall.1990

79. Wallerstein, Immanuel, *Unthinking Social science: the Limits of Nineteenth-century Paradigms,,* Philadelphia: Temple University Press, 2001

80. Weber, Max;
Parsons, Talcott（ed）, *The Theory of Social and Economic Organization,* ,, New York : Free Press, 1964

81. Welchman, Jennifer, *Dewey's Ethical Thought,,* New York: Cornell U.P., 1995

82. 石山敬雄，〈明治初期の道德教育について〉,《倫理學年報》第 7 期，1958 年 3 月

83. 林毓生，*The Crisis Of Chinese Consciousness*，Madison:The University of Wisconsin，1979 年

84. 家永三郎，《日本道德思想史》，東京：岩波書店，1954 年

85. 백영서（白永瑞），『동아시아의　　　귀환:중국의　　　근대성을 묻는다』（回歸東亞：試問中國近代性），서울:창작과비평사，2000 年 11 月

86. 鈴木修次,『文明のことば』,廣島：文化評論出版社,1981 年

87. 이혜경,『천하관과 근대화론:양계초를 중심으로』（天下觀和近代化論：以梁啓超爲中心）,서울:문학과지성사,2002 年

88. 정용화,『문명의 정치사상:유길준과 근대한국』（文明政治思想：俞吉濬與近代韓國）,서울:문학과지성사,2004 年

89. 福澤諭吉,『西洋事情』,東京都：慶應義塾大學,2002 年

四、翻譯書籍

1. Adler, Alfred,周郎,《生命對你意味著什麼》,北京：國際文化,2000 年 10 月。

2. Alexander, Jeffrey C.等編,吳潛誠編,《文化與社會》,新店：立緒文化,1998 年 3 月。

3. Alitto , Guy S. 艾愷,《文化守成主義論──反現代文化思潮的剖析》,臺北：時報文化出版公司,1986 年。

4. Allison, H. E ,陳虎平,《康德的自由主義》,瀋陽：遼寧教育出版社,2001 年 9 月。

5. Anderson, Benedict,吳叡人,《想像的共同體：民族主義的起源與散步》,臺北：時報文化出版公司,1999 年。

6. Babbitt, Irving 白璧德,孫宜學,《盧梭與浪漫主義》,石家莊：河北教育出版社,2003 年 8 月。

7. Bary, William. Teodore de,何兆武,《東亞文明──五個階段的對話》,南京：江蘇人民出版社,1996 年 8 月。

8. Bauman, Zygmunt,楚東平,《自由》,臺北：桂冠圖書公司,1992 年。

9. Baurmann, Michael （德）,肖君等,《道德的市場》,北京：中國社會科學出版社,2003 年 6 月。

10. Benedict , Ruth,何錫章、黃觀,《文化模式》,北京：京華,2000 年 10 月。

11. Bentham, Jeremy,時殷弘,《道德與立法原理導論》,北京：商務印書館,2000 年。

12. Berlin , Isaih 等著,楊孝明,《以撒‧柏林對話錄：思想的瀚海》,臺北：正中書局,1994 年。

13. Brokaw, Cynthia. J.,杜正貞、張林,《功過格：明清社會道德秩序》,杭州,浙江人民出版社,1999 年 9 月。

14. Burke , Edmund，何兆武等，《法國大革命反思》，香港：牛津大學出版社，1996 年。

15. Cassirer, Ernst，甘陽，《人論》，臺北：桂冠圖書公司，1997 年 11 月。

16. Charles Taylor，徐文瑞，《黑格爾與現代社會》，臺北：聯經出版事業公司，1999 年 8 月。

17. Cohen , Paul A.，林同奇，《在中國發現歷史：中國中心觀在美國的興起》，臺北縣：稻鄉出版社，1991 年。

18. Cohen , Paul A.，雷頤、羅檢秋，《在傳統與現代性之間──王韜與晚清改革》，南京：江蘇人民出版社，1995 年 3 月。

19. Collingwood, R. G.，陳明福，《柯靈烏自傳》，臺北：故鄉，1985 年 3 月。

20. Crick, Bernard，蔡鵬鴻等，《社會主義》，臺北：桂冠圖書公司，1994 年。

21. D.布迪、C.莫里斯，朱勇，《中華帝國的法律》，南京：江蘇人民出版社，1995 年 8 月。

22. Dahl, Robert A.，顧昕等，《民主理論的前言》，香港：牛津大學出版社，1995 年。

23. David Gellner，李金梅，《國族主義》，臺北：聯經出版事業公司，2001 年。

24. Davis, Michael C.編，鄧文正，《人權與中國價值觀：從法律、哲學和政治觀點看》，香港：牛津大學出版社，1997 年。

25. Dewey, John，許崇清，《哲學之改造》，臺北：臺灣商務印書館，1994 年。

26. Dewey, John，胡適、唐擘黃，《哲學的改造》，合肥市，安徽教育出版社，1999 年。

27. Dewey, John，鄒恩潤，《民本主義與教育》，臺北：臺灣商務印書館，1988 年。

28. Dewey, John，吳俊升，《自由與文化》，臺北：正中書局，1953 年 10 月。

29. Dewey, John，胡適口譯，《杜威五大講演》，合肥：安徽教育出版社，1999 年 9 月。

30. Dewey, John，袁剛等編，《民治主義與現代社會：杜威在中華講演集》，北京：北京大學出版社，2004 年 8 月。

31. Dikötter, Frank，楊立華，《近代中國之種族觀念》，南京：江蘇人民出版社，1999 年 9 月。

32. Elman, Benjamin A.，趙剛，《從理學到樸學：中華帝國晚期思想與社會變化面面觀》，南京：江蘇人民出版社，1995 年 9 月。

33. Elman, Benjamin A.，趙剛，《經學、政治和宗教──中華帝國晚期常州今文學派研究》，南京：江蘇人民出版社，1998 年 3 月。

34. Faulks, Keith，黃俊龍，《公民身份》，臺北：巨流，2003 年。

35. Fryer, John（傅蘭雅），應祖錫筆述，《佐治芻言》，上海：上海書店出版社，2002 年 1 月。

36. Gray, John，傅鏗、姚欣榮，《自由主義》，臺北：桂冠圖書公司，1991 年。

37. Grieder , Jerome B.，魯奇，《胡適與中國的文藝復興：中國革命中的自由主義》，南京：江蘇人民出版社，1996 年。

38. Grieder, Jerome B.，張振玉，《胡適之評傳》，海口：南海出版社，1992 年。

39. Habermas, Jürgen，劉北成，《合法化危機》，臺北：桂冠圖書公司，1994 年。

40. Hansen, Valerie，包偉民，《變遷之神：南宋時期的民間信仰》，杭州，浙江人民出版社，1999 年 9 月。

41. Hatch, Elvin ，于嘉雲，《文化與道德：人類學中價值觀的相對性》，臺北：時報文化出版公司，1994 年。

42. Hayek, Feiedrich A. Von，鄧正來，《不要命的自負》，臺北：遠流出版社，1995 年 3 月。

43. Hayek, Feiedrich A. Von，鄧正來，《自由秩序原理》（上、下），北京：三聯書店，1997 年 12 月。

44. Hegel, G. W. F，范揚、張企泰，《法哲學原理》，北京：商務印書館，1996 年 8 月。

45. Hegel, G. W. F，賀麟、王大慶，《哲學史講演錄》4 冊，北京：商務印書館，1997 年 2 月。

46. Hegel, G. W. F，《精神現象學》（上、下），北京：商務印書館，1997 年 3 月。

47. Hegel, G. W. F，王造時，《歷史哲學》，上海：上海書店出版社，2001 年 8 月。

48. Hobhouse, Leonard R.，朱曾汶，《自由主義》，北京：商務印書館，1996 年 9 月。

49. Hobsbawm , Eric J.，李金梅，《民族與民族主義》，臺北：麥田，1998 年 2 月。

50. James , William，《實用主義》，北京：商務印書館，1989 年 10 月。

51. Janoski. T. 亞諾斯基，柯雄，《公民與文明社會》，瀋陽：遼寧教育出版社，2000 年 10 月。

52. Jasay, Anthony de，陳茅等，《重申自由主義：選擇、契約、協議》，北京：

中國社會科學出版社，1997 年。

53. Jenkins, Keith，賈士蘅，《歷史的再思考》，臺北：麥田，1997 年 11 月。

54. Kant, Immanuel 康德，苗力田，《道德形而上學原理》，上海：上海人民出版社，2002 年。

55. Kant, Immanuel 康德，韓水法，《實踐理性批判》，北京：商務印書館，2003 年。

56. Kendrick, S. 等編，王幸慧等，《解釋過去了解現在》，臺北：麥田，1997 年 11 月。

57. Lentricchia, Frank 等著，張京媛等，《文學批評術語》，香港：牛津大學出版社，1994 年。

58. Lessnoff, Michael H，楊慧玲，《當代政治哲學巨擘》，臺北：韋伯文化，2001 年。

59. Levenson, Joseph R.，劉偉等，《梁啓超與中國近代思想》，新店：谷風出版社，1987 年 9 月。

60. Levenson, Joseph R.，鄭大華等，《儒教中國及其現代命運》，北京：中國社會科學出版社，2000 年 5 月。

61. Lind , Peter，關向光，《馬庫色的自由理論》，臺北：遠流出版社，1994 年 9 月。

62. Loon, Hendrik Willem Van，宋桂煌，《寬容》，臺北：遠流出版社，1989 年 12 月。

63. Macintyre, Alsdair C.，龔群等，《德性之後》，北京：中國社會科學出版社，1997 年 7 月。

64. Metzger, Thomas A.，顏世安等，《擺脫困境——新儒學與中國政治文化的演進》，南京：江蘇人民出版社，1996 年 2 月。

65. Mill, John Stuart，嚴復，《群己權界論》，臺北：商務印書館，1966 年。

66. Mill, John Stuart，鄭學稼，《自由論》，臺北：文星書店，1960 年 1 月。

67. Montesquieu，張雁深，《論法的精神》，臺北：臺灣商務印書館，1998 年。

68. Nash, Kate，林庭瑤，《當代政治社會學：全球化、政治與權力》，臺北：韋伯文化，2001 年 4 月。

69. Nietzsche, Friedrich，《歷史的用途與濫用》，上海：上海人民出版社，2000 年 9 月。

70. Nisbet, Robert，邱辛曄，《保守主義》，臺北：桂冠圖書公司，1992 年。

71. Oei, Lee Tjiek，徐秋珍，《杜威工具主義對胡適人類哲學的影響》，臺北：成文出版社，1977 年。

72. Rather, Joseph 選編，《杜威哲學》，臺北：教育部，1979 年。

73. Rawls, John，何懷宏等，《正義論》，北京：中國社會科學出版社，1997年 10 月。

74. Rawls, John，張國清，《道德哲學史講義》，上海：上海三聯書店，2003年 4 月。

75. Reynolds, Douglas R，李仲賢，《新政革命與日本——中國，1898～1912》，南京：江蘇人民出版社，1998 年 3 月。

76. Rorty, Richard，徐文瑞，《偶然、反諷與團結》，臺北：麥田，1998 年 4月 1 日。

77. Rorty, Richard，李幼蒸，《哲學和自然之境》，臺北：桂冠圖書公司，2001年 1 月。

78. Russell, Bertrand 羅素著，《西方哲學史》（上、下），臺北：五南圖書出版公司，1984～5 年。

79. Said , Edward W.，蔡源林，《文化與帝國主義》，新店：立緒文化，2001年 10 月。

80. Schwartz , Benjamin 編，《近代中國思想人物論——自由主義》，臺北：時報文化出版公司，1980 年。

81. Schwartz, Benjamin，葉風美，《尋求富強：嚴復與西方》，江蘇，江蘇人民出版社，1989 年 1 月。

82. Sen, Amartya，劉楚俊，《倫理與經濟》，臺北：聯經出版事業公司，2000年 4 月。

83. Smith, Adam，蔣自強等，《道德情操論》，北京：商務印書館，1997 年。

84. Teiser, Stephen F.，侯旭東，《幽靈的節日》，杭州，浙江人民出版社，1999年 9 月。

85. Tocqueville, Alexis De，秦修明等，《民主在美國》，臺北：貓頭鷹，2000年。

86. Tocqueville, Alexis De，馮裳，《舊制度與大革命》，香港：牛津大學出版社，1994 年。

87. Wallerstein, Immanuel，劉健芝等譯，《學科·知識·權力》，北京：三聯書店，1999 年 3 月。

88. Walter, Ann，曹南來，《煙火接續：明清的收繼與親族關係》，杭州，浙江人民出版社，1999 年 9 月。

89. Watkins, Frederick 著，李豐斌，《西方政治傳統——近代自由主義之發展》，臺北：聯經出版事業公司，1999 年。

90. Whitehead, Alfred North，傅佩榮，《科學與現代世界》，新店：立緒文化，2000 年。

91. Williams, Raymond，劉建基，《關鍵詞：文化與社會的詞彙》，臺北：巨流，2003 年。

92. 丸山眞男，林明德，《現代政治的思想與行動：兼論日本軍國主義》，臺北：聯經出版事業公司，1984 年。

93. 丸山眞男，區建英，《日本近代思想家福澤諭吉》，北京：世界知識出版社，1997 年。

94. 丸山眞男，王中江，《日本政治思想史研究》，北京：三聯書店，2000 年1 月。

95. 李維，譚振球，《哲學與現代世界》，臺北：志文出版社，1995 年 6 月。

96. 村瀨裕也，王守華等，《戴震的哲學——唯物主義和道德價值》，濟南：山東人民出版社，1984 年 11 月。

97. 周策縱，周子平等，《五四運動：現代中國的思想革命》，南京：江蘇人民出版社，1996 年 12 月。

98. 韋森，《經濟學與倫理學：探尋市場經濟的倫理緯度與道德基礎》，上海：上海人民出版社，2002 年。

99. 狹間直樹編，《梁啓超‧明治日本‧西方》，北京：社會科學文獻出版社，2001 年 3 月。

100. 郭穎頤著，雷頤 譯，《中國現代思想中的唯科學主義》，南京：江蘇人民出版社，1995.8 年。

101. 野村浩一，張學鋒，《近代日本的中國認識》，北京：中央編譯出版社，1999 年 4 月。

102. 愛彌爾‧涂爾干，《實用主義與社會學》，上海：上海人民出版社，2000 年 9 月。

103. 福澤諭吉，馬斌，《福澤諭吉自傳》，北京：商務印書館，1995 年。

104. 福澤諭吉，《文明論概略》，北京：商務印書館，1997 年。

105. 福澤諭吉，群力，《勸學篇》，北京：商務印書館，1996 年。

106. 赫胥黎原著，嚴復，《天演論》，臺北：臺灣商務印書館，1987 年 10 月。

107. 鄭順佳，郭偉聯，《唐君毅與巴特：一個倫理學的比較》，香港：三聯書店，2002 年 4 月。

五、單篇論文

《中央研究院近代史研究所研究集刊》——《中研院近史所集刊》

《中央研究院歷史語言研究所研究集刊》——《中研院史語所集刊》

《今日教育》台灣師範大學——《今日教育》

《史學會刊》東海大學——《史學會刊》東海
《史學會刊》臺灣師範大學——《史學會刊》師大
《歷史學系學報》台灣大學——《歷史學系學報》
《中國文哲研究通訊》——《文哲研究通訊》

1. Colin Sparks,〈全球的傳播‧全球的權力〉,《當代》,第 137 期,1999 年 1 月 1 日,89～99。

2. 文思慧,〈集體下的個人——自由主義與非自由主義傳統的探索〉,《鵝湖學誌》,第 2 期,1988 年 12 月,123～133。

3. 毛丹,〈陳獨秀的民主神話及其思想資源〉,《二十一世紀》,第 24 期,1994 年 8 月,40～47。

4. 毛鑄倫,〈西方的家務事——自由主義與保守主義之爭〉,《自由青年》,第 70 卷 4 期,1983 年 1 月,17～19。

5. 王中江,〈全盤西化與本位文化論戰〉,《二十一世紀》,第 8 期,1991 年 12 月,39～45。

6. 王中江,〈福澤諭吉和張之洞的《勸學篇》〉,《二十一世紀》,第 14 期,1992 年 12 月,27～36。

7. 王中江,〈合法性的知識和價值尺度——中國近代的「公理」訴求及其泛化效應〉,《中國研究月刊》,3 卷 5 期總 29 期,1997 年 8 月,2～10。

8. 王玉華,〈章太炎的道德、宗教思想（上）〉,《孔孟月刊》,第 37 卷 2 期,1998 年 10 月,29～35。

9. 王玉華,〈章太炎的道德、宗教思想（下）〉,《孔孟月刊》,第 37 卷 3 期,1998 年 11 月,35～42。

10. 王汎森,〈從傳統到反傳統〉,《當代》,第 13 期,1987 年 5 月,44～57。

11. 王汎森,〈傅斯年對胡適文史觀點的影響〉,《漢學研究》,第 14 卷 1 期,1996 年 6 月,177～193。

12. 王汎森,〈清末的歷史記憶與國家建構——以章太炎爲例〉,《思與言》,第 34 卷 3 期,1996 年 9 月,1～18。

13. 王汎森,〈中國近代思想的傳統因素——兼論思想的本質與思想的功能〉,《學人》,第 12 輯,1997 年 10 月,1～28。

14. 王汎森,〈近代知識份子自我形象的轉變〉,《台大文史哲出版社學報》,第 56 期,2002 年 5 月,1～27。

15. 王芝芝,〈十九世紀歐陸的自由主義〉,《中國歷史學會史學集刊》,第 8 期,191987 年 5 月,349～376。

16. 王芝芝,〈論十九世紀英國自由主義的發展〉,《歷史學系學報》,第 3 期,

1976 年 5 月，381～408。

17. 王俊中，〈救國、宗教抑哲學？──梁啓超早年的佛學觀及其轉折（1821～1912）〉，《中國歷史學會史學集刊》，第 31 期，1999 年 6 月，93～116。

18. 王爲鐵，〈個人主義底比較研究〉，《黃埔月刊》，第 263 期，1974 年 3 月，11～12。

19. 王紹光，〈「保守」與「保守主義」〉，《二十一世紀》，第 12 期，1992 年 6 月，135～138。

20. 王晴佳，〈錢穆與科學史學之離合關係 1926～1950〉，《台大歷史學報》，第 26 期，2000 年 12 月，121～150。

21. 王晴佳，〈中國近代「新史學」的日本背景──清末的「史界革命」和日本的「文明史學」〉，《臺大歷史學報》，第 32 期，2003 年 12 月，191～236。

22. 王翔，〈民族主義在近代農村〉，《二十一世紀》，第 15 期，1993 年 2 月，16～21。

23. 王暉，〈承認的政治、萬民法與自由主義的困境〉，《二十一世紀》，第 42 期，1997 年 8 月，4～18。

24. 王煜，〈嚴復之師吳汝綸的西學〉，《華學月刊》，第 88 期，1979 年 4 月.21，10～21。

25. 王熙元，〈中西文化與社會變遷〉，《中原文獻》，第 21 卷 3 期，1989 年 7 月，18～27。

26. 王爾敏，〈清季知識分子的自覺〉，《中研院近史所集刊》，第 2 期，1971 年 6 月，1～46。

27. 王爾敏，〈中國近代之自強與求福〉，《中研院近史所集刊》，第 9 期，1980 年 7 月，1～23。

28. 王遠義，〈看「五四」論胡適〉，《中國論壇》半月刊，第 183 期，1983 年 5 月 10 日，26～31。

29. 王遠義，〈儒學與馬克思主義：析論梁漱溟的歷史觀〉，《台大文史哲出版社學報》，第 56 期，2002 年 5 月，145～196。

30. 王德威，〈魯迅之後──五四小說傳統的繼起者〉，《當代》，第 13 期，1987 年 5 月，35～43。

31. 王潤華，〈重新認識魯迅〉，《二十一世紀》，第 12 期，1992 年 8 月，107～116。

32. 王震邦，〈台灣近三十年來的胡適研究（專論類專著部分）〉，《國文天地》，第 6 卷 10 期，1991 年 3 月，107～111。

33. 王曉明，〈敵我意識的陷阱〉，《二十一世紀》，第 12 期，1992 年 8 月，117～120。

34. 丘金成，〈自由主義與民權主義的比較〉，《憲政評論》，第 20 卷 1 期，1982 年 1 月，3～9。

35. 丘為君，〈批判的漢學與漢學的批判：章太炎對考據學的反省及對戴震漢學的闡釋〉，《清華學報》，新 29 卷 3 期，88 年 9 月，321～364。

36. 丘為君，〈梁啟超的戴震研究——動機、方法、與意義〉，《東海學報》，35 卷，1994 年 7 月，61～85。

37. 丘為君，〈清代思想史「研究典範」的形成、特質與意涵〉，《清華學報》，新 24 卷 4 期，1994 年 12 月，451～494。

38. 甘麗珍，〈試述胡適之先生整理我國故有文化的方法論〉，《史苑》，第 32 期，1979 年 5 月，8～16。

39. 石學勝，〈胡適陳獨秀有關「新青年」存在問題來往書信〉，《傳記文學》，第 59 卷 6 期，1991 年 12 月，89～91。

40. 伍曉明，〈二十世紀中國文化在西方面前的自我意識〉，《二十一世紀》，第 14 期，1992 年 12 月，102～112。

41. 仲維光，〈尊重個人超越一切的自由主義知識分子——巴柏和薩卡洛夫〉，《當代》，第 116 期，1995 年 12 月.1，132～143。

42. 朱浤源，〈再論孫中山的民族主義〉，《中研院近史所集刊》，第 22 期上，1993 年 6 月，325～326。

43. 江金太，〈個人主義與集體主義：初論盧梭〉，《國立政治大學學報》，第 40 期，1979 年 12 月，1～34。

44. 羊滌生，〈中西文化的接觸、交融與中國哲學〉，《中國文化月刊》，第 165 期，1993 年 7 月，85～98。

45. 艾愷，〈世界文化會變至儒家化的文化嗎？〉，《二十一世紀》，第 33 期，1996 年 2 月，102～105。

46. 亨廷頓，〈文明的衝突？〉，《二十一世紀》，第 19 期，1993 年 10 月，5～21。

47. 何信全，〈當代儒家對自由主義的回應〉，《當代》，第 137 期，1999 年 1 月 1 日，104～115。

48. 何冠彪，〈論章炳麟對黃宗羲與王夫之的評價——兼論章炳麟自述少年事蹟的可信性〉，《國立編譯館館刊》，第 25 卷 1 期，1996 年 6 月，201～216。

49. 余英時，〈在論中國現代思想中的激進與保守——答姜義華先生〉，《二十一世紀》，第 10 期，1992 年 4 月，143～149。

50. 余英時，〈嚴復與中國古典文化（上、下）〉，《聯合報》，（1999 年 7 月 11 日～1999 年 7 月 12 日）。

51. 余書麟，〈自由主義國家國民教育制度之比較〉，《國教世紀》，第 10 卷 9

期，1975 年 3 月，2～12。

52. 吳俊升，〈杜威的知識論〉，《學術季刊》，第 3 期。

53. 吳展良，〈學問之入與出：錢賓四先生與理學〉，《台大歷史學報》，第 26 期，2000 年 12 月，63～98。

54. 吳展良，〈嚴復的「物競天擇」說析論〉，《台大文史哲出版社學報》第 56 期，2002 年 5 月，69～94。

55. 吳森，〈個人主義與中國社會〉，《海外學人》，第 61 期，1977 年 7 月，21～27。

56. 吳銘能，〈梁啟超對國學的新解——兼談梁氏肯定中國文化價值的心路歷程〉，《鵝湖》，第 21 卷 6 期，1995 年 12 月，49～56。

57. 呂文浩，〈議政型自由主義一例：潘光旦〉，《二十一世紀》，第 34 期，1996 年 4 月，69～78。

58. 呂世昌，〈民族主義與梁啟超政治思想〉，《三民主義學報》，第 21 期，2000 年 9 月，15～35。

59. 呂實強，〈中國近代史的研究及其問題〉，《新時代》，第 16 卷 11 期，191987 年 11 月，63～65。

60. 呂實強，〈自強運動時期的維新與保守〉，《復興剛學報》，第 12 期，1974 年 9 月，141～146。

61. 呂實強，〈現代化問題與歷史研究〉，《史學會刊》師大，第 13 期，1975 年 1 月，6～8。

62. 呂實強，〈五四愛國運動形成因素及其本質之探討〉，《史學會刊》師大，第 23 期，1979 年 12 月，5～8。

63. 呂實強，〈儒家不朽觀念與現代化〉，《中華文化復興月刊》，第 15 卷 11 期，1982 年 11 月，93～102。

64. 呂實強，〈論洋務運動的本質〉，《中研院近史所集刊》，第 20 期，1991 年 6 月，71～89。

65. 呂實強，〈評「胡適傳」〉，《國史館館刊》，第 11 期，1991 年 12 月，261～288。

66. 李永熾，〈近代日本的自由主義經濟思想〉，《歷史學系學報》，第 2 期，1975 年 6 月，209～240。

67. 李永熾，〈中江兆民與「民約論」〉，《當代》，第 43 卷 160 期，2001 年 12 月，102～119。

68. 李宇平，〈試論梁啟超的反通貨膨脹言論〉，《中研院近史所集刊》，第 20 期，1991 年 6 月，183～199。

69. 李孝悌，〈評介貫祖麟著「中國近代的知識份子與國家」〉，《中研院近史

所集刊》，第 12 期，1983 年 6 月，415～423。

70. 李良玉，〈激進、保守與知識分子的責任〉，《二十一世紀》，第 12 期，1992 年 6 月，132～134。

71. 李承貴，〈「德」「智」之間——由德智關係的歷使嬗變看傳統道德的現代走向〉，《哲學與文化》，第 26 卷 2 期，1999 年 2 月，128～139。

72. 李明輝，〈由「內聖」向「外王」的轉折——現代新儒家的政治哲學〉，《中國文哲研究集刊》，第 23 期，2003 年 9 月，337～350。

73. 李林，〈還「問題與主義」之爭的本來面目〉，《二十一世紀》，第 8 期，1991 年 12 月，21～26。

74. 李金強，〈香港「五四運動七十週年紀念國際學術會議」〉，《近代中國史研究通訊》，第 8 期，1989 年 9 月，8～13。

75. 李金強，〈國共兩黨之外曾琦及其《國體與青年》〉，《二十一世紀》，第 15 期，1993 年 2 月，38～43。

76. 李朝津，〈章太炎的民族主義：中國近代自由民族主義典範形成初探〉，《臺灣社會研究季刊》，第 21 期，1996 年 1 月，171～216。

77. 李朝津，〈論清末學術中經學與史學的交替——章太炎民族史學的形成〉，《思與言》，第 36 卷 1 期，1998 年 3 月，1～37。

78. 李達嘉，〈「胡適與近代中國」國際學術研討會〉，《近代中國史研究通訊》，第 11 期，1991 年 3 月，3～9。

79. 李歐梵，〈「批評空間」的開創——從《申報》「自由談」談起〉，《二十一世紀》，第 19 期，1993 年 10 月，39～51。

80. 李霜青，〈五四以來引思想入歧途的幾個里程碑〉，《哲學與文化》，第 11 卷 5 期，1974 年 5 月，16～31。

81. 杜維明，〈對「傳統」進行反思〉，《當代》，第 13 期，1987 年 5 月，16～23。

82. 杜維運，〈梁著「中國歷史研究法」探原〉，《中研院史語所集刊》，第 51 本第 2 分，1980，315～323。

83. 杜維運，〈西方史學輸入中國考〉，《歷史學系學報》，第 3 期，1976 年 5 月，409～440。

84. 杜維運，〈傅孟真與中國新史學〉，《當代》，第 116 期，1995 年 12 月.1，54～63。

85. 杜鋼建，〈自決權與自治權——陳獨秀論集體人權〉，《二十一世紀》，第 34 期，1996 年 4 月，47～52。

86. 沈六，〈杜威的道德認知發展階段說〉，《公民訓育學報》，第 1 期，1983 年 6 月，271～278。

87. 沈松僑，〈近代中國民族主義的發展——兼論民族主義的兩個問題〉，《政治與社會哲學評論》，第 3 期，2002 年 12 月，49～119。

88. 沈松僑，〈國權與民權：晚清的「國民」論述，1895～1911〉，《中研院史語所集刊》，第 73 本第 4 分，2002 年 12 月，685～733。

89. 沈國鈞，〈個人主義與經濟思想〉，《經濟論壇》，第 2 卷 7 期，1977 年 3 月，3～6。

90. 沈清松，〈「中西文化之融合與當代中國哲學」紀錄〉，《政治文化》，第 4 期，1986 年 6 月，29～41。

91. 沈清松，〈第三條路哲學——新馬克思主義與新自由主義之間〉，《哲學雜誌》，第 1 期創刊號，1992 年 5 月，126～131。

92. 汪暉，〈"賽先生"在中國的命運——中國近現代思想中的"科學"概念及其使用〉，《學人》，第 1 輯，1991，49～122。

93. 汪暉，〈梁啓超的科學觀及其與道德、宗教之關係——中國現代思想中的科學與人的世界〉，《學人》，第 2 輯，1991，41～82。

94. 汪暉，〈嚴復的三個世界〉，《學人》，第 12 輯，29～130。

95. 汪榮祖，〈梁啓超新史學試論〉，《中研院近史所集刊》，第 2 期，1971 年 6 月，227～236。

96. 汪榮祖，〈康有爲章炳麟合論〉，《中研院近史所集刊》，第 15 期 上冊，1986 年 6 月，115～170。

97. 汪榮祖，〈自由主義與中國〉，《二十一世紀》，第 2 期，1990 年 12 月，33～37。

98. 汪榮祖，〈激進與保守贅言〉，《二十一世紀》，第 11 期，1992 年 6 月，133～136。

99. 汪榮祖，〈錢穆論清學史述評〉，《台大歷史學報》，第 26 期，2000 年 12 月，99～120。

100. 汪榮祖，〈追尋半世紀的蹤跡：評王晴佳，《臺灣史學 50 年，1950～2000：傳承、方法、趨向》〉，《中研院近史所集刊》，第 40 期，2003 年 6 月，241～248。

101. 汪榮祖，〈章太炎對現代性的迎拒與文化多元思想的表述〉，《中研院近史所集刊》，第 41 期，2003 年 9 月，145～180。

102. 狄百瑞，〈與斯人之徒：狄百瑞思想自述〉，《文哲研究通訊》，第 2 卷 4 期，1992 年 12 月，37～66。

103. 邢義田，〈傅斯年、胡適與居延漢簡的運每集返台〉，《中研院史語所集刊》，第 66 本第 3 分，1995 年 9 月，921～952。

104. 周昌龍，〈戴東原哲學與胡適的智識主義〉，《漢學研究》，第 12 卷 1 期，1994 年 6 月，27～59。

105. 周昌龍，〈五四時期知識份子對個人主義的詮釋〉，《漢學研究》，第 12 卷 2 期，1994 年 12 月，63～80。

106. 周昌龍，〈嚴復自由觀的三層意義〉，《漢學研究》，第 13 卷 1 期，1995 年 6 月，43～59。

107. 周國棟，〈兩種不同的學術史范式——梁啓超、錢穆《中國近三百年學術史》之比較〉，《史學月刊》，大陸，第 4 期，2000，110～117。

108. 周策縱，〈論「胡適研究」與「研究胡適」〉，《傳記文學》，第 65 卷 1 期，1994 年 7 月，76～78。

109. 周質平，〈評胡適的提倡科學與整理國故〉，《九州學刊》，第 4 卷 2 期，1991 年 7 月，5～21。

110. 周質平，〈胡適與馮友蘭〉，《漢學研究》，第 9 卷 2 期，1991 年 12 月，151～181。

111. 周質平，〈民主與獨裁的兩難〉，《二十一世紀》，第 8 期，1991 年 12 月，46～49。

112. 周質平，〈胡適與梁漱溟〉，《漢學研究》，第 12 卷 1 期，1994 年 6 月，61～73。

113. 易竹賢，〈評"五四"時期的魯迅與胡適〉，《魯迅研究3》，1981 年 6 月，67～102。

114. 林火旺，〈羅爾斯的自由主義與人的理想〉，《美國月刊》，第 8 卷 9 期，1993 年 9 月，114～124。

115. 林火旺，〈自由主義的公民教育〉，《通識教育季刊》，第 1 卷 1 期，1994 年 3 月，35～52。

116. 林火旺，〈儒家的倫理思想和自由主義〉，《宗教哲學》，第 1 卷，第 1 期，1995 年 1 月，113～122。

117. 林火旺，〈自由主義社會與公民道德〉，《哲學與文化》，第 22 卷 11 期，1995 年 11 月，1071～1084。

118. 林保淳，〈天演宗哲學間嚴復——中西文化衝突的典型〉，《幼獅月刊》，第 419 期，1987 年 11 月，9～14。

119. 林崗，〈激進主義在中國〉，《二十一世紀》，第 3 期，1991 年 2 月，17～27。

120. 林啓彥，〈戊戌時期維新派的大同思想〉，《思與言》，第 36 卷 1 期，1988 年 3 月，39～70。

121. 林啓彥，〈五四時期嚴復的中西文化觀〉，《漢學研究》，第 14 卷 2 期，1996 年 12 月，75～89。

122. 林啓彥，〈嚴復與章士釗：有關盧梭《民約論》的一次思想論爭〉，《漢學研究》，第 20 卷 1 期，2002 年 6 月，339～367。

123. 林毓生，〈五四十代的激烈反傳統思想與中國自由主義的前途〉，《五四與中國》，周策縱編，時報，1988 年 5 月 1 日，323～382。

124. 林毓生，〈關於《中國意識的危機》──答孫隆基〉，《二十一世紀》，第 3 期，1991 年 2 月，136～150。

125. 林毓生，〈「問題與主義」論辯的歷史意義〉，《二十一世紀》，第 8 期，1991 年 12 月，15～20。

126. 林毓生，〈魯迅個人主義的性質與含意──兼論「國民性」問題〉，《二十一世紀》，第 12 期，1992 年 8 月，83～90。

127. 林毓生，〈中國傳統的創造性轉化〉，《歷史月刊》，第 99 期，1996 年 4 月，72～82。

128. 林載爵，〈嚴復對自由的理解〉，《東海大學歷史學報》，第 5 期，1982 年 12 月，84～159。

129. 林滿紅，〈古文與經世：十九世紀初葉中國兩派經世思想的分殊基礎〉，《臺大歷史學報》，第 15 期，1990 年 12 月，239～262。

130. 林滿紅，〈史學與價值判斷〉，《教學與研究》，第 2 期，1991 年 6 月，205～222。

131. 林滿紅，〈自由放任經濟思想在十九世紀初葉中國的昂揚〉，《歷史學報》師大，第 22 期，1994 年 6 月，201～226。

132. 邵東方，〈湯因比和麥耐爾的「文明」概念〉，《二十一世紀》，第 20 期，1993 年 12 月，85～89。

133. 金耀基，〈中國發展成現代化型國家的困境：韋伯學說的一面〉，《二十一世紀》，第 3 期，1991 年 2 月，56～72。

134. 金觀濤，〈中國文化的常識合理精神〉，《中國文化研究所學報》，新第 6 期，1997.，457～471。

135. 金觀濤，〈科學：文化研究中被忽略的主題〉，《文星》，第 107 期，1987 年 5 月，47～56。

136. 金觀濤，〈中國文化的烏托邦精神〉，《二十一世紀》，第 2 期，1990 年 12 月，17～32。

137. 金觀濤，〈百年來中國民族主義結構的演變〉，《二十一世紀》，第 15 期，1993 年 2 月，66～72。

138. 金觀濤，〈西方中心論的破滅──評全球文化衝突論〉，《二十一世紀》，第 19 期，1993 年 10 月，22～25。

139. 金觀濤、劉青峰，〈天理、公理和真理──中國文化「合理性」論證以及「正當性」標準的思想史研究〉，《中國文化研究所學報》，新第 10 期總 41 期，2001，423～462。

140. 金觀濤、劉青峰，〈近代中國「權利」觀念的意義演變──從晚清看到《新

青年》〉,《中研院近史所集刊》,第 32 期,1999 年 12 月,213～260。

141. 金觀濤、劉青峰,〈從「群」到「社會」、「社會主義」——中國近代公共領域變遷的思想史研究〉,《中研院近史所集刊》,第 35 期,2001 年 6 月,5～66。

142. 金觀濤、劉青峰,〈從「經世」到「經濟」——社會組織原則變化的思想史研究〉,《臺大歷史學報》,第 32 期,2003 年 12 月,139～189。

143. 姜義華,〈從抗爭到妥協:人權論戰的困境〉,《二十一世紀》,第 8 期,1991 年 12 月,32～38。

144. 姜義華,〈激進與保守:與余英時先生商榷〉,《二十一世紀》,第 10 期,1992 年 4 月,134～142。

145. 姜義華,〈中國民族主義的特點及新階段〉,《二十一世紀》,第 15 期,1993 年 2 月,60～64。

146. 施友忠,〈胡適訪問記〉,《仙人掌雜誌》,第 11 號,1978 年 2 月,7～18。

147. 胡成,〈中國近代社會性質之商榷〉,《二十一世紀》,第 3 期,1991 年 2 月,28～36。

148. 胡明,〈胡適批判的反思〉,《二十一世紀》,第 8 期,1991 年 12 月,50～57。

149. 胡秋原,〈論中西文化異同與中國未能完成美法式革命之故〉,《中華雜誌》,第 269 期,191996 年 12 月,30～36。

150. 胡軍,〈馮友蘭《新理學》方法論批判〉,《二十一世紀》,第 38 期,1996 年 12 月,80～87。

151. 胡偉希,〈十字街頭與塔:中國近代自由主義思潮研究〉,《近代中國史研究通訊》,第 15 期,1993 年 3 月,157～164。

152. 胡適,〈胡適的讕論〉,《仙人掌雜誌》,第 11 號,1978 年 2 月,31～45。

153. 原正人,〈中國之前途:集權乎?分權乎?——民國初期張君勱與張東蓀的「聯邦論」〉,《政治大學歷史學報》,第 20 期,2003 年 5 月,281～307。

154. 夏志清,〈中國新小說的提倡者:嚴復與梁啟超〉,《幼獅月刊》,第 42 卷 4 期,1975 年 10 月,28～40。

155. 孫國棟,〈就教於金觀濤先生——〈中國文化的烏托邦精神〉讀後〉,《二十一世紀》,第 4 期,1991 年 4 月,128～132。

156. 孫國棟,〈讀江義華「激進與保守」〉,《二十一世紀》,第 11 期,1992 年 6 月,141～143。

157. 孫隆基,〈歷史學家的經線:編織中國現代思想史的一些問題〉,《二十一世紀》,第 2 期,1990 年 12 月,47～65。

158. 孫隆基,〈與林毓生先生商榷〉,《二十一世紀》,第 5 期,1991 年 6 月,

146～153。

159. 孫隆基，〈「世紀末」的魯迅〉，《二十一世紀》，第 12 期，1992 年 8 月，92～106。

160. 徐友漁，〈重提自由主義〉，《二十一世紀》，第 42 期，1997 年 8 月，19～26。

161. 徐光台，〈儒學與科學：一個科學史觀點的探討〉，《清華學報》，新 26 卷 4 期，1996 年 12 月，369～392。

162. 徐紀霖，〈現代中國的自由主義傳統〉，《二十一世紀》，第 42 期，1997 年 8 月，27～35。

163. 徐高阮，〈嚴復型的權威主義及同時代人對此型思想之批評〉，《故宮文獻》，第 1 卷 3 期，1970 年 6 月，11～27。

164. 泰勒，〈公民與國家之間的距離〉，《二十一世紀》，第 40 期，1997 年 4 月，4～17。

165. 耿寧，〈從現象學的角度看唯識三論（現在、過去、未來）〉，《文哲研究通訊》，第 4 卷 1 期，1994 年 3 月，6～14。

166. 耿寧，〈從「自知」的概念來瞭解王陽明的良知說〉，《文哲研究通訊》，第 4 卷 1 期，1994 年 3 月，15～20。

167. 馬森，〈從集體主義到個人主義〉，《國魂》，第 561 期，1992 年 8 月，83～85。

168. 高力克，〈杜亞泉的中西文化觀〉，《二十一世紀》，第 34 期，1996 年 4 月，53～62。

169. 高力克，〈《新青年》與兩種自由主義傳統〉，《二十一世紀》，第 42 期，1997 年 8 月，39～46。

170. 高瑞泉，〈試論熊十力的哲學創造與經典詮釋〉，《台大文史哲出版社學報》，第 56 期，2002 年 5 月，95～108。

171. 高廣孚，〈個人主義教育目的與社會教育目的之比較〉，《新時代》，第 12 卷 7 期，1972 年 7 月，19～22。

172. 康丹，〈文化相對主義與普遍主義〉，《二十一世紀》，第 8 期，1991 年 12 月，68～72。

173. 張玉法，〈民族主義在國民黨歷史上的角色〉，《二十一世紀》，第 15 期，1993 年 2 月，33～37。

174. 張玉法，〈晚清改革與革命的分際與互動〉，《近代中國》，第 145 期，2001 年 10 月，79～89。

175. 張忠棟，〈從主張和平到主張抗戰的胡適〉，《美國研究》，第 13 卷 4 期，1983 年 12 月，95～123。

176. 張忠棟,〈為自由中國爭言論自由的胡適〉,《中國論壇》半月刊,第 265 期,1986 年 10 月 10 日,109〜119。

177. 張忠棟,〈在動亂中堅持民主的胡適〉,《中研院近史所集刊》,第 15 期 下冊,1986 年 12 月,109〜162。

178. 張忠棟,〈胡適與丁文江〉,《中國論壇》半月刊,第 294 期,1987 年 12 月.25,53〜59。

179. 張忠棟,〈胡適與殷海光——兩代自由主義思想風格的異同〉,《文史哲出版社學報》,第 37 期,1989 年 12 月,125〜172。

180. 張朋園,〈維護共和——梁啓超之聯袁與討袁〉,《中研院近史所集刊》,第 3 期 下冊,1972 年 12 月,377〜396。

181. 張朋園,〈周著:「胡適與近代中國知識分子的選擇」〉,《中研院近史所集刊》,第 14 期,1985 年 6 月,377〜383。

182. 張朋園,〈胡適與梁啓超——兩代知識分子的親和與排拒〉,《中研院近史所集刊》,第 15 期 下冊,1986 年 12 月,81〜108。

183. 張壽安,〈戴震義理思想的基礎及其推展〉,《漢學研究》,第 10 卷 1 期,1992 年 6 月,57〜83。

184. 張壽安,〈戴震對宋明理學的批評〉,《漢學研究》,第 13 卷 1 期,1995 年 6 月,15〜41。

185. 張懷承,〈近代公理對傳統哲學理範疇的繼承、改造與發展〉,《中國文化月刊》,第 177 號,1994 年 7 月,46〜74。

186. 張灝,〈略論中共的烏托邦思想:對金觀濤論旨的幾點回應〉,《二十一世紀》,第 4 期,1991 年 4 月,133〜136。

187. 張灝,〈中國近代思想史的轉型時代〉,《二十一世紀》,第 52 期,1999 年 4 月,29〜39。

188. 張灝,〈轉型時代中國烏托邦主義的興起〉,《新史學》,第 14 卷第 2 期,2003 年 6 月,1〜42。

189. 梁雙蓮譯,〈自由主義與保守主義〉,《憲政思潮》,第 70 期,1985 年 6 月,125〜137。

190. 莊文瑞等,〈胡適也有他限制的一面——勞思光教授閒談胡適〉,《中國論壇》月刊,第 2 期 31 卷 3 期,1990 年 12 月,25〜28。

191. 許介鱗,〈福澤諭吉的文明觀與脫亞論〉,《歷史月刊》,第 184 期,2003 年 5 月,34〜43。

192. 許良雄,〈韋柏之生平及其民族主義與自由主義〉,《中華雜誌》,第 16 卷 185,1978 年 11 月,48〜54。

193. 許紀霖,〈中國自由主義知識分子的參政 1945〜1949〉,《二十一世紀》,第 6 期,1991 年 8 月,37〜46。

194. 許紀霖，〈激進與保守的迷惑〉，《二十一世紀》，第 11 期，1992 年 6 月，137～140。

195. 許紀霖，〈梁漱溟：文化民族主義者的反現代化烏托邦〉，《二十一世紀》，第 15 期，1993 年 2 月，50～54。

196. 郭正昭，〈社會達爾文主義與晚清學會運動（1895～1911）〉，《中研院近史所集刊》，第 3 期 下冊，1972 年 12 月，557～625。

197. 郭正昭，〈從演化論探析嚴復型危機趕的意理結構〉，《中研院近史所集刊》，第 7 期，1978 年 6 月，527～555。

198. 郭實渝，〈杜威的文化自由主張──政治自由的先決條件〉，《哲學與文化》，第 17 卷 4 期，1990 年 4 月，351～357。

199. 陳方正，〈論中國民族主義與世界意識〉，《二十一世紀》，第 19 期，1993 年 10 月，28～35。

200. 陳平原，〈在學術與政治之間──論胡適的學術取向〉，《學人》，第 1 輯，123～159。

201. 陳平原，〈章太炎與中國私學傳統〉，《學人》，第 2 輯，1～40。

202. 陳弱水，〈日本近代文化與教育中的社會倫理問題〉，《台灣教育史研究通訊》，第 3 期，1999.3，12～15。

203. 陳漱渝，〈魯迅、周作人、胡適〉，《古今藝文印書館》，1994 年 11 月，4～18。

204. 陳瑤華，〈個人自由與國家權利──黑格爾對康德人權概念之論述與批評〉，《臺灣哲學研究》，第 1 期，1997 年 9 月，183～216。

205. 陳儀深，〈評介盧波著：《不自由時代的自由主義》〉，《歷史月刊》，第 4 期，1988 年 5 月.1，154～156。

206. 陳儀深，〈國共鬥爭下的自由主義（1941～1949）〉，《中研院近史所集刊》，第 23 期，1994 年 6 月，237～266。

207. 陳曉林，〈超越啓蒙與救亡的雙重變奏〉，《哲學雜誌》，第 1 期創刊號，1992 年 5 月，52～57。

208. 陸寶千，〈章炳麟之儒學觀〉，《中研院近史所集刊》，第 17 期 下冊，1988 年 12 月，119～139。

209. 陸寶千，〈章炳麟之道家觀〉，《中研院近史所集刊》，第 19 冊，1990 年 6 月，253～278。

210. 陸寶千，〈章太炎之論墨學〉，《中研院近史所集刊》，第 20 期，1991 年 6 月，201～210。

211. 陸寶千，〈章太炎對西方文化之抉擇〉，《中研院近史所集刊》，第 21 期，1992 年 6 月，623～639。

212. 章清,〈自由主義的兩代人：胡適與殷海光〉,《二十一世紀》,第 8 期, 1991 年 12 月,58～65。

213. 章清,〈自由主義與「反帝」意識的內在緊張〉,《二十一世紀》,第 15 期, 1993 年 2 月,44～49。

214. 傅紅春,〈從經濟學上的觀點探討中西文化特徵：官場文化與市場文化之 比較〉,《今日經濟》,第 330 期,1995 年 2 月,43～48。

215. 傅紅春,〈從經濟學的實質論中西文化 〉,《今日經濟》,第 334 期,1995 年 6 月,50～55。

216. 傅紅春,〈市場經濟中的囤積與交流討論——「中西文化的"私"論比 較」〉,《今日經濟》,第 336 期,1995 年 8 月,49～53。

217. 傅偉勳,〈儒家思想的時代課題及其解決線索〉,《哲學與文化》,第 141 期,99～114。

218. 傅偉勳,〈從德法之爭談到儒學現代詮釋課題〉,《二十一世紀》,第 16 期, 1993 年 4 月,96～106。

219. 傅偉勳,〈佛學、西學與當代新儒家——宏觀的哲學考察〉,《二十一世 紀》,第 38 期,1996 年 12 月,68～79。

220. 傅斯年,〈中西史學觀點之變遷〉,《當代》,第 116 期,1995 年 12 月.1, 64～71。

221. 傅豐誠,〈理想與實證的結合——胡適的政治思想〉,《東亞季刊》,第 9 卷 1 期,1977 年 7 月,116～133。

222. 傅鏗,〈大陸知識分子的激進主義神話〉,《二十一世紀》,第 11 期,1992 年 6 月,144～147。

223. 傅鏗,〈僭妄的理性與卑微的自由——海耶克的自由主義理念〉,《二十一 世紀》,第 14 期,1992 年 12 月,145～154。

224. 勞思光,〈哲學史的主觀性與客觀性〉,《文哲研究通訊》,第 1 卷 2 期,3 ～14。

225. 勞楝,〈在時代風景邊緣——胡適式自由主義的困境〉,《中國論壇》月刊, 第 2 期 31 卷 3 期,1990 年 12 月,6～12。

226. 黃克武,〈自由主義與二十世紀中國〉,《國史館館刊》,復刊第 30 期, 2001,1～16。

227. 黃克武,〈清末民初的民主思想：意義與淵源〉,《中國現代化論文集》, 中研院近史所,1991 年 3 月,363～398。

228. 黃克武,〈嚴復對約翰彌爾自由思想的認識——以嚴譯《群己權界論》爲 中心之分析〉,《中研院近史所集刊》,第 24 期上冊,1995 年 6 月,81～ 148。

229. 黃克武,〈嚴復晚年思想的一個側面：道家思想與自由主義知會通〉,《思

與言》，第 34 卷 3 期，1996 年 9 月，19～44。

230. 黃克武，〈梁啓超的學術思想：以墨子學爲中心分析〉，《中研院近史所集刊》，第 26 期，1996 年 12 月，43～90。

231. 黃克武，〈梁啓超與康德〉，《中研院近史所集刊》，第 30 期，1998 年 12 月，105～145。

232. 黃克武，〈嚴復與梁啓超〉，《台大文史哲出版社學報》，第 56 期，2002 年 5 月，29～68。

233. 黃克武，〈梁啓超與中國現代史學之追尋〉，《中研院近史所集刊》，第 41 期，2003 年 9 月，181～213。

234. 黃克劍，〈「民主主義」：東方文化的現代轉機──張東蓀先生的中西文化比較研究〉，《中國文化月刊》，第 132 期，1990 年 10 月，34～55。

235. 黃秀政，〈評介狄別瑞「晚明的個人主義與博愛主義思潮」〉，《食貨出版社月刊》，第 4 卷 11 期，1975 年 2 月，53～58。

236. 黃俊傑，〈錢賓四史學中的「國學」觀：內涵、方法與意義〉，《台大歷史學報》，第 26 期，2000 年 12 月，1～38。

237. 黃俊傑譯，〈新儒學思想中的個人主義〉，《大學雜誌》，第 155 期，1982 年 4 月，27～35。

238. 黃康顯，〈嚴復所承受赫胥黎的觀念──爲新運動的原動力〉，《大陸雜誌》，第 66 卷 6 期，1983 年 6 月，28～39。

239. 黃紹梅，〈由胡適的小說考證論其文學革命〉，《中國文化月刊》，第 192 期，1995 年 10 月，116～128。

240. 黃進興，〈中國近代史學的雙重危機：試論「新史學」誕生及其所面臨的困境〉，《中國文化研究所學報》，新 6 期，1997，263～285。

241. 黃藿，〈杜威羅素看中國哲學與文化〉，《東吳哲學傳習錄》，第 3 期，1994 年 5 月，81～102。

242. 楊天石，〈胡適和國民黨的一端糾紛〉，《中國文化》，第 4 期，1991 年 8 月，119～132。

243. 楊志恒，〈自由主義、民族主義和社會主義：三種主義的誕生〉，《中山社會科學譯粹》，第 2 卷 2 期，1987 年 4 月，74～84。

244. 楊貞德，〈進化與自由──胡適自由主義的歷史觀及其意涵〉，《中國文哲研究集刊》，第 14 期，1993 年 3 月，257～324。

245. 楊貞德，〈胡適的自由主義與「修身」的政治觀〉，《當代儒學論集：挑戰與回應》，中研院文哲所，1995 年 12 月，61～103。

246. 楊貞德，〈自由與自治──梁啓超政治思想中的「個人」〉，《二十一世紀》，第 84 期，2004 年 8 月，26～39。

247. 楊植勝,〈自由主義的自由的挑戰〉,《哲學雜誌》,第 14 期,1995 年 11 月,236～253。

248. 溝口雄三,〈禮教與革命中國〉,《學人》,第 10 輯,1996 年 9 月,121～139。

249. 葉其忠,〈從張君勱和丁文江兩人和〈人生觀〉一文看 1923 年「科玄論戰」〉,《中研院近史所集刊》,第 25 期,1996 年 6 月,213～267。

250. 葉其忠,〈1923 年「科玄論戰」:評價之評價〉,《中研院近史所集刊》,第 26 期,1996 年 12 月,181～234。

251. 葉其忠,〈張東蓀是何意義的「唯心主義者」?——張東蓀的「唯心主義者」標籤及其自評析論〉,《近史所研究集刊》,第 35 期,2001 年 6 月,67～143。

252. 葉新雲,〈杜威社會思想的現實意義〉,《思與言》,第 24 卷 5 期,1987 年 1 月,67～84。

253. 葉曉青,〈民族主義興起前後的上海〉,《二十一世紀》,第 15 期,1993 年 2 月,22～27。

254. 葛劍雄,〈天朝心態中的開放觀〉,《二十一世紀》,第 15 期,1993 年 2 月,11～15。

255. 鄔昆如,〈自由與自由主義在當前的意義〉,《哲學與文化》,第 11 卷 5 期,1974 年 5 月,2～15。

256. 鄔昆如,〈中西文化相補相成的檢討與開展——道德與宗教〉,《哲學與文化》,第 10 卷 9 期,1983 年 9 月,12～20。

257. 趙稀方,〈胡適與實用主義〉,《二十一世紀》,第 38 期,1996 年 12 月,88～93。

258. 劉岳兵,〈中江兆民的儒學修養及其早期思想特征〉,《孔孟月刊》,第 39 卷第 10 期,2001 年 6 月,35～47。

259. 劉東,〈周作人:失去儒家制衡的「個人主義」〉,《二十一世紀》,第 39 期,1997 年 2 月,92～106。

260. 劉紀曜,〈胡適思想中的個人主義〉,《史學會刊》師大,第 35 期,1991 年 6 月,55～59。

261. 劉紀曜,〈梁啓超的自由理念〉,《國立臺灣師範大學歷史學報》,第 23 期,1995 年 6 月,263～287。

262. 劉軍寧,〈自由與多元之間〉,《二十一世紀》,第 38 期,1996 年 12 月,108～115。

263. 劉蜀鄂,〈錢穆眼中的胡適——讀錢穆《師友雜記》探尋錢穆與〉,《當代》,第 83 期,1993 年 3 月,116～123。

264. 歐陽哲生,〈胡適與北京大學——紀念「五四運動」七十八周年〉,《傳記

文學》，第 70 卷，第 5 期，14～26。

265. 歐陽哲生，〈大陸首次胡適學術研討會綜述〉，《近代中國史研究通訊》，第 13 期，1992 年 3 月，34～41。

266. 歐陽哲生，〈「胡適研究的回顧與展望」座談會紀要〉，《近代中國史研究通訊》，第 15 期，1993 年 3 月，13～18。

267. 歐陽哲生，〈胡適在不同時期對「五四」的平價〉，《二十一世紀》，第 34 期，1996 年 4 月，37～46。

268. 潘台雄，〈康有爲與梁啓超主張君主立憲的現實理由〉，《空大行政學報》，第 6 期，1986 年 11 月，209～228。

269. 潘光哲，〈還他一個本來面目——「胡適研究」的評析〉，《中國論壇》月刊，第 2 期 31 卷 3 期，1990 年 12 月，13～18。

270. 潘光哲，〈胡適與吳晗〉，《歷史月刊》，第 92 期，1995 年 9 月，120～125。

271. 潘光哲，〈晚清中國的民主想像〉，《二十一世紀》，第 67 期，2001 年 10 月，66～70。

272. 鄭正忠，〈自由主義保守主義之理論特色〉，《自由青年》，第 70 卷 2 期，1983 年 8 月，24～30。

273. 賴建誠，〈嚴復對《國富論》的理解〉，《清華學報》，新 29 卷 1 期，1999 年 3 月，89～112。

274. 賴建誠，〈梁啓超論國家經濟問題五則〉，《大陸雜誌》，第 101 卷 5 期，2000 年 11 月，15～35。

275. 戴景賢，〈論錢賓四先生「中國文化特質」說之形成與其內涵〉，《台大歷史學報》，第 26 期，2000 年 12 月，39～62。

276. 謝宗林，〈「個人主義」淺釋〉，《經濟前瞻》，第 35 號，1994 年 7 月 10 日，128～131。

277. 樊洪業，〈從“格致”到“科學”〉，《自然辯證法通訊》，第 10 卷 55 期，1999 年 3 期，39～56。

278. 嚴傅非，〈自由的失落：科玄論戰的演變〉，《二十一世紀》，第 8 期，1991 年 12 月，27～31。

279. 顧昕，〈當代中國有無公民社會與公共空間——評西方學者有關論述〉，《當代中國研究》，總第 43 期，1994 第 4 期。